suhrkamp taschenbuch
wissenschaft 2371

In den letzten Jahren seines Lebens hat Hans Blumenberg eine Auswahl von Glossen zur Publikation zusammengestellt, die über sein »mögliches Selbstverständnis« Auskunft geben sollten. In der schließlich auf zwei Bände verteilten Sammlung ging es um Blumenbergs »Lebensthemen«: die Macht von Begriffen und Metaphern, das Lesen und Verlesen, die Rolle der Zuschauer, den Menschen als Distanzwesen, seine Sterblichkeit, Endzeittümelei und die Schrecknisse reiner Theorie. Die Texte der beiden Bände, die erst aus dem Nachlaß publiziert werden konnten, erscheinen nun in einem Band in einer überarbeiteten Neuausgabe. Sie können als Wegweiser durch Blumenbergs Denken dienen.

Hans Blumenberg (1920-1996) war zuletzt Professor für Philosophie an der Universität Münster. Sein Werk erscheint im Suhrkamp Verlag.

Rüdiger Zill ist Wissenschaftlicher Referent am Einstein Forum in Potsdam. Zuletzt erschien von ihm im Suhrkamp Verlag: *Der absolute Leser. Hans Blumenberg – Eine intellektuelle Biographie* (2020).

Hans Blumenberg
Ein mögliches Selbstverständnis

Lebensthemen

Neu herausgegeben
von Rüdiger Zill

Suhrkamp

Klimaneutral
Druckprodukt
ClimatePartner.com/14438-2110-1001

Erste Auflage 2022
suhrkamp taschenbuch wissenschaft 2371
Originalausgabe

Umschlag nach Entwürfen
von Willy Fleckhaus und Rolf Staudt
Druck und Bindung: C. H. Beck, Nördlingen
Printed in Germany
ISBN 978-3-518-29971-5

www.suhrkamp.de

Inhalt

Das Beschreibliche und das Unbeschreibliche

Distanzen – Affinitäten

Begriffsversagen

Einige Schrecknisse reiner Vernunft

Grenzfälle. Glossen zu Hebbels Diarium

Grenz(über)gänger

Einleitung:
Das Unselbstverständliche

Selbstverständnis ist, was man hat, wenn man danach gefragt wird.[1] Aber vorher? Ich fürchte, man bereitet sich zu sehr darauf vor, danach gefragt zu werden. Man ist sich der Entrüstung und der Verachtung bewußt, die man riskiert, wenn man bei Nachfrage mit einer schlichten Besitzlosigkeitsanzeige reagieren müßte. Dürfte man, aufs äußerste gebracht, etwa antworten: Ich habe mich selbst noch nie verstanden, es aber auch noch nicht versucht?

Wer sich dennoch um ein gepflegtes Selbstverständnis sorgt, nimmt vorweg, was ihm zuteil werden könnte, sofern er sich unbesorgt zu anderem geäußert hat: ohne sein Einverständnis auf jenes abgesucht zu werden. Selbstverständnis ist Vorbeugung gegen ungewünschtes Fremdverständnis vom Typus: Was steht hinter wem? Die Zeiten, da man die menschheitsweiten Verschwörungen finsterer Mächte zu kennen hatte und aus obskuren Quellen auch erfuhr, sind vorbei. Die Unbequemlichkeit ist größer geworden, sich im Selbstverständnis über die das Erkennen steuernden Interessen aufzuklären, um sich für raffiniertere neue freizumachen. Daß man es nicht gehabt haben wollte, erweist sich beim Selbstverständnis, sobald man es hat, als Indiz dafür, daß es nichts anderes als das Selbstverständliche gewesen war, das man nicht auf sich beruhen lassen durfte.

Fragt man nun nach dem ›Interesse‹, das man haben könnte, ein Selbstverständnis nicht nur nachzuweisen, sondern auch noch zu besitzen, so liegt mir nahe zu sagen: Es besteht keines. Im Gegenteil: Es stört dabei, das zu verstehen, was man doch vor allem, wenn nicht ausschließlich, verstehen möchte. In einem Anfall von Müdigkeit an der idealistischen Komponente seiner Willensmetaphysik hat Schopenhauer sehr spät, 1848, in den »Spicilegia« notiert: *Die Welt, die Welt, ihr Esel! ist das Problem der Philosophie, die Welt und sonst nichts.* Leider muß der Herausgeber des handschriftlichen Nachlasses vermerken, daß selbst in der privaten Kammer des Philosophen der Ausbruch nicht ungeschoren durchgehen konnte;

1 [Als alternativen Titel hat Blumenberg notiert: »Selbstverständnispflicht«.]

das *ihr Esel!*[2] wurde nachträglich gestrichen. Für einen, der das erst gar nicht hinzuschreiben sich getraute, eine Enttäuschung.

Gibt es eine Rivalität zwischen der Zumutung, man habe sich gefälligst selbst zu verstehen und von seinem Selbstverständnis Rechenschaft zu geben, und der Ungebrochenheit des Verlangens, die Welt und nichts anderes als die Welt zu verstehen? Man kann es sich leicht machen und antworten: Gerade dies, nichts anderes als die Welt verstehen zu wollen, sei eben der Kern eines Selbstverständnisses. Dieses mag sich aus der Unerträglichkeit nähren, ein Leben in einer Welt hinzubringen, aus der man davongehen könnte, ohne sie verstanden zu haben. Nicht die Welt ist die Episode – ich bin es. Daraus könnte alles folgen.

Wäre Selbstverständnis das Resultat von Selbsterkenntnis? Doch wohl kaum. Selbsterkenntnis muß sich mit dem abfinden, was sie vorfindet, sofern sie es findet. Selbstverständnis wird zumeist genommen als Inbegriff von Lebenskonzept und Daseinsprogramm. Es regelt die Selbsteinfügung in öffentliche und private Zusammenhänge, die Verträglichkeit von Wünschen und Absichten – obwohl man bei den Wünschen an die Heimlichkeit nächtlicher Einschleichungen ins Bewußtsein rühren könnte. Versteht sich einer, der seine heimlichen Wünsche zu kennen gelernt hat, besser als einer, der sich sein Wunschprogramm zurechtzimmert und in Absichten übersetzt? Vielleicht ist eine Antwort auf die Frage nach dem Selbstverständnis die, man verstehe sich gerade darin, daß man an sich nichts zu verstehen findet.

So viel Misstrauen, so viel Philosophie,[3] schreibt Nietzsche in der »Fröhlichen Wissenschaft«. Ob man ihm das noch nachsprechen sollte? Es ist wirklich erstaunlich, mit welcher Großzügigkeit sich die Philosophie Mißtrauen geleistet und anderen Disziplinen vorgeführt hat, die daraufhin auch gelegentlich bereit waren, sich in ›Grundlagenkrisen‹ zu stürzen. Erstaunlich ist dies für ein so kurzlebiges Wesen, das sich Mißtrauen nur so weit sollte leisten können, wie es zum Überleben nötig ist. Zweifel durchaus, als das, was uns begreifen, nicht als das, was uns ständig von vorn anfangen läßt.

Aber welches Selbstverständnis kann einer denn haben, der

2 [Arthur Schopenhauer, Spicilegia. In: ders., Der handschriftliche Nachlaß in fünf Bänden. Frankfurt a. M., Bd. 4, 1974, 302.]

3 [Friedrich Nietzsche, Die fröhliche Wissenschaft. In: ders., Musarion-Ausgabe, Bd. 12, 266; KSA, Bd. 3, 580 (5. Buch, § 346).]

nicht von den großen Zweifeln geschüttelt wird, die der Philosophie die Erkenntnistheorie zur Hauptaufgabe gemacht haben? Um die Jahrhundertwende, als die Phänomenologie gegen sie begründet wurde, hießen sie Psychologismus, Historismus, Relativismus, im dritten Jahrzehnt des Jahrhunderts vor allem Anthropologismus. Welches Selbstverständnis kann einer haben, den der Ideologieverdacht nicht nächtens plagt, dem das Mißtrauen gegen Verblendungszusammenhänge nicht noch am hellen Tage zusetzt? Der aber auch nicht vom großen Vertrauen getragen und gewiegt wird, er könne dem Sinn von Sein um die nächste Ecke der Winkelzüge des Daseins begegnen oder gar auf die Parusie des Seins selbst warten? Was bleibt dem an Selbstverständnis, der von einer Anthropologie nicht fürchtet, sie werde durch Nachweis von Konstanten des Menschlichen den Weg zu dessen Totalveränderung blockieren? So einem können alle sagen, was er nicht ist, und haben dann auch noch recht.

Zum Selbstverständnis eines Philosophen scheint gehörig zu sein, daß er die Frage »Wozu Philosophie?« ernst nimmt. Was aber, wenn nicht? Er könnte meinen, solche Fragen verschwänden, wenn es Philosophie gibt. Deshalb vergewissert sie sich eher, woher sie kommt, als wohin sie geht und wozu sie dient. Daran nämlich läßt sich begreifen, daß sich auch dann nicht beliebig aus- oder einsteigen läßt, sollte die Frage nach dem Wozu nicht zur Zufriedenheit einiger Räte und Beiräte beantwortet werden. Husserls Antwort freilich, er hätte philosophieren müssen und sonst nicht leben können, ist so anachronistisch geworden wie das Müssen im Sprachschatz der Poeten und anderer Urheber. Statt zu sagen, man könne nicht anders, würde man heute eher bereit sein zu sagen, man könne nichts anderes.

Sollte und darf der Philosoph sich nicht wenigstens in die Nachhut der Aufklärer selbstverstehend einordnen? Die nächste Aufklärung kommt bestimmt, und dann ist die Nachhut Vorhut gewesen. Aber was muß einer tun, um sich vor sich selbst als Aufklärer auszuweisen? Aufklärer leben von den Verfinsterungen der anderen, und welches diese sind, das zu bestimmen geht jeder Aufklärung voran. Ist er zu diesem Kunstgriff nicht bereit, hängt es erstaunlich wenig von seinen Absichten ab, ob er ein Aufklärer wird oder nicht. Es scheint dann an der Eignung verdunkelter geistiger Bestände zu liegen, gerade durch diesen aufgeklärt zu werden.

Sollte die Verlegenheit auf die Frage nach dem Selbstverständnis nicht eine zu viel sein? Das Bedenkliche im Umgang mit diesem zeigt sich daran, daß Selbstverständnis der potentielle Feind des Selbstverständlichen ist. Im Maße, wie dessen Preisgabe ernötigt wird, lockert sich der Boden, auf dem wir stehen und die Fragen erwarten könnten, die sich durch Unvermeidlichkeit ausweisen. Es liegt Vorsicht darin, Selbstverständnis nur zu haben, wenn man danach gefragt wird, und sich, sollte es zutage treten, so erstaunt zu fühlen wie der Sklave im platonischen Dialog von seiner *Anamnesis.*

Das Selbstverständliche anzutasten zugunsten des Selbstverständnisses hat man nicht lange genug gezögert. Wer bei allem wissen will, wie er sich dazu versteht, wird schließlich nichts mehr verstehen; er hat zwischen Sinnverlangen und Sinnverzicht die Ökonomie des Lebens schon lange verfehlt. Eine Philosophie, die immer wissen möchte, weshalb man was tut und ob man's nicht besser lassen sollte, labt sich an den kleinen Konflikten und wird ungewärtig ihrer Ohnmacht vor den großen. Einer, der nicht recht weiß, ob er nicht vielleicht mein Feind sein müßte, tut mir leid – er hat einen kostbaren Augenblick seines Lebens verschwendet.

Wiederum Nietzsche hat die Parabel von einem erfunden, der den unstillbaren Drang hat *zu sehen, was Keiner sehen will – sich selber;*[4] dazu noch hat er einen zu großen Mangel an Schweigsamkeit, um nicht preiszugeben, was er bei sich gesehen und verstanden hat. Zuerst erregt er Anstoß, dann Verdacht, wird von der Gesellschaft geächtet, schließlich von der Justiz erfaßt, die ihn den Weg zum Ende gehen läßt. Der anonyme Held der Geschichte war nicht nur mit seinem Defizit an Diskretion geschlagen, sondern dem zuvor noch mit der Undichtigkeit des Schutzschirms, der dem Menschen zu seinem Glück verliehen ist, undurchsichtig zu sein: Dieser war es nicht für sich selbst. Der Bedeckung seiner letzten Blöße bedarf der Mensch eben nicht nur vor den anderen, auf deren Dezenz er nicht rechnen kann, sondern auch, vielleicht noch mehr, vor sich selbst. Die Lust zu sagen, was man sieht, ist eine der Verführungen, die auch vor dem nicht haltzumachen scheint, was eben ›Selbstverständnis‹ heißt.

Fragt man, was zu dem von Nietzsche unverantwortlich genannten Hang führt: zu sehen, was keiner sehen will, stößt man

4 [Friedrich Nietzsche, Menschliches, Allzumenschliches I, 65. In: ders., Musarion-Ausgabe, Bd. 8, 79; KSA, Bd. 2, 80.]

zum abersten Male auf des Menschen Vergänglichkeit. Das Individuum, das seiner Durchsichtigkeit für sich selbst nicht zu entgehen vermochte, erfährt schließlich diese in einer Einzigkeit, wie sie bei anderem nur die Kostbarkeit des Singulären besitzt – es muß fast unerträglich sein, für sich zu behalten, was der Welt sonst eines kurz bevorstehenden Tages endgültig verlorengehen könnte. Man wird sie zur *Memoria* überreden: durch Rückhaltlosigkeit in der Darbietung eines Unikats. Daher in Nietzsches Parabel die Furchtlosigkeit vor den Folgen: Gefängnis und vorzeitiger Tod. Es müssen nicht immer diese sein.

Denkt man daran, daß die Kurzgeschichte eines Bekenntnissüchtigen 1876 niedergeschrieben ist, verwundert nur die Zeitspanne, die noch nötig war, um die Technik der erlisteten Selbstdurchsichtigkeit zu erfinden, die unser Jahrhundert extensiv beschäftigen sollte. Jener Hang mochte so lange verhängnisvoll erschienen sein, wie er nichts auszurichten vermochte gegen das schleichendste Übel des Menschen: die Vielfalt seines Unbehagens an sich selbst. War aber erst eine Heilsprämie von unendlicher Unbestimmtheit auf den Bruch des Siegels der Verschwiegenheit gesetzt, konnte jener Hang zum Sehen- und Sagenwollen zum Inbegriff von Verantwortlichkeiten für den Menschen avancieren. Selbstverständnis, wie unvollendet auch immer bleibend, verfloß mit einem der großen Versprechen des letzten Jahrhunderts im Jahrtausend: Gesundheit.

Die Schwäche der Philosophie ist, daß sie nicht aufgeben kann, weil sie hinter sich nichts mehr hat, woran sie ihre Lasten weiterreichen könnte, auch nichts haben will und darf. Diesen Hintergrund hat sie als einen unbesetzten zu verteidigen und gegen die Besetzung mit Angeboten abzuschirmen, die aus rätselhaften Gründen gelegentlich erfolgreich sind. Dazu gehören nicht nur die sektiererischen Aktualitäten der Saison, sondern auch und zumal die Formationswechsel in der Philosophie selbst. Für ein mit ihr verbrachtes Leben ist es die erschreckendste Erfahrung, daß auch sie die Phasenwechsel erleidet, der andere Arten von Erregungen des Gemüts unterliegen.

Wenige akademische Jahrzehnte genügen, um dessen inne zu werden, wie wenig dazu gehört, ein neues Vokabular aufzulegen, eine Garnitur von Namen durch eine andere zu ersetzen, die eben Dahingegangenen in tiefe Vergessenheit nicht nur, mehr noch: in eine Art von Verfemung versinken zu lassen. Husserl wurde nicht erst fluchtartig im Stich gelassen, als der Ungeist ihm die Tore der Universität verschloß; ein halbes Jahrzehnt zuvor schon zerging seine Bindungskraft für die phänomenologische Schule so gründlich, daß sie nicht einmal nach dem Zweiten Weltkrieg wiederhergestellt werden konnte. Erst die emphatische Wiederentdeckung eines schon 1924 beiläufig ausgegebenen Stichworts, der ›Lebenswelt‹, wurde ein halbes Jahrhundert später fast zum Erfolg der Intentionen, in deren Zusammenhang es debütiert hatte. Aber eben nur fast.

Das Schlimme an der Erfahrung des Phasenwechsels ist, daß sie gegen das Ganze und seine Geschichte ausschlägt. Sie nährt den Verdacht, seit je könnten die Druckmittel der Zeitgeister so billig gewesen sein wie im eigenen Erfahrungszeitraum. Plötzlich erscheint es nicht mehr als ein Stück sacherzwungener Konsequenz, daß Kant – noch kaum, daß er [es] ausgesprochen hatte – das Wort aus dem Mund und die Fackel aus der Hand genommen wurde, um ins Licht zu setzen, was er im Dunkel gelassen haben sollte – und tatsächlich gelassen hatte. Nicht ohne einige überspielte Verlegenheit, wie wir sie aus den Fragmenten seines Spätwerkes kennen und von der man wohlwollend gemeint hatte, sie sei der Grund für die Jüngeren gewesen, ihm derartiges nicht durchgehen zu lassen. Aber glaubt das noch einer, der der Blütezeiten und Untergänge von Schulen dieses Jahrhunderts ansichtig geworden ist?

Was wäre dem möglichen Selbstverständnis eines Philosophen abzufordern gewesen? Gewißheit, unter der Fuchtel des Zeitgeistes furchtlos zu stehen, wie jener von Horaz beschriebene Stoiker, der noch im Zusammensturz des Himmels unerschrocken aufrecht bleiben sollte? Diese Gewißheit wird es nicht geben. Und nichts ist unverzeihlicher am vermeintlichen Selbstverständnis als dies, sie nicht besitzen zu können. War es nur eine Karikatur oder mehr, was ein kaum oberflächlicher Beobachter vor noch nicht langer Zeit schrieb, in der Philosophie würde es genügen, daß sich drei Assistenten zusammentäten, um einen Autor aus dem Nichts in den Kanon der obligaten Texte emporzuheben? Ach, kaum war das geschrieben, gab es die Assistenten nicht mehr, die dem Analytiker der Lage hätten recht geben können. Sie waren Opfer des Weltgeistes geworden, vertreten durch den Verband ihrer Amtsvorgänger, der überaus erfolgreich gewesen war mit der Forderung, so einflußreiche Ämter abzuschaffen.

Die Philosophie behandle eine Frage wie eine Krankheit, hatte Wittgenstein geschrieben, und nicht zufällig ungefähr gleichzeitig mit dem Ausspruch Freuds, wer nach dem Sinn des Lebens frage, sei krank. Aufs Ganze dieses Lebens hin betrachtet, ist es eine pathologische Sonderbarkeit, Fragen zu stellen, deren Beantwortung, wäre sie möglich, ebenso lebensstörend sein müßte wie ihre Unbeantwortbarkeit. Allerdings, wer sich der Antwort verweigert und sich darauf beruft, nur Fragen seien zu akzeptieren, für die sich das Verfahren ihrer Erledigung angeben lasse, darf nicht aus dem Blick verlieren, daß er anderen den Platz überläßt, den zu besetzen er sich weigert. Was Theologien sich leisten und nur deshalb leisten können, weil sie Verweigerung von Antworten als Anerkennung der Verborgenheit Gottes und seiner Vorbehalte gegenüber menschlicher Neugierde zu integrieren vermögen, hinterläßt in anderem Zusammenhang den Sog einer Vakanz. Gelingt es aber ohne Antwortverweigerung, die Verlegenheiten Ausnahmen bleiben zu lassen?

Wie auch immer, es ist gut, daß wir nicht alle Fragen beantworten müssen. Ich möchte nicht die Frage beantworten, welches die mir wichtigste einfache Wahrheit sein mag, die niemanden kränkt, deren Besitz wohl nicht alle glücklich, aber einige heiter machen könnte. Sie ist von Seneca ausgesprochen worden, mit der Delikatesse, die seine Sprache für uns angenommen hat: *Qui potest mori non potest cogi.* Zu deutsch vielleicht: Wer sich davonzumachen weiß, ist nicht bedrückbar.

Ein Futurum

Alles über Futurologie

Ein Soliloquium

– Wir müssen doch nicht alles machen, was wir können.
– Nein, wir *müssen* es nicht.
– Aber?
– Aber wir *werden* es machen.
– Und weshalb?
– Weil wir nicht ertragen, wenn der kleinste Zweifel bleibt, *ob* wir es wirklich *können.*

Ein Futurum
(Stand: 1990)

Wer wüßte eine Zukunft?

Gottfried Benn, »Fleisch« (1917)[1]

Etwas vor sich zu haben heißt vor allem, sagen zu können – mehr noch: sagen zu müssen –, was es *nicht* heißt, es vor sich zu haben.

Als privater ›Futurologe‹ – Fossil einer kurzlebigen und vor ihren prognostizierten Untergängen schon untergegangenen Erfindung zur Vermehrung von Instituten und Lehrstühlen – sehe ich voraus, daß dem Grundgesetz der Bundesrepublik nicht erspart bleiben wird, von den großen Worten noch einiges mit juristischer Dezenz einverleibt zu bekommen. Nur durch rechtzeitigen Hinschied, wie man andernlands sagt, kann ich dem Tag entgehen, an dem der Artikel dastehen wird, die Bürger und ihr Staat seien zur Bewahrung der Schöpfung ›aufgerufen‹. Von wem, darf sich jeder dazudenken oder dazuglauben.

Die Rede von der ›Bewahrung der Schöpfung‹ ist nicht nur ein großes Wort, es ist auch ein in sich unwahres. Wäre die ›Schöpfung‹ eine solche, könnten wir sie getrost demjenigen, der sie zustande gebracht hätte, zur Bewahrung überlassen. Schließlich wäre es seine Sache, wie die von jedermann sonst, die Folgen einer Handlung zu verantworten. Schierer Unfug ist es anzunehmen, jener hätte dieses Amt nach sechstägiger Erschaffungsmühe, mehr als *einen* Sabbat nehmend, der Kreatur des letzten Tages überlassen. Deren Zuverlässigkeit für diesen Auftrag hätte er allerdings durch eine geradezu leichtfertig ungeeignete Ausstattung verfehlt.

Der biblische Schöpfer jedenfalls hätte sich selber widersprochen, diesem Werkstück seiner Hände die Natur zur Untertänigkeit zu übergeben und ihm den ausdrücklichen Befehl zur Vermehrung zu erteilen. In der Konsequenz der Unvereinbarkeiten dieses Ursprungs war ohne göttliche Futurologie voraussehbar, daß Sorgsamkeit mit der Natur Sache dieses Wesens nicht sein oder bleiben konnte. Ich erlaube mir daher zu vermuten, daß das Amt des Schöpfungsbewahrers entweder anderweitig vergeben worden

1 [Gottfried Benn, Gesammelte Werke I. Wiesbaden 1960, 33-38, hier 34.]

ist und in meiner privaten Futurologie wohlweisliche Eingriffe in unser Verhalten und Verfahren rechtzeitig und amtsseitig erfolgen werden *oder* es jenem unbekannten Welturheber am Nullpunkt seiner Unternehmung nicht im geringsten darauf angekommen war, dieser einen Garanten ihres Fortgangs und Erfolges mitzugeben.

Wer will wissen, woran solcher ›Erfolg‹ zu erkennen wäre? Wer will ausschließen, daß wir gerade dabei sind, ihn zu erreichen – und uns *eo ipso* überflüssig zu machen? Ich behaupte das nicht, ich stelle die Frage. Aber ich behaupte, daß diese rhetorischen Fragen nicht weniger ›gottesfürchtig‹ sind als die Bewahrungsphrasen von Kirchentagspräsidenten und altersfrommen Physikern.

Da der Mensch – theologisch Bild und Gleichnis jenes Gottes – ein leidenschaftlicher Experimentator ist, kann ich nicht ausschließen, daß die Welt die Versuchsstation eines Überexperimentators ist. Daß er uns als solcher mehr Unbehagen bereitet als ein gütig lächelnder Wohltatenausteiler von Sozialstaatsübergröße, ist kein Indikator für schlechte Theologie. Erst in der Gegenwart theologischer Schwunderscheinungen neigen die Prediger dazu, einen Gott zu empfehlen, der allen zu Gefallen sein zu wollen scheint. Er soll uns einerseits nicht uns selber überlassen haben, andererseits aber auf unser Wohlverhalten für seine Welt angewiesen sein. Wäre es dagegen Blasphemie, Gott an seinem Versuch genauso dazulernen zu lassen wie jeden Experimentator an jedem seiner Versuche – für das nächste Mal? Origenes war eben nicht nur ein frommer, sondern dazu auch noch ein tiefer Theologe. Diese beiden Eigenschaften sind nicht zwangsläufig aneinander gekoppelt.

Was aus diesen Überlegungen oder Widerlegungen folgt, ist vor allem, daß wir zu nichts verpflichtet sind. Uns ist nicht gegeben worden, das zu sein, was wir gern wären oder als was wir uns sehen möchten – aber wahrscheinlich gar nicht ertragen könnten, wären wir es geworden.

Wogegen ich mich in dieser privaten Futurologie wehre, ist im ganzen gesehen eine Übertreibung: die Übertreibung des Standardbegriffs der ›Hilfe‹. Längst hilft nicht nur jeder jedem, mehr noch: einige vielen, wenn nicht inzwischen zu viele allen. Das soll nun, wie in meinem futurologischen Verfassungsartikel vorgestellt, auf die Spitze getrieben werden, indem alle einem helfen. Zumindest die moralisch auf Weltgeltung aspirierende Bundesrepublik will und wird – umgeben von Hilfeverweigerern – dem Schöpfer der

Welt helfen, damit er mit dieser nicht scheitere. Ich gebe zu, diese Rolle auf der Weltbühne gespielt zu sehen wäre nach meinem Geschmack – nur wäre es eben im Theater.

Wie fängt man es aber an? Man übt zunächst an sich selber, sich zu helfen. 37 % der Bundesbürger sollen sich bereits zu langem Leben mit Nahrungsmitteln verhelfen, deren Packungen oder Auslagen den Zusatz ›Bio‹ tragen. Sich solche Naturnähe und -freundlichkeit aus zuverlässiger Quelle zu verschaffen, wird der Zweitwagen eingesetzt. Er ist erkennbar das erste Instrument zur ›Bewahrung der Schöpfung‹. Oder sollte erlaubt sein einzuwenden, eine weniger das Langleben fördernde Selbsthilfe könnte die Schöpfung entlasten, so daß sie weniger der ›Bewahrung‹ bedürfte? Während wir unser Leben verlängern und versorgen, verbieten wir uns die Frage *Wofür?* dabei ebenso wie bei der Schöpfungsbewahrung. Das hat seinen guten Grund: Da absolute Forderungen nicht zu befragen sind, geben wir diesem Imperativ die Aura des Absoluten, indem wir die Frage *Und wozu?* nicht stellen.

Wir üben das am Menschenwerk, wenn es nur alt genug ist, seine genuine und ordinäre Funktion vergessen zu lassen. Wir wehren uns gegen die Verschandelung der Landschaft durch das, was wir hineinstellen; steht es aber erst hundert Jahre, ist es uns unentbehrlich geworden und kommt unter Denkmalschutz. Im Grunde ist das Denkmal ein naturgewordenes Kulturstück. Was wir heute bauen, legen wir morgen still und nehmen es übermorgen unter unseren Schutz gegen die, die es abreißen wollen.

In meiner privaten Futurologie sehe ich eine Welt vor mir, in der man sich vor Schützenswürdigem kaum noch rühren kann. *In dubio pro reo*, das mag vergessen werden. *In dubio pro re*, das wird zu einer von außen belustigenden, von innen belästigenden Bürokratie führen, die schlichtweg ›Sachen‹ verwaltet, ohne die Begründung dafür zu schulden, daß sie es verdienen, indem sie ›feststellt‹, daß sie ein Recht darauf haben. Neben die ›Bewegungen‹ der Schützer werden die der ›Stürzer‹ treten, die sich der Weltenge durch Geschütztes erwehren. Und die Sachverwalterbürokratie tritt dazwischen in der höchst erwünschten Schiedsrichterrolle.

Die Welt als Museum, der Staat als Museumsverwaltung, die Bürger als Museumsdiener, allgegenwärtiger ›Objektschutz‹ nicht zu vergessen: Eintrittspreise statt Steuern. Schon jetzt läßt sich erkennen, wie Funktionen der Erinnerung und Vermahnung eben dadurch erfüllt werden, daß man bestimmte Einrichtungen, Bauwerke, Ruinen ohne Ansehen ihres Aussehens stehengelassen haben will. Faktisch deshalb, weil es kaum eine Sache gibt, für die nicht ein Schutzverband sich gründen ließe. Wir üben uns im Schützen. Und das wiederum ist so schützenswert, daß es gegen Nachrede jeder Art, insbesondere übler, geschützt werden sollte.

Was hat das mit ›Bewahrung der Schöpfung‹ zu tun? Längst ist der Mensch als auch-schöpferisches Wesen mit seinen Schöpfungen in den Bann des Bewahrenswerten gezogen, sofern es nicht erst gestern, sondern schon vorgestern aus seinen Werkstätten und Ateliers, Retorten und Mischwerken gekommen ist. Die Verheißung der Schlange im Paradies *Ihr werdet sein wie Götter* wird sich erfüllen; nur auf ganz andere Weise, als es sich noch das auslaufende Jahrtausend versprach.

Der Mensch besorgt die Sache Gottes, nicht als dessen Nachahmer, sondern als dessen Schadenbereiniger, Nachhilfelehrer, wenn nicht gar als dessen Nachlaßverwalter. Die Definition dieser Rolle, der Zuschnitt des Selbstbewußtseins, hat mit dem frommen Augenaufschlag der Schöpfungsbewahrer eine ungekannte Anmaßung erreicht. Die gemeine Selbsterhaltung wird unter Bedingungen der Welt hochstilisiert zur universalen Gebärde, diese Bedingungen zu setzen. Der Mensch traut sich – wenn auch nur in der Rhetorik – zu, das ungeordnete Erbe zu hüten: ein Hirt des Seins.

Sollte das Amalgam von Pastorale und Apokalypse, in der Sicht meiner privaten Futurologie, zum allseits befriedenden Resultat einen jener Grundgesetzzusätze haben, deren hochqualifizierte Mehrheit durch die blanke Furcht zustande kommt, sich neinsagendenfalls eine Hypothek, mehr als eine Angriffsfläche, mehr als eine Mißstimmung: die *Schuld* an etwas zuzuziehen, was, wenn es nicht eintritt, durch eben diesen Beschluß verhindert worden sein wird? Obwohl doch dies, wenn irgend etwas, gerade das ist, was keine Folgen zu haben pflegt.

Gegen die Proklamation der Absicht, Lebendiges leben zu lassen und andere am Gegenteil zu hindern, gibt es schlechthin keinen Einwand; wer sich nicht anschließt und einschließt, muß es schwer haben. Aber wie schwer? Die Schweregrade sind allzu distant: Elefanten und Nashörner sind weit weg für den, der mit Elfenbein nicht handelt und sich für seine Potenzprobleme nichts von gepulvertem Nashornhorn verspricht. Das Produkt kann so im

Mißverhältnis zur Beute stehen, daß es in der Nähe der Butterberge Kopfschütteln verdient, wie etwa Walfische für Margarine ums Leben zu bringen.

Wie weit geht der Anspruch des Menschen an die ›Schöpfung‹? Auch ihn gerade und nur überleben zu lassen? Das Paradox besteht darin, daß allzu viele nicht überleben könnten, wenn nicht allzu viele andere mehr verlangten, als nur zu überleben. Die Pygmäen in Kamerun bekommen fast nichts für das Elfenbein der illegal geschossenen Elefanten – nur daß die Bantu sie am Leben erhalten, weil das die Bedingung für weiteres Elfenbein ist. Was würden die Bantu mit den Pygmäen machen, die sie verachten, wenn alle anderen außerhalb dieser Bantu-Pygmäen-Welt sich die Lust auf Elfenbeinschnitzereien austreiben ließen?

Der Anspruch des Menschen an die ›Schöpfung‹ geht weiter, als daß sie ihn leben läßt. Er ist ihr Zuschauer. Sie befriedigt seine Neugierde, seine Genußfähigkeit, seinen Sammlertrieb, sein Bedürfnis nach Abwechslung, seine Abenteuerlichkeit. Was alles ist aufgeboten oder gar noch auszuschöpfen, um die Mannigfaltigkeit der Möglichkeiten für dieses Wesen anzubieten? Die Welt könnte sehr unspektakulär durch Schrumpfung untergehen: Als Lebenssphäre des Menschen würde sie mehr und mehr eine Welt der Langeweile. Über deren nicht nur redensartliche Tödlichkeit sollte man sich nicht täuschen: Sie macht mörderisch.

Wir bewahren nicht die Schöpfung, wir bewahren uns. Auch die, die sich nicht für ›Geschöpfe‹ halten und ihr Recht an der Welt und auf sie nur daraus ableiten, daß sie in ihr zu existieren nicht selbst zu entscheiden hatten. Die Welt ist uns etwas schuldig, ganz abgesehen davon, ob wir ihr und was wir ihr schuldig sein sollten.

Und vergessen sei nicht, was wir ohnehin durch eine noch so naturunschuldige Technik zu diesem Problem beisteuern: Im Maße der Minderung unserer Arbeitslast um Wochen, Tage und Stunden werden wir Zuschauer mit gesteigerten Ansprüchen, mit vergrößerten Aktionsradien. Man denke, in wie kurzer Zeit der phantastische Schauraum der Unterwasserwelten erschlossen worden ist und noch wird, bis hinein in die speläologische Unterwelt. Über die Enttäuschung angesichts erstmaliger Anschauung der Rückseite des Mondes sind wir noch gar nicht hinweg: Wir strafen den Mond durch den Erweis von Verachtung, unsere Besuche nicht zu wiederholen, obwohl auch die Planeten fast nichts zu bieten scheinen als die Zielphotographie des Dagewesenseins. Wird es sich lohnen, in das große Wort von der ›Bewahrung der Schöpfung‹ auch ihre trostlos öden Produkte einzubeziehen, die uns nur erfreut haben, solange wir sie nicht näher kannten?

Was absurd werden könnte, ist die Tatsache, daß das Schauangebot auf der Weltszene für den Menschen gerade dann zurückgeht, wenn er endlich sich die Muße verschafft hätte, es zu betrachten: der *kosmotheōros* zu werden, der er so lange schon sein wollte. Mehr noch: Das Angebot schrumpft eben *dadurch*, daß der Mensch es annimmt. Er zertrampelt die Wiesen, die ihm lachen, auf denen es ihm blühen sollte – wie er Mauern der Undurchsichtigkeit vor den großen Kunstwerken der Welt aufbaut, *indem* er sie zu sehen endlich für lohnend befunden hat. Er ist der Zerstörer seiner rein sensorischen Möglichkeiten, noch ohne daß er mordet.

Der Mensch ist ein Minderer der Natur, zweifellos; aber zugleich ist dieser *homo sapiens sapiens* der singuläre Fall der grenzenlosen Pluralität von Erscheinung und Leistung in der Einheit, die biologisch noch der Definition einer Art genügt. Anders gesagt: Die Natur ist durch den Menschen reicher geworden, als sie es durch Vermehrung oder Erhaltung ihrer Artenvielfalt je hätte werden können. Ich will es ebenso trivial wie aufreizend bezeichnen: Jede Modesaison ist ein Aufgebot an phänomenal veränderndem Erscheinungsreichtum, für dessen Ausspielung als ›Evolution‹ die Natur Jahrmillionen benötigt hätte.

Darwin hat zwar nicht an der Mode gelernt, was ›Entwicklung‹ sein könnte; aber an einem anderen, auch teilweise geschmacksbedingten Phänomen: dem der Züchtung. Man braucht mir die Einwendung nicht zu machen, die ich kenne: Fleisch, Milch, Häute, Pelze, Jagdhilfe, Herdenhütung. Aber nebenbei und zunehmend zentral sind Formenvielfalt und Habitus zum Selbstzweck geworden. Aus der Schau der Natur sind die Revuen und Wettbewerbe von Zuchterfolgen geworden, vom Aberwitz der ehemaligen Wölfe bis zu den Übersteigerungen der Orchideen, Rosen und Tulpen oder den Koniferen, die sich in Parks und botanischen Gärten zufällig herausgekreuzt haben.

Der Mensch ist ein Züchter von Anfang an. Auch das definiert ihn. Aus seiner Hand kommen nicht nur ›Gestelle‹, auch Jakobs Züchtersieg über Schwiegervater Laban. Farben und Düfte, die der Natur unbekannt waren, haben ihr ›Spektrum‹ bereichert.

Die Kunst hat uns nicht so sehr gelehrt, die Natur zu sehen; sie hat uns überhaupt erst bemerkbar gemacht, *daß* wir sie sehen und nicht nur nutzen. Denn bildende Kunst ist, welcher sonstigen Funktion auch immer, von gleichsam destillierter Wahrnehmbarkeit der Natur, gleichgültig ob sie sie ›nachahmt‹ oder als Inbegriff der Einfallslosigkeit verspottet.

Kunst ist das Gegenmuseum zur Natur, als trüge der Mensch zusammen, was er den Verlusten entgegenzusetzen hat, die von seiner Selbsterhaltung und Selbstausbreitung der Natur zugefügt worden sind. In meiner privaten Futurologie werden Kunstwerke, sofern sie nur alt genug und die Umstände ihrer Entstehung vergessen sind, genauso betrachtet wie die Skelette von Sauriern und die bizarren Wuchsformen in Schiefern und Sandstein, die sich die Natur einmal als ihren riskanten Luxus geleistet und wieder eingespart hatte. Sie ist rüder mit ihren Kreaturen umgegangen als der Mensch, der das Freiwerden des Lebensraumes für seine kleinwüchsigsten Vorfahren dem kurzen Prozeß zu verdanken hat, der vor 65 Jahrmillionen mit den Riesenechsen gemacht wurde.

Wer nach dieser Urgeschichte glaubt, dem unermeßlichen Variationswerk der Biotechnik ließe sich mit Verwaltungsvorschriften und Transparenten wirksam entgegentreten, erliegt der Verkennung des Sachverhalts, ob die Natur ihrer im Menschen stillgelegten Evolution nicht durch gerade dessen theoriebrütende Nesthockerei auf neue Sprünge helfen würde. Die Einfallslosen warten nur auf den zweiten *big bang*, mit dem die Welt untergehen kann; sie denken nicht an Überlebensfähigkeit als Produkt der Einsicht in die Verfahren des Lebens. In einer privaten Futurologie geht es ja nicht ums Wünschenswerte, sondern ums Unausweichliche. Das als solches zu bezeichnen darf nicht tabuisiert werden, weil es die Marschierer an längeren Wochenenden zögern lassen könnte. Sie werden weiter tun, was ihnen Spaß macht, doch nur, solange es ihnen Spaß macht.

Nichts wird aufhalten können, daß der Stau der Evolution – den der Mensch selbst ›darstellt‹, insofern er sich als ›Kulturwesen‹ aus dem Naturdruck herausgenommen hat – mit der Zugänglichkeit der Genome einen stupenden Durchbruch findet, dessen Qualität ungewiß, dessen Quantität als ›Explosion‹ von Merkmalsvielfalten gewiß ist.

Die zunehmende Unfähigkeit, Bewahrungswidriges gegen die

Natur zu verhindern, korreliert mit der zunehmenden Fähigkeit, Bewahrungsschutz über das Menschenwerk zu legen, das Instrument des Denkmalschutzes auf immer weitere ›Gestelle‹ auszudehnen. Die Bürokratie wird jederzeit versagen, wenn sie es mit konzentrierter Intelligenz zu tun bekommt, auch wenn sie an der Illusion festhält, sie müsse sich nur vergrößern, um jede Kontrollaufgabe zu meistern. Die große Kraftprobe der verwaltenden Disziplinierung der Hochschulen und ihrer zeitweise sich verflüchtigenden Lehrkapazitäten ist exemplarisch gescheitert: Professoren mögen, nach einem Ausspruch des ehemaligen hessischen Kultusministers Schütte, zu dumm sein, um *mit* ihnen Hochschulpolitik zu machen, sie sind es jedenfalls nicht, um mit Bürokraten *gegen* sie zu erzwingen, was sie nicht wollen. Erst recht wird man sie nicht dazu bringen können, *nicht* zu erforschen, was zu erforschen sie sich in den Kopf gesetzt haben. Vielleicht ist doch der Gedanke eines ›Konzils‹ zur Schöpfungsbewahrung nicht so verfehlt, um das durch Rhetoriklehrstühle verstärkte Mittel der Predigt auf sie anzusetzen.

Sicher ist, daß der Übergang zum nächsten Jahrtausend die Bürokratie als Ausweg aus dem Dilemma aufschwellen sehen wird: Jedem möglichen Bewahrungsmissetäter wird ein Kontrolleur beigegeben. Die Wissenschaft hätte ganz nebenher das Problem der Arbeitslosigkeit gelöst, denn alle Kontrollideologen gehen von der Prämisse aus, daß der Kontrolleur nicht die Qualifikation des Kontrollierten zu haben braucht. Deshalb glaubte man ja schon, Professoren mit Inspektoren ›organisieren‹ zu können. Dieses Mißverhältnis ist der futurischen Konkurrenz von Kredit und Kontrolle nicht auszutreiben. Wäre je ein Kontrolleur dem gewachsen, den er kontrollieren soll, wäre er alsbald auf seiten derer, die der Kontrolle bedürfen, weil sie unter dem Verdacht stehen, nicht kreditwürdig zu sein. Man mag eine Welt der Kontrolleure aufbauen – lohnen wird es sich nicht.

[Das Überschreiten von Schwellen – hinter denen liegt, worauf es ankommt]

In den antiken Höhlenimaginationen war es vor allem der Ausgang unter den Himmelsanblick und der Gesetzmäßigkeit seiner Umläufe gewesen – am stärksten beim frühen Aristoteles –, was dem verlassenen Höhlendasein die Überwundenheit verschaffen konnte – aber nicht mußte, wie man wiederum bei dem von Cicero überlieferten Aristoteles-Text sieht. Einer himmellosen Unterwelt hatte gerade dieses Muster einer im Kreislauf wirklichen Seiendseiendheit gefehlt.

Der Hiatus von Höhle und Himmel entfällt, sobald es gleichgültig geworden ist, ob das Gehäuse nach oben offensteht, wie im Falle des Labyrinths oder der mit Hieroglyphen bedeckten Mauern, die etwas umschließen und es verrätseln, aber das natürliche Licht von oben brauchen, damit die Zeichen an der Wand als noch unverstanden Aufgegebenes dringlich genug aufscheinen können. Die seltsame Kulturerscheinung der Panoramen, auf die zuerst Dolf Sternberger 1938 das Augenmerk richtete,[1] kommt ganz aus der Ambivalenz des hohen Bedarfs an Oberlicht einerseits, des ausgeschlossenen Aufblicks auf den lichtgebenden Tageshimmel andererseits. Als die Technik der künstlichen Beleuchtungen das Dilemma beendete, war auch das Jahrhundert der Panoramen am Ende, abgelöst durch eine neue Welt von Lichtspielen ganz anderer Erregungsleistungen, an denen viele Kulturkritiker unversehens die Schulerinnerung an die platonische Geschichte bestätigt fanden – meist, ohne die Beziehung zur sophistischen Rhetorik und ihren von Plato dämonisierten Verführungskünsten herzustellen. War nicht das Erstaunlichste in den kinematographischen Höhlen, daß ohne alle Fesselungen die Köpfe wie erstarrt in der *einen* Richtung verharrten und die Produktionsmaschinerie nicht des Interesses wie an einem Mehr-Seienden – das sie doch im *Wissen* aller *war* – jemals gewürdigt wurde? Wer wollte denn je auf den Grund seiner Illusionen sehen? Derartiges gehörte ins Museum, und dahin eben auch, wer es so genau kennen wollte. Was es gab,

1 [Dolf Sternberger, Panorama oder Ansichten vom 19. Jahrhundert. Hamburg 1938.]

waren Spezialhöhlen, und man konnte von der einen zur anderen überwechseln, ohne auf den ›ontologischen Komparativ‹ zu stoßen. Das Wachstum der Museen, an Zahl wie an Ausdehnung und Zuständigkeiten, ist eine über den ›Historismus‹ im engeren Sinn weit und über das 20. Jahrhundert expandierende Erscheinung. Der Satz wird keine Übertreibung sein: Nichts, wofür es kein Museum gäbe. In ihnen wird die Schuld abgetragen, die durch das Tempo des Fortschritts und des Abstoßens von Überholtem aus dem Lebensgebrauch aufläuft. Der ontologische Status des ›Musealen‹ – auch gern pejorativ so geheißen – ist im Schema der klassischen Höhlen nicht mehr einzubringen. Entscheidend ist hier, daß es allemal auf den *Eingang* ankommt: Mit dem Überschreiten der Schwelle, dem Durchschreiten des Vestibüls, dem Ersteigen mächtiger Treppen wird unvermerkt die Gültigkeit der lebensweltlichen Realitäten abgestoßen, abgenommen wie eine Last, um in ein Areal sorgfältig präparierter ›Schaustücke‹ – vorübergehend immer mehr zu ›Lehrstücken‹ als ›Flachware‹ funktionalisiert – einzutreten. Der Wechsel der Einstellung ist einzuüben. Er hat nicht zufällige Ähnlichkeit mit der Reduktion in der Phänomenologie.

Der Kunstgriff des scholastischen Axioms *Anima quodammodo omnia*[2] erscheint im Rückblick eher als Vermeidung denn als Lösung des Problems von Innen und Außen. Doch impliziert es immer noch die Abkunft der platonischen Höhlenschatten von den Dingen, die sie werfen, und den Ideen, denen die Dinge nachgebildet sind: Die Erzeugungskette der Vorstellungen ist nicht abgerissen, und diesen Grundgedanken bewahrt sogar die ›prästabilierte Harmonie‹ von Leibnizens Monadologie. Obwohl gerade sie der erste entschiedene Versuch war, den Hiatus von Innen und Außen zu überwinden: Psychisches und Physisches, Vernunft und Natur sind ihrer ›Substanz‹ nach ein und dasselbe, nur in differenten Aggregatzuständen seiner Gegebenheit. So weit von aller Metaphysik entfernt sich der positivistische Monismus der ›Empfindungen‹ dünkt, indem auch er das Subjekt nur zum anderen ›Zustand‹ der Elementarsphäre macht, ist die Distanz zur ›Monade‹ das antimetaphysische Pathos nicht wert, weil das Auflösungsschema der Subjekt-Objekt-Dualität und damit, eher beiläufig, des cartesischen Dualismus der beiden Substanzen dasselbe ist: die Ver-

2 [»Die Seele ist gewissermaßen alles.« Vgl. z. B. Thomas von Aquin, Summa Theologiae I, q.14.a.1, ursprünglich aus Aristoteles, De anima, 431b21.]

flüchtigung der Frage, wie denn von innen nach außen überhaupt zu kommen sei. Goethe, dem ein konstitutives Mißverhältnis zu allem Philosophischen nicht bestritten werden darf, hat die ›Lage‹ im Brief an Schiller vom 6. Januar 1798 als die einer unauflösbaren Faktionierung des Denkens in idealistisches und ›realistisches‹ beschrieben: *Mir will immer dünken, daß, wenn die eine Partei von außen hinein den Geist niemals erreichen kann, die andere von innen heraus wohl schwerlich zu den Körpern gelangen wird …*[3] Wenn es zwischen Innen und Außen jemals einen ›Weg‹ gegeben hatte, wie den des platonischen Höhlenausgangs, so ist er derart unwegsam geworden, daß es – unabhängig davon, was jeweils draußen oder drinnen angesiedelt ist: Idee oder Körper, Innigkeit oder Transzendenz, Mystik oder Mythos – die Übergänge in beiden Richtungen nicht mehr gibt: Der Ekstatiker gelangt nicht zum Absoluten, der Paideutiker kommt nicht zurück in die *Polis.*

Das mehr oder weniger starke therapeutische Pathos, mit dem die Außen-Innen-Kontrarietät zumal in Gestalt des cartesischen Dualismus und der Leib-Seele-Fremdheit im letzten Jahrhundert des zweiten Jahrtausends angegangen wird, gründet sich weniger auf die Erwartung, man werde die alten Probleme vom Typus, wie man von jenem zu diesem komme, nun endlich lösen, als vielmehr auf die Aussicht, diese Probleme verschwinden zu lassen, gegenstandslos zu machen. Das vermeintlich Innere wird zum Aggregat des vormals Äußeren, zur Stauungsepisode eines energetischen Flusses, Kondensation eines Gases, Kristallisation einer gesättigten Lösung, Verzögerung der Zielstrebigkeit von Antrieben, die im Innehalten allererst das ›herstellen‹, was sie dann *bei sich* behält. Schon die gewählten Umschreibungen zeigen, daß die ehemals erkenntnistheoretische Thematik mehr auf ein Konzept von *Anthropologie* konvertiert wird. Das Resultat des elementaren ›Ausgangs‹ sind nicht vorzugsweise, sondern nur akzessorisch ›Theorien‹ und deren Gegenstandsverbände; primär steht das Weltverhalten des sich ›Mensch‹ nennenden Gebildes im Blick als die erfragbare Einheit einer durch keine Triebstruktur vereinfachten Mannigfaltigkeit. Der Intention am genauesten entsprochen zu haben, ihr rein

3 [Briefwechsel zwischen Schiller und Goethe in den Jahren 1794 bis 1805. In: Johann Wolfgang Goethe, Sämtliche Werke nach Epochen seines Schaffens. Bd. 8.1. München 1990, 489.]

verbal schon zu genügen macht Pathos und Erfolg von Heideggers ›In-der-Welt-sein‹ als Bestimmung des in seiner ›Sorge‹ sich verstehenden ›Daseins‹ aus. Bevor man sich auf die unter diesen Titeln vereinigten Destruktionen und Deskriptionen nachgehend einläßt, muß man die zeitgeistgenaue Lokalisierung von »Sein und Zeit« als Abschluß und Neuaufnahme eben der Bestrebungen zu identifizieren suchen, die vom Innen-Außen-Schema loskommen wollten. Mag auch die Spracherfindung des Werkes mit dem ›In der Welt‹ die Assoziation von Innen und Außen so wenig abgeworfen haben wie mit der Ekstatik des Zeithorizonts, so ist doch ständig für die Kautelen gesorgt, jenes ›Dasein‹ nicht als ein ›Vorhandenes‹ inmitten von anderem und innerhalb einer Weltbesorgungshöhle denkbar durchgehen zu lassen. Es scheint, daß wir nie erfahren werden, wieweit die Anstrengung sich ihrem Ziel genähert hat. Was uns über uns belehrt, ist die Richtung, die sie einschlug und mit der sie den anstehenden Grundforderungen entsprach, obwohl sie sie mit der eher noch scholastisch anmutenden ›Fundamentalontologie‹ in der Formel der Frage nach dem ›Sinn von Sein‹ verknüpfte. Es gehört zur Symptomatik, an der hier allein Interesse besteht, daß die Rezeptionswoge von »Sein und Zeit« den Grund der Seinsfrage hochgehend überspülte und überspielte, mochte der Autor noch so sehr die Konzentration aufs Anthropologische als das große beklagenswerte Mißverständnis reklamieren.

Ob die Differenz von Außen und Innen – noch als zur Metaphorik depotenziert – mit einem ›Schon-sein-bei‹ ausgeschaltet werden kann und mit ihr die Schwierigkeiten des ›Weges‹, hängt von der anderen Unterscheidung ab, ob nur ›behauptet‹ oder wirklich ›beschrieben‹ werde. Daß die Subjekt-Objekt-Diastase aus der ursprünglichen Einheit des In-der-Welt-seins herauspräpariert worden sei, gilt zweifellos für alle theoretischen Situationen, in denen ohnehin ›an Präparaten‹ im weitesten Sinn gearbeitet wird. Doch müßte das schon ein Sachverhalt auf einem dritten Niveau sein; die Wissenschaft ist nicht die Quelle, eher selbst das Derivat der Subjekt-Objekt-Konstellation. Läßt sich die ihr vorgängige Einheit anders als aus mystischen Verschmelzungserlebnissen zur Anschauung bringen, die Basis und Rückgang aller Beschreibung sein muß? Deskriptionen müssen ›eingelöst‹ werden; sonst sind sie nur aus Antithesen zu Problemlasten bestehende Satzkomplexe. Denn auch anthropogenetisch ist zunächst plausibel, daß der stammesgeschichtliche Verlust der ›Umwelt‹ als der ›Merkwelt‹-›Wirkwelt‹-Verzahnung kein ›In-der-Welt-sein‹ übrigläßt und verständlich macht.

Zukunft bleibt Zukunft – in allem Ernst

Wenn wir wüßten, was wir in zehn Jahren wissen werden, wüßten wir es *eo ipso* heute schon.

Was diesen oft ausgesprochenen Einwand gegen jederlei futurologische ›Vorsicht‹ suspekt macht, ist das schlichte Faktum, daß er sich umkehren läßt: Wenn wir noch nicht wüßten, was wir in zehn Jahren wissen werden, würden wir es *dann* auch nicht wissen.

Dieses Dilemma hat etwas zu tun mit dem ältesten großen Gegensatz in der Geschichte der Philosophie. Die nachhaltigste Fassung ist die des Aristoteles: Was man noch nicht weiß, weiß man derart nicht, daß man nicht einmal wissen kann, ob und wie man es je wissen könnte. Die zweite und torquierte Fassung läßt sich ohne den Namen Plato zwar nicht lokalisieren, ist ihm aber nicht zuzuschreiben: Wer noch nicht weiß, was er wissen will und wird, steht da wie einer, der sich nicht schlüssig werden kann, in welcher Richtung er sich in Bewegung setzen will und ob er folglich nicht besser stehenbliebe, wo er steht.

Es hat dieses reflexive »Quo vadis?« oft genug in der Geschichte der Erkenntnis gegeben, die nur als Geschichtsschreibung den Eindruck zielgerichteter Bewegung macht und gar nicht unterdrücken kann, weil die *victrix causa* nicht nur den Göttern und nicht erst den historisierenden Spätlingen gefällt. Wir kennen die Sackgassen zu wenig – oder es waren weniger, als es hätten sein müssen, wenn man unterstellt, es gelte doch für jeden Zeitpunkt, man könne nicht wissen, was man wissen werde. Der Zuschauer aus der Vogelperspektive mag die Fallgruben und Sackgassen, die dem forschenden Wanderergeschlecht drohen, topographisch gut ausmachen können; und je besser er dies tut, um so mehr erstaunt er über die relative Seltenheit der Irrgänge und Abstürze. Ikarus und Lilienthal kamen zu Tode; doch wie viele nach ihnen überlebten eine Prozedur, die in der längsten Zeit der menschlichen Geschichte für ganz unmöglich [gehalten wurde] und damit auch von allzu vielen Versuchen des Wahns ausgeschlossen war. Der Schneider von Ulm kam eben aus Ulm; aber auch Albert Einstein und Siegfried Unseld (der erkennbar meistgeflogene VIP-Flieger) kamen aus Ulm.

Der Fortschritt mag episodisch in Verruf kommen und gerade

wieder einmal sein, zumal bei denen, die nichts davon ahnen, in welchem Maße ihr eigenes Leben daran hängt; aber ob er heilsam oder fatal verlaufen ist, macht für das immanente Vorgreifen in jeder seiner Phasen auf künftige nichts aus. Das gegenwärtige Wissen vom künftigen ist sich zumindest dieser Künftigkeit selber sicher; die schöne skeptische Empfehlung der *epochē*, noch einmal von Husserl und Hans Jonas gegeben, vermag der tödlichen Sicherheit nichts anzuhaben, daß die Welt auf den thermodynamischen Nullpunkt aller Beweglichkeit tendiert.

Die ›Hauptsätze‹ der Thermodynamik, die so eigentümlich den Zustand des ›Gemüts‹ über weit mehr als das halbe Jahrhundert ihrer Formulierung geprägt haben, stehen zueinander in zeittypischer Korrespondenz: Während der erste Satz die Heilsgewißheit der ›Erhaltung‹ von der Materie auf die Energie – transitiv: vom Schöpfer auf sein Werk – übertrug, warf der zweite diese Gewißheit zurück in den Zweifel der unaufhaltsamen ›Dekadenz‹, sofern nur das Universum den Verdacht des ›endlichen‹ Systems erweckte, woraufhin der dritte so etwas wie die Hinzufügung des ›kleinen Trostes‹ erst in diesem Jahrhundert war, an dessen Anfang (1906) Walther Nernst die Unerreichbarkeit des absoluten ›Wärmetods‹ postulierte. Doch ein Trost für ›das Leben‹ war das nicht, es würde längst Episode im All geblieben sein, wenn auch nur der Nullpunkt von Celsius anhaltend überschritten wäre. Inzwischen ist der große Traum vom Einfrierenlassen ausgebrochen – doch für welche Zukunft und für welche zum Wiederauftauen ihrer Existenzrivalen bereiten Zukünftler? Da kommen schon sehr geringe Zeiträume ins Spiel: die gar nicht so ferne Zukunft der Last der Alten für die Jungen, der Zuvielen für die Zuwenigen, die Unhaltbarkeit also von ›Generationenverträgen‹, als ob über solchen nicht der letzte Zweifel des *Ultra posse* … stände.

Das gilt nun auch für die Unaufhaltsamkeit der Forschung – und der von ihr sowohl abhängigen als auch induzierten Technik. Wer wird ihr Halt gebieten können? Wer es auch nur auszudenken wagen? Verfeinerungen mögen gelingen, Verzögerungen fast nur um Tage, Verdikte leistet sich, wer sie sich leisten kann. Joshua Lederberg, der 1947 den Genaustausch bei Bakterien entdeckte und dafür 1958 den Nobelpreis bekam – der Primärfall der alsbald ausbrechenden Euphorie für ›Kommunikationen‹ –, hat 1962 beim Londoner Symposium »Man and His Future« den von Zeit zu Zeit wieder vergessenen ›Hauptsatz‹ seines *Credo* in die Welt gesetzt: *Ich glaube, eine Forschung zu unterlassen ist kein Mittel, sie zu verhindern ...*[1] Drei Jahrzehnte später muß man hinzufügen: nicht einmal, sie unter schwersten Sanktionen zu verbieten. Was fällig ist, wird dann eben in Wüsten betrieben.

Der ›Wärmetod‹ als ferner Schrecken hatte durch den ›dritten Hauptsatz‹ von Nernst einen zu kleinen Trost erfahren; immer noch schien die Sonne am Himmel den Zeitgenossen fast wahrnehmbar zu erlöschen. Größerer Trost kam von der Entschlüsselung des Zyklus der Energieproduktion in der Sonne drei Jahrzehnte nach Nernst durch Bethe und Weizsäcker. Aber der Schlüssel, den sie fanden, war sowohl der zur Wasserstoffbombe wie zur Plasmafusionstechnik am Jahrhundertende noch ungewisser ›Zukunft‹. Dieser womöglich größte ›Verzögerungstrost‹ wird sich nicht verwehren lassen.

1 [Joshua Lederberg, Die biologische Zukunft des Menschen. In: Das umstrittene Experiment: Der Mensch. 27 Wissenschaftler diskutieren die Elemente einer biologischen Revolution. Dokumentation des Ciba-Symposiums 1962 »Man and His Future«. Hrsg. v. Robert Jungk, Hans Josef Mundt. Frankfurt a. M., München [2]1988, 292-301.]

[Ungerechtes Urteil]

Es mag sein, daß die Welt nicht zu existieren verdient. Aber das hätte man rechtzeitig wissen müssen, um es zu verhindern.

Jener berüchtigte kastilische König Alfons der Weise galt schon mit seinem Ausspruch als Blasphemiker, er hätte Gott einige gute Ratschläge geben können, wäre er bei der Schöpfung der Welt dabeigewesen. Welche Harmlosigkeit, verglichen mit der verbal unauffälligen Steigerung, die kein kastilischer König oder sonstwer gewagt hätte: Wäre er schon dagewesen, hätte er Gott gänzlich davon abgeraten, eine Welt zu schaffen. Das setzt voraus, es könnte nicht von der Hand zu weisen sein, aus einer Welt ließe sich keinesfalls etwas Rechtes machen, wie immer man es anfinge.

Jetzt jedenfalls ist es zu spät. Dringlich zu beachten ist aber angezeigt, die etwa unverdiente Existenz dieser Welt bedeute noch nicht, sie verdiene, was ihr bevorstehen soll: die Vernichtung. Das Dasein nicht verdient zu haben ist eben nicht gleichbedeutend mit dem Verdikt, des Gegenteils würdig und bedürftig zu sein. Mißlingt die Rechtfertigung der *creatio ex nihilo*, ist damit noch nicht entschieden über die Fälligkeit der *reductio ad nihilum*.

Das Urteil – wie gerecht auch immer –, die Welt verdiene zu existieren nicht, verdient seinerseits daher, vergessen zu werden. Aber Vergessen läßt sich nicht dekretieren. Kant hatte es mit Diener Lampe vergeblich sich kommandiert.

Endzeittümelei

Ob man sagen darf: »Ich habe Angst!«

Darf man zu einem anderen sagen *Ich habe Angst*? Die Frage klingt oberflächlich, wenn man voraussetzen darf, es sei wahr.

Dennoch meine ich nicht nur, sondern bestehe darauf, daß dies zu sagen unzulässig, ja unsittlich ist.

Der Grund: Es gibt auf dieses Eingeständnis keine Erwiderung, keine Einstellung, keine Chance des Trostes, der Hilfe. Was es erzeugt, ist die absolute Verlegenheit. Indem *etwas* gefordert zu sein scheint, wird zugleich *alles* verboten. Die Zumutung ist die des Unmöglichen: zu antworten, es bestehe doch kein Grund. Darf man dem anderen das Wort entziehen, indem man ihm vortäuscht, sich ihm zu öffnen?

Es ist unzulässig, zum Unzulässigen zu provozieren. Es gibt einen Imperativ von Wittgenstein aus den dreißiger Jahren (und nicht zufällig aus diesen): *Spiele nicht mit den Tiefen des Andern!*[1] Was aber könnte der, dem sich einer zu seiner Angst bekennt, anderes tun, als gegen diese wesentlichste aller ›Ergänzungen‹ des Dekalogs zu verstoßen?

Vielleicht ist das mehr als ein halbes Jahrhundert später, da man sich in ›Ängsten‹ exhibitioniert, gar nicht mehr begreiflich. Aber ist es nicht schon bedenklich, daß sich die Angst pluralisiert hat? Noch für Heideggers Daseinsanalytik war es 1927 fraglos, daß es auf dem Grunde des Daseins nur die *eine* Angst gibt und sie dem *einen* Sein korrespondiere, um das es dem Dasein geht, weil es ihm faktisch und nicht selbstgegeben ist. Dem Dasein, dem es um sein Sein geht, kommt es auf einen Weltuntergang nicht an, wie berechtigt die Besorgnis um den Bestand der Menschheit jeweils sein mag.

Sie war nicht geringer gewesen, als die frühen Christen begannen, um Aufschub des Endes (*pro mora finis*) zu beten, auch weil sie im Verdacht standen, insgeheim ihre Hoffnung auf Untergänge zu setzen (was sie ja auch ganz am Anfang einmal getan hatten oder getan haben sollten). Der Weltuntergang, wie immer er apokalyptisch, neptunisch, vulkanisch oder kontaministisch gedacht wird, macht alle gleich. Die Sorge ist diffus, alle teilen sich in sie und

1 [Ludwig Wittgenstein, Vermischte Bemerkungen. In: ders., Werkausgabe. Frankfurt a. M. 1984, Bd. 8, 481.]

vereinigen sich in ihr. Das bestimmt ein Lebensgefühl, das sich den Blick in die Tiefe tröstlich versagt.

Der ehemalige französische Staatspräsident Valéry Giscard d'Estaing hat in seinen Erinnerungen »Le pouvoir et la vie« 1988 von einer Szene berichtet, die erstarren läßt. Der deutsche Bundeskanzler Helmut Schmidt hat seinem Staatsgast im Juli 1980 unter vier Augen im Fonds des Wagens das Geheimnis seiner Abstammung anvertraut: eine Konfession der Angst. Der politische Gast, der persönliche Freund, versteht nicht, wie ihm geschieht. Man merkt das leicht an seinem Einwand: *Aber das Judentum wird doch durch die Mutter weitergegeben ...*[2] Wußte er nicht, daß die Biologie der Rabbinen nicht die Hitlers war? Dann ahnte er auch nicht, was dieses Geständnis bedeutete. Es war eine Torheit, obwohl es eine Geste – mehr als eine Geste! – des intimen Vertrauens sein sollte. Denn zu jenem Zeitpunkt wußten die Deutschen nichts von diesem Lebensgeheimnis ihres Kanzlers. Der gestandene Kantianer traute seinen Landsleuten nicht zu, sie würden es hinnehmen, daß einer Angst gehabt hatte – nicht einmal in dieser Vergangenheitsform! – und eine etwas komplizierte Unehelichkeit ausgenutzt hatte, seinem Vater und sich etwas zu ersparen, was seine angstmachende Natur in der Unbestimmtheit gehabt hatte, die das Blutsverdikt über jeden verhängte, der sich auf keinen Gesetzgeber, kein Gericht, keine öffentliche Instanz verlassen konnte.

Was das Geständnis eines erschöpften Freundes unverzeihlich machte, bestand gerade in der *historischen* Aufarbeitung aller Einzelzüge jener Gefährdungen: Es war bekannt, wer in welcher Weise und durch welches Dekret oder welchen Spielraum von Willkür gefährdet gewesen war. Einen jüdischen Vater hatte einer gehabt? Da war doch nicht gleich gemordet worden, zumal wenn registriert worden war »Vater unbekannt«? Nur wußte eben keiner, wie weit es gehen würde. Die eine erhaltene Ausfertigung des Protokolls der »Wannseekonferenz« vom Januar 1942 läßt noch erahnen, worauf es hindrängte und was jeden Tag ohne Federstrich exekutiert werden konnte. Aber weder das Maximum noch das Minimum der offenen Möglichkeiten kannte irgendwer, den das Verhängnis einer erst zu bestimmenden oder unerweislichen Vaterschaft ereilen konnte. So standen selbst für die ›Kenner‹, erst recht für diese, die

2 [Valéry Giscard d'Estaing, Macht und Leben. Erinnerungen. Frankfurt a.M., Berlin 1988, 138.]

Fakten des Dokumentierbaren und die Erlebnisse der Überlebenden in einem nie nachvollziehbaren Kontrast.

Es war unzulässig, noch ein halbes Jahrhundert später (und da um so mehr) zu gestehen *Ich hatte Angst!* Was sollte der damit Konfrontierte da erwidern? Was er erwiderte, war etwas ganz Richtiges, ein Stück Religionsgeschichte, ein einwandfreies Bildungselement – und doch so verkehrt wie jede andere Äußerung oder Geste. So viel Freundschaft, wie dies forderte, gibt es nicht. Dennoch hat Helmut Schmidt indirekt seinen Freundschaftsbeweis noch dadurch verstärkt, daß er Giscard auf Rückfrage erlaubte, die Diskretion jenes Augenblicks der Schwäche zu brechen.

Da hatte der aus der Macht entlassene Altkanzler den Deutschen schon zuvor im Fernsehen seine Konfession gemacht, fast als befände man sich in einer Art Wettstreit um die meiste Angst. Im Oktober 1986 diskutierte Schmidt mit Carl Friedrich von Weizsäcker dessen These, daß *Mangel an Angst möglicherweise Mangel an Wahrnehmung* sei. Schmidts Vermutung dagegen ist, ob nicht »ein bißchen zuviel Angst künstlich gemacht wird in Deutschland«. Und er setzt argumentativ dagegen die Konfession seiner nun historisch werdenden Angst, die er nicht scharf genug beschreibt als die eines *Bestimmten* unter dem Verhängnis der *Unbestimmtheit* einer hinterhältigen Nahezu-Allmacht. Leider kann man sich nicht von vornherein zugestehen, daß es einen Vergleich von Angst mit Angst – der von 1914 mit der von 1939 oder der von 1933 mit der von 1986 – nicht gibt, es daher nur ein vorgespiegeltes Verständnis des einen Erlebthabenden für den anderen geben kann. Solche Verständnissimulation belegt die Unzulässigkeit des *Ich habe Angst!* als Zumutung, darauf in irgendeiner Weise einzugehen. Weizsäcker steuert die absurde Anekdote bei, im Krieg (wohl im Ersten) hätten zwei in einem Schützenloch gelegen und der eine zum anderen gesagt: *Mensch, du hast ja Angst,* worauf der erwidert habe: *Wenn du so viel Angst hättest wie ich, wärst du längst weggelaufen.* Die Eigentümlichkeit der Anekdote bleibt insofern unbemerkt, als sie mit der Feststellung der Angst des anderen, nicht mit dem Bekenntnis der eigenen Angst beginnt, so daß es zum Übertrumpfen mit Angstresistenz kommt. Daran wäre etwas, wenn es wahr sein sollte, daß man Angst riechen kann, hier in der Enge der Deckung.

Sagt mir ein anderer, er bemerke meine Angst, bleibt mir nichts übrig, als darauf zu bestehen, nur ich sei imstande, damit fertig zu werden. Hätte er mit dem Geständnis *seiner* Angst begonnen, wäre das vielleicht ein Indiz für Übertreibung gewesen. Und es ist unvermeidlich, daß auch hier Schmidts Mitteilung, sein Vater habe *wahnsinnige Angst* gehabt – und er um ihn und für sich –, wie eine Verharmlosung der zeitgenössischen ›Ängste‹ wirkt, statt als *viel bedeutsamer, viel existentieller als alles das, was ich dann nach dem Kriege erlebt habe …*

Diese Mitteilung eben ist unzulässig – und sie wird sogleich bestraft, indem Weizsäcker auch ein Stück ›Familiengeschichte‹ mitteilt, weit genug weg: von seinem Großvater. Niemand kann aufstehen und sagen: Was für ein Vergleich! Wer sich mit seiner Angst vergleichen läßt, ist selber dran schuld, wenn sie verglichen, oder wie man nun sagt: diskutiert wird.[3]

Vor dieses Dilemma hatte Wittgenstein sein Verdikt gesetzt. Nur war er ihm selber nicht gefolgt, und dies in einem Zusammenhang mit dem, was Helmut Schmidt in Altersschamlosigkeit gegenüber Giscard preiszugeben begonnen hatte und schließlich im Fernsehen ›zur Diskussion‹ stellte. Was er Anfang 1937 in Cambridge einigen Freunden mitteilte, hatte er ›Geständnisse‹ genannt, und es betraf auch, obwohl nicht nur, den Anteil an jüdischen Vorfahren nach den von Hitler eingeführten Rechenweisen. Was seine Russischlehrerin Fania Pascal zuerst 1973 mitgeteilt hat, ähnelt an erzeugter Verlegenheit dem Bericht Giscards, nur daß Wittgenstein in Cambridge keine Angst zu haben brauchte. Was er hatte, waren Skrupel. Und nicht einmal die dessen, der die Großelternverteilung umgekehrt hatte, sondern dessen, der den Vermutungen seiner Freunde darüber nicht entgegengetreten war.

Durch seine brüsken Exhibitionen zwang er andere, mit seinen Tiefen zu spielen, indem sie zu erraten hatten, was dieses *»Ich bin gekommen, um ein Geständnis abzulegen«*[4] denn sollte. Aus der Exotik seines Schuldgefühls machte er das des anderen. Fania Pascal über diesen Effekt: *Immer habe ich mir Vorwürfe gemacht, weil ich so kalt war und nicht wußte, was ich sagen sollte.*[5]

3 [»Die Angst ist ein ganz schrecklich schlechter Ratgeber«. Helmut Schmidt im Gespräch mit Carl Friedrich von Weizsäcker. In:] Die Zeit. Nr. 42 vom 10. Oktober 1986.

4 [Fania Pascal, Meine Erinnerungen an Wittgenstein. In: Ludwig Wittgenstein, Porträts und Gespräche. Frankfurt a. M. 1992, 65.]

5 [Ebd., 69.]

[Restzeit]

Im Sommer 1979 taucht zum ersten Mal der Ausdruck ›Restzeit‹ als journalistische Erfindung auf.[1] Ein apokalyptisches Reizwort in den Tagen von Harrisburg und Hamburg, allgemeiner Furcht vor Unbestimmtem von jedenfalls ungeahnten Ausmaßen.

Aber es geht um einen bestimmten und bestimmbaren Zeitrest, um die Zeit bis zur Jahrtausendwende. Immerhin also um mehr als zwei Jahrzehnte noch. An der Plausibilität des Ausdrucks ›Restzeit‹ beginnt sich ein Gefälle bemerkbar zu machen, das die Stimmung des *fin de siècle* ein Jahrhundert zuvor in den Schatten stellen wird. Es kommt auf diese Zeitneige nicht mehr so recht an. Alles gerät unter den Rechtfertigungsdruck eines herannahenden neuen Jahrtausends. Eine Rhetorik der Vorläufigkeit kündigt sich an. Die Entrechtung der Lebenden, der noch aus ›diesem‹ Jahrtausend Gekommenen, zugunsten der dem neuen Äon Gehörenden. Man kann sich die Hilflosigkeit ausmalen, mit der den Ansprüchen einer Jugend von ›den Alten‹ begegnet wird, wenn mit der numerisch-kalendarischen Zäsur sich magische Erwartungen verbinden, die ohnehin in jedem Generationswechsel schlummern: So könnte eine neue Zeit doch noch ihren neuen Menschen ›zeitigen‹.

Zeitigen? Dieses merkwürdige Produktionswort enthält eben die Suggestion, die Zeit bringe etwas hervor, was kein anderer Faktor zu zeugen geschafft habe. Und wenn darauf die leiseste Hoffnung sollte kultiviert werden können – und beinahe ließe sich fragen: Welche läßt sich nicht kultivieren? –, dann wird die Restzeit zur Schrumpfzeit, zur Wartezeit, zum Advent vor der eigentümlich entweihten ›Fülle der Zeiten‹.

Restzeit, eine Zeit, die gerade noch wert wäre, verwertet zu werden – das ist nur eine der Entwertungsformen, mit denen sich die Mächtigkeit der Zukünfte immer wieder vernichtend auf die Gegenwarten legt. Erwartung, die sich in Verwertung der Zeit umsetzt und die hinterher nichts anderes ist als die Vorbereitung der großen Enttäuschung, des neuen Nihilismus, der, wie jeder vorher, mit der Überbewertung des Möglichen eingeleitet wird.

1 Frankfurter Neue Presse vom 16. September.

Rette, was wer kann!

Die Welt will gerettet werden, wenn man denen glaubt, die bereitstehen, es zu tun.

Wie groß die Worte sind, die da fallen, wird deutlicher, wenn die ein wenig farblos so genannte ›Welt‹ statt dessen in schöner alter Weise ›Schöpfung‹ heißt. Da wird die Rettung des ganz großen Stils zu einer dem Ursprung wenn nicht ebenbürtigen, so doch verwandtschaftlich nahestehenden Handlung.

Man muß Verständnis dafür haben, daß niemand tot sein möchte, wenn es sich vermeiden läßt. Ich habe auch Verständnis dafür, daß niemand eine Welt ohne Menschen haben möchte, auch wenn sich dieser Wunsch ungefähr so anhört, als wolle er keine ohne Schmetterlinge. Dabei ist eine Welt ohne Menschen viel unwahrscheinlicher als eine Welt ohne Schmetterlinge. Die Redeweise hat nur rhetorische Genauigkeit, es sei heute so weit, daß die Menschheit sich selbst ausrotten könne. Sie kann sich allenfalls dezimieren, und sie kann denen, die überleben, so übel mitspielen, als würden sie in die Steinzeit zurückgeworfen – ein Angebot, um das sich wiederum andere dringlich bewerben, denen alles nicht ›einfach‹ genug sein kann.

Wichtiger ist, daß man sogar dafür Verständnis haben muß, wenn viele lieber unter jeder Bedingung am Leben bleiben wollen als zu bestimmten Bedingungen nicht. Es wäre leichtfertig, das eine Geschmackssache zu nennen. Aber eine Sache in der Nähe durchdachter Argumentation kann es schon deshalb nicht sein, weil Lebenserfahrungsbestände in die Prämissen einschießen.

Kein Verständnis habe ich – um genau dazu zu stehen – für die heuchlerische Redeweise, es ginge darum, die Schöpfung entweder zu zerstören oder zu erhalten. Darin steckt eine törichte Anmaßung. Käme es auf solche Vorfälle wie die irdische Flora und Fauna, den Schmetterling und den Menschen nicht nur für diese selbst an, so wäre im Universum Gelegenheit genug für eine Schöpfung, die dies im Hinblick auf den Höchstwert jener Vorfälle ernsthaft gewollt und gekonnt hätte: mit Reserven und Reservaten vorgesorgt zu haben für den vorhersehbaren Fall der Torheit eines zwar mit Vernunft versehenen, aber mit Gegenkräften gegen sie allzu reichlich ausgestatteten Wesens, sich um die Annehmlichkeit, Natur zu haben und deren Genießer zu sein, mit den scheußlichsten Mitteln zu bringen.

Der Mensch kann vieles zerstören, von Tag zu Tag mehr, und er kann mehr zerstören, als er jemals beigetragen hat zum Bestand der Dinge – aber die Schöpfung, das Universum der Welten und Sonnen, zahlloser Chancen für so etwas, wie er selbst ist – wenn bei dieser Gottestat es darauf jemals angelegt gewesen sein sollte –, diese Macht hat er nicht. Ja, er ist lächerlich weit, unendlich weit von ihr entfernt.

Von der Vernichtung der Schöpfung zu reden ist schon keine rhetorische Hyperbel mehr. Es ist Berechnung, angelegt auf Gehirne, denen die Welt nichts anderes ist als ihr philisterhaftes Nebenan und Drumherum. Niemand sollte gescholten werden, daß er diese Behaglichkeit oder gar ›Gemütlichkeit‹, im Wortsinne, nicht verlieren oder vorzeitig verlassen möchte. Der Wunsch zum Bleiben – auf Gegenseitigkeit – sollte aber nicht hochgespielt werden zu einer Verantwortung, in der es um mögliche Widerpartschaft gegen einen wie immer zu benennenden Schöpfer geht, den zu schonen einem seiner Geschöpfe zugefallen wäre.

Wenn wir schon aus der Intimität der Eingeweihten vom Schöpfer und von seiner Schöpfung reden, sollten wir Takt und Geschmack genug haben, uns nicht als deren zu allem entschlossene Retter aufzuspielen. Denn ›zu allem entschlossen‹ – was heißt das schon? Demonstrieren, Transparente tragen, im Regen trostlose Wachen durchhalten, mit Sprechchören andere bei anderem stören, Ketten und Netze für Minuten und Stunden bilden, wenn das Wetter nicht zu viele zu Hause bleiben läßt? Das alles ist Hochstapelei, sofern es sich nicht zu der bescheidenen Sorge der blanken Selbsterhaltung bekennt. Sie gibt allemal des Rechtes genug, sich zu rühren. Aber es ist kein Recht, sich auf einen absoluten Anspruch zugunsten der ›Schöpfung‹ zu berufen. Das freilich würde zu allem fähig machen müssen. Und alles fürchten lassen.

Was wäre, würde Heidegger verstanden?

Ein Zeitgenosse und Verehrer des späten Heidegger hat den Satz hinterlassen: *Würde das Denken Heideggers verstanden, dann wäre das technische Zeitalter, in dem wir leben, zuende.*[1] Ein anderer Zeitgenosse und Anhänger des späten Heidegger, der an jenem sonst nicht viel Gutes zu lassen vermag, will ihm doch ein dankbares Gedenken dafür bewahren, daß er eben diesen einen Satz geschrieben und darin diese eine Erkenntnis vermittelt habe.

Welche Erkenntnis? Der große Gestus solcher Aussprüche sonst nirgendwo in der Weltgeschichte gekannter Wirkungen von Denken wird nur durch den Kunstgriff möglich, mit Aussparungen an Deutlichkeit zu arbeiten. Wer ist gemeint, wenn impersonal vorausgesetzt wird: daß dieses Denken verstanden würde? Wie viele müßten es sein, die es verstanden hätten, damit die Wirkung einträte, zu deren Bedingung dieses Verständnis gemacht wird? Und was bedeutet die Rede vom Ende des technischen Zeitalters? Sollte mehr erreicht sein, als daß eine ungeliebte Gesamtverfassung des Lebens – eine verachtete Form seiner Veränderungen, wenn nicht Erleichterungen – aus der Welt geschafft wäre, ohne etwas darüber sagen zu können und zu wollen, was denn darauf anderes folgen soll?

Nur das Ende wird versprochen, und das wäre freilich nicht zum ersten Mal, daß den Anhängern einer Lehre genügte, wenn ihnen das Ende des mißliebigen Bestehenden verheißen wird. Sind die, die verstehen könnten, nicht schon zum voraus geeint durch den Wunsch, das Ende des Bestehenden zu erleben, mit welchen Mitteln auch immer? Das Verstehen ist nur an die Stelle des Glaubens als Bedingung der bestimmtesten Heilsverheißung nach dem bloßen Ende des Bestehenden getreten.

Es ist bei der Unbestimmtheit der apokalyptischen Literaturform geblieben. Sie hat nichts anderes im Hintergrund, als die Drangsale des Untergangs gefolgt sein zu lassen von dem neuen

1 [Egon Vietta, überliefert bei Heinrich Wiegand Petzet, Auf einen Stern zugehen. Begegnungen mit Martin Heidegger 1929-1976. Frankfurt a. M. 1973, 110. Petzet ist auch der im Folgenden genannte andere Zeitgenosse und Anhänger Heideggers.]

Himmel und der neuen Erde. Von denen nichts anderes zu wissen, als daß sie das Andere des Gegenwärtigen sein würden, muß diesem Verstehen ganz und gar genügen und scheint es zu tun. Was ein neuer Himmel und eine neue Erde sein könnten, nachdem der alte Himmel und die alte Erde ihrem Urheber doch so auffällig mißlungen waren, wird im apokalyptischen Stil so wenig beachtet wie vom späten Heidegger und seinem Verehrer die Frage, was denn derselbe Mensch, dem das technische Zeitalter so radikal mißlungen sein soll, danach an Besserem soll zustande bringen können.

Dieses Problem ließ sich nur auf einem einzigen Wege lösen: auf dem der ›Seinsgeschichte‹. Sie erlaubt zu denken, daß die Subjekte unverändert bleiben, weil sie, um solches Übersehen seinerseits übersehen zu lassen, die ganze Ursächlichkeit von den Subjekten abtrennt und einer objektiven Sphäre zuweist, die nicht mehr die von Menschen gemachte Geschichte, sondern die Geschichtlichkeit als die Eigenmächtigkeit des Seins wird. Es soll das Sein sein, das sich ändert, damit sich die Subjekte nicht zu ändern brauchen. Was sie auch gar nicht könnten und wofür gute Gründe anzugeben alle Vergeblichkeiten gegen sich hätte, die in der Geschichte schon erfahren und erlitten werden mußten.

Die empirische Vergeblichkeit des Versuchs, die Subjekte zu verändern, begünstigt die Evidenz der einen dann noch möglichen großen Verschiebung, die Gesamtheit der Objekte durch eine geheimnisvolle Fatalität aus dem Hintergrund heraus sich verändern und damit auch die Bedingungen für das Verhalten der Subjekte umschlagen zu lassen. Dann aber wäre das Verstehen eines solchen Denkens, wie das Heideggers, nur Symptom für etwas, was durch dieses Verstehen selbst nicht bewirkt, sondern nur angezeigt würde.

Das technische Zeitalter wäre zu Ende, noch bevor verstanden worden wäre, unter welcher Bedingung.

Schnitzlers Weltuntergänge

»Ich bin auf den Weltuntergang eingestellt.«[1] Das ist schon ein Satz, der mehr als die Niederschrift lohnt – auch die Rückfrage: Kann man das? Arthur Schnitzler hat die Rückfrage nicht gestellt, als der Satz in einem Gespräch mit Hugo Ganz, dem Wiener Korrespondenten der »Frankfurter Zeitung«, am 1. August 1918 fällt. Ganz war ein Spezialist fürs Kassandrische. 1904 hatte er ein Buch veröffentlicht »Vor der Katastrophe«, einen »Blick ins Zarenreich«, dem Schnitzler im Nachruf 1922 bescheinigt, es mute *heute wie eine Prophezeiung* an.[2] Dennoch hat er eine reservierte Beziehung zu dem Theater- und Literaturkritiker gehabt, den er laut Tagebuch von 1910 merken lassen wollte, *daß ich von all dem Unsinn, den er zeitweise über mich in der Frkf. Ztg. schreibt, nichts zu wissen scheine.*[3] War dem ängstlichen Schnitzler jener Satz in die Glieder gefahren – endlich einer, nachdem der Kritiker von seinen Vergeblichkeiten enttäuscht worden war? Oder hat ihn der Dramatiker wie manches andere in Vorrat genommen für einen Kernspruch auf der Bühne?

Wie ernst kann man von Weltuntergängen reden? Jener Hugo Ganz mochte einen kurzen Effekt des Erbleichens an seinem Gegenüber wahrgenommen, endlich mit Genugtuung registriert haben, daß er ›Wirkung zeige‹. Aber kaum ein Vierteljahr später, im Oktober 1918, an einem ausdrücklich ›schönen Herbsttag‹, ist der drohende oder schon angebrochene Weltuntergang nur noch wenig vor der Krise mit Olga, vor dem Untergang der eigenen Ehe. Schnitzler notiert zum *Spaziergang in düstrer, böser Stimmung: Der ganze Weltuntergang, vor dem wir stehn, verblaßte vor meiner persönlichen und kaum begründeten Erbitterung.*[4]

Weltuntergänge haben bisher nicht stattgefunden. Wir wüßten es sonst. Die Untergänge finden im Saale statt. Nach Traum und Erwachen liegt Schnitzler ein Jahr später, wieder am 20. Oktober,

1 [Arthur Schnitzler, Tagebuch 1917-1919. Wien 1985, 167 (Eintrag v. 1.8.1918).]

2 [Arthur Schnitzler in Neues Wiener Tagblatt, Nr. 3, 3.1.1922, 5. Zit. n. Schnitzler, Tagebuch 1917-1919, 400.]

3 [Arthur Schnitzler, Tagebuch 1909-1912. Wien 1981, 146 (4.5.1910).]

4 [Schnitzler, Tagebuch 1917-1919, 191 (20.10.1918).]

noch eine Weile in düstersten Gedanken; – stehe auf; – empfinde in Empörung und Thränen den Zusammenbruch unsres Hauses.[5] Ein eher organischer als mechanischer Vorgang, denn er strömt Geruch aus, der Getier anlockt: … *es muß ein sonderbarer Geruch von einer zusammenbrechenden Ehe ausgehen, daß alle neugierigen Vögel herbeiflattern.*[6]

Unheil zieht sich eher zusammen, als daß es sich ausbreitet. So sind die Weltuntergänge zumeist Metaphern für zerebrale und emotionale Katastrophen.

Die andere Metapher ist die der ›Letzten‹. Schnitzler trifft auf dem Heimweg von einer Generalprobe einen alten ärztlichen Bekannten. Man redet über das Alter, über die Furcht, sich lächerlich zu machen bei ›der Letzten‹. Worauf Schnitzler sagt: *»Die letzte kommt nie«* – und bei sich denkt: *»Die letzte war immer schon lang vorher!«*[7] Erotisch ist lange alles aus, wenn man noch den Ausgang fürchtet.

5 [Ebd., 300 (20.10.1919).]
6 [Ebd., 299] (16.10.1919).
7 [Ebd., 298 (14.10.1919).]

Verlegenheit

Erst stößt er in die Posaune des Jüngsten Gerichts, läßt Stratobomber und Atomzertrümmerungen los (1940!), den Krieg, der gerade in Gang gekommen ist, zum Vorspiel des Endspiels werden – um sich selbst ins zu große Wort zu fallen: *Gehn wir ein Pilsener trinken u. dann schlafen!*[1]

So schmerzhaft hat die Beiläufigkeit nur einer gekonnt: Gottfried Benn. Aber auch dieser Gestus des ›Was soll's‹ ist passé. Man spürt hinterher, wie wenig Souveränität, wie viel Verlegenheit darin steckt.

Verlegenheit. Sie hat mehr Gestalten, sich zu äußern, als irgendein Zustand von Bewußtsein. Gerade deshalb wissen wir so selten, daß wir es mit ihr zu tun haben. Wenn wir einen sehen, der sich vor Wut nicht lassen kann: aus lauter Verlegenheit. Er hätte genau so gut freundlich den Hut ziehen oder – in Ermangelung eines solchen – sich am Kopf kratzen können.

Nun wirft er mit einem Stein.

1 Benn an Oelze, 25. November 1940. In: Gottfried Benn, Briefe, Bd. 1. Wiesbaden [2]1977, 252.

Selbstbeständigkeit

Ein Leben – eine Identität?

Jeder Mensch hat nur *ein* Leben; ob es aber auch *eine* Identität einschließt, wissen wir nicht. Moralistisch gesprochen bedeutet das: Die Verantwortlichkeit für die eigene Vergangenheit ist nicht deshalb unteilbar, weil diese durch die Präsenz in der *einen* Lebenszeit rückverfolgbar ist. Die Vergangenheit müßte, auf welche Weise auch immer, lebenslang *verfügbar* bleiben wie alles, was eben dadurch als das *Meinige*, als ›Eigentum‹ definiert ist. Schreibt ein Philosoph, wie Max Scheler es tat, über »Reue und Wiedergeburt«,[1] sucht er erkennbar nach dem Mittelwert zwischen Reparatur des Vergangenen *und* der Erhaltung der Identität über diesen Hiatus hinweg. Der Apostel Paulus war härter bei dem, was inzwischen als mystische Trivialität frommer Gemüter klingt, durch die Taufe werde der unfehlbar das Gesetz Verfehlende mit Jesus im Tode vereint, um mit ihm als einer aufzuerstehen, der mangels Schuldidentität nicht mehr belangbar, im Gericht also schon ›freigesprochen‹ sei. Für diesen drastischen Daseinsbruch klingt das unverständliche und wohl darum so tröstliche Wort ›Rechtfertigung‹ – um das doch Kriege geführt worden sind – harmlos. So schwer ist es zu ertragen, aus der Selbigkeit von Leben und Identität entlassen zu werden.

Genau dieser Vorzeichnung ist sogar das säkulare Strafrecht gefolgt, als es die Vollstreckbarkeit lebenslänglicher Freiheitsstrafen grundsätzlich bezweifelte, wie gesetzesgerecht sie immer beim Ausspruch gewesen sein mögen. Der Zweifel, der hier ins Spiel gekommen ist, mag sich als ›Humanisierung‹ verstehen und den Sühnecharakter der Strafe hinter ihrer Gesellschaftsfunktion zurückdrängen. Das sind die Worte – aber sind es auch die Sachen? Schnöde ausgedrückt, könnte es so sein, daß ausschließlich die Akte des Verurteilten seine Identität enthält und indiziert, während das »Buch des Lebens«, das beim biblischen Gericht aufgeschlagen wird, mit der Emsigkeit buchführender Engel durch das Übergewicht der ›Löschungen‹ markiert ist. Konsequent wäre wohl als Folgerung aus der unendlichen Genugtuung, die der Men-

1 [Max Scheler, Reue und Wiedergeburt (1917). In: ders., Gesammelte Werke, Bd. 5. Vom Ewigen im Menschen. Erster Band: Religiöse Erneuerung. Bonn 1968.]

schensohn dem Vater für die Menschen am Kreuz geleistet hat, daß der Lebensbuchengel dem Gericht seine penible Buchführung gar nicht mehr vorzulegen vermöchte. Aber wie bei anderen Antastungen der Identität auch hat man wohl immer zu fürchten gehabt, dies wäre ein allzu leichtes Ausfluchtmittel für die Unverbesserlichen, die womöglich einzig wirklich ›identischen‹.

Jeder Mensch hat nur *ein* Leben, und daran liegt es, daß er der Zumutung der ihm abgeforderten ›Bewältigung der Vergangenheit‹ widersteht. Die politisch vereinigte Menge der Individuen, der das erst recht abgefordert wird, mag nur ein Leben haben, aber dieses steht nicht für *eine* Identität. Deshalb wird diese in der Geschichte vergeblich gesucht.

Ein Fall von Selbsthintergehung

Es gibt keine reinen Fakten der Erinnerung. Das bedeutet noch nicht, enthält aber als Möglichkeit: Erinnerung ist die Dimension der Kunst, der Herstellung eines Einzigen und Ganzen, eines der ›finalen‹ Romane im Wettbewerb mit dem Mythos. Was nicht als Faktum Sache der deskriptiven Feststellung oder exakten Messung sein kann, gerät unter das Regime der narrativen Transformation und durch diese in die Kompetenz der Hermeneutik. Auch ist im wesentlichen kein Unterschied, ob einer seinen vorherigen Tag in allen Verhaltensweisen für sich zur verständlichen Einheit von Intentionalität zu bringen sucht – Vorgänger in den Praktiken der ›Gewissenserforschung‹ – oder ob er sich den Ritualen und Lebensabläufen einer fremden, raum- oder zeitfremden, Kultur mit dem Anspruch auf Begreiflichkeit nähert, *als ob* er in ihr und durch sie zu leben hätte.

Jede Distanz – sei es die eines Tages oder die eines Tagesmarsches von einem Dorf zum anderen – fügt den nackten Feststellbarkeiten einen Bedarf an Auslegung hinzu; Mangel an Auslegung manifestiert sich in der niedersten aller Formen, der der Aufzählung. Von ihrer Art kann sogar ein Schiffskatalog bei Homer sein; er gibt zu verstehen, was gerade nicht gegeben werden kann, und setzt den Spannungsbogen der epischen Intentionalität kontrastbedacht außer Kraft. Auch die Erinnerung leistet sich Kataloge, aus Verlegenheit oder aus Verachtung, schließlich aus Vergeßlichkeit, bevor sie aus der Quelle der Einbildungskraft neue und nachholende Komplexionsweisen heranschafft. Immer leben wir zwischen den Extremen des Zerfallens und der (Re-)Integration.

Arthur Schnitzler hat sich 1917 einen Kasus notiert, der ihm keine Ruhe gelassen zu haben scheint: *Ich kannte einen, der am Abend stets an sich selbst einen Brief aufgab, nur um am nächsten Morgen zur Postzeit keine Enttäuschung zu erleiden. Aber es ist mir nie klar geworden, ob es ein Narr oder ein Weiser war.*[1] Die gestellte Frage könnte eher gleichgültig sein, denn die Weisheit eines Narren oder die

1 [Arthur Schnitzler, Parabeln. In: ders., Gesammelte Werke 5. Aphorismen und Betrachtungen. Frankfurt a. M. 1967, 302.]

Narrheit eines Weisen wären so weit nicht voneinander entfernt, daß es sich lohnte, die Alternative zu entscheiden. Spürbar wird ein elementares Lebensproblem, auf eine eher symbolische Weise erfaßt, und das Symbolische hat wegen seines gelösten Realitätsbezuges immer etwas Närrisches wie etwas Weises an sich, man kann akzentuieren, wie man will.

Stehen bleibt die unausgesprochene Frage, ob denn die Absicht des Briefschreibers zureichend damit bestimmt ist, sich den enttäuschenden Postausbleib am Morgen zu ersparen. Das schnöde Vorbeigehen des Postboten durch bloße Portozahlung anzuhalten wäre der Neben- oder Hauptabsicht verdächtig, vor Mitwohnern und Nachbarn nicht als einer stigmatisiert zu sein, mit dem niemand in der Welt korrespondiert – also: etwas zu tun haben wollte, und sei es nur wegen Unwichtigkeit. Für derartige Absichten genügte ein mit leeren Bogen aufs Briefgewicht gebrachter Umschlag, der gelegentlich der Sensation wegen sogar auf Übergewicht und Nachportoeinzug angeschwollen sein könnte. Schnitzler übergeht solche Verdächtigungen seiner Versuchsperson, indem es ihm genügt, daß sie einen Brief allabendlich an sich aufgibt, um ihn allmorgendlich entgegenzunehmen.

Hat er etwas geschrieben? Bekommt er etwas zu lesen? Man stelle sich vor, welche Welt von Unterschied das ausmacht: Der geschriebene Brief wäre die Umgehung der Nacht, der fatalen Lebensunterbrechung, und die Herstellung der Sicherheit, am nächsten Tag den Anschluß zu finden: Identitätssicherung. Endlich zeigte sich einer der Tatsache gewachsen, mit deren Intentionsbedrohlichkeit wir uns nur in seltenen Augenblicken von ›Überreflexionsbereitschaft‹ befassen: daß wir, um leben zu können, dies unterbrechen und schlafen müssen. Der Schlaf ist eine Zumutung an jeden Realismus, an jede Insistenz auf Identität, sogar an jeden Leistungstrieb. Wir werden genötigt zu einem Vertrauen, das wir in anderen Dingen nicht mehr haben: Vertrauen in die Zuverlässigkeit der Welt, denn nur so ist Rückkehr zu ihr beim Erwachen möglich.

So gesehen müßte der Inhalt aller Briefe das Hauptstück ihrer Absicht sein, Anschluß an sich selber zu finden, den Tag mit dem Tag nahtlos zu verbinden, den Unterbruch zu überlisten. Nun erst kommt die Frage auf, was denn der Inhalt sein müßte, sofern es ihn gäbe, um diese Intentionalitätssicherung zu leisten. Es ist schade, daß ein Autor von der Imaginationskraft Schnitzlers den Reiz des Themas gespürt hat, ihm aber nicht erlegen ist. Wie hätte jeder der imaginären Briefe beginnen können? Dieses Minimum der Aufgabe ist sogar noch dem Philosophen erreichbar: »Indem ich meinen Tag beende und mich auf den Zugriff des Schlafes gefaßt mache, frage ich mich, was eigentlich den Morgen und den Abend dieses Tages verbunden hat, um es nun zu rechtfertigen, seinen Abend mit dem nächsten Morgen um jeden Preis – und sei es den des Portos – weiter zu verbinden, da ich mir doch morgen abend dieselbe Frage zu stellen haben werde. Alles hängt also davon ab, daß ich sie *heute* beantworten kann. Es muß sein, und so sei es ...«

Schnitzler, der Pathologe des Eros, sieht wohl auch an diesem ›Fall‹ eher die Finalität: In wessen ›Behandlung‹ war der, den er gekannt hatte, am Ende gekommen, sofern dieses Ende nicht immer noch bevorstand, wenn man die Prozedur der Selbstzusendungen aufgedeckt hätte? Welche Chancen zur Entmündigung oder zu jahrelangen ›Analysen‹ in der Berggasse. Schließlich hatte Schnitzler auch ein bißchen Übung darin, Philosophen im Sanatorium zu besuchen – *sein* Philosoph mußte dort Station machen inmitten der Errichtung des ungeheuren ›Systems‹, an das der Dichter glaubte, obwohl es niemals etwas davon gab. Es war das Sichüberschlagen derselben Intentionalität, die sich nicht gefallen ließ, Leben und Welt nur in Stücken zu haben. Schließlich war auch der erlebende Erotiker davon überzeugt, daß keine gegenteilige Erfahrung ihn davon abbringen konnte, jede Liebe für unendlich und den Eros seiner Natur nach für lebenszeitidentisch zu halten. Untreue kam dazwischen, war ein Unfall Mal für Mal – dem ›Wesen‹ der Sache konnte er nichts anhaben, das zeigte sich an Empörung und Wut der jeweils betrogenen Seite. Das immer Neue ist das immer Falsche, das nur anzeigt, was hätte sein *sollen* ...

Ich möchte voraussetzen dürfen, daß jener unbekannte und hoffentlich niemals aufgefallene Bekannte Schnitzlers wirkliche Briefe an sich geschrieben hat, weil *mir* hinter seinem Bedürfnis nach täglicher Post das *ihm* vielleicht verborgene nach dem Nicht-täglich-anfangen-müssen wichtiger geworden ist.

Ob als pathologischer Fall, als freundliche Anekdote oder als heitere Erfindung, gehört es in die ›freie Variation‹ des Phänomenologen, der leider nie so frei zu verfahren ist, wie er vorgibt, und deshalb der zugetragenen ›Fälle‹ bedarf, an denen sich das Wesentliche in Dasein wie in Abwesenheit faßbar macht. Ich möchte mich auf den Adressaten, nicht auf den Absender der täglichen Briefe konzentrieren dürfen, statt auf den *Protokollanten* des Tages ganz auf dessen *Hermeneuten* am Tage danach. Der will sich versichern, vernünftig gewesen zu sein, und das tut er als Leser des vorabends abgelieferten Briefes. Findet er *sich* im Vortag noch vor als den, der den neuen beginnt, als ausgegangen und aufgefangen von der Zeit, die uns zerreißt und wieder zusammenhält? Ist es nur zu oft ein Fremder, dessen vertraulichen Brief er empfängt, dessen er sich geniert, der ihm rätselhaft und unbilligenswert nachkommt – mit gerade jenen Stückchen an ›Gegenwart‹, die uns sonst die Vergeßlichkeit schon in kürzesten Distanzen erspart? Könnte es gar so weit kommen, daß er sich nur an der eigenen Handschrift überzeugen läßt, von keinem *genius malignus* verhöhnt oder geschmeichelt zu werden? Der Grenzfall, der die Hermeneutik des eigenen Gewesenseins impliziert, ist ohnehin in der Alltagsformel vertraut: Da verstehe ich mich selbst nicht mehr. Der Selbstadressat verkürzt und standardisiert sich die Maße der Erinnerung, er schenkt sich nichts und erzwingt sich alles, sofern er denn mutig genug gewesen sein sollte.

Der Status der Reflexion ist unerreichbar geworden, wenn über den Tag eine Nacht geschlafen worden ist. In aller Hermeneutik steckt verpaßte Reflexion. Daß ich nur von der Nacht und von der Fatalität des Schlafes, nicht von der Sprache gesprochen habe, die beide ›umgeht‹, wird man mißbilligend bemerkt haben. Es ist keine Kleinigkeit, ich weiß es, die ich da beiseite gelassen habe.

Erinnerung an das verlorene Ich

Unendlichkeit ist eine Pathosformel von zweifelhafter Dignität: Erst die Theologie hat daraus ein göttliches Attribut der uneingeschränkten Größe und Vollkommenheit gemacht. Die Griechen noch, die im Unbegrenzten das Gestaltlose – und damit all ihren Vorlieben Entgegenstehende – sahen, kannten die *Welt* als Inbegriff des Seienden und Erkennbaren nur im Begriff des *kosmos*: Und wenn sie, wie in der Atomistik, den Raum unbegrenzt werden lassen mußten, glichen sie diesen Defekt aus, indem sie der *Welt* den Plural der *kosmoi* zugestanden, mit denen das Unendlich-Leere spärlich angefüllt war.

Sieht man vom theologisch-mystischen Zwischenspiel der Spätantike und des Mittelalters ab, brachte erst Newtons Physik dem Unendlichen eine positive Funktion: Um die Zustandsnorm der Trägheit und Beharrung mit dem davon abhängigen Begriff der *Kraft* einführen und definieren zu können, brauchte er den absoluten Raum und die absolute Zeit als den ›Spielraum‹ physikalischer Bestimmbarkeit, also ›Rationalität‹ der Natur. Eben darin hat ihm Leibniz widersprochen: Unendlichkeit zerstöre die Natur als *Welt*, indem sie die Ununterscheidbarkeit ihrer Zustände, den Mangel an Rationalität ihres Vorhandenseins zur Folge hatte. Wo jeder Raum-Zeit-Punkt jedem anderen gleichwertig war, konnte es keine ›Rechtfertigung‹ der Welt geben, wie sie faktisch ist. Dann wäre es unmöglich geworden, die Welt als den Inbegriff der in Raum und Zeit ›verteilten‹ Individuen zu verstehen. Das aber hieß auch und vor allem: Alles, was mehr als eines war, war überflüssig – und das Eine, das es zu sein gehabt hätte, war schon mehr als nötig.

Man muß nun freilich so tun, als hätte es Kants Kritik der Vernunft nie gegeben, um sich in der Antinomie der kosmischen Begriffe verfangen zu finden. Für Theoretiker des Universums gab es die Aporie nicht mehr – zumindest für ein knappes Jahrhundert; die Welt ließ sich unter dem Druck der zu ihrer Erkenntnis vermeintlich gegebenen Bedingungen nicht mehr ›unmöglich machen‹. Aber was *Erkenntnis* nicht erzwang, konnte *Erlebnis* bleiben – und als solches den ihm adäquaten Ausdruck finden. Fand der Dichter nicht immer noch, daß in der *gedachten* Welt die *erlebte*

Welt verschwand? Und zog der nicht seine Daseinsberechtigung aus der Unbefangenheit der Berichtigung am ›neuzeitlichen‹ Weltbegriff?

Im Frühsommer 1943 prägt Gottfried Benn im Gedicht vom »Verlorenen Ich« fast verächtlich die *Unendlichkeitschimären*, in denen sich die Unwahrheit vom überwundenen Mythos zurückzunehmen scheint. Zentral für den Kerngedanken die fünfte Strophe: *Die Welt zerdacht. Und Raum und Zeiten / und was die Menschheit wob und wog, / Funktion nur von Unendlichkeiten – / die Mythe log.*[1] Die Umgehung Kants ist, fast greifbar, vom selben Typus, wie der Wiener Positivismus sie vollzogen hatte: Schicksal von Welt und Ich nur zum Schein ein antagonistisches, in Wirklichkeit die Geschichte der einen Wolke von ›Empfindungen‹, in deren Konfigurationen nur episodisch das Ich kondensiert, um sich alsbald wieder als das Niegewesene zu verlieren. Nur soweit wäre das erstaunlich, als es vorauszusetzen scheint, Benn habe etwas Philosophisches gelesen, das wir nicht identifizieren können; aber in Berlin so unwahrscheinlich wie in Wien Kant.

Erstaunlich ohne Vorbehalt ist der Schluß des »Verlorenen Ich«, der Gegenpol zum Trug der Mythe wie zu den Unendlichkeitschimären: die Suche nach dem Gegenhalt, wenn auch keinem zu eigen zu machenden, nur auf Borg zu nehmenden für die großen alten Fragen: *Woher, wohin – nicht Nacht, nicht Morgen, / kein Evoë, kein Requiem, / du möchtest dir ein Stichwort borgen – / allein bei wem?*[2] Dies Geborgte gehört weder in den antiken Mythos noch ins Pathos der Wissenschaft: Es ist *Memoria*, Erinnerung an das, was zur Erinnerung gestiftet und geboten worden war und worin das Ich das Noch-Unverlorene gewesen war: *Ach, als sich alle einer Mitte neigten / und auch die Denker nur den Gott gedacht, / sie sich den Hirten und dem Lamm verzweigten, / wenn aus dem Kelch das Blut sie rein gemacht, / und alle rannen aus der einen Wunde, / brachen das Brot, das jeglicher genoß – / o ferne zwingende erfüllte Stunde, / die einst auch das verlorene Ich umschloß.*

Benn ist der Wortmeister des Unerwarteten. Der Leser, gerade noch mit der Frage *allein bei wem?* aus der Ratlosigkeit der sechsten Strophe entlassen und die Seite umschlagend für die beiden letz-

1 [Gottfried Benn, Gesammelte Werke in acht Bänden, Bd. 1. Wiesbaden 1960, 215.]
2 [Ebd., 216.]

ten, beginnend mit dem lyrisch schon so lange unerlaubten Auftakt *Ach*, wird assoziativ, wenn nicht überdeutlich, auf eine Bildsphäre verwiesen, die jeder kennt und keiner mehr ›für voll‹ nimmt – es sei denn durch Johann Sebastian Bach. Aber nun und hier und an den Tagen des großen Scheiterns im Osten wie im Süden die Verschmelzung von Benn und Bach, dem Ungenannten? Doch wo wäre in dieser unfrivolen Ironie die Formel der Frage gefunden worden, um die es dabei nur noch gehen kann: *ein Stichwort borgen – / allein bei wem?*

Die Welt als Flucht – es war das Peinliche, daß die Welt, seit sie ins Flüchtige *zerdacht* war, eben unter jenen *Unendlichkeitschimären* den Fluchtort der Selbstbewahrung nicht mehr bot: zwischen der verlogenen Mythe und dem reduzierten Nebeltrug war das Ich im *Gewühl der Empfindungen* verlorengegangen. Es blieb die Erinnerung. Aber statt biblisch zu *sein*, gab sie nur die Stichworte und Requisiten für das Muster eines vielleicht einmal unverlorenen, wohlumschlossenen Ich. Keine Anwartschaft auf die Wiederkehr des Gleichen – nur die *Memoria* an das, was immerhin möglich gewesen, wenn auch nicht geblieben war. Warum auch immer Heilsrezepte? Wir leben im Maße von der Erinnerung, wie wir die aktuelle Chance, das Erinnerte noch einmal zu sein, verlieren – und nichts läßt drauf schließen, daß diese Erinnerung uns so trügt, wie der Mythos einst trog und die Chimäre zertrat, was geblieben war. Nicht nur, daß das 20. Jahrhundert mit der fabulösen Neomythe der Erinnerung – des *Unbewußten* statt des *Unendlichen* – anbrach und mit dem Verdacht ihrer Lüge enden wird; es ist mehr, erfüllt und gar überfüllt mit Erinnerung, in der sich das ›verlorene Ich‹ seine Stichworte sucht, als könne es sich wiedergewinnen um diese Kondensationskerne.

Nein, Erinnerung als diese Modalität unvermeidlicher Diskontinuitäten, diese Fragmentensammlung, gewährt uns (wir wissen es noch nicht) einen anderen und nicht minderen Aggregatzustand des Lebenkönnens. Verloren das Ich, unbenannt noch das statt dessen möglich Gewordene – ohne die Mitte, der sich alle neigten und dabei doch nur ein Diagramm der Einheit simulierten. Ohne das Brot, das wir schneiden, statt es zu brechen, ohne die Wunde, aus der das verlorene Ich zu seiner Odyssee aufbrach, auf der wir immer noch neuer Ungeheuer gewärtig sein müssen. Aber wir haben die Erinnerung, ihre Requisiten und Bilder und Stichworte inmitten der Ichverlorenheit, der Aussichtslosigkeit, sich wiederzufinden, bei aller Not, sich ein *mögliches Selbstverständnis* zu erzwingen.

Die Welt hat keinen Namen

Welche Krankheit ist es, die Lorenzo daniederhält? Nennt uns den Namen! Ein Name kann so tröstlich sein ...

[...]

Ich kann Euch keinen Namen nennen, gnädiger Herr! Diese Krankheit ist namenlos, wie unsere Angst. Wollte man ihr einen Namen beilegen, so lautete er kurz und schauerlich.

Thomas Mann, »Fiorenza« II, 5[1]

Als der unselige Adam, gerade noch die Seligkeit des Gartens Eden genießend, den Umgang mit Besatzung und Besetzung dieser Vorzugswelt zu erlernen hatte, bekam er das Privileg, den Dingen Namen zu geben: Jetzt würde er sie rufen und sich gefügig machen können. Was da noch nicht ›Magie‹ hieß, entstand und lebte als verruchtes Relikt in der Erinnerung fort. Entscheidend blieb die Bindung an die Kenntnis des Namens, entsprungen jener gottbefugten und den Schöpfungsbefehlen so nahestehenden *Onomathesia*: statt »Es werde« nun nicht weniger gebieterisch »Es heiße«. Namengebung blieb die Auszeichnung der Herrscher und allerspätesten ›Schöpfer‹ aller Kunstgebilde, der Städtegründer und Fabrikaterfinder, der Entdecker fernerer Planeten und kleinerer Planetoiden wie exotischer Inseln und transuraner Elemente. Immer ging es noch ein wenig – zunehmend weniger – um den ›Baum des Lebens‹, um die vermeintliche Unsterblichkeit in Fußnoten und in Lexika.

Vertreibung aus dem Paradies – wie können wir das noch verstehen? Wir haben die Namen, die ›wahren‹ Namen, der Dinge vergessen wie der Platoniker die Ideen, wir sind in die Konfusion der Namengebungsregeln geraten, um bei der Vergeblichkeit dieser Art von ›Verewigung‹ anzukommen, da nicht einmal mehr die Briefmarken- und Geldscheinsammler mit den Namen derer etwas verbinden, die auf diesen ›Wertzeichen‹ abgebildet sind und aus

1 [Thomas Mann, Fiorenza, Gedichte, Filmentwürfe. Große Frankfurter Ausgabe, Frankfurt a. M., 63.]

ganz anderen Gründen als denen ihrer Absicht ›etwas gelten‹. Die Kontingenz der ›Umbenennungen‹ von Städten und Stätten, Straßen und Plätzen lasse ich notgedrungen beiseite, weil sie nicht nur Ärgernisse schaffen, sondern auch solche beseitigen – dies nur ein Indiz für die heillose Zwangsläufigkeit, die uns mit der vermeintlichen Gunst der Namengebung geblieben ist. Nur die 200 000 Malediver mußten darauf verzichten, die etwa 2000 Inseln ihrer Republik im Indischen Ozean sämtlich zu benennen; die meisten sind namenlos geblieben – ohne Scheu vor dem Entsetzen, dessen höchsten Grad wir mit dem Attribut der ›Namenlosigkeit‹ verbinden.

›Namenloses Entsetzen‹ ist nur der auf den Augenblick reduzierte Aggregatzustand jenes umfassenderen ›Keine-Worte-Habens‹, das ebenso pathologisch wie ästhetisch sein kann. Seit ›Dunkelheit‹ eine Qualität von Wortkunst, von ›Dichtung‹ geworden ist, worin sie sich der Domestizierung durch ›Deutungen‹ zu verweigern beansprucht, sehen wir einen der Übergänge von jenem archaisch erstarrenden Verstummen zum ›Worte-Finden‹, das zuerst der Philologe Hermann Usener zu seinem Begriff der ›Augenblicksgötter‹ führte[2] und dem der Marburger Neukantianer Rudolf Otto einen Platz im erweiterten System der Kategorien, denen der religiösen Erfahrung, zu verschaffen suchte:[3] Das Numinose sollte fortan heißen, was in Erlebnissen des *tremendum*, des *fascinans* und des *sanctum* seine (Un-)Faßbarkeiten hätte. Ernst Cassirer systematisierte 1923 das Stupende im zweiten Band seiner »Philosophie der symbolischen Formen«: Namenwerdung statt Namengebung.[4]

Alles, was es gibt, hat einen Namen – oder hätte ihn, sobald unsere Erfahrung, als Wissenschaft oder nicht, an ihr ebenso ideales wie illusionäres Ende käme: *Mehr ist nicht der Fall.* Aber wenn es allem, was es gibt, einen Namen zuzuordnen gäbe – und sei es in der Verlegenheit des Überflusses eines jener Codesigel, mit denen die Astronomen nach dem Aufbrauch des Pantheons der Antike die Überraschungen vager Objekte – Wölkchen und Häufchen, Spiralen und Geschweiftes – nur noch ›etikettiert‹ haben, gibt es noch Namen genug, denen keine Erfahrung oder Anschauung na-

2 Hermann Usener, Götternamen. Bonn 1896.

3 Rudolf Otto, Das Heilige. [Breslau] 1917.

4 [Ernst Cassirer, Philosophie der symbolischen Formen. Zweiter Teil: Das mythische Denken. Darmstadt 1964.]

hekommt oder Gegebenheit ihrer ›Sache‹ verschafft. Es geht dabei ganz und gar nicht ums Phantastische. Nur eben, daß von einer Position aus gesprochen wird, die niemals die der Anschauung und damit der zureichenden Begriffsbildung sein kann.

Adalbert Stifter hat in einer der Episoden seiner »Bunten Steine«, bewußt im Widerspruch zum Gesamttitel mit dem kargen »Kalkstein« überschrieben, im unvergleichlichen Aneinander von Schwermut und Leichtigkeit die Schlüsselszene beschrieben, in der der ich-erzählende Landvermesser im Gebirge nach einer Gewitternacht auf eine kleine Gruppe von Kindern trifft, die auf ihrem Schulweg den gewaltig angeschwollenen Bergbach durchqueren müssen und dem besorgten Zuschauer den trotzigen Stolz der Gefahrerfahrenen entgegensetzen. Obwohl sie doch den einen Begriff, die eine Erfahrung nicht haben können, mit deren Namen sie so unbefangen umgehen: *Aber sie kennen den Tod nicht*, läßt Stifter seinen Geometer denken. *Wenn sie auch seinen Namen auf den Lippen führen, so kennen sie seine Wesenheit nicht, und ihr emporstrebendes Leben hat keine Empfindung von Vernichtung. Wenn sie selbst in den Tod gerieten, würden sie es nicht wissen, und sie würden eher sterben, ehe sie es erführen.*[5]

Das ist nicht nur ein Stück Kinderfreundphilosophie. Es gilt so universell wie die Selbsternennung eines jeden zum ›Ich‹, aber radikaler: Denn ein Ich ist der, der dies denkt, *schon*, wenn er den anderen es *auch* sein und sagen läßt. Wir haben einen Namen für den Tod, aber keinen Begriff, der nicht auf dem Konstrukt äußerer Merkmale beruhte, die so verschärft und vermehrt werden können, wie es neue Rettungsmittel erfordern. Es ist ein regulativer Begriff, von dem die trivialen abgeleitet sind; gerade daran in vager Distanz der Bergdorferfahrung zu denken ist, was Stifters Erzähler den gefährdeten Kindern noch möglich sein läßt. Ein Name, dessen Benanntes nicht nur Kindern entzogen ist, mag das Dasein auch Sein-zum-Tode bis zu diesem selbst sein und bleiben.

Es gibt wenig her, das ›Erlebnis‹ Tod mit dem ›Erlebnis‹ Schmerz zu vergleichen. Zwar gibt es auch vom Schmerzerlebnis keine Beschreibung, auf seine Intensität bezogen; während jeder *seinen* Tod stirbt und kein anderer weiß, was das ›bedeutet‹. Der Name vergleicht die Kinder und den Alten nur hinsichtlich des-

5 [Adalbert Stifter, Bunte Steine, Bd. 1. Pest u. a. 1853, 131.]

sen, was Dritte – etwa der Arzt, der den Totenschein ausstellt – als annähernd objektiven Befund erheben. Nicht ›objektiv‹ genug, wie die erstaunliche Pathologie der Scheintodfurcht belegt. ›Der Tod ist eingetreten‹, diese alte Amtsformel seit Hippokrates und Galen hat eine metaphorische Konnotation, die sich solchen Vieldeutigkeiten, die *ein* Name zusammengreift, ein wenig annähert. Entscheidend ist, daß der Tod das Sinnpotential des Lebens erschöpft: Was *gewesen* ist, *ist* nun das Ganze. Es noch auf *eine* Formel zu bringen heißt nicht, es zu beschreiben oder zu definieren, sondern ihm als ›Erlebnisquantum‹ einen Titel zu geben, was anderen als Dichtern wohl selten gelingt. *Kurios* haucht der Konsul Jean Buddenbrook auf dem Sterbebett, und wie es gemeint ist, gibt er als gestischen Akzent hinzu, indem er sich von der versammelten Familie ab- und der Wand zuwendet.[6] Der *Name* erträgt die *Qualität.*

Keinen Namen hat die ›Welt‹. Wie sollte sie auch und wozu? Es fehlt jedem potentiellen Namengeber das Minimum an Distanz, das Namengebung zur Bedingung hat. Ihm fehlt jede Art von Intention für eine ›Sache‹, auf die man nicht zeigen kann, weil man zu tief in ihr steckt. Auf die ›Welt‹ zu zeigen geht ins Leere, mochte auch der deutsche Aufklärer Wolff sie zur Vermeidung der *res* als eine *series rerum* definieren. ›Welt‹ also ein Name für einen Begriff? Nein, eben dazu fehlt es an allen Bestandsstücken einer Ersetzungsregel: Ein Begriffsname muß immer durch eine bestimmtere Formel *ersetzt* werden können. Die Welt ist so unersetzlich, könnte man mit einer kleinen Subreption sagen, daß auch die vermeinten oder selbstbeförderten Verwalter von ›Weltbegriffen‹ nur zerstören, was sie nicht haben.

Dabei zeigt der *Name* seine Kehrseite der *Magie*: Er benennt nicht, was stillhält wie Adams Paradiesesfauna, sondern beruft und zitiert herbei, was sich nur dem Stärkeren fügen würde. Unter den Namen, die hier immer zu Kunstgriffen werden, hatten die Griechen den glücklichsten: KOSMOS verschmähen noch die Kosmologen nicht, obwohl es schon genuin die Pathosformel für Ordnung und Zierde, Disziplin und Beständigkeit, aber auch Totalität und Geschlossenheit gewesen ist. Noch die Atomisten, die die Welten

6 [Thomas Mann, Buddenbrooks. Verfall einer Familie. In: ders., Große kommentierte Frankfurter Ausgabe. Frankfurt a. M. 2002, 87 (Kap. II, 4). Es handelt sich dabei aber nicht um den Tod von Jean Buddenbrook, sondern um den seines Vaters Johann Buddenbrook sen.]

wie die Atome in den unbestimmtesten Plural versetzten und zur Wurzel der Welten den Wirrwarr (erst seit dem 18. Jahrhundert) erratischer Atome machen wollten, blieben bei KOSMOS im Plural – einem gar nicht genug zu bedenkenden Sinnverderb der Geschichte des Denkens bis auf den heutigen Tag. Gäbe es diesen Plural, nützte er uns nichts für eine neue große *Onomathesia.* Denn ›eine‹ Welt hat nun einmal diesen unbestimmten Artikel nur, weil in ihr zu *sein* von ›einer‹ anderen zu *wissen* schlechthin ausschließt.

Die Vermehrbarkeit des KOSMOS, von den Atomisten erfunden und von Aristoteles mit Erfolg für zwei Jahrtausende bestritten, hat etwas vorbereitet, was dann doch die Rede von der ›Welt‹ zu einer namentlichen disponierte: Es gab, im Überschwang einer metaphorischen Pathosformel, die »Neue Welt« für eine neue Epoche, die sich »Neuzeit« nennen wird, und damit eine »Alte Welt«, die sich zuvor nicht *alt* vorkommen konnte, weil für sie Erweiterungen auch nur um vier Monde oder einen Planeten oder zwei Kontinente (dann drei) ganz unerahnbar und damit unbenennbar waren. Namen können den Sachen und Prozessen vorauseilen; hier taten sie es nicht: Amerika am Horizont war Westindien, erst dann eine Neue Welt mit einem fast gleichgültigen Namensfehlgriff, an den wir für den Rest dieses Jahrhunderts erinnert werden.

Schneller, als das Bild der Welt sich veränderte, veränderten sich die Erwartungen auf weitere Veränderungen. Dieses Potential schafft sich in der Namengebung ein für ausgiebig gehaltenes Reservoir: aus mythologischen Beständen, wie bei Himmelsnovitäten, harmlos, aber nicht unerschöpflich; aus dynastischen Reverenzen, wie für arktische und antarktische Inseln, unerschöpflich, aber nicht bleibend harmlos wegen kommender Umbenennungsdekrete neuer Imperien; aus den Namensrechten von Entdeckern und Erfindern auf ihre Anteile an der neuen Weltauffüllung. Weniger harmlos wegen der Prioritätskonflikte, die auf bedrucktem Papier ausgetragen wurden und durch vorletzte Rückgriffe ins mythologische Arsenal beigelegt und vergessen werden konnten, waren teleskopische Objekte wie der Planet Neptun, den Le Verrier hypothetisch errechnet, Galle optisch ›realisiert‹ hatte, mit der mühsam geschlichteten Ambition national gefärbter Namengebungen. Harmvoller, weil nahe ans Zeitalter der Weltkriege heranführend, waren die Komplettierungen und Erweiterungen des chemischen Systems der Elemente (Polonium, Germanium usw.), wo im riskanten Gebiet des Instabilen noch einmal die alten Götter verharmlosend einsprangen (Uranium, Plutonium, Neptunium).

Bei den technischen Geniestreichen wollte Werner von Siemens die internationale Patentsicherung; sie half ökonomisch, nicht onomatisch: Mancher fährt einen ›Diesel‹, ohne den abgelegten ›Otto‹ je so genannt zu haben. Bewundernswert ist erst wieder die Namensdiplomatie der Raumfahrtinstitutionen für ihre Fuhrparks; hier erzwingt die Ökonomie das Minimum an Anstößigkeit trotz hinterhältigen Arrogationen. Aber was ist das gegen Halleys Ewigkeitsversicherung mit der Zuverlässigkeit seines Kometen, den ein Günstling des Himmels gerade zweimal in einem Leben sehen darf!

Die Welt hat keinen Namen – als sei dies der Preis dafür, daß alles in ihr und durch sie von der Regularität der Namengebung umfaßt wird. Vom ›Entsetzen‹ der Namenlosigkeit ist die Neuzeit trotz dem Überdruck der Benennungsanwärter nicht geplagt worden; aber die Gefahr der Willkür bei der ›Okkupation des Herrenlosen‹ – und läge es unter kilometertiefem Eise – war so wenig zu vermeiden wie der Wettbewerb um die Qualität der *Aura* als des Überschusses über die logische Festlegung, der namengebundenen Kondensation von Emotionen, mit denen Namen noch in anderer Weise ›Geschichte machen‹, als es die Inhaber dieser Namen gekonnt hätten. Doch die Ängstlichkeit von Magistraten und Senaten, mit Akten der Namengebung nicht aus dem Tritt des Zeitgeistes zu fallen, ist signifikant für den magischen Rest am Namen. Ich kann es wissen (man verzeihe mir diese Einschaltung), denn ich habe einen Teil meines Lebens nahe einem großen Platz gewohnt – dem größten des Landes, in dem er heute liegt –, der während dieser Zeit fünfmal seine Namensschilder wechseln mußte, um am Ende zu heißen, wie er am Anfang geheißen hatte: »Lindenplatz«. Die Unwürdigkeit des Namengebergeprotzes hat der Verlegenheit der schlichten Rückgabe eine unverhoffte auratische Zutat eingetragen: die der fortan gesicherten Unantastbarkeit.

Betrachtet man die »Neuzeit« als eine Epoche der ›Neuerungen‹ im weitesten Sinne, so ist sie auch das Zeitalter einer jeden Paradiesesakt sprengenden *Onomathesie.* Dabei kam, fast wie zufällig, der Zustrom griechischer Wortschätze aus dem zunehmend bedrängten Osten gelegen; am griechischen Gepräge der Titulaturen für die ›neue Welt‹ (hier der Wissenschaften, Technik und Künste) wird erkennbar, was allererst zu benennen war, während in Medizin und Jurisprudenz das lateinische Erbe eine nicht immer heilsame Konstanz verbürgte.

Jacob Burckhardt hat beschrieben, wie das gräkophile Florenz der Mediceer zum Schauplatz des Vorauseilens der Namen vor den Sachen wurde. Es sollte der Neuzeit eigentümlich werden, wenn auch die überfällige Neubildung der UTOPIA nicht aus dem Staat der Mediceer kam, in dem an der Verfassung, statt an der Natur, experimentiert wurde. Burckhardt sieht hier erstmals den *großen modernen Irrtum* am Werke, daß man *eine Verfassung machen, durch Berechnung der vorhandenen Kräfte und Richtungen neu produzieren könne.* Da kommt es zu Institutionen und Prozeduren, zu denen das Bedürfnis zuerst einmal ›benannt‹ sein will, bevor ›Staatskünstler‹ hochbenamte ›Scheinbehörden‹ entwerfen, es zu befriedigen. Sogar Savonarola schöpft aus der Allkompetenz geistlicher Zerebralität: In der Predigt am 3. Adventssonntag 1494 programmiert er, wie eine Verfassung herzustellen sei. Namen mußten zumal die Parteien bekommen, und manche Gräzismen behielten europäische Geltung. Darauf verweist Burckhardt mit dem Satz: *Wie sehr färbt und entfärbt aber der Name die Sache!*[7] So bekamen wir schließlich die »Ökotrophologie« als akademisches Fach.

Nicht zuletzt ist die Namensthematik *der* Leitfaden zum Antagonismus von Philosophie und Theologie. Nicht nur gegen die Vielzahl, die Überzahl der Götter richtet sich die Philosophie der Antike von Anfang an; auch und nicht zuletzt in der Namensreinheit des Gottes, in der Reduktion auf seinen Begriff vollzieht sich die erste der ›Entmythisierungen‹. Der Gott hat keinen Namen. Im Sich-selbst-denkenden-Denken wäre jeder Name Verunreinigung; und zu diesem von Aristoteles erreichten Gipfel folgt ihm die theologische Rezeption auf der *via negationis.*

Die christliche Kohabitation des Gottes der philosophischen Mythenkritik mit dem Gott der Bibel ist *das* Rätsel der Dogmengeschichte. Denn der biblische Gott *hat* einen Namen, ob er ihn verschweigt oder offenbart, zu mißbrauchen verbietet oder zu preisen gebietet. Nur ist dieser, der sagt »Ich bin der ›Ich-bin‹«, der Namensempfindsame, der nicht preisgibt, bei welchem Ausdruck er sich *rufen* und *beschwören* läßt. Der *eh'yē'* in Exodus 3,14, der sich

7 [Jacob Burckhardt, Die Kultur der Renaissance in Italien. Ein Versuch. In: ders., Gesammelte Werke. Basel 1978, Bd. 3, 57 f.]

dem nachfragenden Moses als ein rechter *deus absconditus* benennt, hat denn auch die Übersetzer zur Verzweiflung getrieben (Buber hat: ICH BIN DA) – und damit erreicht, was er auf jede Namensrückfrage angezeigt wissen wollte: Nicht auf die *Kenntnis* des Namens, aufs Eingeweihtsein ins Geheimnis, kommt es an, sondern auf die *Wirksamkeit* in der Anrufung.

Die Lizenz, ja das ausdrückliche Gebot, den »Herrn« als *Vater* mit dem Gebet zu konfrontieren, ist die ›Lösung‹ der Namensproblematik durch Jesus von Nazareth, dem die Dogmatik Gott in ganz anderem Sinne als dem der Namentlichkeit zum Vater gegeben hat. Dies wäre das Zentrum einer Offenbarung, die nicht darin bestände, ›etwas mehr‹ von Gott gesagt zu bekommen, als anderen gesagt worden war. Das Wesentliche am Vaternamen ist, daß an ihm die Spuren der Magie nicht mehr haften. Nicht zufällig gehört die Vater-Anrede Jesu zu den wenigen authentisch-ursprachlichen Elementen: Der aramäische Vokativ *abbā* nach Markus 14,36 bewahrt die *ipsissima vox* dessen, der zu keinem anderen Zweck seine Intimität preisgibt, als den Anhängern und Anwärtern zu sagen: So sollt auch ihr ihn nennen!

Zu dieser unprätentiösen Zugänglichkeit gelangt die Philosophie gerade dann nicht, wenn sie zum Auftakt der mittelalterlichen Scholastik Anselm von Canterbury zwei Gottesbegriffe anbieten läßt, die keiner seiner Nachfolger – durch Aristoteles verstört! – einzuholen vermochte: Gott sei *aliquid quo maius cogitari nequit*, doch nicht damit genug, sei er erst recht ein *quiddam maius quam cogitari possit.*[8] Da ginge der Name im Begriff und der Begriff in der Existenz auf – wenn nur die Prozedur aufginge.

Auf diesen Aspekt der Gottesnamenthematik bin ich nur eingegangen, um auf eine biblische Verwunderlichkeit zu kommen, die immer unterbelichtet geblieben ist: Dieser nazarenische Heilbringer gibt seine Anrede des »Herrn« preis und frei, legitimiert nach Lukas durch den Spruch des seine Ankunft verheißenden Engels, welchen Namen er durch die Welt zu tragen habe. An diesem Gabriel, der die Jungfrau zur Mutter ›ernennt‹, mag sich ärgern, wer will: Die Liebhaber des ersten Lukaskapitels waren entzückt zu erfahren, wie ihr Rabbi zu seinem Namen gekommen war und

8 [Anselm von Canterbury, Proslogion (1077/78). Kap. 15: »über dem Größeres nicht gedacht werden kann« bzw. »etwas Größeres, als gedacht werden kann«.]

daß sie nicht ein Produkt elterlicher Verlegenheit als kontingentes Faktum hinzunehmen hatten. Diesem ging der Name voraus. Und das nicht nach der Art des abstrakten ewigen *Logos* im ersten Johanneskapitel, der doch dann als *dabār* zur Jordantaufe hätte daherkommen müssen. Mochte er der *Logos* sein, er hieß jedenfalls nach nichts dergleichen; sein Name *Jesus* (gräzisiert von *Jehoschua*) hat keine Aura, ist gebildet nach einem Schema, das germanisiert etwa einem Gotthold entspricht.

Der in griechischer Mentalität auf die Urgeschichten eingestellte Lukas unterstellte bei seiner durch Paulus ausgebreiteten hellenistischen Leserschaft den Bedarf, die Namensherkunft des Heilsstifters wenigstens durch einen Erzengel beglaubigt zu wissen. Lukas konnte vor der Kontingenz des Namens stutzig werden und dies bei seinen Adressaten unterstellen; den Anstoß zu mildern, der in der Tyrannei der Namensübernahme von vielen empfunden wird, genügte ihm nicht das messianische Epitheton des ›Gesalbten‹ (*christos*).

Wie riskant es war, in der Namensfrage etwas offenzulassen, läßt sich an der Geschichte des Messianismus ablesen. Sogar in der Matthäuspassion ist es erkennbar, daß des Sterbenden verzweifelter Schrei *Eli, Eli* ... von den Vorübergehenden als Ruf nach dem Propheten Elias gehört wird, der als einer der Aspiranten auf die Messianität verstanden wurde, weil er nicht regulär gestorben war. Ein Beleg mehr dafür, daß Namensmangel auch Hintertüren für falsche Messiasse offenläßt, an denen es nicht fehlen sollte.

Für die Gläubigen Jesu war noch etwas von überragender Bedeutung: Sie kannten den Namen ihres Richters im Endtribunal. Sokrates hat das sogar für den Philosophen vorgezeigt: Wo der *Logos* versagt, wird Raum für den *Mythos* – und da kennt doch dieser Sokrates die *Namen* der Totenrichter. Die vier und ihre Vorgeschichte zu kennen gibt seinem Unsterblichkeitsglauben ›Solidität‹. Da ist kein ›Einfluß‹ auf die Bibel im Spiel, eher kommt eine Konstante des Sinnvertrauens zum Vorschein. Die Evangelisten sind sich zwar nicht einig, ob Vater oder Sohn Gericht halten werde; aber die Wiederkehr des Jesus auf den Wolken des Himmels war die des ›richtigen Richters‹, auf den schon hierorts jeder seinen Anspruch hat. Was von der Angelus-Episode bis zur Gerichtsapokalypse den Heilskontext durchhält und seine Bürgschaften umschließt, ist der konkret-kontingente Name, den – wenn man auf Einheit einer

›Offenbarung‹ besteht – der *Logos* angenommen hat, um unter den Menschen zu wohnen, was dem Namenlosen, auch dem Abstraktnamigen, verwehrt gewesen wäre. Der lukanische Namensbefehl des ebenso namentlich auftretenden Botschafters ist Vorsorge für Identifikation – sogar über der Passionsfigur am Kreuz wird das altbekannte I. N. R. I. von der römischen Macht angebracht werden: Wer immer noch nicht resigniert hatte, konnte den zur Unkenntlichkeit entstellten Davididen wiederfinden.

Durch die ausgeschilderte Welt

Seit wann beschäftigen Sie sich mit Philosophie?
S. Fischer an Arthur Schnitzler, 1926

Einer sehe den Wald vor Bäumen nicht, ist die schlichte Metapher für den Vorhalt, er ließe sich vor Einzelheiten das Ganze entgehen. Die Formel setzt voraus, man könne eine Position der Wahl *zwischen* einer Vielheit von Bäumen und der Einheit eines Waldes innehaben, eine *Distanz* also, deren Verminderung die Vorentscheidung bestätigen oder verwerfen werde. Doch kann die Annäherung, die schließlich nur noch Bäume sehen läßt, die gegenständliche Festlegung wieder verunsichern, bis man *den* Wald betreten hat – mit der vollen Evidenz, wenn man erst zu den vielen gehört, die sich in Wäldern verirrten. Man kann das den Übergang von der theoretischen *Einstellung* zur existentiellen *Inständigkeit* – oder beliebig anders – nennen.

Eine Spielart der fälligen Entscheidung habe ich noch ausgelassen – mindestens diese eine, denn es gibt ja auch noch Landkarten: den Anblick der an einem Pfahl oder an einem jener Einzelbäume angebrachten Schrifttafel, die Forstverwaltung verbiete das Betreten des Waldes. Da sieht dann jeder, daß sich für die Anbringung solcher Tafeln nur der Baum eignet, während man an Wäldern keine Schilder anbringen kann; dafür wird auf sie verwiesen und aus der forstlichen Kompetenz heraus die Existenz des Waldes vor Augen und Füßen unzweifelhaft. Als befände man sich im Botanischen Garten, wo nichts Unbeschildertes steht.

Was in der postumen Erstveröffentlichung von 1968 in S. Fischers Almanach eine »Novellette« heißt, ist dies vor allem, weil es keinesfalls eine »Kurzgeschichte« ist; auch der Titel »Ich« es nicht dazu macht. Der Titel täuscht, es ist keine Icherzählung. Auch als Fallstudie eines Wahns ist die Verfehlung der Normalität zu gering, um Aufhebens davon zu machen. Die Verfehlung ist eher eine philosophische als eine pathologische: eine Karikatur von Sprachphilosophie, wie sie im Wien der zwanziger Jahre nicht unbekannt war.

Niedergeschrieben 1927, vier Jahre vor Schnitzlers Tod, geht die

Novellette auf eine Notiz von 1917 zurück.[1] Die gewöhnlichste Sache der Welt, aufgefallen einem ihrer gewöhnlichsten Menschen: Auf einem der vielen Wege von langen Spazierwanderungen fällt ihm auf, daß am Eingang zum Schwarzenbergpark ein Schild angebracht worden ist, auf dem nichts weiter steht als »Park«. Das Überflüssige oder das Nötige, wer weiß? Wie auch immer: *Jemand ist sehr impressioniert davon.* Die Macht des Eindrucks nimmt schnell Übermaß an, als sei Adams Namengebung für alles andere nochmals zu tun. Jener kommt nach Hause und versieht Tisch, Divan und Kasten mit Zetteln, auf denen steht, wie sie *heißen* – oder was sie *sind*? Dann kommen Frau und Sohn und Köchin dran, derart ausgeschildert zu werden. Endlich *pickt er auf sich selbst einen Zettel, auf dem steht: Ich – und spaziert so auf die Straße.* Damals, 1917, war dies erst der Anfang eines so auch genannten Wahnsinns, der im Sprung in die Wörtlichkeit bestand: *Sein Wahnsinn beginnt damit, daß er Annoncen, Plakate etc. ernst und wörtlich nimmt, Streitigkeiten mit ihnen anfängt usw.* Die eigene Verwunderung über das Schild am »Park« ist extrapoliert auf eines der altbekannten Merkmale des Wahnsinns (vom schizophrenen Typus), keine ›uneigentlichen‹ Bedeutungen zu verstehen. Hier geht am Initialfall die Tatsache aus der Bedeutung hervor: Die Baumansammlung wird zum »Park« durch das Schild, welches eben dies statuiert. Die »Novellette« *zähmt* den Auswuchs des genuinen Notats und pointiert es an anderer Stelle, wo der Wahnsinn noch nicht ›begonnen‹ hat.

Der Rayonchef in einem Kaufhaus, von dem man beiläufig erfährt, daß er Huber heißt, ist *bis zu diesem Tage … ein völlig normaler Mensch gewesen.*[2] Der Tag, an dem es Vergangenheit wird, ist ein Sonntag und – im Gegensatz zum Autor mit seinen alltäglichen Spaziergängen – die ausnahmsweise Gelegenheit zu einem Ausflug über Sievering hinaus zum Schwarzenbergpark. Jetzt ist festgelegt, daß jene Tafel nicht etwa neuerdings angebracht worden war, auf der *wie von Kinderhand geschrieben* das stand, was nach den Prämissen der Geschichte jedermann ohnehin bekannt war: *Sie fiel ihm auf, aber er dachte gleich: daß sie immer da gewesen war, man sah*

1 [Vgl. Arthur Schnitzler, Tagebuch 1917-1919. Wien 1985, 43 (13.5.1917).]

2 [Arthur Schnitzler, Ich. Novellette. In. S. Fischers Almanach. Frankfurt a. M. 1968, 53. S. a. Schnitzler, Das erzählerische Werk in chronologischer Ordnung, Bd. 11. Frankfurt a. M. 1992, 99-108, hier 99.]

es ihr geradezu an, daß es eine ganz alte Tafel war.[3] Er ist also nicht nur abwegig verwundert über die Tafel und ihre onomathetische Anmaßung; er ist noch mehr erstaunt über sich, daß er sie nie zuvor wahrgenommen hatte. Der Grund wird offen genug: weil sie das Selbstverständliche feststellte und dies sich der Wahrnehmung entzieht, *sich ihr erspart* im Wortsinne.

Man mußte den eigenen Standpunkt verlassen, um das Schild in seiner ›Vernunft‹ zu begreifen. Es mochte Leute geben, die den Park nicht von Feld, Wald und Wiese anderer Art unterscheiden konnten; und es mochte solche geben, die ihn mit dem Paradies verwechselten, das er beinahe wäre, doch ohne Erlaubnis zu entsprechender ›Natürlichkeit‹ des Verhaltens nicht sein kann. Das Schild war nicht nur eine Vorkehrung gegen solche Mißverständnisse, sondern geradezu die Aufforderung, sich der eigenen Behaglichkeit im Selbstverständlichen zu begeben – die ›Störung‹, die die ›Lebenswelt‹ nicht erträgt, und ihre Assoziation zum Paradies, das nach der Namengebung die unstörbare ›Lebenswelt‹ gewesen sein müßte. Eine Schlange in Eden, das ist nicht erst die vertrautgewordene Gestalt des Versuchers, das ist schon die Störung, wie sie dort stattfinden konnte, wo die Tiere nicht sprachen, obwohl sie doch benannt worden waren. Ohne an das Paradies zu denken, kann man einen so einfachen philosophischen Gedanken nicht fassen. Schnitzlers Genialität ist, mit der Verwechselbarkeit von ›Park‹ und ›Paradies‹ diesen gedanklichen Seitensprung anzubieten.

Nennen wir es die ›Etikett-Erfahrung‹, wovon der Held der »Novellette« impressioniert worden ist, so wendet er die Aufstörung aus der Gewöhnlichkeit nun gegen ›seine‹ Lebenswelt. Er zieht ihre ›Dinge‹ aus der Anonymität, benennt mit einem Zettel sogar das Bett, in dem seine Frau mittags schläft. Aber die fremden Elemente dieser Welt werden ihm unbehaglich: die Unbekannten im Café, die Namen in der Zeitung, denen er keine Dinge zuordnen kann. Zettel, für die es keine Sachen gibt, um ihnen nach vorn im Bewußtsein zu helfen. Ihre Bezeichenbarkeit ist das Beruhigende an den Dingen, an denen die Namen genauso befestigt werden können, wie sie an diesen haften: *Er atmete auf, wenn er an die hölzerne Tafel dachte. »Park«.*[4] Wo es so nah nicht ging, galt

3 [Ebd., 55 bzw. 100 f.]

4 [Ebd., 60 bzw. 105.]

das Chaos: *Welche ungeheure Verwirrung war in der Welt. Niemand kennt sich aus.*

Die Vertreibung aus dem Paradies hat Sachen und Namen voneinander getrennt. Der unterbeschäftigte Herr Huber hat damit begonnen, sie wieder einander zuzuführen, jenen durch diese Festigkeit und Zuverlässigkeit zu geben. Verwandte, die zum Nachmittagskaffee kommen, finden an ihren Mänteln ihre Titulaturen »Schwiegermutter«, »Schwägerin«. Die Kinder werden am nächsten Morgen mit Namenszetteln zur Schule geschickt. Und im Kaufhaus soll nun auch alles anders werden: Übertrumpfen der Auszeichnungspflicht.

Doch Frau Anna Huber kann die Weltverbesserung nicht erkennen. Sie läßt den Arzt kommen: *Wie der hereintritt, tritt ihm der Kranke entgegen mit einem Zettel auf der Brust, auf dem mit großen Buchstaben steht: »Ich«.*[5]

Im Unterschied zu der zehn Jahre zurückliegenden Konzeptnotiz läßt Schnitzler genau hier die »Novellette« enden: mit der ersten und nun wohl auch letzten Fehlleistung des Namengebers und Weltordners. Er hat sich an dem einzigen Namen vergriffen, den kein anderer für ihn außer ihm verwenden kann. Er hätte, konsequent geworden, auf den Arzt zugehen und auch diesem einen Zettel mit den Buchstaben »Ich« vor die Brust heften müssen. Ich gegen Ich, das erst war die vollendete Verwirrung der Welt, die erschreckende Entdeckung am Rande der ›Lebenswelt‹: *Ich bin ich, aber der andere ist es auch.* Es kann nicht mehr das Wesen einer Sache sein, daß jeder sich nennt, wie nur ich mich zu nennen mich im Recht weiß. Das Etikettenwerk der Sprache ist am Ende, wo die Selbstgewißheit der einzigen ihrer fähigen ›Sache‹ ihren Anfang nimmt.

Herr Huber ist über das »Ich«-Schild vor seiner Brust nicht hinausgegangen. Das mochte ihn vor schlimmster Diagnose des Arztes bewahrt haben. Nur bis an die Schwelle des Wahnsinns gelangt er, nicht über sie hinaus. Es ist gerade die Linie, an der er Philosoph werden oder davor zurückweichen konnte. Es ist eine riskante Sache, auf Schilder in der Landschaft zu achten; man riskiert die ›Wonnen der Gewöhnlichkeit‹.

5 [Ebd., 61 bzw. 108.]

Gewinn im Verzicht auf absoluten Weltbesitz

Heraklit hat gesagt, wie wir der Überlieferung durch Plutarch entnehmen können: *Die Wachenden haben* e i n e *gemeinsame Welt (koinon kosmon), die Schlafenden wenden sich von ihr ab, jeder auf* s e i n e *(eis idion).*[1]

Das Einschlafen ist aufgefaßt als eine Handlung des Loslassens der Umklammerung der Welt, und die klassische Frage »Wer wen?« ist einschließend beantwortet mit dem medialen Sichabwenden. Der Einschlafende verläßt sich darauf, seine eigene Welt zu finden, aber es ist zweifelhaft, ob ihm dieser Gewinn gelingt. Doch ist »Traumdeutung« tendenziell von der Gewinnchance getragen, am deutlichsten die unerwartete und eher anachronistische seit dem Beginn des zwanzigsten Jahrhunderts. Durch sie bekommt der Erwachte suggeriert, er werde den verlorenen Besitz für sich zwar nicht festhalten, doch lebensträchtig machen können.

Vielleicht gewinnt er im Verzicht auf diese Lebenszeit fressende Besitzgier der absoluten Eigenwelt mehr, als ihm jeweils zur Sicherheit werden kann. Was im Einschlafen wie vertrauensvoll abgelegt worden war, wird im Erwachen als das Gemeinsame, das doch nie dasselbe sein kann – weil ein *kosmos* keinem den Platz des anderen in Raum und Zeit zugesteht –, den Wunsch der Eindeutigkeit unerfüllt lassen. Was die Traumdeutung verheißt, ist der Lösung eines Rätsels ähnlicher als der Klarheit eines aufgehenden Tages.

Diese Mißlichkeit legt es nahe, das Austräumen der Träume ohne Rücksicht auf deren Bedeutungsfracht zu beschreiben: als lebensweltalltägliche Erfahrung des Erwachens – und die Funktion des Traumes nicht nur als deren versuchte Verhinderung. *Steh auf,* sagt der Engel im Traum zu Joseph bei Matthäus, *nimm das Kind und seine Mutter, flieh nach Ägypten ...*[2] Nach Ägypten! Man denke: dorthin, woher der Gott sein Volk herausgeführt hatte, in einem Exodus, der in der mythischen Erinnerung wie das Erwachen aus einer anderen Welt tiergesichtiger Götter und lastender Träume festfeiernd nachgelebt wurde. Eben der Festtermin dieser *Memoria*

1 [Hermann Diels, Walther Kranz, Die Fragmente der Vorsokratiker. Berlin 1960, 171 (Fragm. 89).]

2 [Matth. 2,13.]

wird für die Zukunft des durch Traumbefehl zu rettenden Kindes doch einmal tödlich werden.

Irgendwann in der Mitte des zweiten vorchristlichen Jahrtausends besiegt der Pharao Amenophis II. bei Migdol in Kanaan eines der Heere seiner vielen Feinde. Der Gott Amun-Re war ihm im Traum erschienen und hatte ihn wissen lassen, die Schlacht stehe bevor. Für einen Pharao gab es da kein Weiterschlafen. Und der Sieg war so großartig, daß der Pharao an der Bewachung der Gefangenen in der Nacht teilnehmen mußte. Diese Einzelheiten sind in der Liste seiner Triumphe überliefert, die der Herrscher inschriftlich aufstellte. Daß der Feldherr für die Schlacht nicht gut gerüstet war, steht hinter der Nachricht von seiner Beteiligung am Wachdienst; daß er überhaupt nicht mit der ›Feindlage‹ vertraut war, verrät die Alarmierung durch einen Traum, der keiner Deutung bedurfte, aber auch kein Versprechen enthielt. Geweckt wurde der Pharao, siegen mußte er selber. Wie weit ist man da noch entfernt von dem Aufstieg des biblischen Joseph, dem Pharaos Träume wie Rätsel vorgelegt wurden, denen andere Deuter nicht gewachsen waren.

Daß an Träumen etwas zu ›deuten‹ ist, versteht sich nicht von selbst. Daß einer viel eher die Rolle einer ›Entscheidungshilfe‹ spielt, wie die institutionalisierten Orakel, Auguren und Astrologen, steht als Symptom für den ständigen Bedarf an Entlastung von Verantwortung in undurchsichtigen und folgenreichen Lagen. Im Maße, wie sich etwa die Astrologie dem Typus einer ›Wissenschaft‹ assimilierte, gewann sie das Privileg der Entscheidungshilfe – zunehmend heimlich und durch die Hintertür von Chefetagen –, während die zur Wissenschaft arrivierte ›Traumdeutung‹ sich auf das Risiko der Zukunft nicht einließ, dafür die ›Vergangenheit‹ zur unerschöpflichen Fundgrube vertiefte.

Bei all dem bleibt es erstaunlich, wie gering der Anteil des Traumes an der Verunsicherung des Wirklichkeitsbewußtseins war. Der ebenfalls biblische Joseph, dem bei Matthäus ein Engel im Traum – anders als seiner Maria, die immerhin eine solidere Erfahrung macht: Der Engel *tritt bei ihr ein* und nach dem Austausch hymnischer Worte *verläßt er sie* wieder – das Unfaßliche der Mutterschaft der Unberührten eröffnet, stößt sich nicht an der Differenz der ›Erscheinungen‹. Jeder andere in dieser Verlegenheit, sollte man denken, hätte mehr als einen *geträumten* Engel verlangt:

einen mindestens ebenso tageslicht-handfesten Gabriel wie den der Maria.

Man muß im Auge behalten, daß eine ganze kulturelle Tradition die Tag-Nacht-Differenz in unserem Wirklichkeitsverhältnis anhand dieser Ursprungslegende unbeachtet gelassen hat. Daß die ›Deutlichkeit‹ des Traumes – nicht erst zugunsten seiner ›Deutbarkeit‹ – eindringlicher sein kann als die der Wahrnehmung, ließen schon die emotionalen Begleit- und Folgephänomene, die des Schreckens wie die der Lust, die der Ungeheuer wie die der Paradiese, vermuten. Denn leider wissen wir das meiste über die Träume *anderer.* Mitteilungen über das, was ›im Traum möglich‹ ist, drangen noch vor der Epoche des zur Konversationsfähigkeit avancierten ›Deutens‹ in die philosophischen Seminare und Kongreßdebatten ein. Diesen Aspekt hat die ›Traumdeutung‹ vergessen lassen.

Daß die pure Tatsache des Träumens eine Herausforderung weniger der Deutungsfähigkeit als vielmehr des Wirklichkeitsbewußtseins darstellt, lernt der philosophische Aspirant durch die Verwendung als Argument: entweder als das der Skeptiker, die durch die ›Konkurrenz‹ der Träume mit der Wahrnehmung oder Erinnerung alles noch unsicherer werden lassen, als es die Täuschbarkeit der Sinne ohnehin schon macht, oder als das der Metaphysiker und Empiristen, die aus ganz verschiedenen Gründen an der Zuverlässigkeit einer als ›gegeben‹ hingenommenen Wirklichkeit festhalten.

In einem System von Begriffen – Wahrnehmung und Erinnerung, Traum und Illusion, Vermutung und Erschließung – scheint es einen festen Standard des Verhältnisses zur ›Wirklichkeit‹ zu geben, unabhängig von den jeweils erzielten oder verfehlten ›Wahrheiten‹. Zwar bezweifelten viele, vielleicht sogar die meisten, daß Götter jemals in Erscheinung getreten seien; aber die Zeugen oder Berichterstatter von solchen Ereignissen wußten doch genau, welche Mittel der Glaubwürdigkeit sie aufbieten mußten – sie wußten es nicht weniger genau als diejenigen, die sich ausdrücklich den Titel des ›Realismus‹ zulegten und sich doch alsbald nachweisen lassen mußten, daß man ›realistisch‹ nur im Komparativ sein kann und es mit der ›Wirklichkeitstreue‹ sowenig ein Ende hat wie mit der Werktreue. Die Griechen hatten mit der Erscheinung von Göttern – die sich zu erkennen gaben, indem sie plötzlich verschwunden waren – keine so großen Schwierigkeiten wie Moses mit Jahwe auf dem Sinai, der ihm nur den Blick auf seinen Rücken gestattete, während der Neuplatoniker Plotin für sich beanspruchte, das höchste Eine ein einziges Mal ›berührt‹ zu haben, ohne davon Näheres mitteilen zu können.

Die Erinnerung galt als eine notorische Fälscherin der Erfahrung, bis diese selbst ins Wanken geriet; etwa in der Zuspitzung der Bibelkritik zu Humes Feststellung, ›Wunder‹ seien auch durch die besten Zeugen nicht nachweisbar, weil sie gar nicht erfahrbar seien. In einem solchen Feld von Phänomenen, in denen das, worauf es ankommt, ›Wirklichkeit‹ heißen kann, gibt der Traum ein Kriterium. Denn die äußerste Zuspitzung der Illusion ist eine eigene Form der Wahrheit: Auf dem Gipfel der von ihm für widerlegbar gehaltenen Zweifelsversuche bietet Descartes so etwas wie die Karikatur des mittelalterlichen Gottes an, einen *Dieu trompeur,* der eine Welt suggeriert, die es gar nicht gibt, der also nicht nur für allerlei Irrtümer und Erkenntnisdefekte verantwortlich wäre, sondern für die ›Existenz‹ einer nicht-existenten Wirklichkeit. Zum Glück sollte der Leser sogleich erfahren, wie wenig ihn dieser Zweifel verzweifeln lasse. Aber schon Leibniz zeigte, daß nicht erst der untaugliche Gegenbeweis die Beruhigung des Gemüts bewirke, sondern die Drohung widersprüchlich sei: Der Traum von einer kompletten Welt sei für den Träumer erst dann ein Mißverhältnis zur Wirklichkeit, wenn er beim Erwachen ›erfahren‹ müsse, daß es doch keine *Welt* gewesen war. Das Erwachen aus einem Traum vom Glück braucht man eben nur zu fürchten, wenn es eine Glückswelt gewesen wäre. Darauf ist beim Erdenken von Utopien strikt zu achten. Utopisten empfahlen deshalb den hermetischen Abschluß der Grenzen ihrer Reiche, am besten auf einer Insel.

Die Unwirklichkeit des Geträumten kann nicht ›mitgeträumt‹ werden. Noch vom Erwachen, vom Überschreiten der Schlafgrenze her ist das schwierig zu beschreiben, weil nicht einmal die Folge von Traum auf Traum in ihrer Sprunghaftigkeit den Träumer verunsichert. Exemplarisch ist das Versagen der Intersubjektivität, insofern auch diese geträumt werden kann. James Boswell hat einen solchen Traum Samuel Johnsons aufgezeichnet: Dieser habe ein Wortgefecht geträumt, nach dem er niedergeschlagen gewesen sei, weil er – ihm von Natur zuwider – dabei den kürzeren gezogen hatte. Wie er sich im Rückblick des Erwachten zugleich tadelt und herauszieht, gerät der Problematik zum Hohn: *Mit der Denkkraft ist es eben im Schlaf nicht weit her, sonst hätte mir einfallen müssen, daß der Geist des angeblichen Gegners, von dem ich mich geschlagen wähnte, ebensosehr von mir stammte wie das, was ich in eigener Gestalt vorgebracht hatte.*[3] Mag der rigoroseste Realist träumen – indem er es tut und nachdem er es getan hat, wird sogar Intersubjektivität zum schieren ›Idealismus‹.

Doch ganz aus der Welt ist der doublierte Zweifel nicht, es könne auch die Korrektur des Erwachens wiederum ein Traum sein; nur würde das nichts daran ändern, wie sich überhaupt die Auszeichnung des ›Wirklichen‹ im Komparativ vollzieht. Schon im platonischen Höhlenmythos gibt es Überbietungen, allerdings das unvollziehbar gewordene Letzte des ›Guten‹, das allem anderen – noch den Schatten der Höhle – die Qualität seiner ›Herkunft‹ gewährt. Träumer sind alle bis dorthin, wo der Glanz sich dem Blick verweigert.

Es ist dasselbe ›Schema‹, wie Jahwes *KABOD* auf dem Horeb: Wenn alles ›nur‹ geträumt würde, wäre dies kein Betrug, sondern eine Gunst des Gottes. Daß Descartes daran nicht mehr denken wollte, dies nicht mehr zulassen durfte, macht ihn zum Vordenker der Neuzeit, die durch das definiert werden kann, was sie sich nicht mehr gefallen läßt – und durch das, was sie sich statt dessen gefallen lassen muß.

Daher die gewandelte Stellung, die der Traum im Begriffsfeld von Erfahrung und Illusion, von Erinnerung und Phantasie einnimmt. Er rückt, um es so zu sagen, von der Illusion ebenso ab wie zuvor von der Erfahrung und nähert sich der Erinnerung. Das sei ohne jede Rücksicht auf die fatale Jahrhundertmitgift der Traumdeutung gesagt. Als der zwischen Gießen und Genf ein eher politisch als wissenschaftlich ›bewegtes‹ Leben erinnernde Zoologe Carl Vogt seine fragmentarisch gebliebenen Memoiren 1895 abschloß, las es sich wie im Jahrzehnt der Wiederentdeckung des Traumes geschrieben: *Mit zunehmendem Alter verwischen sich die zuletzt beschriebenen Blätter des Gehirnbuches zuerst. Desto lebhafter treten die in der Jugend empfangenen Eindrücke hervor. Aber trotz aller Deutlichkeit, welche die einzelnen Buchstaben haben mögen, mischt sich ihnen doch ein eigentümliches Dämmerlicht, wie im Traume, bei. Mag es so sein! In unserer Zeit hat es ja auch wohl sein Gutes,*

3 [James Boswell, Dr. Samuel Johnson. Leben und Meinungen. Zürich 1981, S. 533.]

wenn man zuweilen träumen kann![4] Der alte Materialist, denkt der Leser ein Jahrhundert später.

Die Dominanz der ›Deutung‹ – dieses Jahrhundert wie ein kaum faßbarer Anachronismus überziehend – hat vergessen lassen, daß der Traum Grenzwerte des Wirklichkeitsbewußtseins erlebbar macht, die sprachlich manifest geworden sind: außer dem ›Traum vom Glück‹ vor allem den ›Alp- oder Angsttraum‹, der, folgt man einer bestimmten Ontologie, das ›Sein‹ selbst unbewußt bewußt machte. Zwischen den Extremen liegen Bilderträume und ›Tagträume‹ von der Art der ›exotischen‹ Amerikaerfahrung Freuds. Noch die todesnahe Spekulation Freuds über Moses als Ägypter hat kürzlich Ilse Grubrich-Simitis als einen ›Tagtraum‹ spezifiziert und damit ins Reich der ›Deutbarkeiten‹ gezogen.[5]

Aber gerade das erscheint als Verlust unter dem Aspekt der ›Modalitäten‹ des Traumes, seiner Stellung in jenem Begriffsfeld, die ihn noch näher an die Erinnerung heranzuschieben scheint. Da mag es sein, daß in noch leichterer, eher heiterer Version dem Tagtraum der ›Traumtag‹ beigesellt ist: das Lebenszeitstück als ästhetische Erfahrung noch vor jeder Vermittlung der Kunst, sogar ohne diese oder nur in Verwechslung mit ihr. Im Nachlaß Hofmannsthals fand sich zu einem Brief Poussins die Notiz: *Höchster Wunsch: das Reich des Traumes nicht zu verlassen, während man sich im Reich des Lebens bewegt.*[6] Wenn dies das Höchsterwünschte ist, läßt sich von dessen Glück nicht einmal mehr träumen.

Diese Vorführung der Grade von ›Intensität‹ des Traumes hat eine anthropologische Implikation: *Der Mensch ist ein Wesen, dem für den Ernst der Selbsterhaltung gewisse Dispense erteilt sind.* Der Tiefschläfer, der träumt – und das heißt: es sich leistet, endogene und exogene Störungen zu absorbieren, indem er sie bildhaft verharmlost –, ist nur eine der Ausprägungen eines Luxus, den sich noch die Bedrängtesten herausnehmen: zu bestimmten Zeiten, Tagen, Stunden den ›Realismus‹ preiszugeben und nach festem, gelegentlich göttlichem Reglement ›zu feiern‹, die heute als so kost-

4 [Carl Vogt, Aus meinem Leben. Erinnerungen und Rückblicke. Stuttgart 1896, VI.]

5 [Ilse Grubrich-Simitis, Freuds Moses Studie als Tagtraum. Manuskript, Text, Deutung. In:] Psyche 44 (1990), H. 6[, 419-515.]

6 [Hugo von Hofmannsthal, Sämtliche Werke, Bd. 31. Frankfurt a. M. 1991, 194 (21. 9. 1917).]

bar umgetriebene ›Identität‹ in Kostüm und Maske verkennbar zu machen und in eigens dafür ausgedacht erscheinenden Ritualen die der ›Sorge‹ geraubte Zeit ›zu vertreiben‹. Welch seltsame Fahrlässigkeit, nach dem Kalender so zu tun, als hätte die Realität keine Macht über uns! Als wollten wir den Traum, der sonst uns niederzwingt, als Artefakt erzwingen. Freilich gibt es die Opfer, die jenen Dispens in eigene Hand nehmen oder überdehnen: die Aussteiger, die sich der Sorgefreiheit nahe wähnen, und sogar die hochmütige Republik, die dem ganzjährigen Karneval im Maße näherrückte, wie ihre Macht auf ›Realismus‹ angewiesen gewesen wäre. Etwas vom ausgeträumten Traum nimmt der touristische Realist auch ohne Tagtraum noch wahr. Doch ist, bei Licht betrachtet, die Lagunenstadt kein Symbol des Traumes, sondern eine Metapher des Erwachens. Das Inselprivileg genügte nicht, den Widersinn des ständigen Ausnahmezustands zuzulassen.

Auch wenn es das vitale Bedürfnis eines zum Realismus verurteilten Wesens sein mag, die Rigidität der Anforderungen gelegentlich ›nach Maßen‹ herab- oder gar auszusetzen und den Traum, den es nicht erzwingen kann, zu inszenieren, ist doch nicht der Traum das Wunder, sondern das Erwachen. Der Schlaf, von dem keiner genau weiß, wozu er gut ist – außer wir selbst, daß wir ihn gut finden und uns ihm regelmäßig überliefern –, ist dem Menschen seit ältester Zeit die klarste Sache von der Welt: nächtliche Auffrischung der tagsüber verbrauchten Lebenskraft. Solche *common sense*-Plausibilität fehlt dem Erwachen, weil die Frage sich dazwischen schiebt: Warum dasselbe noch einmal und vielmals noch einmal? Der Genuß tüchtiger Einschläfer, zumal solcher mit Traumerwartung, scheint mit der flüchtigen Illusion verbunden zu sein, man brauche nicht wieder aufzuwachen.

Wenn Hamlet sagt: *was in d e m Schlaf für Träume kommen mögen …,*[7] meint er den Tod und nimmt den Schlaf als dessen Metapher; aber er denkt es mit Scheu, weil es aus diesem einen kein Erwachen gäbe. Mag sagen, wer will, das Erwachen diene immer einem anderen zum Gewinn als dem, den es mit oder ohne Weckuhr trifft – das Erwachen ist eine Gnade auch und gerade, weil es von der Tyrannei der Träume befreit, die uns ohne unser Zutun beglük-

7 [William Shakespeare, Hamlet. Übersetzt von August Wilhelm von Schlegel. III, 1.]

ken oder ängstigen. Denn mag auch der Schlaf vom *Sachzwang* des Wachzustandes entbinden, so macht er zugleich ohnmächtig gegen den *Bildzwang* des Traumes. Darin gleicht er dem Ritual: Wer sich seiner Genauigkeit entzieht, schließt sich aus vom Fest – er mag die Nüchternheit scheuen, die ›der Tag danach‹ um so fühlbarer aufzwingt. Der Traum ist, wie präzise er auch definiert werden kann, der Preis für den Schlaf, der Hinterhalt der Bildermacht im Urlaub von den Begriffen. Daß dann noch die »Deutobolde« darüber sinnieren, läßt daran denken, daß Lessing – so ›aufgeklärt‹ war er – nie geträumt haben soll. Darauf wiederum bezieht Hofmannsthal die Verteidigung des Wirts in der »Minna von Barnhelm« gegen den Vorwurf, er habe seine Beobachtungen nur geträumt: *Geträumt? Nein, mein schönes Kind, so umständlich träumt man nicht.* Dies von Hofmannsthal nur zitiert, um den Einwurf anbringen zu können: *als ob man nicht noch weit umständlicher träumte!*

Deshalb wird es, wie es Schlafenszeit geworden war, auch immer wieder Zeit zum Erwachen. Es ist ›umständlich‹, Urlaub von der Realität zu nehmen.

Für wen einer schreibt

Für alle möchte jeder schreiben, der schreibt. Aber für viele, für alle etwas zu wollen ist eine Phrase. Irgendwann wird man feststellen, daß einer, der nichts für niemand als für sich selbst gewollt hatte, in der Nebenfolge etwas für viele zu geben vermochte. Man kann der Menschheit nicht dienen – allenfalls gedient haben.

Nietzsche hat in einem Brief an Erwin Rohde vom 15. Juli 1882 so knapp wie offen ausgesprochen, für wen er schreibe: *Mihi ipsi scripsi.*

Erst wieder 1886, im zweiten Band von »Menschliches, Allzumenschliches«, verdeutlicht er, was damals gegenüber Rohde gemeint gewesen sein konnte. Es steht auch hier unter dem lateinischen Stichwort des schreibenden Selbstbezugs: *Sibi scribere.* Dazu heißt es: *Der vernünftige Autor schreibt für keine andere Nachwelt als für seine eigene, das heißt für sein Alter, um auch dann noch an sich Freude haben zu können.*[1]

Nun beginnt man zu begreifen, daß Sokrates nichts geschrieben hatte. Folgt man den hellsichtigen Vordeutungen, die Plato seinen Helden auf die Art seines Todes haben und machen läßt, so hätte er im Lichte des Nietzscheworts nichts geschrieben, weil er kein Alter haben würde.

Das ist keineswegs die Folgerung, die ohne Nietzsches Zynismus der empfohlenen Selbstbezogenheit von Plato nahegelegt worden wäre. Eher müßte man sagen: Sokrates schreibt nichts, weil er an Plato dachte, der alles von ihm schreiben würde. Wollte dieser es so gesehen wissen?

Dialoge können nicht geschrieben, allenfalls nachgeschrieben werden, wie fiktiv auch immer. An der sokratischen Verweigerung des Schreibens rechtfertigt Plato den sokratischen Dialog: So viel darf eben nur schreiben, wer Sokrates reden läßt.

Nietzsche schrieb für sich selbst. Dadurch wird noch nicht zum Paradox, daß der »Zarathustra« im Tornister der Freiwilligen von Langemarck neben dem »Faust« steckte. Ob er Trost oder Verführung war, wird nicht dadurch entschieden, daß Nietzsche ihn für

1 [Friedrich Nietzsche, Briefwechsel. Berlin / New York 1981, Bd. 1, S. 226.]

diesen Platz und diese Stunde nicht bestimmt hätte. Es gibt darauf keine Antwort. Der Todeswunsch von Eliten, der auf dem flandrischen Schlachtfeld seine einmalige Orgie feierte, sucht sich seit je seine Allegorien, wenn er stark genug geworden ist. Und immer wieder wird er sie finden. Noch 1968 wäre mancher für das »Kapital« von Marx gestorben – nur zufällig fand sich niemand, der dazu die Gelegenheit verschaffte. So sehr war man gerade auch nicht dagegen.

Am erstaunlichsten ist, daß niemand verstanden zu haben braucht, was für ihn nicht geschrieben worden ist. Was Nietzsche für sich selbst geschrieben hatte, bekam gerade dadurch die Weihe der Exklusivität. Die Ausgeschlossenen wollten, wenn sie schon nicht verstehen durften, wenigstens dafür sterben.

Zuschauer

Die Verwerflichkeit des Zuschauers

KOSMOTHEOROS ist ein erst neuzeitlich ins Griechische zurückerfundenes Kunstwort. Es ins Deutsche zu übersetzen ist mit den Zeiten schwerer geworden, als es gegen Ende des 17. Jahrhunderts mit Christiaan Huygens schöner Doppelwortbildung gewesen wäre.

Als ›Weltbetrachter‹ würde es ein ernsthafter Pedant: von unbekannter Stimmung und Einstellung, erst recht von unbekannter Bewertung seines Titels. Jedenfalls weder ein Genießer noch ein Präzeptor für andere; es ihm gleichzutun und einzutreten in eine Gemeinschaft als ein Publikum, dem Folgerungen zu ziehen nicht fremd wäre aus dem, was sich ihm zeigt.

Als ›Weltanschauer‹ ist es der Vorläufer eines erst im 19. Jahrhundert entstehenden und schnell zu dubiosen Gefälligkeiten auflaufenden Doppelbegriffs, worin sich mehr als Anmaßung konzentriert; das Gesamtergebnis vieler einzelner Wissenschaften zu vereinigen in *einem* Besitz, einer Besitzform des Ganzen. Sie hatte vor allem die Funktion, ihren Besitzer in humanen und politischen Parteinahmen wie Entscheidungen zu legitimieren. Bis hin etwa zu den zuerst empfindlichen, dann brutalen und schließlich mörderischen Folgerungen aus einer ›Weltanschauung‹, die die Ungleichwertigkeit der Menschen zum Ausgangspunkt aller Ansprüche, Rechte und Vollstreckungen machen sollte.

Der ›Weltanschauer‹ erwirbt nicht erst wie der ›Weltbetrachter‹ die Gesamtansicht, er hat sie schon und immer schon gehabt, und er entdeckt zuweilen erst spät, daß mit ihr *Ernst zu machen* der bestimmende Entschluß sein müsse. Dabei mag ihm diese oder jene Bestätigung oder Bestärkung noch bevorstehen, ein berufliches Desaster oder die grüne Festspielweihestunde eines Opernhauses als ›Erlebnis‹ bereithalten – er weiß jedenfalls, was es bedeuten soll.

Als ›Weltzuschauer‹ wirkt jener KOSMOTHEOROS am leichtesten, ja am leichtfertigsten. Er läßt die Dinge, die *sich* zeigen und offenbar *ihm* sich zu zeigen geneigt sind, Revue passieren. Er genießt die Distanz zu denen, die selbst *sein* müssen, als was sie sich *zeigen*, woran er sich mit dem Gefühl erbaut, eben dies am geschützten und verschonten Vorzugsplatz seiner Schaulust nicht nötig zu haben. Ihm zeigt sich alles, er zeigt sich für nichts und als nichts: das reine EGO, unter den Wesen das wesentlichste.

Das *Weltschauspiel* der Masken und Marionetten sich gefallen zu lassen berechtigt ihn der geheimnisvolle Zusammenhang, in dem er mit dessen Hervorbringung steht, weil er es sonst nicht verstände. Daß der alte THEOROS, der Theaterzuschauer, der älter ist als seine THEORIA, wieder hervorgeholt wurde, macht nur die heimliche Erwartung ablesbar, daß auf den subtilen Genuß noch nicht verzichtet worden war, der der pedantischen Weltbetrachtung wie der anbindenden Weltanschauung verlorengegangen ist. Der Genuß schützt ihn davor, sich als Erretter ins vermeintliche Weltunheil zu stürzen: als ›Weltbewahrer‹. Der Weg ist nicht weit vom Logenplatz zur Predigtkanzel, wenn erst der Zuschauer eine Figur des schlechten Gewissens geworden ist.

Wie ein Fazit der negativen Geschichtserfahrung mit ›Weltanschauungen‹ mutet es an, wenn die wahre ›Katharsis‹ des Zuschauers in seiner *Entweltlichung* gefunden – oder zumindest gesucht – wird. Dies geschieht primär in der Herstellung von *Indifferenz* gegenüber der Realität der Gegenstände, mit denen es die Anschauung zu tun hat. Die Mathematik ist das Modell, auch wenn der verzweifelte Versuch gemacht wird, von der ›Existenz‹ ihrer Gegenstände zu sprechen. Es mag sein, daß es in der Konsequenz der phänomenologischen Begründung der objektiven Existenz *aller* Gegenständlichkeiten auf deren *intersubjektive* Gegebenheitsweise liegt, der Allgemeingültigkeit dieser Gegenstände das begriffliche Äquivalent einer ›Existenz‹ zu geben. Doch kann diese Redeweise nur am Ende des Vollzugs jener *Reduktion* aufgenommen werden, durch die zunächst die Welt aus dem Spiel genommen wird, um zu dem *Residuum der Weltvernichtung*[1] zu gelangen, für das alles erst den Geltungswert der real existierenden Welt haben, gewinnen oder verlieren kann.

Daß die Reduktion der Welt aus dem Ärgernis ihrer Kontingenz philosophisch unumgänglich war, um an ›das Wesentliche‹ heranzukommen, mußte nicht auf das Residuum des cartesischen *Ego cogito* hinauslaufen, das doch Zuschauer nur *seiner selbst* bei Restitution einer den Vorschriften nach unbekannten Welt wer-

1 [Edmund Husserl, Ideen zu einer reinen Phänomenologie und phänomenologischen Philosophie. Erstes Buch (1913). In: ders., Gesammelte Werke (Husserliana), Bd. 3. Haag 1950, 114-117 (I, § 49).]

den kann. Es ist eine Reduktion, eine Weltvernichtung mit Vorbehalt – also auch ein Residuum mit so etwas wie Weltresten. Die Schrumpfung des Raumes bleibt dahingestellt, die der Zeit wird im Ego des Bewußtseinsstroms ausgeschlossen. Und wenn Kant mit der »Widerlegung des Idealismus« gegen Berkeley recht behalten sollte, ließe sich die Zeit gar nicht retten ohne den Raum als Anzeigefeld ihrer Bestimmtheit. Als *Residuum der Weltvernichtung* zeigte sich das Ich als zu komplex, zu reich an Implikationen. Auch als absolute Subjektivität *brauchte* es eine Welt überhaupt, wenn auch nicht notwendig diese – ein erst spät von Husserl rehabilitiertes transzendentales Deduktionsprinzip: Das *Absolute* erst war ganz und wesentlich ›Zuschauer‹ von Gnaden seiner selbst und deshalb von unbestreitbarer Legitimität. Die Unerwünschtheit dieses Resultats machte es seinem Urheber unverdächtig. Gerade wenn es verwerflich war, ›bloßer‹ Zuschauer zu sein, demonstrierte es einen Trotz höherer Art. Nicht zufällig zu ungefähr gleicher Zeit mit Husserls »Krisis«-Konzeption trat der letzte Herausgeber von S. Fischers »Neuer Rundschau« vor ihrem Untergang 1942/43 mit gewagten Zeitkommentaren auf den Plan, was unter der Rubrik »Zeugnisse der Selbstvernichtung« vom Propagandaministerium quittiert wurde.[2] Darf man Zuschauer *bleiben* unter allen Bedingungen? Diese Frage ist, so oder etwas anders, unter den verschiedensten Meinungsregimen gestellt worden. Nur: Eben das spricht am wenigsten gegen Insistenz aufs Zuschauertum. Doch: Mußte das Kondensat der Reduktion nicht *mehr* Resistenz gegen jene Drohung der *Selbstvernichtung* bei Weltvernichtung bieten? Eine *Fin de siècle*-Frage immer wieder.

Bleibt als *Residuum der Weltvernichtung* das ›reine Ich‹, so ist dieses doch weiter konstituiert von dem her, was bis auf diesen ›Rest‹ vernichtet, nämlich ihm entzogen worden ist: ein *Ich denke* ohne sein bestimmt *Gedachtes* – folglich mit dem als unbestimmt Gedachten, bei dem es nicht belassen werden kann. Die Lösung hatte schon Aristoteles für einen Ausnahmefall angegeben, den des Unbewegten Bewegers, der nichts anderes als das sich selbst denkende Denken sein sollte. Auch das absolute Ich als Weltvernichtungsrückstand ist nur möglich als Reflexion: das Bewußtsein als

2 Siegfried Unseld, Suhrkamp Verlagsgeschichte 1950-1990. Frankfurt a.M. 1990, 16.

das sich selbst exklusiv Gegebene. Ganz konsistent cartesisch ist es die *res cogitans*, die sich ihre einzige *res cogitata* wird. Daß sie damit eine ›unendliche Aufgabe‹ vorfindet, das wiederum hatte Descartes nicht gewollt: Auf dem schnellsten Weg wollte er die Reflexion sich selber aufheben lassen, um das Denken der Welt als endgültig gesicherte Erkenntnis wiederzugewinnen. Der Zuschauer seiner selbst war doch nicht der Selbstzweck, den er sich setzen durfte, da es um die Sicherheit des Lebens in der Welt als Moral und als Medizin der Langlebigkeit ging. Waren diese Ziele erreicht, ließ sich über den voll auszukostenden Genuß des Weltzuschauers erst in Ruhe reden.

Alles kam darauf an, ob diese Verkürzung in der Reduktion die behauptete Radikalität auch besaß. Mußten nicht statt der ›Gegenstände‹ oder vor diesen Raum und Zeit dem Ich genommen werden, um es auf seinen Urbestand schrumpfen zu lassen? Zwei Phänomene kamen in Betracht, diese Verschärfung der Reduktion im ›Erlebnis‹ anzuschauen: die *Angst* für die Schrumpfung des Raumes und die *Langeweile* für die Amputation der Zeit. Es läßt sich zeigen, daß man nicht beide Optionen offenhalten kann.

Es liegt nahe, daß die Angst als Abkömmling der *angustia*, der Beengung, die Erstarrung der Bewegung ›entpsychologisieren‹ läßt. Der Raum ist verloren, auf den sich die jeder Koordination von Motorik vorausgehende Phantasie beziehen muß und in dem sich alles ›befindet‹, woraufhin das Ich seine Qualifikation als Zuschauer realisieren kann. Aktionen und Akteure spielen im Raum und innerhalb einer ausgezeichneten Raumvorgabe, die durch den Horizont begrenzt wird. Die Angst zerstört den Zuschauer, ohne ihn *eo ipso* auf die Reflexion zurückzuwerfen: Die Basis des Beweises der Weltrealität, die Descartes im *Ego cogito* gefunden hatte, gibt keinen Standpunkt mehr ab, um mit der Welt neu und von Grund auf zu beginnen.

Luther hat sich darüber gewundert, daß die Angst vor der Pest noch *tempore evangelii et sub evangelio* umgehen konnte,[3] während sich die Leute einst unter Papstesherrschaft nicht so geängstigt hätten. Das hatte seinen Grund: Damals (*in papatu*) vertraute man auf Mönche und Nothelfer, während *ietzund mus ein ieder auff sich selbst trauen und faren.* Das ist die Neuzeitlichkeit der Reduktion als Verlust der Bezugsfiguren von Zuverlässigkeit.

3 [D. Martin Luthers Werke. Kritische Gesamtausgabe. Tischreden 1531-46, Bd. 4. 1538-1540. Weimar, 1916, 183] (6. Dezember 1538; n. 4179).

Angesichts des Volksschreckens (*pavor populi*) gab es so wenig tröstend anzurufende Namen, wie es für den Einsamen über der göttlichen Schrift Lehrer und Helfer seines Verstehens gab. Die Drohung ist so unsichtbar und unfaßbar, wie es der namenlose Gott gewesen war, bevor er seinen Namen offenbarte und seinen Logos Fleisch werden ließ. Das Unsichtbare stiftet die Angst, weil es im Raum nicht ›vorkommt‹ und dem Geängsteten nicht offenläßt, wohin er sich flüchtend oder zufluchtsuchend wenden kann. Das ist für die Pest bis zum Ende des 19. Jahrhunderts so geblieben, als Alexandre Yersin den Erreger und seinen Träger – noch nicht seinen Überträger – entdeckte. Doch hat dieses Nicht-wissen-wohin vor dem Unsichtbaren in der Pest den historischen Metaphernspender behalten. Es ist kein Zufall, daß die ›Verpestung‹ eine Funktion für immer neue Besetzungen geblieben ist und die korrelate Angst die stärkste Legitimation dafür, ›überhaupt irgend etwas zu tun‹: Magie des Aktionismus, der als Ichreduktion immer noch die archaische Massenballung von Menschen zu bewirken vermag. Die Nicht-Iche, die nicht Zuschauer sein können, ›bestellen‹ sich via Fernsehen alle anderen als Zuschauer, zugleich sie darin diskriminierend und verhöhnend. Man braucht, was man nicht sein kann, um wenigstens dieses Nicht-sein-können, das *Residuum der Weltvernichtung*, zu *realisieren.*

Dem Entschwinden des Subjekts aus dem Raum in der Angst entspricht sein Verschwinden aus der Zeit in der Langeweile. Phänotypisch dort wie hier die Reglosigkeit, fast wie die Pantomimik des gebannten Zuschauers, dessen Mimikry als Selbstschutzverhalten. Als um die Jahrhundertwende im Deutschen Reichstag eine jener die Sachhingabe prätendierenden Debattenreden stattfand, ertönte lautes Gähnen und der Ruf: *»Ist das langweilig!«* Der Präsident ersuchte den Zwischenrufer, sich zwecks Austeilung einer Rüge zu melden, doch vergeblich. Der Stettiner Abgeordnete Heinrich Dohrn suchte zu entschärfen: *»Herr Präsident, dieser Abgeordnete ist soeben wieder eingeschlafen.«* Nun bekam der, der erklären wollte, was nicht sein durfte, den Ordnungsruf.[4] So unverzeihlich das Anekdotische ist, macht es doch auf ein Moment der Ichreduktion durch Langeweile aufmerksam: die Unbelangbarkeit des Zwangsschläfers. Er ist gefürchtet von allen Freunden des lang-

4 Klaus Dohrn, Von Bürgern und Weltbürgern. Pfullingen 1983, 91-93.

wierig Guten und Schönen – und er fürchtet um sich und für sich selber bei allen Liturgien, deren Heilsvermittlung in der pflichtgemäßen ›Wahrnehmung‹ des dem Absoluten Geschuldeten besteht, und sei es in der bloßen Disziplin der Anwesenheit. Die Toten sind schuldlos, und die Langeweile ist eben insofern ›tödlich‹, als sie schuldlos macht; doch kann man sich nicht entschuldigend auf sie berufen, und erst recht kann dies kein anderer stellvertretend tun – und deshalb traf den Abgeordneten Dohrn der Ordnungsruf des Präsidenten zu Recht. In seiner ästhetischen Fassung, die ihren authentischen Absolutismus hat, scheitert der Zuschauer am ›Pensum‹ seines Genusses, insofern dieser unter der Bedingung der Zeit steht. Auch das wissenschaftliche Training hat es mit der Langeweile zu tun: Behauptung der Zuschauerposition bei Minimalisierung der Zeitdifferenzierung.

Wie man Zuschauer wird

Der Zuschauer ist definiert durch die Kunst, sich herauszuhalten. Deshalb genießt er die Anstrengungen der dramatisch-szenischen Akteure, ihn hereinzuziehen: als vergebliche. Gerade wenn ihm am meisten zugemutet wird, befreit er sich durch den ›rettenden‹ Gedanken: Es ist nur Theater. Es mag ihm erst im letzten aller gegebenen Augenblicke gelingen: wenn er das Theater verläßt. Zuvor aber gibt es noch die andere Institution, die den Zuschauer zum ›Herrn‹ der Vorführung und seiner selbst macht: die mehr oder weniger frenetische Äußerung von Beifall oder Mißfallen.

Alles war nur um dieser Entscheidung, dieses Erweises von Gunst oder Mißgunst willen an Aufwand getrieben worden. Welche Absonderlichkeit, daß die Fürsten wie die Sklaven des Dramas sich vor dem Zuschauer verbeugen und ihm für sein Schiedsurteil danken. Immer noch, wie in seinen Anfängen, ist das Theater ein Wettbewerb um einen Preis. Wenig hat sich dadurch verändert, daß die ›Kritiker‹ eine angehobene Kompetenz beanspruchen, das Geschmacksurteil zu fällen; diese Kompetenz ist ihnen von einem Publikum delegiert – wie dem gewählten Abgeordneten sein Mandat –, das einfach zu viel anderes zu tun hat, um sich auch diese Mühe noch zu machen, auf dem Richtstuhl zu sitzen. Doch ist der Kritiker vom Fach auf dem Parkettstuhl Nr. 27 noch einer, der seinerseits kritisiert wird, weil er seinen Entscheid (akzessorisch) auch drucken lassen muß, sofern er davon leben will. Sein Salär ist das Erbe der Tagegelder, die die attische Polis ihren Bürgern dafür gewährte, daß sie im Theater dieses Amtes walteten, Zuschauer zu sein.

Diese Vorstellung des Zuschauers als dessen, der ›sich heraushält‹, kann nicht mit dem Einverständnis von Theoretikern der ästhetischen ›Erfahrung‹ rechnen. Sie idealisieren den Zuschauer zum eigentlichen Opfer der Tragödie: Er verfällt ihr mit Haut und Haaren, verwechselt Schein und Wirklichkeit, und es ist der pure äußerlichste ›Zufall‹, daß er aus dieser Verstrickung wieder herausfindet – er wird ›entlassen‹, weil man der Sache ein Ende gemacht hat wie einen Anfang. Aber nicht er ist es, der es sich nicht länger ›gefallen‹ läßt, so wie er gelernt hat, auf seinem Pausenanrecht mit Piccolo zu bestehen. Nur unter dem Vorwand des bloßen ›Vorabends‹ konnte Wagner ein einziges Mal im »Rheingold« die ›unendliche Melodie‹ zu ihrer Unendlichkeit und den Zuschauer um seine Pause kommen lassen. Wer das überstanden hat, darf sich als qualifiziert fürs Weitere nehmen: als einen, der sein Zuschauertum nur kurz unterbricht, weil Kunst und Natur, *technē* und *physis*, sich noch nie recht vertragen wollten – nun ist es am eigenen Leib zu ›erfahren‹.

Wäre aber dies ein ›Hindurchgehen‹ durch Mitleiden und Erschaudern, mit dem Aristoteles in seiner ebenso klassischen wie umstrittenen Definition die Wirkung der Tragödie als ›Reinigung‹ (*katharsis*) bestimmt hatte?

Das Stichwort *Katharsis* hat faszinierend auf eine Traditionswelt gewirkt, die immer genau zu wissen imstande war, *wovon* gereinigt zu werden das Mittel gesucht werden mußte. Was aber hatte Aristoteles gemeint, als er mit dem Durchgang des Zuschauers durch *eleos* und *phobos* die Befreiung von ›Erleidungen‹ (*pathēmata*) erwirkbar sah? Die Dimension ›derartiger‹ Zustände des Ausgeliefertseins – und das sind nicht nur die üblicherweise hier eintretenden ›Leidenschaften‹ – ist nicht metaphysisch. Beschrieben ist der Gewinn jener Distanz des Zuschauers, die ihn je nach Bedürfnis genußfähig oder unvoreingenommen macht – dieses führt ihn zum *bios theōrētikos*, jenes zum ästhetischen Vergnügen, zur gegenstandsgemäßen Lust (*oikeia hēdonē*). Die entscheidende Differenz ist, daß der Weltzuschauer (*kosmotheōros*) seinem Gegenstand nicht genauso die Aufmerksamkeit und Anerkennung versagen, den Rücken kehren kann, wie es dem Theaterzuschauer freisteht. Er kann dem Spiel seinen Ernst entziehen, um in seiner Welt alles andere als bloßer Zuschauer zu sein. Diese Differenz hat zu geringes Gewicht gehabt, um der Übermacht der Analogie nicht zu erliegen.

Doch selbst wenn die Müßigkeit des Zuschauers abgewertet wird gegen die Umtriebigkeit und Geschäftigkeit des aktiven Bürgers – wie es sich in Ciceros Rezeption der Griechenphilosophie reflektiert –, ist immer noch nicht erahnbar geworden, daß die Maßstäblichkeit des Weltdaseins zurückwirken könnte auf das ästhetische Zuschauertum. Dessen Distanz kam als Verweigerung gegen den dringlichsten und wesentlichen Anspruch, gegen die wahre Katharsisfunktion des Kunstwerks, nicht nur in Verruf, sondern unter das raffinierte Aufgebot immer schärferer Instrumente, dem Zuschauer seine Distanz zunichte zu machen.

Die Bretter, die die Welt *bedeuten*, sollten sie auch *sein.* Beleg: Nichts sollte den modernen Weltbürger so interessieren wie seine vormals verachteten Schauspieler und die neuen Großfiguren der Intendanten und Regisseure. Wie betulich erschien im Medienspiegel ein Ministerwechsel im Vergleich mit einer Intendantenkrise. Das In-der-Welt-sein des Zuschauers fand im Saale statt, wenn diese Bezeichnung für die Theaterarchitektur noch eine Relation haben sollte. Denn auch wer nicht hineingeht, wer sich heraushält, indem er sich auf derartiges nicht einläßt, wird durch den Außenanblick architektonischer Inventionen belehrt, daß in solchen Gehäusen etwas ›geschieht‹. Hieße es noch *Katharsis,* wäre es jedenfalls nur noch eine Äquivokation.

Der Zuschauer, den Aristoteles mit seiner unerschöpflichen Formel gemeint hatte, war ohne Hintergedanken und Vorbehalt der Wunschadressat der szenischen Dramatik. Nur deshalb konnte die *Katharsis*, in der schlichtesten Bedeutung, das Hintersichlassen der mythischen Stoffe sein. Als der wirkliche Genuß kam hinterher – nicht zugleich –, es sei alles nur die ›Technik‹ der Erzeugung von Erleidungen *gewesen*, mit denen man fertiggeworden war, ohne ihnen zu verfallen. Die Welt war *nicht mehr* so, wie der Mythos sie befunden hatte. *Katharsis*: ein Aufatmen.

Aber *soll* es denn der Zuschauer sich gönnen dürfen aufzuatmen? Der Zuschauer der Tragödie, von dem Aristoteles in der »Poetik« gesprochen hatte, geht durch die Reinigung der mythischen Schrecknisse, die als Tragödienstoffe verbindlich waren, um sich überhaupt *seiner* Welt als einer ›zum Aufatmen‹ bewußt zu werden. Denn es ist die Welt des gegen alle Götterwillkür siegreichen und sogar selber zur ›konstitutionellen‹ Herrschaft gereinigten – oder soll man sagen: gereiften – Kroniden Zeus. Lang herkommend vom Abgrund des Chaos, ist durch blutige und listige Ablösung der Göttergenerationen endlich der *Kosmos* konstituiert und verbürgt. Der angeschaute Vorgang auf der Szene war die Probe darauf, was als Verblendung und Verhängnis der rivalisierenden Götterschaft *nicht mehr* möglich sein sollte. Das Verstörende war gesteigert worden, um das Empfinden für das sonst nicht Auffällige an der ›Lebenswelt‹ der *Polis* zu verfeinern. Furcht und Mitleid fanden im Theater statt, weil es dazu in der gleichzeitigen Realität zu geringen Anlaß geben *sollte.* Es ist der Philosophengott, dem tragische Greuel zur Kontrastfolie dienen; darauf jedenfalls muß

Aristoteles gezielt haben, dessen Metaphysik gar keinen weltlenkenden Gott mehr kannte, sondern nur den ›unbewegten Beweger‹ einer durch ihre ewige Beständigkeit aus sich selbst bewährten Welt, in der es nur am unteren Rande ein wenig Restwirrnisse gab. Dem Metaphysiker kam es auf dieses Sublunare wenig an – Sokrates hatte es nicht geschafft, die Philosophie vom Himmel herabzuholen und für die Menschen allein zu interessieren. Deshalb kann es die Tragödie beim Gewesenen ihrer mythischen Paradigmata bewenden lassen.

Es leuchtet ein, daß der Zuschauer der antiken Tragödie gerade durch Mitleid und Furcht auch *dem* Gott huldigt, der sich nach eigenen Tollheiten und Torheiten der Weltordnung unterworfen hatte und dadurch der *endgültige*, durch keine Rebellion mehr gefährdete Gott *geworden* war. Der christliche Gott kann dem Zuschauer seines Welt- und Heilswerkes eine *Katharsis* durch Furcht und Mitleid nicht mehr zugestehen. Die Jünger Jesu, die Zeugen seiner Worte und Werke, sind als Zeugen der Passion nicht zugelassen; ihre rechtzeitige Flucht bewahrt sie vor den ›Leidenschaften‹, mit denen sie nicht zurechtkommen würden. Sie schließen sich ein, um sich mit dem nackten Ende ihrer ›Hoffnungen‹ abzufinden. Die Entstehung des Christentums ist der Umweg um die Passion, mag auch Simon Petrus über seine Untreue bitterlich weinen. Das drohende *pathēma* des Mitleids kommt erst auf, als mit dem unmittelbar bevorstehenden Ende nicht mehr gerechnet werden kann und dem Heilsgut des ›Lebens‹ sich ein ewiges Unheil drastisch beizugesellen beginnt. Paulus bekommt seine (apokryphe) Hadesfahrt, sieht in den Abgrund der Verdammnis, hört die Seufzer und Schreie der Verworfenen. Paulus beklagt, daß sich ihrer keiner erbarmt. Er weint. Der Engel, der ihn geleitet, verweist ihm dreimal sein Mitleid. Aber der Bezug zur attischen Tragödie stellt sich wie von selbst her, nicht als Frage nach der Gerechtigkeit, sondern als Zweifel am Grund des Geborenseins: »Weshalb sind sie geboren worden?« Doch nun, da es zu spät ist und der Heilsplan vergeblich für diese, darf es kein Mitleid geben: »Warum weinst du? Bist du barmherziger als der Herr Gott?« Der Engel verweist dem Paulus die Tränen ein für allemal: Im Christentum wird es kein Mitleid mit den Verdammten geben, weil es ohne die Implikation der Anklage Gottes nicht abginge – und nicht ohne Störung der ›ewigen Seligkeit‹ der Erwählten, ließen sie nur ein einziges Mal den Blick abschweifen von ihrem Glücksbesitz in den Abgrund der davon Ausgeschlossenen. Die ›Seligen‹ sind am Ende ›reine‹ Zuschauer der allerstrengsten Gnadenwahl, sollte es nach den strengsten und deshalb eindrucksvollsten Theologen gehen. Aber auch der Dichter der »Divina Commedia«, der einen guten Teil des Weltgerichts vorwegnimmt und sich als den Zuschauer der daraus hervorgehenden Zuteilungen von Heil und Unheil wandern läßt, läßt keine Rührung zu; sie wäre schon im Ansatz Rebellion. Die Indifferenz des Zuschauers ist nicht das Resultat seiner *Katharsis*, sondern das Äquivalent seines absoluten Glaubens an den gerechten und barmherzigen Gott, der aber auch mit den Attributen *seiner* ›Reinheit‹, herstammend aus der Metaphysik, ein *deus absconditus*, der verborgene Gott der unergründlichen ›Ratschlüsse‹ bleibt.

So wird, angesichts des abgewiesenen ›theologischen Ärgernisses‹, der Zuschauer zum Ärgernis des aus der Weltverstrickung von dessen Position Ausgeschlossenen: des ›Schuldigen‹ im weitesten Sinne, der den Sünder nur noch als vagen Vorbegriff kennt. In die »Aufzeichnungen Angermanns« hat Hans Carossa 1936 an einer hochsensiblen Stelle, an der gerade von ›Verblendung‹ die Rede war nach dem Zerbrechen der königsblauen Tasse – also von der *atē* der alten Tragödie –, den Absatz über Dante eingeschoben, den man in »Geheimnisse des reifen Lebens« nicht zu erwarten wagt: *Darf man von Dante sagen, er sei in der Hölle gewesen?* Mit dieser Frage wird nicht nach der Strafe der Schuld gefragt, sondern nach dem Leiden an der Schuld selbst, die sich dem Leben als Erfüllung, als Glück präsentiert. Nein, Dante hat nichts von der Furcht empfunden, die nur der Schuldige kenne, denn Dante war sich des Heils danach so sicher, wie es noch der neuzeitliche Zuschauer der Geschichte sein wird, der ihrer Zukunft gewiß ist. Dante war *unverletzlicher Gast in der Landschaft der Schmerzen, war nur Betrachter der Qualen, die anderen zugefügt wurden, seines künftigen Sitzes unter den Seligen gewiß.* Sogar vom Erbarmen befreie ihn sein Führer Virgil: *»Fromm ist hier der, in dem das Mitleid tot ist«, ruft er ihm tadelnd zu, weil ihm einmal Tränen kommen, da er die schreckliche Bestrafung des Teiresias erblickt.*[1] Die Heilsgewißheit des Zuschauers, als gegeben vorausgesetzt, schafft eine absolute Differenz; nur er selbst stellt sich in Frage, weder Welt noch Mitwelt. Auf seinen Beifall kommt

1 Hans Carossa, Sämtliche Werke, Bd. 1. Frankfurt a. M. 1962, 575.

es nicht an. Gerade deshalb wird er als Theoretiker zum Spezialisten der Ungenauigkeiten, die mit der Qualität der Welt nichts mehr zu tun haben, deren Vermessungstechniker er geworden ist. Als Subjekt muß er sich von jeder ›Anteilnahme‹ befreien, das ist seine *Katharsis.*

Im Begriff des Kosmos waren die Maßstäbe zu grob gewesen, um sie durchzuhalten, weil die Regelmäßigkeiten sich untereinander veruneinigten – bis kein Kalender und kein Himmelsstand mehr stimmten. Die Summierung dieser Unstimmigkeiten war so etwas wie ein mythisches Rezidiv, das den Zuschauer auf den Verdacht brachte, es werde ihm aus Willkür neue Mühsal zugemutet.

Da kommt es zu einem Punkt, an dem die alte *Katharsis* einen neuen Sinn erhält, der sich dadurch vom alten abhebt, daß ›Reinigung‹ fortan den *Anfang* aller Qualifikation zum Zuschauer ausmacht. Wovon er gereinigt werden muß, ist nicht mehr die Verstrickung in rohe Erleidung und Leidenschaft; es ist die subtilere Durchsetzung mit dem Vorurteil. In der Theatermetaphorik heißt das, er habe nicht mehr die schlichte Freiheit, einzutreten und wegzugehen, und vor allem nicht die Behaglichkeit, sich in der Weltmitte aufs günstigste plaziert zu wissen. Er hat keine Wahl, weil seine Existenz davon abhängig geworden ist und immer mehr wird, sich dem Offizium der Theorie nicht zu entziehen. Es ist noch nicht die unendliche Melodie, doch folgt diese nur der unendlichen Theorie als deren ästhetisches Pendant nach. Es gibt nicht das Ende der Vorstellung, denn mit dieser ›neuen Welt‹ ist kein Fertigwerden, keine *Katharsis am Ende*, kein entlastetes Aufatmen, um sich dem Genuß des Weltprospekts zu überlassen, nachdem man allen seinen Machinationen und Hinterhältigkeiten auf die Schliche gekommen ist.

Die Welt, mit der wir es zu tun haben, ist eine unfertige Welt, theoretisch wie praktisch und sogar ästhetisch; ihr Zuschauer wird dem Verdacht nicht entgehen, er sei bloßer Nutznießer der Kunst, sich herauszuhalten. Die Wissenschaftswelt ist in keiner ihrer Dimensionen ›fertig‹; es geht in ihr ums Überleben *durch* – nicht nur: *mit* – Wissenschaft, wie viele auch so tun möchten, als glaubten sie es nicht. Sie können es, weil sich für eine begrenzte Zahl auch davon leben läßt, es nicht glauben zu lassen. Dies ist der verkappte Zuschauertyp, der die Losung ausgibt, er sei *dabei* so praktisch wie kritisch – ein Surrogat von *Katharsis.*

In einer Welt, von der und für die der Zuschauer sich nicht reinigen zu können scheint, indem er die Ängste ihrer Unfertigkeit wie Gefährdung durchleidet, hat die Kunst des Sich-Heraushaltens alle Künste gegen sich – verzweifelt stellt der bildende Künstler sich selber aus. Für den Theoretiker bleibt nur der Kunstgriff, es der Welt nicht abzunehmen, daß sie existiert. Er wird dabei, nach der Manier des Idealismus, nur um Haaresbreite der Gefahr entgehen, sie durch sich selbst existieren zu lassen. Das zu vermeiden ist die *absolute* Zuspitzung der Kunst, sich herauszuhalten. Es ist die Funktion der von Edmund Husserl erfundenen ›phänomenologischen Reduktion‹.

Die ihm durch Franz Brentano vermittelte scholastische Differenz (*distinctio realis*) von Wesen und Existenz der Welt erlaubt – oder: legt sogar nahe – den methodischen Kunstgriff, von der Existenz abzusehen und dadurch die ›reine‹ Wesenheit anschaubar und beschreibbar zu machen. Wieder einmal philosophierte man in Wien gegen Preußen und seinen Königsberger Hauptdenker, der darauf bestanden hatte, Existenz sei kein reales Prädikat, folglich durch ihre ›Behandlung‹ nichts zu gewinnen oder zu verlieren. Es ist eigentümlich, daß damit nicht nur das Schicksal der alten Gottesbeweise entschieden war, sondern schon ein Jahrhundert im voraus der Phänomenologie das Recht zu ihrer ›Reduktion‹ bestritten worden war. Das blieb dem ins Preußische übergewechselten Philosophen *der Sache nach* nicht verborgen, sowenig er *dem Begriff nach* seinen Wesensschaugewinn in eins mit den Gottesbeweisen, die ihm nichts bedeuteten, aufs Spiel setzen mochte. Seine Konsequenz war, den Begriff der Existenz auf bedeutungstragende *Anschauung* zu bringen: auf die Selbstgewißheit der Existenz in cartesischer Manier *und* auf die lebensweltliche Weltgewißheit, in der die scholastische Differenz von *existentia* und *essentia* gar nicht ansetzen konnte.

Es war eine lebenslange Anstrengung, die Reduktion zu verteidigen; aber man sieht, daß in ihr und durch sie das Recht des Zuschauers verteidigt wurde, sich von der Welt und ihrer Qualität sowenig wie von seinen Verwicklungen ins Weltinteresse beirren zu lassen. Das entscheidend Neue liegt darin, daß diese *Katharsis* allem vorausgehen muß, was sich als anschauungswürdiger Gegenstand soll darbieten können. Wie in der Tragödie bei Aristoteles wird die Last der Welt übertrieben – doch nicht, um sie als dramatisch geballte abwerfen zu können, sondern um sie erst gar nicht auf sich zu nehmen. Deshalb ist das philosophische Subjekt bei vollendeter ›Reinigung‹ nach Husserls Formel das *Residuum der Weltvernichtung*,[2] das nach Zuschauerart vor sich nur noch das Wesentliche ›erscheinen‹ läßt.

Die durch Reduktion ausgeschaltete Welt – als ›Natur‹ Gegenstand der positiven Wissenschaften – ist *nachtragend* im Wortsinn. Die Purifikation des Zuschauers ist mit den Titeln ›Methode‹ und ›Kunstgriff‹ verharmlost; sie ist, darin dem Reich ihrer Gegenstände äquivalent, eine *unendliche Aufgabe* des Lebens selbst, das sich im Begriff der ›Meditation‹ auf eine unfertige Zuständlichkeit einstellt. Dem Zuschauer wird Ruhe sowenig gegönnt wie seinen auf die Rotation der freien Abwandlung gezwungenen Gegenständen. Man meint, einen schon nicht mehr ›modernen‹ Regisseur am Werk zu sehen, der von *allen* alles verlangt – und für sein Kassendefizit die Pachulken verhöhnt. Doch darf die Dynamik des Zuschauers, die sich dem Ideal des einmaligen ›Abschaltens‹ der Welt in der Reduktion nicht fügen will – weil die ›Welt‹ etwas anderes ist als ein Gegenstand, von dem man simpel ›wegsehen‹ kann –, nicht verwechselt werden mit der viel späteren Schulkorrektur durch die ›Sorge‹, die uns *hat*, weil wir sie *sind* und sie alles Absehenwollen von ihr zum bloßen ›Begaffen‹ reduziert.

Wenn die Verwicklung des Zuschauers in ›die Welt‹ des ihm Sich-Zeigenden schwerer auflösbar ist, als die Norm des einen und einfachsten Aktes vorstellte, so wird aus der vermeintlichen ›Weltvernichtung‹, deren Residuum das absolut seiner Existenz gewisse Subjekt sein sollte, die Arbeit an der ›Weltdistanz‹, die niemals endgültig werden kann, aber die Analyse der Unreinigkeiten voraussetzt, mit denen es die *Katharsis* noch zu tun hat. Dem dient die Theorie der Lebenswelt, mit der Husserl so spät und so verstört begonnen hatte. Sie ist zweifellos definierbar als die Welt, die keine Zuschauer hat, weder ›von außen‹ noch ›von innen‹. Sie ist für den, der sich seiner Herkunft aus ihr und seiner nie abreißenden Abhängigkeit von ihr bewußt zu werden beginnt, zugleich der Inbegriff aller Konstanten, die den Begriff ›Existenz‹ – als den unab-

2 [Edmund Husserl, Ideen zu einer reinen Phänomenologie und phänomenologischen Philosophie. Erstes Buch (1913). In: ders., Gesammelte Werke (Husserliana), Bd. 3. Haag 1950, 114-117 (I § 49).]

hängig von jedem faktischen Bewußtsein dieses Bestimmenden – dem Verdikt des nichtrealen Prädikats entziehen. Die ganze Arbeit des späten Husserl nach der Fünften Cartesianischen Meditation läßt sich als Überführung der *Reduktion* in eine *Destruktion* umschreiben, bei der alles auf das Verfahren ankommt, die *Bedeutung* des vormals bedeutungsleeren Prädikats ›Existenz‹ zu erschließen. Nun muß man wissen, *wie* sich der Zuschauer freigemacht hat. Am grundlegenden Stellungswechsel der *Katharsis*, der Purifikation, zur Vorbedingung aller möglichen ›reinen‹ deskriptiven Befunde hat sich nichts geändert – nur sieht es so aus, als könnte aus der Introduktion das Ganze geworden sein. Der Zuschauer sieht sich selber zu, wie er es *wird.*

Wem der Ausdruck ›Katharsis‹ zuviel antike Patina hat oder auch asketische Mystik, wem die Zumutung einer dürftigen Klausur auf den Theoretiker zuzukommen scheint, dem mag die Metapher von ›Entstörung‹ der Reduktion plausibler vorkommen. Zwar muß die Qualifikation des Subjekts zum Zuschauertum an allem Anfang stehen, doch durchzieht sie das theoretische ›Leben‹ in jedem seiner Akte für eben diesen, insofern ihm Weltreste spezifischer Art anhaften. Die Auseinandersetzung ist nie nur die mit dem Gegenstand, immer auch die mit den ›Bedingungen seiner Möglichkeit‹ als eines ›rein‹ gegebenen seiner Wesensart nach. Trotzdem bleibt, indem man sich das Unbehagen von Konnotationen erspart, vieles verbale Dienstbarkeit. Hatte schon Jacob Bernays sich mit der Ernüchterung wenig Freunde gemacht, die *Katharsis* in der Tragödienlehre des Aristoteles entspreche der Erleichterung eines im Verdauungstrakt Belasteten mit unerfreulichen Heilpraktiken (1857), so ist auch schon früh bei Husserl erschreckend deutlich, in welchem Maße er Selbsttherapie sucht und betreibt. Die 14 Jahre als Privatdozent in Halle, die Entstehungszeit der »Logischen Untersuchungen« vor der Jahrhundertwende, die Abkehr von der Bedrückung durch den Psychologismus als Scheinwissenschaftlichkeit beschreibt Husserl als Strecke der Qual: *So habe ich von Verzweiflung zu Verzweiflung, von Wiederaufraffen zu Wiederaufraffen fortgelebt.*[3] Mit den »Logischen Untersuchungen« kam nicht nur der Durchbruch zur akademischen Reputation, nicht nur zu ›Halt

3 [Edmund Husserl, Brief an Dorion Cairns vom 21.3.1930. In: Karl Schuhmann, Husserl-Chronik. Den Haag 1977, 22.]

und Hoffnung‹ in theoretischen Grundlagennöten – es kam mehr: *Mit ihnen habe ich mich selbst kuriert.* Man mag erschrecken, wenn man an die Gleichzeitigkeit mit Freuds fataler Selbstanalyse denkt; und man darf auch nicht übersehen, daß Breuer und Freud ihre Therapie mit der von Jacob Bernays erkannten absoluten Metapher als ›kathartische‹ Methode bezeichneten und die Beziehung in Wien, angesichts der Abwehr in der ›klassischen‹ Profession gegen die Banalität des Purgierens, gar nicht übersehen werden konnte. Viel wichtiger ist die durch den Selbstbedarf entstehende Legierung von Subjekt und Theorie, die aus dem Nicht-anders-leben-können aufkommende Gefährdung der ›Reinheit‹ selbst durch die Gewalttat ihrer Erlangung. Beide, Husserl wie Freud, wollten die Zurücknahme des ›Zuschauers‹ auf das Minimum seiner ›Einmischung‹, seine Reduktion zugunsten ihrer so unterschiedlichen ›Objekte‹; was sie erfahren und zugestehen mußten, war der gegenteilige Effekt, das Hereingezogenwerden in die unbewältigte Lebensweltlichkeit, in Übertragung und Gegenübertragung, in die *unendliche Aufgabe* wie in die *unendliche Analyse.* Was Husserl die *innere Selbsterhaltung* genannt hat, mißglückte hier wie dort.

Dem ›Zuschauer‹ der Erscheinungen des Bewußtseins, dem Phänomenologen, wird die Beschreibung dessen, was er ›sieht‹, der reinen oder aufs Reine tendenziell bezogenen Anschauung, nicht nur zum ›Inhalt‹ eines (endlichen) Lebens, sondern durch die Unbestimmbarkeit der Endigung dieses Verfahrens – etwa: im klassischen Standard des ›Systems‹ – zum ›Lebensmittel‹, da das Leben seinerseits als ›Mittel‹ der unendlichen Aufgabe die Rechtfertigung einer sonst nur triebhaft angelegten Selbsterhaltung findet. Wenn der Begründer der Phänomenologie rückblickend (zum 70. Geburtstag 1929) dies in den Satz zusammenfaßt: *Ich mußte philosophieren, sonst konnte ich in* dieser *Welt nicht leben,*[4] ist das eine Pathosformel, die sich die sonst für alles geforderte Rechtfertigung erspart und sich nicht an die Allgemeingültigkeit herantraut; auch in *jeder* anderen der nach freier Variation etwa möglichen Welten wäre das so gewesen, weil nicht Zustand oder Qualität *dieser* faktischen Welt gerade *diese* Einstellung der Theorie erforderten. Es ist das Wesentliche, nicht das Faktische, das sich der Anschauung würdig macht und den Zuschauer notwendig. Das ist erst im letzten

4 [Zit. n. ebd., 344.]

Jahrzehnt des Husserlschen Denkens auch von ihm erfaßt worden, als er die absolute Subjektivität einer ihr korrelativ adäquaten Welt für bedürftig befand und die Subjekte, in diesem Plural, als die Garanten ihrer objektiven Existenz. In dieser letzten und reinsten Funktion hatte der Zuschauer – wie unzulänglich auch immer vertreten durch Beschreibungsmeister – nichts mehr von der Passion des Mißlingens, vom Steckenbleiben in der Katharsis. Doch war dieser Gewinn nicht in der analytischen ›Reinheit‹ des Verfahrens gewonnen: Er kam aus Erschließung, nicht aus Anschauung, war deduktives Rezidiv der Philosophie auf ihren Traum vom ›systematischen‹ Abschluß.

Ohne Scheu Zuschauer sein

Wittgenstein hat Lichtenberg gelesen. Es gibt erstaunliche Bezüge. Dennoch würde man nicht auf den Gedanken verfallen, es bestehe ein ›Einfluß‹. Viel wahrscheinlicher ist, daß die Wahl solcher Lektüre durch vage Kenntnisse oder fremde Hinweise gesteuert ist, es fände sich da zum unentrinnbaren Anthropomorphismus, zur Sprachsuggestion und zum Spieltypus der Erkenntnis vieles vorweggenommen, sogar glänzender formuliert. Und auf eine brillante Formulierung für einen eigenen Gedanken zu stoßen ist ein Antrieb jedes Theoretikers, seine ›Vorläufer‹ kennenzulernen – und zu zitieren. Denn zitiert wird ja nicht, um die eigene ›Beeinflussung‹ zu dokumentieren, auch nicht, um die ›Autorität‹ des Vorläufers sich dienstbar zu machen. Zitiert wird vor allem, weil man resigniert oder erleichtert notifizieren muß, es besser nicht sagen zu können.

Lichtenberg hat die Schachspieler in die Philosophie eingeführt. Aber auch ihn interessiert, wie so oft Wittgenstein, keiner der beiden Spieler, sondern der des Spieles unkundige Zuschauer. Lichtenberg vergleicht den Naturforscher und seine Hypothesen mit dem Beobachter eines Schachspiels, der sorgfältig alle Vorgänge auf dem Brett registriert, um auf die Regeln zu kommen, nach denen sich alles ›abspielt‹ und bei ausreichender Einsicht sogar vorausgesagt werden kann.

Doch die vollständige Kenntnis der Regeln läßt den Zuschauer noch nicht begreifen, worin das Ziel der Bewegungen auf dem Spielfeld besteht. Es könnte sogar seine Hypothese bleiben, daß der Punkt höchster Sensitivität unter den Figuren der König ist, ohne daß er je erfährt, welchen Finalpunkt dessen Empfindlichkeit hat. Nicht nur, daß die beobachteten Spiele zu Remis oder Patt führen können, noch wahrscheinlicher und zuschauend schwerer zu begreifen wäre, daß die routinierten Spieler ihre Partien schon bei erkannter Mattstellung abbrechen, ohne diese noch herbeizuführen. Dem Zuschauer bliebe Hypothese, worauf alles hinaussollte.

Lichtenberg erwähnt nur *en passant*, daß auch die Spieler ihrerseits mit Hypothesen arbeiten müssen, obwohl alle Elemente und Stellungen offen vor ihnen liegen und sie ›wissen‹, worauf es hinaussoll. Nur wissen sie dies eben nicht für jeden Zug des Gegners. Kartenspiele, bei denen mit verdeckten Karten gespielt wird, machen das noch deutlicher: *L'hombre kann ohne Hypothesen nicht gespielt werden.*[1]

Doch solche Bemerkungen sind die Ausnahme. Das Interesse bei Wittgenstein wie bei Lichtenberg richtet sich nicht auf Spieler und Spiel, sondern auf den Zuschauer als den Typus dessen, der erst herausbekommen muß, ›was gespielt wird‹. Der Philosoph ist nicht mehr selbst der Weltzuschauer, der *Kosmotheōros.* Er ist, in nächster Instanz gleichsam, der Zuschauer des Zuschauers. Er beobachtet dessen seltsam-befremdliches Gebaren. Man hat lange geglaubt, dieses ›Dabeistehen‹ des Philosophen ziele darauf, dem Naturforscher auf die Schliche seiner Methoden zu kommen. Inzwischen möchten manche genauer wissen, welche Stellung den ›Spielgewinn‹ bezeichnen würde.

1 Georg Christoph Lichtenberg, Schriften und Briefe, Bd. 2. München [3]1991, 280f. (J 1521).

Der Strom und die Sprachen, von ihm zu sprechen

Phänomenologie ist Wissenschaft von den Trivialitäten, aber deswegen die am wenigsten triviale. Denn über das Gängige und Geläufige Aussagen zu machen, darauf ist zumal die Sprache am wenigsten vorbereitet und mit ihr der theoretische ›Blick‹ erst recht nicht. Dieser Nachteil wird in diesem Fall nicht aufgewogen, wie bei den exakten Naturwissenschaften, durch den sprunghaften Wechsel der Sprache, nämlich ins mathematische Idiom. Auch die Ausbildung einer eigenen ›Kunstprosa‹ für den phänomenologischen Innengebrauch ist mit Heideggers »Sein und Zeit« mißlungen, denn diese hochaggregative Sprache konnte zwar imitiert, aber nicht verstanden werden. Letztlich konnten nur die mit dem Existentialidiom arbeiten, die es vermeiden konnten. Dabei entstehen nur deshalb Ergebnisse, weil die orientierende Absicht der Sprachkünstlichkeit nachvollziehbar ist; etwa im Gegensatz zu fast allem, was Heidegger in dem vermeintlichen Sprachgehorsam nach der ›Kehre‹ über Sein und Seinsgeschichte orakelt hat. Hiernach hat die perfekte, ridiküle Sterilität der Epigonen allein das Feld beherrscht, denn der Folgenreichtum von »Sein und Zeit« ließ sich nicht wiederholen.

Wissenschaft von den Trivialitäten, nach Husserls eigener Bestimmung, heißt nicht, den Trivialitäten Ausdruck zu verschaffen. Nimmt man die für den Bewußtseinsbegriff des frühen Husserl beherrschende Metapher vom Strom zu Hilfe, so spricht die Phänomenologie gerade nicht vom spektakulär Bewegten des Strominhalts, seinem reißenden oder sanften Drang zur Mündung hin, also auch nicht von der Finalität des Stroms, sondern eher von seiner Begrenzung, seinen Ufern als dem, was ihm die Richtung und auch zum Teil seine Strömungsmacht bestimmt. Die Erfahrung wälzt sich unstetig im stetigen Bett, und nur die historische Betrachtung, etwa des Geologen, kann feststellen, daß dieses Bett selbst ein Resultat des Stromes *und* der Widerstände gegen ihn ist. Richtet man den Blick nicht auf den Strom, sondern auf sein Strömungsbett, so muß man eine andere Sprache sprechen, wie es erstmals Heraklit getan hat, als er die befremdliche Feststellung traf, man könne nicht zweimal in denselben Fluß steigen. Das Paradox setzt die Trivialität des Sprachwechsels voraus: Würde man nach dem ersten Einstieg den Fluß nicht verlassen, würde man immer in demselben Fluß bleiben und von ihm getrieben werden und *niemals* an dasselbe Ufer zurückkehren können, da Ströme nur *eine* Stromrichtung haben (sieht man von den Gezeiteneinflüssen an Unterläufen ab). Heraklit, versessen aufs Paradox, hat am anderen Ende der Philosophie der Metapher vom Bewußtseinsstrom ein Signal gegeben, darauf zu achten, *wovon* sie sprechen will und *von welchem Standpunkt aus* – und das heißt: in welcher Sprache – sie es tun will. Als Heidegger zu Heraklit kam, traute er ihm schon zu, von etwas Frühem und längst Vergessenem noch einmal zu ›künden‹.

Die Nulldatumchronologie und die Polarisierung der Weltansichten

Sollte die Jahrtausendwende uns vorenthalten, was doch schon im bescheideneren Rahmen von Jahrhundertwenden erwartet wurde, im Chiliasmus der bisher einzigen Jahrtausendwende in fürchterliche Urständ ausgebrochen war, dann würde die Tiefe der Enttäuschung – der Rückblick auf ein *Als wäre nichts gewesen* – kein geringeres Risiko mit sich bringen, als es die Erfüllung großer Verheißungen heranführt.

Schlimm genug ist schon, wie es vor einem Jahrhundert war, daß das ausgehende und abtretende Säkulum nicht mehr recht zählt, alles in die Obsoleszenz verweist, was seine Datierungen trägt. Das war eben noch 19. Jahrhundert, dachten sogar Autoren und Verleger, die sich scheuten, ihre Werke auf »1899« zu datieren, und es schon fast für den Triumph ›ihrer Sache‹ hielten, daß sie mit dem Signum »1900« auf die Mit- und Nachwelt kam.

Das wäre sicher überschätzt, wenn man es »Zahlenmystik« nennen wollte oder sogar den Verdacht bewußter »Magie« damit in Zusammenhang brächte. Gastgeber, die sich den Zufall einer Dreizehnertischrunde fernhalten wollen und sich sogar des als professionell anerkannten »Quatorzième« bedienen, sind nicht allein dadurch des Aberglaubens verdächtig; sie halten nur für möglich, daß die leichtfertige Erwähnung des Zahlenumstandes durch einen um Erheiterung bemühten Frohsinnsmenschen bei dessen Gegentyp Mißstimmung und mühsam verhehlte Unterstellung von Rücksichtslosigkeit gegen die Opfer eines ›Weltgesetzes‹ aufkommen lassen könnte. Jeder will die Vorurteile hinter sich gelassen haben – aber schon die Benennung der *praeiudicia* verschärft ein Unbehagen zur Bestimmtheit, die es nicht haben muß, um dennoch das Licht der Vernunft zu verdunkeln. Als »Urteil« genommen, wäre man sich zu schade dafür; doch ist eben nicht alles »Urteil«, was die Gemüter stimmt und deshalb »Stimmung« noch heißen kann, wenn man am Ende des Jahrhunderts der Lösung aller »Welträtsel« steht. Die Siege der Vernunft und der sie entfaltenden Wissenschaften sind – das hatte schon das ausgehende 18. Jahrhundert den Bilanzierern seiner Errungenschaften klargemacht (einigen, wie

Lichtenberg, an der Selbstspaltung in Aufgeklärtheit und Hintergrundverdacht) – nicht die Faktoren der Zeitstimmungen.

Wenn nichts Ärgeres passiert, trägt der auch aus der persönlichen Lebensphrasierung geläufige Nulldatenwahn dazu bei, die Gemengelage der Weltansichten schärfer zu konturieren. Die einen halten für überwunden, was zurückliegt und Daten des Verblassens trägt; die anderen halten für risikoreich und bedenklich, was bevorsteht. Das Maß an Unentschiedenheit, mit dem man sonst zu leben hat, reduziert sich durch einen Vorgang, den man »Thematisierung« nennen kann und zu dessen Bekanntheitsgrad die Demoskopie beigetragen hat. Man lebt in der Bereitschaft, eine Meinung zu haben; je größer die Fragen, um so unvermeidlicher die Meinung. Und nun alles das, was zu einer Jahrtausendwende gefragt, gemeint und publiziert werden kann!

Wobei es nichts zu lachen gab

Gott ist Ursprung seiner selbst. Dieser Satz von der *causa sui ipsius* erklärt uns nicht, daß Gott existiert, da wir ihn als Ursprung von etwas überhaupt nur denken können, wenn er schon da ist. Wohl aber bedeutet der Satz etwas im Hinblick auf die Möglichkeit, daß er aufhören können muß, sein Dasein zu wollen und darin zu beharren. Er würde sich nicht mehr wollen, und im selben Moment wie eben dadurch wäre er nicht mehr. Daß dies in jenem Prinzip von der *causa sui* ausgeschlossen sein soll, wird durch einen Zusatz (*corollarium*) versichert, er sei reine und unbedingte Glückseligkeit. Er wäre dann eine *causa sui*, für die es keinen Grund geben könnte, sich nicht zu wollen; und zugleich wäre auch begriffen, weshalb Gott so gern sein wollte, da er es als *causa sui* doch konnte. Dabei liegt im Begriff einer solchen doch nur, daß die Existenz je den Faktor ausschließt, der ihrem Glück *entgegenstünde*, es aber eines zusätzlichen Faktors bedarf, um solche Glückseligkeit erst herzustellen oder zu vollenden.

Es ist sehr die Frage, ob es einen zwingenden Zusammenhang zwischen der Selbstursächlichkeit (*autogennēton*) und Glücksvollkommenheit gibt. Im Begriff der *causa sui* liegt zunächst doch nur, überhaupt aus sich selbst dasein zu können, also dies auch als Risiko einzugehen, was immer bedeutet, dann zu sehen, wessen es bedarf, um auch glückselig zu existieren. Wobei behilflich ist, daß eine *causa sui ipsius* zweifellos und *a fortiori* auch *causa omnium aliorum* muß sein können. Dieses Wesen, existent kraft seiner selbst, kann sich auch die Bedingungen erfüllen, von denen es zu seiner *felicitas perpetua* abhängig zu sein sicher ist. Doch führt eben dieses Sichersein eine weitere Bedingung ein, die mit der Selbstursächlichkeit nicht gegeben ist: die eines Wissens von *weiteren* Möglichkeiten, die über die nackte Existenz hinausgehen. Etwa der, diese Existenz mit anderen zu teilen, aus welchen Gründen immer: etwa distributive Gerechtigkeit, Geselligkeitsbedürfnis, Ruhmbegierde, Genuß am freien Spiel der Kräfte. Hinter dem Versuch, es aufs Unbekannte ankommen zu lassen, könnte immer der Vorbehalt stehen, im äußersten Fall des Mißglückens der Glückszurüstungen sich kraft der Selbstursprünglichkeit aus der Existenz zurückzunehmen. Das

Risiko des Absoluten kann derart nicht absolut werden. Doch wäre es wiederum nur eine halbe und der Urheberschaft unwürdige Sache, ginge es nicht an die Grenze des ihm Möglichen, aufs äußerste also.

Aufs äußerste, um bei dieser Formel zu bleiben, ist die *causa sui* wohl noch nicht mit den Engeln gegangen. Als Luzifer rebellierte, war es einem anderen namens Wer-ist-wie-Gott mühelos möglich, ihn zu stürzen. Der Herr, der Umscharte, trat nicht auf den Plan. Diese ›Geringfügigkeit‹ muß ihn zu Gewagterem angetrieben haben: sein Ebenbild und seine Gleichheit zu schaffen. Seinesgleichen, das war, wofür es keinen Abgrund gab, es hineinzustürzen, keinen Fuß, ihm den Kopf zu zertreten. Der Mensch, da gab es nichts zu lachen, wie im gnostischen Mythos, der den Demiurgen Jaldabaoth (JHWH) zum Menschenmacher machte. Da durfte freilich von höchster Zuschauerwarte her gelacht werden. *Anathema sit.*

Bis zum Äußersten zu gehen, mit dem Vorbehalt, sich im äußersten Falle den Daseinsgrund abzusprechen, nach Rechtfertigung im Nicht-Dasein zu suchen, das enthielte das Paradox, es eben doch nicht auf sich genommen zu haben, an die Grenze des im Begriff der *causa sui* Gelegenen zu gehen. Was lag dem Ich-bin-der-Ich-bin an dem aufsässigen Engelfürsten? Er ließ ihn durch einen anderen Anführer seiner Heerscharen von seinem Angesicht weisen, und nichts von der Andeutung auch nur steckt in dem Mythos, dies sei ein Versagen dessen schon gewesen, der sich solchen Äonengesellen gegeben oder verschafft hatte. Dieses Stück ›Vorgeschichte‹ diente doch denen, die es erfanden oder gebrauchten, vor allem dazu, dem Menschen zu versichern, daß es mit ihm eine ganz andere, die Gottheit im Tiefsten betreffende Bewandtnis haben müsse. Mochte in der Fabel des Hyginus der Mensch das jämmerliche Geschöpf der *Cura*, der Sorge, sein, so war er vor dem Hintergrund des durch die Fürstenrebellion ungerührten Herrn der Heerscharen dessen ›Sorge‹ selbst und im unüberbietbaren Sinn. Was das bedeuten konnte und was daraus folgte, wenn es so war, mußte als eine ›Geschichte‹ erzählt werden, die dann, in einem ihrer Aspekte, sich als *die* Geschichte hypostasierte.

Der Begriff der *causa sui* bedeutet philosophisch nicht mehr, als daß Gottes Existenz notwendig sei und daher keiner Ursache bedürfe. Aber diese negative Funktion des Paradoxes ist unbefriedigend, weil sie offenläßt, Gott könne aus seiner schieren Notwendigkeit heraus auch gegen seinen Willen existieren, so wie die menschliche Selbsterfahrung der Faktizität erweist, daß es ein fundamentales Ärgernis jedes einzelnen ist oder sein könnte, gar sein müßte, daß er nicht gefragt worden sei in dieser wichtigsten Sache seiner Selbstbestimmung. Die Existenzphilosophie hat dem abzuhelfen gesucht, indem sie jeden zum Produkt seiner Freiheit deklarierte: Existenz heißt, *causa sui ipsius* zu sein. Doch wird nur zur Würde erhoben, was in Wirklichkeit Verzicht, Hinnahme des Unvermeidlichen ist. Fragen abzuschneiden, das ist die Funktion solcher ›Letztbegründungen‹. Warum schuf Gott den Himmel und die Erde, läßt Augustin fragen und antwortet: *Quia voluit* – Weil er wollte. Die nächstfällige Frage: Warum gibt es überhaupt Gott? hat er nicht gestellt, aber darauf nur dieselbe Antwort geben können: Weil er wollte. Es ist dieselbe Antwort, die außerhalb des Rationalismus auf die Frage nach der Verbindlichkeit des Sittengesetzes gegeben werden mußte: Es ist Erfüllung des Göttlichen Willens – deshalb war die Thora vor der Welt da. Die *causa sui* ist mehr als das *ens necessarium*, denn sie bedeutet, daß Gott für sich und seine Folgen verantwortlich ist. Deshalb auch hat Augustin bei seinem Versuch einer *analogia trinitatis* – einer Befolgung neuplatonischer Rezepte – in dem Ternar *memoria–ratio–voluntas* nicht die Vernunft dem Vater gleichgestellt, das wäre widerbiblisch gewesen, denn der Sohn ist der *Logos*, aber der Vater ist die Treue zur Identität seiner Geschichte als *Memoria*: Er weiß, wie es zu ihm und zu allem anderen gekommen ist. Als Vater-*Memoria* ist er der Gott der Verträge, der Vertragstreue, der die anderen an das erinnert, was sie ihm schulden.

Als es nichts zu sehen gab

»Weitergehen! Nicht stehenbleiben! Gehen Sie doch bitte weiter. Es gibt hier nichts zu sehen.«

Das war die Untertreibung. Der Mann in der vertrauten Form des ›Schutzmannes‹ sah tatsächlich nichts. Er stand mit dem Rükken zur blakenden Ruine und hielt den Passantenstrom flüssig. Auftragsgemäß verhinderte er, was man in unpassender Analogie zu einem Produkt von Küche und Herd einen ›Auflauf‹ nannte. Es würde dem Mann und denen, die er am Stehenbleiben hinderte, das fernere Leben erleichtern, daß es keinen Auflauf gegeben hatte, daß man nicht Zuschauer geworden war.

Der Mann hieß ›Schutzmann‹, und man konnte ihn nach einer Straße fragen oder auch nach der Uhrzeit. Er und seinesgleichen standen auf Plätzen und an Straßenecken zumeist herum, einige ›regelten‹ den Verkehr. Des Deutschen liebste Vokabel war in seine bleibende Benennung eingegangen: Er war zuständig für alle Arten von ›Schutz‹. Er schützte die einen vor den anderen und umgekehrt, zuweilen auch einen vor sich selbst.

Dabei war längst das Vertrauenskapital, das der ›Schutzmann‹ mit diesem Bestandteil seiner Bezeichnung angesammelt hatte, mißbraucht worden. Angefangen hatte es mit einem »Gesetz zum Schutze von Volk und Staat«. Leuchtete das nicht jedermann ein, daß der ›Schutz‹ gesetzlich sanktioniert werden mußte? Und dann wurde immer mehr ›geschützt‹, dazu noch: immer mehr vor immer denselben. Das Blut und die Ehre und der Wald … Der vertraute Schutzmann betrat die Häuser, statt an den Ecken zu stehen. Aufläufe waren nicht zu verhindern, sie kamen nach Plan und Geheiß zustande. Bestellte Zuschauer – die nicht zusahen, wo ›etwas los‹ war, sondern wo ihnen etwas demonstriert wurde. Das Zeigen ging dem Zuschauen voraus – eine fatale Kopplung zu dessen langwieriger Diskriminierung.

Merkwürdig ist nur eins: Die Vokabel ›Schutz‹ büßte ihre deutsche Faszination niemals ein. Es würde den ›Schutzmann‹ nicht mehr geben, dafür ein Volk von ›Schützern‹. Jeder konnte sich aussuchen, was er schützen wollte. Was er brauchte, war nur ein Institut, das ihm ›wissenschaftlich‹ bescheinigte, es sei ›schutzbedürftig‹, was er schützen wollte. Und er brauchte ein Publikum, das ihm beim Schützen zusah. Nirgendwo wurde mehr gesagt: »Es gibt nichts zu sehen.« Zu viele hätten ihren Zweck verfehlt …

Vom Vorsprung, den der Schuldmythos gewährt, schuldfähig zu sein

Wie wird Schuld zum Mythos?[1]

Vierzig Jahre und mehr als drei Generationen danach sind die Deutschen demonstrativ befaßt mit ihrer Schuld. Ihrem Schuldmythos – denn wer wollte behaupten, hier werde noch mit einer Realität umgegangen?

Der Mythos hat den Vorteil, einen Vorsprung zu gewähren. Es geht nicht um Schuld, sondern um Schuldfähigkeit. Wir bringen es fertig, die Vergangenheit nicht durch Vergessen zu erledigen, sondern durch Erweckung. Dadurch sind wir ausgezeichnet als die, die nicht verdrängen, die ihre ›Trauerarbeit‹ leisten – oder wenigstens leisten lassen durch solche, die dann wieder von dieser Arbeit leben, wie andere Leute auch von ihrer Arbeit leben. Das ist der Vorteil von Arbeit: Sie kann geteilt, sie kann delegiert werden, weil sich davon leben läßt. Sonst würde es keiner annehmen.

In Wirklichkeit ist da nichts zu bewältigen. Es gibt keine Bewältigung von Vergangenheit, nicht irgendeiner. Und man bewältigt auch nicht, wenn man sich den Vorsprung einer Unschuld zweiten Grades zu verschaffen sucht, die nie eine genuine, sondern umwegige durch Entschuldung ist.

Tabu muß daher sein, daß irgendeiner sich auf eine Unschuld ersten Grades beruft. Die Formel, man habe von all dem nichts gewußt, ist unabhängig von jeder ohnehin dubiosen Nachprüfbarkeit, ob es das denn gegeben haben kann, unzulässig, Verstoß gegen den Zeitgeist. Niemand kann sich leisten, unschuldig gewesen zu sein. Er störte das Konzept.

Die Zustimmung dazu, es gebe keine Kollektivschuld – eine der mühseligen Errungenschaften gegen die Selbstanklagen nach dem Ende Hitlers –, hat den Preis des Verbots für jedermann, von sich zu sagen und für sich zu beanspruchen, er jedenfalls sei schuldlos. Es ist eine optische Täuschung zu meinen, dies könne doch auch keiner sein. Wer es nur denkt, ist es schon; denn moralisch gibt es keine objektiv feststellbare Schuld. Die meisten sind wohl nicht

1 [Auf dem Typoskript ist vermerkt: »Gesperrt bis 1990«.]

mehr schuldig geworden, als man allgemein im Leben an den Dingen zu werden pflegt, die sich nicht als ›Entscheidungen‹ präsentieren und denen man nicht geradezu in den Arm fallen muß, um sich zu entlasten, dabeigewesen zu sein.

Nutznießer aller Scheußlichkeiten, die in der Geschichte vorgefallen sind, sind wir Lebenden allemal allein dadurch, daß wir die Nachkommen der Überlebenden sind, die wohl die Stärkeren, wohl die Rücksichtsloseren, wohl die ›Schuldigen‹ gewesen sind und ihre Nachkommen zu Nutznießern ihrer Daseinskraft machten. In der Seinsgrundfrage ist Schuld impliziert, wenn man das jeweilige Endglied einer ›Evolution‹ ist. Die ›Weltordnung‹ gönnt uns nicht, uns als Abkömmlinge der Schuldlosen begünstigt zu wissen. Wer überhaupt da ist, verdankt das denen, die noch dageblieben waren, als es die anderen nicht schafften.

Eine Schulidentitätskrise

Stifter der Neuen Akademie in Athen war Lakydes, geboren etwa 240 v. Chr. Er begann erst spät, sich mit Geometrie zu beschäftigen, und man kann sich denken, daß dies bei einem Manne, der Platos Erbe zu erneuern und zu verwalten beanspruchte, Befremden auslöste. Denn über dem Eingang der Akademie stand der Spruch, den Plato selbst dort hatte anbringen lassen, es dürfe niemand ohne Kenntnis der Geometrie hier Zutritt haben.

Bei Diogenes Laertius überliefert ist der Wortwechsel mit einem, der dem Lakydes zum Vorwurf machte, erst im Alter zur Geometrie gefunden zu haben. Mit einem der eigentümlichsten Ausdrücke des Griechischen, dem vom *kairós*, der die Gunst der Zeit dem Wesen des Kosmos zuschlägt, fragt der anonyme Anfechter: *Erst jetzt?* Lakydes darauf: *Warum nicht ›Schon jetzt‹?*[1]

Die Finesse der Anekdote liegt darin, daß sie die Unterlassung oder deren äußeren Anschein, von dem der Tadler ausgeht, in eine Zurückhaltung des Respekts verwandelt. Der Erneuerer der Akademie hat aus Ehrfurcht vor ihrem Stifter gezögert, dessen Bedingung als leichtesterfüllbare erscheinen zu lassen. Es war viel Zeit vergangen seit Plato, weit mehr als ein Jahrhundert, und einer, der ganz gegen die Neuerungssucht der Zeit nicht seine eigene Schule begründet, statt dessen die eines anderen aus dem Verfall herauszieht, darf auch zögern, die großen Gebote der Gründervergangenheit hinsichtlich ihrer Erfüllbarkeit der Unterstellung werbenden Effekts auszusetzen.

Lakydes hatte die Schwere der Zutrittsbedingung sichtbar gemacht. Er hatte gezögert, sie selbst zu erfüllen, um die Billigkeit der Erfüllung leichthändigen Bewerbern bedenklich werden zu lassen. Zugleich damit aber hatte er ein Hauptstück platonischer Lehre mißachtet: Er hatte die *Anamnesis* der Aufmerksamkeit entzogen, in der Praxis ihr widersprochen.

Die relativ zum Ganzen seiner Wirkung noch kurze Geschichte des Platonismus hatte vergessen lassen, daß der platonische Sokra-

1 Diogenes Laertius[, Lives of Eminent Philosophers, Cambridge, Mass. 1980, 436] IV,60 [Übers. HB].

tes einem Knaben aus fremdem Land den Besitz der Geometrie zu entlocken vermochte. So geht es seither mit den Schulen: Was vor einem Jahrhundert noch die Schulknaben vorzuweisen hatten, gibt wenige Generationen später ergrauter Gelehrsamkeit die Aura eingelebten Könnens.

Das Beschreibliche und das Unbeschreibliche

Mihi ipsi scripsi

Es gibt Sättigungsgrade, auch bei der Ausbreitung von ›Selbstverständnissen‹. Wer darunter leidet und nicht mehr leiden mag, bedient sich der bewährten Vorrichtungen zur Abschaltung des ›Mediums‹. Auch ein Buch kann zuschlagen, wen am Wegwerfen heilige Scheu hindert. Der Autor erfährt es nicht, denn zum Glück sind nicht alle Leser Rezensenten. Aber der Getroffene ist er. Ein weiteres Mal hat er nicht erreicht, was doch seine dringendste Absicht gewesen war, als er schrieb: Leser zu finden, und dazu solche, die ihn nicht ›abstellen‹ würden. Wo aber liegt die Grenze, an der oder von der an er zufrieden sein dürfte?

Wann darf, wann muß er es sich genug sein lassen mit dem Radius seiner Wirkung, mit dem Durchsetzungsgrad seines Werkes, mit dem Volumen seiner ›Rezeption‹? Das Abzählbare – Auflagen, Absatz, Zulauf der Kritiker, Zitate – hilft wenig, die Fragen zu beantworten. Wenn man nur wüßte, was diese Zahlen – abseits vom Jahresertrag – wert sein mögen. Da kommt man mit den Zahlen der Wägbarkeiten schnell ins Unwägbare hinein.

Sind 50 Leser eine ›kleine Gemeinde‹ des Autors? Sind 500 Käufer eine ›bemerkenswerte Klientel‹, die auch fürs Künftige hoffen läßt? Sind 5000 abgesetzte Exemplare genug, um von einem ›schönen Erfolg‹ zu sprechen? Oder sind erst 50 000 der Einstieg in ein ›Publikum‹, das sogar dem Verleger mehr als gleichgültig zu werden beginnt? 500 000 in 25 Sprachen wären zweifelsfrei ein ›Welterfolg‹? Ich lasse dahingestellt, wo präziser die Schwellenwerte liegen mögen – irgendwo liegen sie.

In einem euphorischen Anfall von Megalomanie lasse ich den gedachten Autor erleben, wie ihm das Telegramm ins Haus kommt, gerade habe die Hälfte der Menschheit (an die 3 Milliarden, wenn's noch stimmt) jenes Buch erworben und, demoskopisch gesichert, auch gelesen (im Fall des Analphabetismus sich vorlesen lassen). Gerührt vom Anteil der Vielen, die sich sein Verständnis von Welt und Selbst nicht entgehen lassen wollten, wird der Autor einen Moment des vollkommenen Glücks erfahren. Oder doch des ›fast‹ vollkommenen. Denn da bohrt noch etwas, das sich nicht abdrängen lassen will und sich allmählich zu einer schrecklichen Frage artikuliert. Die Hälfte der Menschheit – gut; aber bitte: Was macht die andere Hälfte?

Träumerisch an die Irrealität des Übermaßes verloren und dafür gestraft, hat sich die untere Grenze der ›Sättigungsgrade‹ der Erfassung entzogen, dort, wo der Ausdruck für ›Sattheit‹ zum Hohn zu werden beginnt. Was denn, wenn jener Autor nur 1 (ein) abgesetztes Exemplar auf seiner Abrechnung fände, mit dem Rest der Hoffnung, es möge dieses wenigstens einen Leser gefunden haben? Einen, doch nicht ›Auch Einen‹, sondern *den* Einen, den symmetrischen Genossen im Verhältnis von ›Produzent‹ und ›Rezipient‹?

Die Parität des Urhebers und seines ›Abnehmers‹ ist eine Fiktion. Der einzige Leser verliert mit dem Mangel an möglichen Legionen nichts an Effizienz, denn keiner erfährt je, was von ihm erwartet worden war. Das Selbstverständnis des Autors ist nicht identisch mit der Intention, mit der er es auf den Leser abgesehen haben könnte. Der Leser unterstellt ihm als ›Absicht‹, was doch nur die seinige wäre, könnte er jemals die Position des vermeintlich ihn Fordernden einnehmen. Alle Gründe des Autors, ein Publikum zu haben und zu erreichen, sind dem Werk kontingent, mag es sich noch so eindruckshungrig und besitzergreifend gebärden. Deshalb gewinnt es nichts gegenüber den Vielen, die es verfehlt hätte, durch den einen, der sich an deren Stelle erhebt. Daß jeder andere dieser sein könnte und doch nicht wird, nimmt dem einen jede Chance zum absoluten Rang.

Jeder andere könnte es sein, und ebenso zufällig könnte auch er es nicht sein. Der Eine ist der Grenzfall zu Keinem. Der Leser, der teilnimmt an einem fremden Selbstverständnis, berührt doch dieses nicht. Er ist schon vorweggenommen in seiner Nichtigkeit, weil jede Anbiederung, jede Werbung im Werk (nicht *für* dieses), dessen Authentizität zerstören würde. Das Maß, in dem es immer schon getan war, ist gerade das, was dem Selbstverständnis des Autors entgeht und verborgen bleiben muß – es würde ihn lähmen in der Geste der Selbstentäußerung, ohne die es die Emanation des Selbstgemäßen nicht gibt.

Deshalb ist es weder Trotz noch Protz, wenn der Autor angesichts der verfehlten Wirkungsgröße zur Resignation des *Mihi ipsi scripsi* kommt, es Nietzsche nachsprechend. Diese vermeintliche Resignation ist die Reflexion, die das Schielen nach Rezeptionsmaßen verwehrt. Das Gedankenexperiment mit dem virtuell einsamen Autor idealisiert diese Genügsamkeit nicht – es dient der analytischen Isolierung des Werkes von den ›Absichten‹ und Bedürfnissen seines Urhebers und läßt das Selbstverständnis als den ›Ertrag‹ hervortreten, der im *Mihi ipsi scripsi* nicht der Rest ist, der übrigbleibt, sondern der Überschuß, der in jeder anderen intentionalen Einstellung unterdrückt würde.

Produktion und Rezeption stehen nicht in gleichrangiger Symmetrie. Darin ist der Vorrang jeder Produktionsästhetik vor jeder Theorie der Rezeption begründet, mag auch das eine vom anderen insofern untrennbar sein, als die ›Rücksicht‹ auf Wirkung aus dem Produktionsantrieb gar nicht bis zur ›Reinheit‹ ausgeschaltet werden kann. Die ›Reduktion‹ leidet an dem Trauma, zuviel von dem präsent zu machen, was sie doch als ›nie gewesen‹ auszuschalten hat. Die Formel Nietzsches darf mit ihrer Alternative von Resignation und Trotz nicht die Implikation des Erstaunens übersehen lassen, daß einer, der zu diesem Fazit gekommen ist, den Vorbehalt des ›offenen Endes‹ macht, der im Perfekt des *scripsi* steckt: Zwar habe ich nur für mich selber geschrieben, aber es war sowenig wie der Effekt aus dem Motto des Baconschen *Plus ultra* auszuschließen. Rückzug ist die Anspannung für alle Vorstöße. Oder: In der Reflexion ist die große Rhetorik der ›Äußerung‹ schon verborgen.

Kein Philologenfleiß hat herauszubringen vermocht, woher Nietzsche sein *Mihi ipsi scripsi* genommen hat. »Welcher Römer schreibt nur für sich?« beantwortet der Eingeweihte meine Anfrage. Es ist auch nicht die Intimität des Soliloquiums, die doch von vornherein ›Literatur‹ ist: der nach innen zurückgenommene Sokrates. Die Einheit von Trumpf und Trotz, auf die der Nietzsche-Leser allerwärts stößt, eröffnet den Ausblick auf die Indifferenz des Liegenlassens, nachdem man es einmal ›geschafft‹ hat, so unbedenklich zu sein. In einem der beiden Kontexte, in denen das Für-sich-schreiben ausgesprochen wird, ist die Hintergrundmetaphorik *medizinisch: Ich war in allen Punkten mein eigener Arzt; und als einer, der nichts Getrenntes hat, habe ich Seele Geist und Leib auf Ein Mal und mit denselben Mitteln behandeln müssen.* So lautet das Fazit des Berichts, den er Mitte Juli 1882 an Erwin Rohde zur Einstimmung auf die »Fröhliche Wissenschaft« – als ein *letztes Buch für lange Jahre* – über seinen Zustand, als Endzustand einer mit zuviel Philologie verfehlten Lebensphase (*seit 1876*), geschrieben hat. Doch sei auch dies *mein Recept und meine selbstgebraute Arzenei gegen den Lebens-Über-*

druß gewesen. Stehe er nun über all diesem *mit dem Frohmuthe eines Siegers und beladen mit schweren neuen Plänen,* so solle ihm niemand *darüber böse sein dürfen, wenn ich gut von meiner Arzenei denke.* Und eben dieser Rück- und Ausblick schließt mit der Klausel, die sich als die der Lebensautonomie ausgibt, gekennzeichnet durch einen schwurhaften Zusatz auch für alles Künftige: *Mihi ipsi scripsi – dabei bleibt es*[1] ... Wie ein für den Freund angehängter Trost klingt es, so solle *Jeder nach seiner Art für sich sein Bestes thun* – eine kollegialfreundliche Verallgemeinerung der Brauchbarkeit, die doch sofort zurückschlägt in die egozentrische Form: – *das ist meine Moral: – die einzige, die mir noch übrig geblieben ist.* Man denke, wie wenige Jahre dieser Stolz der Selbsttherapie nur noch entfernt ist von dem aus Wien kommenden Widerspruch der unmöglichen Selbsttherapie.

Gerade vier Jahre nach dem Brief an Rohde hat Nietzsche das Für-sich-schreiben in einen ganz anderen, nicht mehr metaphorischen Kontext gestellt. Die Rhetorik der Selbstübertrumpfung ist in eine Funktion für die Lebenszeit überführt, wenn es in »Menschliches, Allzumenschliches« unter dem Stichwort *Sibi scribere* heißt: *Der vernünftige Autor schreibt für keine andre Nachwelt als für seine eigene, das heisst, für sein Alter, um auch dann noch an sich Freude haben zu können.*[2] Der Gedanke vom Autor mit keinem oder einem Leser ist schwächlich geworden: Einer schreibt von sich auf, wovon er erwartet, es im Alter als Leser seiner selbst genießen zu können. Der Zweifel, ob einer jemals zu lesen Lust haben wird, was er geschrieben hat, könnte nur virulent werden, wenn wir von einigen wenigstens wüßten, sie hätten es getan. Mehr noch: Er hätte es verstanden – um soviel besser verstanden, wie die hochmoderne Hermeneutik beansprucht, einen Text besser verstehen zu können, als sein Urheber ihn schreibend verstanden hatte. Unversehens bemerkt man, daß die Art von Selbstverständnis, die der professionelle Philologe sich für sich zurechtlegt, nichts anderes ist als die Anwendung seiner Disziplin auf die Intimität des Umgangs mit seinen ›Quellen‹. Wie ›kritisch‹ er sogar mit diesen würde umgehen müssen, das ist ein Einschuß von Mißtrauen, der wiederum erst einige Jahre später von Wien kommen sollte.

1 Friedrich Nietzsche, Briefwechsel. Kritische Gesamtausgabe. Abt. 3, Bd. 1. Berlin/New York 1981, 226.

2 [Friedrich Nietzsche, Menschliches, Allzumenschliches II, 167. In: ders.,] Musarion-Ausgabe, Bd. 9. München 1923, 82. [KSA, 2, 446.]

Statt nun noch einmal die Arbeit der Kommentatoren auszuschöpfen und auf Nietzsches Exzerpt aus Valentin Roses »Aristoteles pseudepigraphus« (1863) einzugehen, der den Grundsatz der Rücksichtslosigkeit gegenüber dem Leser, das (feststellende) *sibi quisque scribit,* proklamiert hatte,[3] möchte ich noch einen Grenzwert der ›verschlossenen Äußerung‹ anführen, der die Schwierigkeit des Verhältnisses von Offenbarung und Sprache in der Theologie erschreckend vorstellt: Paulus gibt den immer schwierigen Korinthern im zweiten Brief seine Variante der Darstellungen der Damaskus-Vision. Das zwölfte Kapitel beginnt mit der seltsamen Formel einer impersonalen Selbstrühmung des Schreibers: *Gerühmt muß sein! (kauchāsthai deī).* Und schränkt es ein mit einem *Es trägt allerdings nichts bei … (ou sympheron men),* weiter noch moderiert durch die Redeweise von einem anderen: *Ich weiß um einen Menschen … (oīda anthrōpon).* Von der Damaskus-Szene zu sprechen heißt, nicht von sich reden zu können – schärfer: sich selber nicht zu verstehen und doch nicht schweigen zu können. Selbst Gott – der allen anderen Unbekannteste, doch sich kaum weniger als der Bekannteste aller Selbstverständnisse – kann nicht schweigen. Auch für ihn gilt *Gerühmt muß sein!* Wenn man die Erhebungen des Paulus in der Vision seiner Bekehrung übergeht, kommt man mit ihm in den letzten Himmel, ins Paradies, und das ist ein Erlebnis des Gehörs (wie es sich für einen selbst derart bevorzugten Theologen gehört): *und unsagbares Sagen bekam er zu hören, und was zu sagen einem Menschen nicht verstattet ist (arrēta rhēmata).*[4] Nun könnte man dies für eine unsägliche Übertreibung unter der Lizenz der Selbstrühmung halten: Was gäbe es dort noch zu sagen, wo alles Anschauung (*visio*) geworden ist? Aber es geht um etwas genau Umgekehrtes: Die Sprache der ›Offenbarung‹, die auch Paulus spricht, ist nicht die ›Ursprache‹ der göttlichen Wahrheit, des allerhöchsten Selbstverständnisses. Alles andere – und wäre es der ›kritisch‹ endgültig gesicherte Urtext der Glaubensur-

3 [Vgl. Valentin Rose, Aristoteles pseudepigraphus. Leipzig 1863, 717, Nietzsches Kommentar dazu in Nietzsche, Frühe Schriften, Bd. 4. München 1937, 69-72 (jetzt auch in: Kritische Gesamtausgabe I, Bd. 4, 444-447); vgl. a. Mazzino Montinari, Nachbericht zur vierten Abteilung. In: Nietzsche, Werke. Kritische Gesamtausgabe, IV, 4. Berlin 1969, 275. Kopien davon in Blumenbergs Nachlaß beim Typoskript dieser Glosse.]

4 2. Kor. 12,4.

kunden – ist abgeleitetes Schreiben, fern von jenen *arrēta rhēmata,* von denen Paulus nicht einmal eine lautlich-lallende Vorstellung verschaffen kann. Der Erwählte der Offenbarung des göttlichen Selbstverständnisses war doch ausgeschlossen vom innergöttlichen Sprachverkehr. Es muß zwar gerühmt werden – doch zugleich mit der Demütigung, nichts verstanden zu haben.

Wäre es etwa so mit allen möglichen Selbstverständnissen? Der theologisch-ekstatische Grenzwert, dessen sich Paulus rühmt, weil *gerühmt sein muß,* kehrt mit seinen Schrecknissen des Unsäglichen nicht wieder – das absolute Soliloquium ist Sache dieses für Paulus noch ›alttestamentlich‹ gebliebenen Gottes. Doch in Spiegel und Gleichnis, in Abstufungen der Angleichung ans Verständnisbedürfnis – das noch ungeduldiger ist, als es die Korinther der paulinischen Mission gewesen waren – bleibt immer ein Rest jenes Vorbehalts, den der Gott des Damaskus-Aufstiegs noch dem Erwähltesten der Erwählten gegenüber beansprucht.

Die Hermeneutik der Selbstverständnisse stößt nicht auf vergleichbare, aber doch auf Hindernisse. Was es heißen kann, mit diesen fertigzuwerden, zeigen vom Ernsthaften bis zum Lächerlichen die spekulativen ›Analysen‹ fremder psychischer Innereien. Aber doch mit einem unübersehbaren Hinweis, der die Kurzfassung verdient: Aber bitte nur auf Umwegen! Eine ganz und gar verfremdete Sprache muß ›ausgelegt‹ werden; und was sie mit dem von Paulus Gehörten über weite Distanz in Beziehung setzt, ist die Demütigung dessen, der herauskommen soll mit dem, was ihm doch nicht aufgegangen ist. Über die Komik der ›Analyse‹ wird wohl erst im nächsten Jahrtausend geschrieben werden dürfen: ›Komisch‹ ist immer das Gefälle zwischen einem Anspruch und seiner Erfüllung, wenn die Distanz nur groß genug ist. Es gibt einen einzigen Ausweg, solcher Ungemäßheit zu entgehen oder sie unscheinbar werden zu lassen: den Umweg.

Wo uns das Wirkliche hilflos macht, kreisen wir es mit dem Möglichen ein. Wem das wie ein Spruch der Pythia erscheinen will, möge daran denken, daß alle ›Hypothesen‹, als die sich wissenschaftliche ›Resultate‹ letztlich ausgeben müssen, den Modus der Möglichkeit haben. Das läßt nie außer Betracht, es könnte eine von vielen die bessere von guten, doch nochmals die jederzeit durch eine bessere überbietbare sein. Immer bleibt ein Rest, der Vorsicht und Rücksicht verlangt. So sind auch Selbstverständnisse immer nur mögliche. Jedes »So bin ich nun mal« ist eine dessen überdrüssige Resignation. Der Trotz des Glaubens, der sagen darf »Hier stehe ich«, weckt den Zweifel derer, die das nie sagen könnten.

Was hatte Paulus gewonnen, als er mit dem reinen Sich-selbst-denkenden-denken (er kannte diesen Aristotelismus nicht, dem sich erst das Mittelalter hingeben sollte) konfrontiert wurde, mit der ›Sprache‹ der Unsäglichkeit? Nur das eine: Mit der Unmittelbarkeit der von ihm begründeten christlichen Theologie würde es eben deshalb gehen, weil jene göttliche Selbstaussprache als ›Logos‹ Mensch geworden und jedem Glaubenden zur Vereinigung in Passion und Auferstehung angeboten war. Der ›Umweg‹ der *arrēta rhēmata* ging über den fleischgewordenen *Logos.* Nur auf dem Tiefpunkt der Passion, am Kreuz, versagt das personifizierte Selbstverständnis der Gottheit, des Vaters, von dem sich der Sohn verlassen erfährt.

Der Umweg des Selbstverständnisses zur Teilhabe der anderen ist am theologischen Modell noch nicht abschließend exemplifiziert. Denn dieser Jesus von Nazareth ist sich dessen ausgeprägt bewußt, daß trotz seiner Gleichniserleichterungen die armseligen Fischer vom Genezareth doch immer noch nicht verstanden haben und es folglich der nochmaligen Wendung zu einer anderen Eröffnungsform der innergöttlichen Selbstverständigung bedürfe. Es ist überraschend, sogar widerspruchsvoll, daß er noch einen Geist (*hagion pneuma*) verheißen muß, der die Auslegung dessen, was ihnen schon gesagt war, vollenden würde. Daß es so geschieht, macht aus der offenbarenden Menschwerdung eine Institution der Verwaltung ihres Ertrages – noch für den Protestanten über dem heiligen Text im Kämmerlein, der sich nichts mehr sagen lassen, alles nochmals ›offenbaren‹ lassen will. Die ganze trinitarische Dogmatik, die schließlich herausgekommen ist, wirkt wie die Verlegenheit des Gottes selbst, der nicht nur sich verstehen, sondern auch verstehen *lassen* will. Das Scheitern der Umwege wird in der Verkümmerung der Institutionen faßbar. Doch bleibt in all diesem Theologischen der Ausweg der Gnade, der den Umweg der Rezeption verzeihlich macht. Das alles gilt für die menschliche ›Nachbildung‹ des theologischen ›Modells‹ *nicht.* Wer sollte einem verzeihen, der sich selbst zu verstehen verfehlt hat? Es ist – metaphorisch: die Sünde wider den Heiligen Geist.

Im Wintersemester 1875/76 in Basel hatte Nietzsche den dritten Teil seiner Vorlesung »Geschichte der griechischen Literatur« angeboten, worin er von der »Genesis der klassischen griechischen Literatur« handeln wollte. Nicht nur die Zeitnähe zu den bibelkritischen Fragen der Theologen, auch die Sachnähe ist offenkundig, wenn man nur das Wort ›klassisch‹ ersetzt durch das Wort ›kanonisch‹. Und Nietzsches vorweggenommene Thesenantwort auf seine Frage steht dem von Paulus an den Korinthern geübten Verfahren nicht allzu fern: *Die klassische Litteratur der Griechen ist nicht mit Hinsicht auf den Leser entstanden: das ist ihr Eigenthümlichstes.*[5] Hier, an seinen frühesten Göttern, mochte Nietzsche das *Mihi ipsi scripsi* als absolute Genesis *seiner* Klassizität abgelesen haben.

So falsch das sein mag: Am Sänger der griechischen Frühzeit erlernte Nietzsche das Attribut der ›Rücksichtslosigkeit‹ gegen die Rezeption, wie sie Paulus auf dem Weg nach Damaskus als ›Urerlebnis‹ eines werdenden Theologen zu akzeptieren hatte. Anders als es Moses auf dem Sinai ergangen war, dem der neue Gott Israels nicht nur eine lange gesetzgebende Rede hielt – von der Moses sogar eine Mitschrift machen durfte (Ex. 24,4) –, sondern eigenhändig auf zwei Steintafeln ›kanonisierte‹, was dem Volk zur Bedingung des künftigen Bündnisses gemacht werden sollte. Noch bevor er die steinerne Urkunde der Gotteshandschrift empfing, las Moses dem Volk sein ›Stenogramm‹, die »Urkunde des Bundes in die Ohren des Volkes« (24,7), vor. Da das, was Moses als Gesetz aus dem Gewitter verkündet, auch und zuerst das Selbstverständnis des neuen Bündnispartners entblößt, setzt in Erstaunen, wie schnell und pauschal die Zustimmung erfolgt: *Alles, was Er geredet hat, wir tuns, wir hörens* (Buber: »Er« = JHWH). War dem Gesetzgeber, der doch nur Nachgeschriebenes berichtete, zu trauen, wenn er *diesen* in seinem Gesetz hervortretenden Gott sprechen ließ? JHWH wird vorsorgen: Nochmals zitiert er Moses vor sich und übergibt ihm das Ganze auf Steintafeln, von denen er ausdrücklich sagt: *katabti,* »ich habe sie geschrieben« (24,12).

Das Schicksal der Gesetzestafeln ist zu einer klassischen Szene der Ikonographie geworden: Moses zerschmettert sie im äußersten Zorn, als er bei der Rückkehr vom Berg den neu erstandenen Götzenkult des Volkes um das Goldene Kalb erblickt; er erkennt, daß

5 [Friedrich Nietzsche, Geschichte der griechischen Litteratur, Theil III (1875-1876). In: ders.,] Musarion-Ausgabe, Bd. 5. München 1922, 212.

die Folge seiner Verlesung der Gottesaussprüche die Enttäuschung über den endgültigen Verlust der ägyptischen ›Lebensqualität‹ war. Zwar erneuert Gott die Tafeln, aber der Einschnitt auf dem Wege der Verheißung ist nicht zu verwischen: Anfälligkeit für fremde Idole und Baalim bis hin ins babylonische Exil.

Das einmalig-einzige Autograph des biblischen Gottes – ›Selbstoffenbarung‹ in der authentischen Gottessprache – war verlorene Entäußerung, war ein Fall von *Mihi ipsi scripsi:* Diskreditierung *jedes* Hervortretens aus der Verborgenheit des Selbst bis hin zu dem, was die Formel vom *deus absconditus* an Folgen haben wird.

Für Paulus – auf diesen muß der Blick noch einmal gerichtet werden, auf den vor Damaskus an der Gesetzestreue gescheiterten Pharisäer – erwies sich das sinaitische Gesetz als unerfüllbar und nur der generelle Freispruch des Glaubenden durch die Taufe als Erlösung zu einer neuen Freiheit des Guten. Im Rückblick auf den Gott von Blitz und Donner mußte dies als Selbstkorrektur erscheinen: das Unzumutbare, das der Wüste mit ihrer Armut an Möglichkeiten Gemäße, auf der Klimax der Verheißungen durch eine ›Generalamnestie‹ aufzuheben. Wenn JHWH mit eigener Hand das Unerfüllbare dekretiert hatte, so hatte er seines Geschöpfes zu wenig geachtet und war mit der ganzen Geschichte seines Volkes – besser: seiner spärlichen Reste statt der dem Abraham verheißenen Menge – gescheitert. Kürzer: In steinerner Unauslöschlichkeit hatte er nur für sich geschrieben. Nicht anders wird der Gott des Aristoteles, der ›unbewegte Beweger‹, ein Jahrtausend später nichts anderes als sich selber denken, mochte nebenher der Kosmos davon bewegt werden, ohne Wort und ohne Schrift. Der Gesetzgeber Israels wurde von Paulus erkannt als der, der das *Mihi ipsi scripsi* von sich hätte sagen müssen – und immerhin als der, der daraus den Ausweg zu finden wußte im Selbstverständnis seines Logos, durch den er die Welt geschaffen hatte.

Gleichgültig wann?
Über Zeitindifferenz

Kommt es bei einem bedeutenden Werk des ›reinen‹ Denkens, der Mathematik oder der Philosophie etwa, darauf an, wann es veröffentlicht wird und damit wenigstens die Möglichkeit zu seiner Wirkung bekommt? Gleichgültig ist dieses ›Wann‹ keinesfalls, wenn man von vornherein die Frage nach der faktischen Wirkung einbezieht. Sie hängt von Bedingungen ab, die vom Datum der Publikation nicht getrennt werden können. Doch ist auch da Zugänglichkeit – etwa Erscheinen überhaupt und in irgendeinem Organ oder Verlag – nicht identisch mit Wirkungspotential. Denn der Inhalt ist noch nicht die ›Botschaft‹.

Wenn man jedes Werk solchen Ranges seinerseits als ›Wirkung‹ anderer, ihm vorausgehender Werke – manchmal solcher ungleichen Ranges – ansieht, ist doch erst etwas über den Folgerungsgrad in einer ›Reihe‹, nichts aber über die Abstände der Glieder dieser Reihe, nichts also über die Datierung des Ganzen wie des Einzelnen ausgemacht. Es wäre dann durch das faktische Vorliegen eines Werkes, zu welchem Zeitpunkt immer, nur eine – noch nicht die zureichende – Bedingung für das irgendwann folgende ›Erscheinen‹ – zumindest Entstehen – eines oder mehrerer weiterer Werke gegeben. Das gilt sogar dann, wenn ein Werk deskriptiv oder kritisch ganz oder vorwiegend auf ein anderes Werk bezogen, trotz ›Unabhängigkeit‹ seiner Position davon abhängig ist, daß jenes überhaupt ›schon da‹ ist. Die Kontingenz der Daten und Fristen hat mit der ›Folgerichtigkeit‹ des Zueinander und Nacheinander wenig zu tun.

Es gibt ein ›Muster‹ für alle Datenkontingenz von menschheitlichen ›Hauptwerken‹, das man ohne Säkularisierungsverdacht heranziehen darf, um sich von der Gleichgültigkeit des ›Erscheinens‹ – hier im hinterhältigen Doppelsinn der *Epiphanie* – zu überzeugen: der ›Menschensohn‹ und die von ihm Nachricht gebenden kanonischen Texte. Gemessen an dem Anspruch, den das Doppelereignis von Leben und Schrift für sich ausgebildet hat, und auf die biblische Chronologie bezogen, an der die Jahrhunderte gefeilt haben, handelt es sich um einen Fall von ebenso unverzeihlicher wie unvermeidlicher Verspätung. Durfte der johanneische Logos viertausend Jahre nach Sündenfall und Paradiesesaustreibung verstreichen lassen, ehe er sich im Fleische erblicken und die zur Wiedererlangung des Heils notwendigen Worte vernehmen sowie Erleidungen geschehen ließ? Im kleineren Metrum ließ er nach der Stallgeburt zu Bethlehem nochmals dreißig Jahre hingehen, ehe er mit Worten und Taten begann, was doch um der Menschen willen gar nicht früh genug begonnen und beendigt werden konnte. Es war eilig, denn mit der Welt stand es auf der Kippe, mit dem Widersacher auf Biegen und Brechen.

Mit diesem Einwand der Verspätung des göttlichen Eingreifens in die unselige Geschichte der Menschheit hatten sich nach dem Erkalten der ersten hochgespannten Heilserwartungen die Apologeten des Christentums herumzuschlagen. Sie waren erkennbar überfordert. Auf das »Warum so spät?« hätte es im Sinne des *principium rationis insufficientis* für Raum und Zeit nur die eine alles erledigende Antwort gegeben: »Gleichgültig, wann!« Diese Antwort aber wäre theologisch unzulässig gewesen. Dennoch läuft der dogmatische Kunstgriff, mit dem das Problem zwar nicht gelöst, wohl aber entschärft wurde, auf die unausgesprochene Indifferenz jedes Zeitdatums gegenüber allen anderen hinaus: der Artikel vom ›Abstieg zur Hölle‹, ungenau übersetzt von *descensus ad inferos.* Der Hadesabstieg des Gottesknechtes zwischen Kreuzestod und Auferstehung füllt nicht nur die trostlose Karenzzeit aus, sondern zieht die sonst vom Heilswerk der Passion Übergangenen, weil ›zu früh Geborenen‹, in den Triumph der Todesüberwindung.

Der Herr der Unterwelt, der die Gerechten der Vorzeit des Heils gefangenhält, ist nicht einfach nur der allzu bekannte ›Teufel‹ im Sinne des Verführers, es ist auch ›der Tod‹ als der Dämon, der sich durch den Paradiesesverlust Eingang in die Welt verschafft hatte und unter dessen Herrschaft ›das Böse‹ nun noch die Konsequenz der Tödlichkeit des Lebens geworden war. Daß die Herrschaft dieses Verwirrers und Verzögerers durch einen Handstreich des Todesüberwinders gebrochen wird, ist das im genauen Sinne ›Zeitlose‹ an dieser Heilsepisode, die die Vorherigen den Gegenwärtigen gleichstellt. Von den Kommenden kann nicht die Rede sein, denn in der Grundkonzeption gibt es nur ›das Kommende‹, nie ›die Kommenden‹, wenn die Generation der Lebenden die letzte ist. So schafft der Einschub des *Descensus* das ›Gleichgültig, wann‹, ohne das die Kontingenz des Heilsanbruchs unerträglich wäre.

Daß die theologische Dignität dieses ›Falles‹ von anderen Ereignissen der Geschichte nicht erreicht werden mag, nimmt ihr nichts von der Beispielhaftigkeit für das Problem der Zeitkontingenz. Die Armseligkeiten des autonomen Denkens in Gestalt der Philosophie und der aus ihr entlassenen Theorien mögen der großen ›Ereignisse‹ noch bedürftig sein, woher immer sie kommen – ob aus Erlangen oder aus Frankfurt, aus Zürich oder Gießen. Was hier ›Ereignis‹ genannt zu werden verdiente, hätte allemal gerade diese ›Auszeichnung‹, gleichgültig gegen das Wann seines Erscheinens zu sein.

Wir wissen genau, wann Sokrates im Kerker den staatlich ihm verordneten Schierlingsbecher trank. Aber was der Tod des Sokrates in der ihm von Plato gegebenen Ausgestaltung durch die Geschichte des menschlichen Denkens hindurch ›bedeutet‹ hat, macht die Datierung so gleichgültig, wie es die Unkenntnis des Datums der Anschmiedung des Prometheus an den Kaukasus ist. Wendet man ein, jener habe wirklich gelebt, dieser sei eine mythische Erfindung, so macht der Schritt nicht mehr viel aus zu sagen, auch Sokrates dürfte eine bloße Erfindung des Plato sein. Hätte nur der des Xenophon überlebt, wäre sein Name womöglich nicht einmal in den Beispielen der Logiker gefallen. Er selbst hat sein Nachleben in die Hände des glücklichen Zufalls eines philosophischen Dichters gelegt, indem er keine Zeile schrieb und nicht einmal für authentische *Logia* sorgte. Für den platonischen Sokrates gilt in einzigartiger Weise das ›Gleichgültig, wann‹.

Ich will mich nicht vor dem *experimentum crucis* für die These der Zeitindifferenz drücken. Gilt sie auch für die »Kritik der reinen Vernunft«? Meine Antwort: nicht nur auch, sondern exzeptionell.

Es bedeutet nichts, daß Kants Werk 1781 erschienen ist. Zum einen, was seine nächsten Wirkungen angeht, weil es nur wenige so verständige und sorgfältige Leser gefunden hat wie den Berliner Arzt Markus Herz oder den Hallenser Jakob Sigismund Beck. Viele der oft genannten ›großen Wirkungen‹ kann man allenfalls unter der Rubrik ›fruchtbare Mißverständnisse‹ befassen, von denen sich behaupten läßt, sie wären in jedem Fall an jederlei anderem Werk zustande gekommen. Was die rühmende Formel angeht, die erste »Kritik« sei das Hauptwerk der deutschen Aufklärung gewesen, so besagt sie schon deshalb wenig, weil diese Aufklärung damit auch schon zu Ende war – was für ›Aufklärungen‹ nicht der Effekt eines Hauptwerks sein sollte. Da Kant immerhin noch zwei Jahrzehnte der ›Rezeption‹ erfahren und in diese durch die Neuauflage regelnd eingegriffen hat, kann man an seiner Ratlosigkeit beobachten, daß jedenfalls er selbst die Gunst der Stunde wahrgenommen zu haben nicht glaubte.

Wendet man sich von der skandalösen Flüchtigkeit der ›bedeutenden Leser‹ nach der anderen Zeitseite hin der ›Vorzeit‹ der Vernunftkritik zu, scheint die Datentoleranz das volle Jahrhundert bis zu Newtons »Principia« von 1687 zu umfassen. Ohne Newtons Physik und zumal ohne deren Vorannahmen des absoluten Raumes und der absoluten Zeit ist der erste Schritt zur transzendentalen Idealisierung der Formen des äußeren und des inneren Sinnes nicht denkbar. Diese Einsicht aber fand sich schon beim späten Leibniz in der Kontroverse mit dem Newtonianer Samuel Clarke, auf die Kant durch den Brief Lamberts vom 13. Oktober 1770 mit aller Konsequenz hingewiesen worden war: *Ich laße es ganz wohl geschehen, wenn man Zeit und Raum als bloße Bilder und Erscheinungen ansieht.* Schließlich sei *beständiger Schein für uns Wahrheit.*[1]

Das ist auch schon Humes skeptische Auffassung des Kausalitätsprinzips und zugleich der psychischen Identität. Leibniz' Einwand gegen die absolute Raumzeitlichkeit war, daß auf sie Vernunftbegriffe nicht angewendet werden könnten; und die Entfaltung dieses Einwandes ist, daß Widersprüchliches über sie behauptet und bewiesen werden kann: die Antinomien der Vernunftdialektik *in nuce.* Seit Newton war der astronomische Wirklichkeitsbegriff generalisierbar für die Welt und für die Seele. Lambert, im genannten Brief an Kant, sagt das so: *In der metaphysic, wo die Schwürigkeit vom Schein so viel Wesens macht, wird die Methode des Astronommen wohl die sicherste seyn.*[2] Und genau das ist es, was in Kants ›Erweiterung‹ der Dialektik auf die Psychologie und daraus folgend als ›Anwendung‹ des Begriffs der Erscheinung auf die innere Erfahrung steckt.

Das Erscheinungsdatum von Kants erster »Kritik« hat mit der ihr zugeschriebenen Bedeutung, der deutschen Aufklärung oder gar der europäischen Aufklärung insgesamt die Krone aufzusetzen, nichts zu tun. Die These des ›Gleichgültig, wann‹ bezieht

1 [Johann Heinrich Lambert an Immanuel Kant, 13.10.1770. In: Kant's gesammelte Schriften. Hrsg. von der Königlich Preußischen Akademie der Wissenschaften. Bd. 10. Berlin 1922, 108.]

2 [Ebd.]

sich auf geschichtliche Funktionszuweisungen an singuläre Werke des menschlichen Denkens. Kam die »Kritik« für die Aufklärung etwa zu spät? Oder zu früh für deren nächsten Ausschlag gegen Romantik und Hegelei, aus dem unter Schopenhauers ungewollter Mitwirkung der Neukantianismus hervorgehen sollte, der eine vermeintlich vollendete Naturwissenschaft gerade in dem Augenblick auf die *Bedingungen ihrer Möglichkeit* hin befragte, wo sie aus dieser ›Vollendung‹ neue Probleme und Theoreme herauszog?

Es gab alle Hände voll zu tun, Kant aus der Verwicklung in seine vorgebliche Renaissance zu befreien – und diese Befreiung kam, bezogen auf die Partialisierung der Newtonschen Physik, mindestens um ein Vierteljahrhundert zu spät. Sie wäre jederzeit gegen die Indienstnahme Kants für die Möglichkeitsfrage der exakten Wissenschaft durch Liebmanns »Kant und die Epigonen« (1874), ja schon durch Helmholtz' Rede zum Jahrhunderttag der »Theorie des Himmels« (1855) möglich gewesen. Aber nicht ›alle Hände‹ waren nötig, sondern ein einziger Zeitschriftenaufsatz von 35 Seiten genügte, um den Fahrlässigkeiten der Neukantianer den fälligen Garaus zu machen: 1924 erschien im zweiten Jahrgang von Erich Rothackers »Deutscher Vierteljahrsschrift für Literaturwissenschaft und Geistesgeschichte« der wortkarge Beitrag von Julius Ebbinghaus, »Kantinterpretation und Kantkritik«. Plötzlich konnte jedermann einsehen, Kant nicht ordentlich gelesen zu haben, vornean die restlichen Neukantianer. Es begann ein gründliches Nachlesen im Wortsinne und mit erstaunlichen Vertiefungen des Kantverständnisses. Dabei mußte der Verfasser jenes Aufsatzes vierzig Jahre später zugeben, er habe damals selbst noch an einigen Vereinfachungen gelitten und seither dazugelernt. Der Lakoniker absolvierte das 1966, indem er 14 Seiten von 35 einer Revision unterzog.

Der am gewissenhaften Kantstudium Interessierte lernt aus dem Vergleich beider Fassungen mehr als aus einer Monographiensammlung – aber zugleich zu bezweifeln, ob die ›epochenwendende‹ Wirkung des Handstreiches von 1924 ohne jene Vereinfachungen vergleichbar eingetreten wäre. Die Retraktationen des Scharfsinns verschärfen nur, was durch mindere Penibilität schon erreicht worden war. Dennoch: Zwischen 1924 und 1966 hätte jederzeit emendiert werden können, was schon damals ein halbes Jahrhundert überfällig gewesen war. Dies jedenfalls war in keinem nachvollziehbaren Sinn ein Produkt des ersten deutschen

Nachinflationsjahres gewesen, wie man es sich im Wunsch nach überbaulicher Sinnfälligkeit wünschen möchte: als Rückschnitt eines philosophischen Geldwertüberhangs, der etwas anderes ermöglicht hatte: 1923 wurde Kants »Opus postumum« vom Verlag der Akademieausgabe aus Hamburger Privatbesitz angekauft. Das war etwas, was nicht jederzeit hätte geschehen können, dessen Folgen bis zur Stunde noch nicht ausgestanden sind. Von der Edition des »Opus postumum«, die 1936/38 erschien, läßt sich wiederum das ›Gleichgültig, wann‹ behaupten. Sie ist ein erratischer Findling im Katarakt dieser Jahre. Erst einen Weltkrieg später machten sich die Sisyphusse ans Wälzen.

Das Ende des Neukantianismus durch den Todesstoß von Ebbinghaus fällt in das Jahr des Todes von Paul Natorp, des letzten urbürtigen – wenn auch nicht bis zum Tode standfesten – Vertreters der »Marburger Schule«. Daß dies zugleich das zweihundertste Geburtsjahr Kants gewesen ist, muß dagegen als äußerlich gelten: nur als Anlaß, daß überall zu Kant etwas gesagt oder gedruckt werden *konnte.* Eher signifikant war, daß Husserl bei Gelegenheit der ihm obliegenden Jubiläumsrede die erfolgreichste seiner Neuprägungen notierte – ohne sie öffentlich anzubringen: die ›Lebenswelt‹. Auch sie ist ein Stück Abwendung vom Neukantianismus, von der Affinität zu Natorp. Dieser Titel sollte reklamieren, daß nicht vom ›Faktum Wissenschaft‹, sondern von dem der ›natürlichen Weltansicht‹ auszugehen war, um das Aufkommen der theoretischen Einstellung zu verstehen. Und darin steckte das Überdauern des »Positivismus« – als der großen ›Umgehung‹ Kants nach Wiener Art – über das schulhaft gewordene Mißverständnis des Neukantianismus.

Dies alles, bevor Heidegger in die Saiten griff und die Szenerie durch nochmalige ›Tieferlegung‹ des Standniveaus veränderte. Er hat das mit einem Buch 1929 besiegelt: »Kant und das Problem der Metaphysik«, wie es unter dem Wissenschaftsprimat des Neukantianismus nicht möglich gewesen wäre – aber auch als Buch über Kant nicht notwendig zu tun war. Geblieben war etwas Äußerliches: der professionelle Legitimationswert, über Kant – nichts Geringeres – geschrieben zu haben. Was Heidegger belegte, war schließlich *der Zeitcharakter des Selbst,* die These aus »Sein und Zeit« von der ekstatischen Zeitlichkeit des Daseins als Sorge.

1797 – Kant lebte noch – hatte Lichtenberg ins Notizbuch geschrieben: *Es wäre möglich, daß manche Lehren der Kantischen Phi-*

losophie von Niemand gantz verstanden würden, und jeder glaubte, der andere verstünde sie besser als er, und sich daher mit einer undeutlichen Einsicht begnügte oder gar mitunter glaubte es sey seine eigene Unfähigkeit, die ihn verhinderte so deutlich zu sehn, als andere.[3] Zwar verfehlt der zweite Teil des Notats ganz und gar die Sachlage in der Zunft: Keiner glaubt je, der andere habe besser verstanden. Aber der Ansatz, daß niemand womöglich jemals in allem Kant verstehen könnte, ist von schöner Hellsicht für die Kontingenzverhältnisse in der Rezeption des großen Werks. Ob und wann es verstanden wird, ist genauso kontingent wie, wann und daß überhaupt es entsteht und erscheint.

Wenn auch nur etwas daran ist, daß der äußere Anlaß der Zweijahrhunderte nach Kants Geburt das erste präzise Verständnis des Grundgedankens seines Hauptwerks – oder auch nur die Feststellung der Unzulänglichkeit aller bisherigen Sprüche darüber – zutage förderte, dann wird implizite auch festgestellt, wie vergeblich es war, daß dieses Werk schon anderthalb Jahrhunderte auf den Tischen und in den Händen gelegen hatte. Weshalb so unnötig früh? Weshalb so skandalös lange?

3 [Georg Christoph Lichtenberg, Schriften und Briefe, Bd. 1. München [3]1980, 884 f. (L 225).]

Die Fiktion des ersten Menschen und des letzten

Es war Husserls Schwäche, daß er sich als der erste Mensch vorkam, der einige Fragen der Philosophie ernsthaft und radikal genug stellte. Er konnte das nur so beanspruchen, weil seine Kenntnis der Geschichte des Denkens minimal, ja noch deutlicher: stolz aufs Fast-Nichts war.

Daraus ergab sich das gelegentlich peinliche Amalgam von Radikalität und Ridikülität, das auf anderen Gebieten menschlichen Verhaltens, zumal Forschens und Wissens, so selten nicht ist. Sich als den ersten Menschen zu *fingieren*, der alles sieht wie am ersten Tage, ist nicht nur zulässig, es ist so etwas wie eine theoretische, auch eine ästhetische Tugend – nur keine moralische. Es ist eine unerreichbare und doch in Annäherungen zu suchende Einstellung, mit der die Kontingenz der Geschichte – also nicht nur: die Existenz der Welt – in die Reduktion gezogen werden soll. Nur daß beide ›Skandale‹ der Situation des Denkens nicht so leicht, wie es sich befehlen läßt, der Exklusion unterliegen, um einerseits *das Wesentliche*, andererseits den *Blick des ersten Tages* freizugeben.

So hat Husserl denn auch in beiden Fällen, ohne das Scheitern der Reduktion deutlicher einzugestehen als mit dem Ausdruck ihrer unerwarteten Schwierigkeit, die mühsamste Form der ›Rettung‹ aus dem Schiffbruch gewählt und gefunden: Für die ›Existenz der Welt‹ hat er den Wesensnachweis ihrer Setzung als Notwendigkeit der transzendentalen Subjektivität mittels ihrer Intersubjektivierung geführt (oder, was der Systematik nach gleich gilt, zu führen versucht); für die ›Kontingenz der Geschichte‹ hat er anstelle eines dubiosen ersten Tages in einer unbekannten Chronologie den ›Anfang des europäischen Menschentums‹ bei den Griechen gewählt, um daraus eine ›Wesensform‹ des Geschichtsganges abzuleiten, durch die es erlaubt und sogar verbindlich auferlegt wurde, jenen ›ersten Tag‹ gleichsam ans Ende aller Tage zu verlegen. Seine Idealität sollte die geschichtliche Stellung und therapeutische Aufgabe der Phänomenologie für die Krisis der Wissenschaften *und* des Menschentums Wirklichkeit werden lassen.

Von hintenher, vom Ausgang rückwirkend, hat dieses Schulprogramm der Philosophie die Geschichte ›verwesentlicht‹, ihr das Odium des Faktischen genommen, ihre ›Kontingenz‹ zum Schein des Unerkannten ihrer Teleologie umgearbeitet. Es war dieser Handstreich der spätesten Form des Husserlschen Denkens in der »Krisis«-Abhandlung (und dem, was sie vorbereitete), was die peinlichen Unkenntnisse des bildungsunlustigen Mathematikers ›hinterhältig‹ (und das heißt: ironisch) rechtfertigte. Oder war es umgekehrt? War es jene fortbestehende Geschichtsunwilligkeit, die es so leicht erscheinen ließ, eine Geschichte in die Phänomenologie einmünden und in ihr sich erfüllen zu lassen, die sich bei genauerem ›Hinsehen‹ das niemals hätte gefallen lassen? Immerhin hatte Husserl doch nur den Versuch mit noch mehr Drüberwegsehen wiederholt, mit dem gerade der Neukantianismus sich bloßgestellt hatte.

Die Phänomenologie hatte aus dem Auge verloren, was die Anfänge ihres Programms ausgemacht hatte: daß jede ihrer ›Maßnahmen‹ an der Einstellung des Philosophierens ein Stück *freie Variation* werden und bleiben mußte – und das hieß doch, daß auch die *Reduktion* in jeder Erweiterung ihres Ausgreifens auf Weltexistenz und Geschichtskontingenz den Index der *Fiktion* behielt. Die Reduktion sollte die Existenz der Welt nicht leugnen, sondern nur von ihr absehen. Und das noch ohne Kenntnis von der Möglichkeit, sie auf dem höheren Niveau der ›Verwesentlichung‹ durch Intersubjektivität zurückzugewinnen – nicht nur aus der fiktiven Klammer zu entlassen.

Wer Husserls »Krisis«-Spätwerk für überflüssig, für gefährlich abseitig von der Zeitbedrängnis, für gar gespenstisch illusionär hält, übersieht, daß es nur für die *Geschichtskontingenz* nachholt, was im Jahrzehnt zuvor für die *Weltexistenz* mit der fünften der »Cartesischen Meditationen« vollzogen worden war. Beide Umbauten des Reduktionsprinzips waren, so wird man es auch sehen müssen, Anstrengungen zur Vermeidung einer von Husserl als bedrohlich empfundenen Gefahr: der des Anthropologismus. Seinem Aufkommen in der eigenen Schule – oder zumindest in deren mißbrauchtem Namen – glaubte Husserl zu entkommen und konnte das für möglich, wenn nicht gar gelungen halten, weil er eine der Folgerungen des Einbezugs der Intersubjektivität in diese Anstrengung nicht wahrzunehmen schien oder nicht wahrzuhaben vermochte: Intersubjektivität als transzendental begründete Unerläßlichkeit gab es nur um das Zugeständnis der Leibgleichheit der

Subjekte – und diese hatte ihre Bedingungen der ›Reproduktion‹ solcher Gleichheit in einem Bezugsrahmen, der insgeheim eben nichts anderes als ein *anthropologischer* war.

War Anthropologie derart auf dem weitesten aller denkbaren Umwege das Ende der phänomenologischen Reduktion, so bekam die theoretische Unbefangenheit des normativen Standards *Wie der erste Mensch!* einen fatalen Rückhalt, der in der Gleichsetzung – oder sogar Gleichgültigkeit – des ersten mit dem letzten Menschen bestand, sofern die Phänomenologie als Herstellung der Identität von Anfang und Ende der Geschichte auf solche ›Endgültigkeit‹ als ihr Rettungsangebot in der ›Krisis‹ zielte. Um den ersten Menschen zu *fingieren*, darf man es nicht *sein*; doch unversehens wird mit dem, was man dadurch zu *werden* hat, der Typus des *letzten Menschen* als des Subjekts einer wenn nicht zeitlosen, so doch zeitgleichgültigen *unendlichen Arbeit* inauguriert. Es ist ein imaginäres Zusammenschnurren der Geschichte zu dem Nichts, als das sie geachtet oder mißachtet werden muß, wenn sie *ihren Zweck* erfüllt hat, das Subjekt der Theorie als *reiner Wesensanschauung* hervorzubringen. Der Geschichtsverächter hätte nur vorweggenommen, was ihm durch seine finale Bedeutungslosigkeit ohnehin an Ersparnis zufallen sollte.

Worte und Sachen

Zur Nachtschwester sagte der auf den Tod kranke Philosoph: »*E i n Buch möchte ich noch fertig machen, das sollte mir vergönnt sein.*«[1] Der Zustand des Kranken machte den Wunsch zur Illusion. Er äußerte ihn am 7. Februar 1938, und am 27. April starb er. Als letztes Wort Edmund Husserls wäre das eines Gelehrten würdig, aber auch kaum ungewöhnlich gewesen. So denkt es sich, wenn noch nicht alles in die obligate Form gebracht worden ist, in der allein es die Disziplin akzeptiert. Husserl sollte viel später das ungewöhnliche Privileg erhalten, daß alle seine unvollendeten Bücher dennoch zu Büchern wurden. Sein gewaltiger handschriftlicher Nachlaß ist zu einem wuchtigen Stück Bibliothek geworden.

Das überlieferte Wort war nicht sein letztes. Dieses hat der Retter und Hüter des Nachlasses, der Löwener Franziskaner Leo Van Breda, der Erzählung von Frau Malvine Husserl entnommen und verwahrt. Danach habe der Sterbende beim Erwachen aus tiefem Schlaf mit glücklichem Gesichtsausdruck und ausgebreiteten Armen gesagt: »*Ich habe etwas ganz Wunderbares gesehen. Nein, ich kann es dir nicht sagen. Nein!*«[2]

Wer viel Zeit des eigenen Lebens an die Verständigung mit diesem Lebenswerk gewendet hat, wird leicht geneigt sein, das visionäre Pathos der spätesten Szene auf sich beruhen zu lassen, es dem Rätsel der Intimität nicht zu entreißen. Aber er wird zugleich nicht vermeiden können festzustellen: Also auch dieses letzte Mal hatte er etwas gesehen und konnte es nicht sagen. Das Spezifische, das wir von einem letzten Lebenswort erwarten – als seine Übereinstimmung mit der Intention und Verfassung alles ihm Vorhergehenden –, ist mit philosophischer Stimmigkeit gewahrt. Der niemals auszuschaltende Verdacht, es könne ein Stück Witwenmythologie im Spiel sein, stört wenig. Der mit der Wesensschau seine Philosophie eröffnet hatte, beschließt sein Leben mit der Schau von etwas, was keiner erfahren sollte. Aber zwischen den Anschauungen von Wesenssachverhalten und dem Gesicht der Todesstunde bestand

1 [Elisabeth Rosenberg-Husserl, Aufzeichnungen, 7.2.1938. Zit. n. Karl Schuhmann, Husserl-Chronik. Den Haag 1977, 488.]

2 [Zit. n. ebd., 489.]

das Kardinalproblem dieses Lebens und seiner Anstrengung unverändert fort: Anschauung sollte die Rechtfertigung aller Begriffe sein, Eindeutigkeit zwischen Worten und Sachen bestehen, indem die identische Benennung die äquivalente Gegebenheit verbürgte. Wie aber ließ sich feststellen, daß identisch benannte Anschauungen dem Gleichheitserfordernis genügten? Die Antwort war seit dem programmatischen »Logos«-Aufsatz von 1911 »Philosophie als strenge Wissenschaft«: durch Beschreibung. Das sagte sich leicht und war schwer zu tun. Wie schwer, belegt der bestürzende Umfang fast alltäglich geleisteter Arbeit auf den Blättern des Nachlasses. Daß es eine ›unendliche Arbeit‹ sein würde, war nicht nur eine Phrase; es war Ergebnis des eingeleiteten Arbeitsganges selbst. Auf dem Gesehenen lastete die Pflicht, es zu sagen, als eine uneinholbare Differenz. Wenn aber Armut und Ohnmacht der Sprache den geforderten Dienst schuldig blieben, bekommt das Schlußwort den Ton einer gnädigen Entlastung: dieses eine und letzte Mal nur zu sehen und nichts zu sagen.

Das letzte Wort, Erfüllung und Scheitern zugleich, bezeichnet für ein halbes Jahrhundert, was möglich geblieben war: einmal das Wort zum Bannkreis der Sachen zu machen, die Sprache sagen zu lassen, was zu sagen und damit auch sichtbar zu machen ist; dann die Mühsal, der damals abgebrochenen ›unendlichen Arbeit‹ anhand ihrer ›Protokolle‹ nachzugehen und aus Annäherungen wie Verfehlungen von Sehen und Sagen deren Unvereinbarkeit schlichtweg als ›Thema‹ zu nehmen. Denn der alte Ordnungsruf: *res, non verba!* ist unerledigt und bleibt es, fällt in die lange Geschichte der Rivalität von Worten und Sachen herrisch ein und macht sich die Erwartungen geneigt, es könne zum großen Entscheid kommen. Statt dessen studieren wir den Nachlaß des Phänomenologen als eine Folge von Einlösungen und Zurücknahmen der Anordnung: *Alle Probleme müssen sich lösen lassen durch genaue Beschreibung.*

In den großen Ferien 1904 hatte Husserl ein »Selbstgespräch« protokolliert über eines der harmlos anmutenden und doch hinterhältigsten ›Phänomene‹, das der *Präsenzzeit*. Da hatte er sich selber warnend zugerufen: *Das ist auch nicht so leicht, Alter!* Dabei sollte es bleiben. Zwei Jahre später verordnet er sich: *Immer wieder die alten Manuskripte lesen, bessern, abschreiben* … Das ist die eigentümliche Prozeßordnung zwischen Worten und Sachen. Aber was bringt die Rückkehr zu den alten Manuskripten? Nur Nachbesserung? Sie ist das Verfahren, durch das sich der Philosoph so etwas wie die verzögerte Reflexion oder die Reflexion durch Verzögerung verschafft. Denn die Trennung, die die Zeit zwischen den Schreibenden und den Wiederlesenden gelegt hat, macht ihn endlich zu dem, was die ›Methode‹ nicht erzwingen konnte: Er ist *sein eigener unbeteiligter Zuschauer* geworden, wie er es im November 1926 formuliert, ein Jahr vor dem entschiedensten Widerspruch gegen dieses Ideal in »Sein und Zeit«. Doch ist der Zuschauer seiner selbst sich von allen ›Sachen‹ die aufschlußreichste: Sie läßt ihn beobachten, wie er mit den Worten die Sachen verfehlt.

Wir haben gelernt, durch diesen Einen, mehr zu sehen – vor allem den Sachverhalt, daß das Verhältnis des Gesehenen zum Übersehenen als ein der ›Arbeit‹ Unverfügbares in die Beschreibung eingeht. Worte und Sachen – das Eine anstelle des anderen zu haben bleibt der Unzugänglichkeit ›letzter Augenblicke‹ vorbehalten.

Die Suggestion des beinahe Selbstgekonnten

Der Erfolg einer Philosophie müßte davon abhängen, daß ihre Sätze dem Leser das Bewußtsein verschaffen und lassen, er hätte sie oder so ähnliche auch jederzeit selbst finden und schreiben können.

Man kann das mit ein wenig Leichtfertigkeit die Qualität der Parodierbarkeit nennen. Auch sie kann allerdings Illusion sein, wenn das Moment des Nachahmbaren bloße Manier ist. Dann gibt es nicht nur die, die das *auch* können, sondern sogar die, die gar *nicht anders* können.

Es bestätigt sich nicht auf den ersten Blick, daß Goethes Affinität zu Spinoza darauf beruht haben könnte, er wäre sich ganz sicher gewesen, solche Sätze jederzeit produzieren zu können. Zumindest in *einem* Fall hat er es getan und wohl auch das Erzeugungsprinzip des Spinozasatztypus erfaßt: als er mit Riemer Sätze nach Art des Zincgref am laufenden Band bildete, darunter als dauer- wie rätselhaftesten das *Nihil contra deum nisi deus ipse.*[1]

Keiner hat Adorno verstanden, aber alle haben nach wenigen Seiten kapiert, wie man es macht. Manierismen liefern Erfolg im Maße ihres Aufreizens zur Parodie – und das sieht dann aus wie die gelungene Rezeption.

Nun gehören diese Erscheinungen in die Pathologie der Rezeption wie überhaupt der Philosophie, haben aber eben darin eine gewisse Rechtfertigung. Denn die ›dargestellte‹ Rezeption vertritt doch das formale Prinzip der gelingenden. Der philosophische Satz des Typus, den ich meine, ist dem Sachverständnis seines Lesers zwar voraus – sonst würde er ihn nur mit Trivialitäten langweilen –, aber doch nur um *einen* Schritt, einen möglichst kleinen sogar. Hier kommt es auf die reelle Einholbarkeit des Vorsprungs an. Sie darf sich als die Suggestion gebärden, man hätte es *fast* selber gekonnt. Und der Ärger ist erlaubt, dennoch nicht schon draufgekommen zu sein.

Aber plausibel ist das alles nur, wenn sich der Einwand beheben

1 [Friedrich Wilhelm Riemer, Mittteilungen über Goethe. Leipzig 1921, 188. Als *Nemo contra deum nisi deus ipse* Motto zu: Johann Wolfgang Goethe, Dichtung und Wahrheit. Teil IV. Vgl. ausführlich dazu Hans Blumenberg, Arbeit am Mythos. Frankfurt a. M. [3]1984, IV,4, insbes. 571-573.]

läßt, so sei doch Philosophie immer und überall. Deshalb zwei Gegenbeispiele.

Kant ist schlechthin nicht parodierbar. Das liegt an seinen Schulbedingtheiten, an seiner gewollten ›scholastischen‹ Umständlichkeit; aber auch an der Nichtwiederherstellbarkeit der Bedingungen, unter denen seine Grundprobleme entstanden waren. Wir müssen ja Kant nicht deshalb so gründlich zu verstehen suchen, weil wir seine Probleme *haben*, sondern weil unsere Probleme ohne den Durchgang durch seine Lösungen nicht dieselben *wären*. Selbst unter seinen Jüngern – soweit sie nicht zu originalitätssüchtig waren, um es nur selber zu *können* – wie unter seinen Erneuerern ein Jahrhundert später hat es keiner versucht, ›wie Kant zu schreiben‹. Auf Induktion von Epigonen war er nicht eingerichtet.

Husserl zu parodieren und sich dadurch als legitimen Anwender der Phänomenologie auszuweisen ist unmöglich. In einem gewissen Sinne gilt, daß seine Sprache seine Philosophie gar nicht enthält. Sie liefert die Rezeptur, sich etwas zu verschaffen, was in seinen Sätzen – und schon gar in denen seiner veröffentlichten Werke – nicht vorkommt. Das ist auch immanent ganz stimmig mit seinem Programm. Das Verhältnis von Anschauung und Beschreibung – beides ›Idealbegriffe‹ dieses Philosophierens – ist keines der Kongruenz. Die Subtilität der Beschreibung ist einstellbar wie eine Optik. Vollständigkeit der Beschreibung ist trotz der Selbstgegebenheit der Anschauung nicht möglich, weil die Sprache ihr *Raster* hat, das keineswegs für den Dienst an dieser Art von Gegenständen geschaffen wurde. Sie leistet ihren Dienst auch nicht durch eine ›Umsetzung‹ von Anschauung in Beschreibung im Vollmaß des Möglichen, sondern im Maß der Ökonomie von Anweisungen, die Anschauung des Autors in der Rezeption rückzugewinnen und den Erfolg der Prozedur an seinen Kriterien zu überprüfen. Habe ich überhaupt die *gemeinte* Sache im Blick? Das Verhältnis von Produzent und Rezipient ist schon ein Fall von Intersubjektivität, noch bevor es überhaupt *an der Sache entlang* losgegangen ist; die Vorfrage, ob beide *dieselbe* Sache vor sich haben, ist eine intersubjektive Abstimmung. Ohne Sicherung der Identität des Gegenstandes läßt sich nicht anfangen und nichts anfangen.

Obwohl man also dem Autor Autorität einräumen muß, was die Wahl des Objekts und die Merkmale seiner wesentlichen Identifizierbarkeit angeht, und man ohne Nachvollzug nicht an die Linie kommen kann, wo es weitergeht, liegt doch alles an der Minimalisierung des Vorsprungs, den der Autor haben muß. Der Zusammenhang der Gewißheit, alles zu Sehende hätte man beinahe und alsbald selbst gesehen, darf nicht abreißen. Die Phänomenologie braucht Autorität und Egalität in gleicher Weise. Die Befriedigung, das Ganze in den Vorgriff zu bekommen, wird jedenfalls durch Parodierung von Stilmitteln nicht erreicht. Insofern ist diese Philosophie ungefällig.

Deshalb konvertierte man zu Heidegger. Der bot ein Dorado für Parodierlust, und nur ganz wenige seiner Schüler von feinstem Geschmack oder robustem Selbstbewußtsein haben sich freihalten können von der so naheliegenden Versuchung zu demonstrieren, man habe es ›begriffen‹. Die Untreue zu Husserl und die Treue zu Heidegger als Lokalphänomene in Freiburg waren nicht Zufälligkeiten des Ablaufs oder gar der Politik. Man konnte Husserl gar nicht treu sein, weil es dafür keinen *Habitus* gab, und man konnte Heidegger *nur* treu sein, weil es ein anderes Verhältnis zu diesem Anspruch als den ›Nachspruch‹ nicht gab. Das lag in der Sache: im Absolutismus des *Seins* und im Abschattungssinn des *Wesens.* Gadamer, der 1923 Husserl in Freiburg hörte, als er schon Heideggers Schüler war, blieb gänzlich unberührt; und die anderen, die Husserls Schüler waren, als Heidegger nach Freiburg als Nachfolger Husserls kam, wurden verzaubert von der Größe der einen Frage, deren Unbeantwortbarkeit doch keinem zweifelhaft sein konnte. Danach hätte ich gern die Überlebenden gefragt, die ich kannte. Aber es fehlte mir der Mut, es ihnen zuzumuten.

Ein Satz Wittgensteins

Bei Wittgenstein stehen Sätze, von denen kein Philologe einer fernen Zukunft jemals glauben wird, daß sie in der Philosophie nach Nietzsche und gleichzeitig mit Heidegger geschrieben sein konnten.

Etwa folgender: *Gewisses am Sehen kommt uns rätselhaft vor, weil uns das ganze Sehen nicht rätselhaft genug vorkommt.*[1]

An dieser trockenen Knappheit ist nichts von dem, was einem Aphorismus die Prätention des Vollendeten verschafft oder beansprucht. Dafür stellt sich sofort der Eindruck ein, daß die Untertreibung des Satzes gerade darin besteht, nur ein Muster für andere Sätze von dem Gewicht zu sein, das durch den Austausch von Wörtern erzeugt werden kann.

Wie leicht ist es, den Trumpf draufzulegen. Dann heißt es: Gewisses an der Welt kommt uns rätselhaft vor, weil uns die ganze Welt nicht rätselhaft genug vorkommt.

Oder: Einiges bleibt uns rätselhaft, weil uns nicht alles rätselhaft ist – Seiendes, weil nicht das Sein.

Man ist betroffen davon, wie schnell und wie weit man sich von Wittgenstein entfernt hat, indem man nur eine Form benutzt, die er lässig und beiläufig hingestellt hat, ungewärtig der Erwartungen, die im philosophischen Milieu eben dadurch erzeugt werden, daß es solche Formen gibt.

Anselm von Canterbury hat gesagt, daß etwas, worüber hinaus nichts Größeres gedacht werden kann, existieren müsse, weil sonst etwas Größeres gedacht werden könnte als dieses.

Zwar hat niemand daran gedacht, daß dies eine Form sei, die, einmal hingestellt, den unverwelklichen Reiz ausüben mußte, vom Menschen auf sich selbst bezogen werden zu können. So wenig war sie auf ihn bezogen. Es dauerte mehr als ein halbes Jahrtausend, bis Descartes auf den Punkt stieß, an dem sich die schöne Anselmische Gottesformel auf den Menschen überschreiben ließ. Auch hier zu-

1 Ludwig Wittgenstein, Schriften, Bd. 8. Frankfurt a. M. 1982, 303[, s. a. ders., Bemerkungen über die Philosophie der Psychologie. Band II. In: ders., Werkausgabe in acht Bänden, Bd. 7, 303 (Nr. II, 472).]

nächst in einer eher beiläufig und transitorisch eingeführten Passage eines Arguments, das keinen höheren Zweck hatte als den, die schlimmste der Möglichkeiten an Hintergehung des Menschen zu vermeiden: seine Täuschung durch einen bösartigen Dämon über die Existenz der Welt. Zunächst und vor allem hätte dieser ›trügerische Gott‹ keine Macht über die Gewißheit des Denkens von sich selbst. Alles Weitere sollte sich dazu finden.

Doch dieser erste Anlaß vergaß sich schnell angesichts der Entdeckung: Wer denken konnte »Ich denke«, konnte schlechthin nicht nicht sein. Das war noch nicht viel. Aber es sollte von da an alles darauf hinauslaufen, mehr daraus zu machen: aus dem absoluten Punkt im Ich das absolute Ich. Zunächst war es nur ein ›Augenblicksgott‹, der sich für den Moment einer überwältigenden Gewißheit entdeckt hatte. Aber so waren schließlich, wenn man der These Hermann Useners in seinen »Götternamen« von 1896 folgte, alle Götter einmal entstanden.

Das *Ich denke, ich bin* war einer der erfolgreichsten philosophischen Sätze. Nicht nur wegen der Hinzufügung des ›also‹, sondern wegen der vielfachen Abwandelbarkeit des formalen Schemas, das mit diesem Satz vorgegeben war, in den sich je nach systematischer Gewichtung anderer Akte und Inhalte immer neue Wörter einsetzen ließen.

Wittgensteins schlichter Satz von der Rätselhaftigkeit des Sehens wird nicht mit dem cartesischen Urmodell der neuzeitlichen Philosophie konkurrieren können. Doch ist auch er zu Abwandlungen disponiert, die nachdenklich machen. Wie wäre es, wenn man ihn auf derselben Ebene seiner nüchternen Bedeutung variierte? Etwa so: »Gewisses am Sehen kommt uns rätselhaft vor, weil uns die Sichtbarkeit nicht rätselhaft genug vorkommt.«

Das Datum

Klingt es glaubwürdig, wenn Leo Strauss in einem Brief an Karl Löwith am 15. August 1946 aus Oxford schreibt: *Husserl sagte mir einmal, als ich ihn wegen der Theologie befragte: »Wenn es ein Datum Gott gibt, werden wir es beschreiben«*? Strauss fügt ironisch hinzu (und Löwith hat zwei Ausrufungszeichen draufgesetzt): *Die Schwierigkeit ist, dass die, die etwas von Gott zu wissen glauben, bestreiten, dass er ein beschreibbares Datum ist.*[1] Es ist aber wohl das, was Husserl hätte sagen müssen und daher auch gesagt hat, mit dieser kindergläubigen Zuversicht auf die Leistungsfähigkeit der Phänomenologie. Und Leuten Gewicht beizumessen, die etwas *zu wissen glauben*, wäre der geringste aller Einwände gewesen – denn zu glauben, daß man weiß, ist nicht besser, als zu wissen, daß man glaubt.

Ernster ist der Einwand, schon der Begriff Gottes schließe aus, von ihm sei ein Datum zu haben und dieses beschreibbar. Da ist es eben der Grundzug der Phänomenologie, daß sie sich durch Begriffe nichts vorschreiben oder verbieten läßt, sofern solchen Begriffen nicht die Rechtfertigung erfüllender Anschauung zugrunde liegt. Ein Datum, etwas Gegebenes, ist in der Weitfassung des Begriffs eben Anschauung – obwohl hier das Dilemma einsetzt, daß ein Begriff von Anschauung seinerseits auf Anschauung beruhen muß, um sagen zu lassen, wo sie anfängt und wo sie aufhört. Der Rekurs auf eine Art von ›phänomenologischer Erfahrung‹, die sich im Vollzug ihres Verfahrens den Begriff ihres gegenständlichen Anspruchs ›erwirbt‹: Anschauung aus der Genese von Anschauung, solcher Rekurs ist unvermeidlich.

Es ist naheliegend, daß es phänomenologische Religionstheorien gab, doch ist ihr ›Datum‹ nicht Gott, vielmehr die Eigenart der mit ihm oder an ihm gehabten ›Erlebnisse‹, die nicht anders als durch zeitversetzte Mitteilungen vorgelegt werden können. Und das sind nicht einmal Erlebnisprotokolle, geschweige denn

1 Correspondence Löwith – Strauss. In: Independant Journal of Philosophy. Ed. G. E. Tucker, IV[/1988; Korrespondenz Leo Strauss – Karl Löwith. In: Leo Strauss, Hobbes' politische Wissenschaft und zugehörige Schriften – Briefe. Stuttgart, Weimar 2008, 663 f.].

›Beschreibungen‹, weil das Erlebnis dieses ›Gegenstandes‹ Einstellungen evoziert, die sich mit der theoretischen Distanz nicht vertragen. Deren Urbild ist am ehesten die Rhetorik der »Confessiones« Augustins, die den ›Beobachter‹ nur mithören läßt, wie sich der Autor dem Gegenstand seiner Erfahrung nachhaltig zuwendet, so als sei das Momentane das Dauernde, das ekstatische Erlebnis die bleibende ›Anschauung‹. Kann Husserl gemeint haben, auch der Phänomenologe sei – im Vollbesitz der durch Reduktion purifizierten Subjektivität – solcher ›Anschauung‹ virtuell fähig? Dann wäre das vermeinte ›Datum‹ Gott ein Ertrag der endlich gewonnenen und durchgehaltenen ›Methode‹.

Warum sollte der Cartesianer Husserl das von sich gewiesen haben, da doch der Meister des *Cogito* seine Konzeption der neuen ›Methode‹ in Bezug zu den ›Meditationen‹ gesetzt hatte, für deren Typus ihm die Exerzitien des Ignatius von Loyola vertraut waren, und Husserl auf den Titel der »Cartesianischen Meditationen« noch (oder erst recht?) in der Spätzeit seines Denkprozesses nicht verzichten wollte? Wer »Meditationen« schrieb, konnte sehr wohl gesagt haben, was Leo Strauss von ihm berichtete.

Distanzen – Affinitäten

Der verborgene Gott der Phänomenologie

Der Mensch denkt sich leichter einen Gott als sich selbst.
Hebbel, »Tagebücher« (Wien 1847)[1]

Die Philosophie hat *die* Götter zunichte gemacht, sie hat *den* Gott sterben lassen. Aber sie ist nie ohne *ihren* Gott ausgekommen, nicht um ihm zu dienen, sondern um mit ihm zu rivalisieren.

Der Mensch, meinte Feuerbach, hat Gott zur Projektion seiner Selbstauffassung gemacht. Wenn das so ist, muß jede Theologie in Anthropologie als Heimholung der Selbstbestimmung des Menschen aus der Gott-Ferne enden. Die Analysen dieses Buches bestätigen Feuerbachs Annahme *nicht.* Die am wenigsten metaphysische Philosophie dieses Jahrhunderts, die Phänomenologie, eine an die Beschreibung der ›Sachen selbst‹ programmatisch gebundene Disziplin, hat eine Kryptotheologie. Sie ist zugleich die Verhinderung dessen, daß es eine phänomenologische Anthropologie gegeben hat oder geben darf. Der Gott des Phänomenologen ist zuerst sein Rivale um Erkenntnisgewißheit, dann der Inbegriff derjenigen Subjektivität, die das ›welthafte‹ Subjekt durch phänomenologische ›Meditation‹ selbst zu werden beansprucht.

Wenn das so ist, liegt die Chance einer phänomenologischen Anthropologie in der Resistenz gegen kryptotheologische Rivalität. Eine beschreibende Anthropologie, sofern sie philosophisch zu sein vorhat, kann nicht alles und jedes beschreiben, was sie einschlägig vorfindet. Es liegt nahe, hört sich aber trivial an, daß ihr Thema vor allem die Beschreibbarkeit selbst ist, sofern sie am Menschen von der der Dinge abweicht. Der Mensch ist nicht nur beschreibbar, weil er sichtbar ist, sondern indem diese Sichtbarkeit ihn durch und durch bestimmt bis hin zu ihrer ostentativen Selbstdarstellung. Aber vor allem ist er sichtbar, indem er undurchsichtig ist. Dieses Ineinander von Visibilität und Opazität macht eine phänomenologische Anthropologie möglich, die auch und gerade solche Sachverhalte aufnimmt und in ihrem Verbund analysiert, deren humane Erheblichkeit aus Theologien diverser Provenienz ›verbürgt‹, aber nicht einsichtig ist.

1 Friedrich Hebbel, Werke. Bd. 4, München 1966, 861 [Nr. 4048.]

Ohne Philosophie nicht leben können – Eine Pathosformel

Welche Maßstäbe haben wir für den Rang eines Philosophen? Genügt es, daß er es sich schwer gemacht hat in der *Rücksichtslosigkeit* gegen sich selber mit *Rücksicht* auf die Wahrheit? Oder haben wir den mehr zu bewundern, der Rücksichtslosigkeit weitertrieb, indem er die Rücksicht auf die Wahrheit zum Inbegriff aller Illusionen und Vergeblichkeiten machte? Was ist es wert, wenn einer sagt, ohne Philosophie habe er nicht leben können? Begünstigt das die Illusionen, die seine Ausschließlichkeit der Existenz rechtfertigen? Oder spricht es gegen den Rang einer Philosophie, wenn sie schließlich mit dem Trost sich abfindet, einen Anfang gemacht zu haben, der für die Zukunft – und sei es eine unendliche, dem Bedarf an Arbeit nach – alles nachzuholen verspricht, was bis dahin an Ertrag versäumt worden war? Spricht es gegen diese trostvolle Aufschiebung und Vorläuferschaft – diese Bereitschaft, immer nur der Täufer zu sein –, gegen die Stifterrolle weiträumiger Projekte und ihrer Trägerschaften, wenn die Zukunft gerade darin sich versagt und verschließt, daß der gezielte und passungsgenaue Widerspruch gegen diese Zielerfassung und die ihr zugeordnete Methode das Angefangene noch zu Lebzeiten des Begründers beiseite wischt, als sei es nicht gewesen?

1956 fand, ausgerechnet in Krefeld, ein Treffen der Phänomenologen aus ganz Europa statt, bei dem zum erstenmal nach dem Krieg Vergleiche der Standards angestellt wurden. Ich erinnere mich an die Fassungslosigkeit des Polen Roman Ingarden, der als einer der Überlebenden der Göttinger Phänomenologie und damals schon erstaunter Zeuge der transzendentalen Schwenkung im ›Realismus‹ des Meisters nun von den Franzosen zumal, aber auch den deutschen ›Phänomenologen‹ feststellen mußte, daß sie, schulflüchtig geworden, die Sprache Heideggers sprachen: »Soll das etwa Phänomenologie sein?« fragte er mich – und da hatte er einen gefragt, der dies niemals bejaht hätte.

Eine schlichte oder eine schlechte Resignation ist es zu sagen, diese Fragen ließen sich nicht beantworten, weil sie sich nicht hatten stellen lassen, bevor man es mit einer Philosophie zu tun bekommen hatte, die sie aufzuwerfen sowohl nötigte als auch ermutigte. Wir dürfen uns nicht täuschen lassen: Nach zweieinhalb Jahrtausenden Philosophie ist das Auftreten einer neuen mit ihrem Anspruch nur ein Paradigma für die paradoxe Wiederholung von Endgültigkeiten. An ihnen vermögen wir gerade das zu studieren, was jener Anspruch ausschalten und ausschließen sollte: die Unangepaßtheit des Menschen an die Probleme, die er als die Folge seiner beschlossenen biologischen Selbsterhaltungsleistung im *Überschuß und Übermut* der für sie und durch sie bereitgestellten zerebralen Potenz sich zu stellen mehr *Lust als Not* hat.

Doch gehört es zur Lust, daß sie sich ihrer schämt und sich als Not verkleidet. Was der sich nicht eingesteht, der mit schöner Rhetorik vor sich und gegen sich erklärt, er könne ohne Philosophie nicht leben. Er könnte gar nicht ans Philosophieren denken, wenn sie noch im Notbereich der Lebensbedürfnisse läge: Man darf nicht ohne Philosophie nicht leben können. Weshalb nicht? Weil sie den Erfolgszwang nicht erträgt, der mit dieser Funktion verbunden wäre. Auch einer oder gerade einer, der faktisch ohne Philosophie über viele Jahrzehnte hinweg nicht gelebt hat, muß sich eingestehen, diesem Diktum nicht zu trauen. Die Existenzialisierung von Wissenschaft ist zuerst innere Rhetorik, Selbstüberredung, dann äußere Identifikation und am Ende dadurch eine Gemeingefahr. *Der Mensch ist das Wesen, von dem nicht gesagt werden darf, es könne ohne irgend etwas nicht leben.* Das ist das anthropologische Pendant zu dem vorher eingeführten Satz, die Philosophie ertrüge es nicht, daß ohne sie nicht gelebt werden könne.

Die Auszeichnung des Menschen ist, sowohl mit allem als auch ohne alles leben zu können. Das soll heißen: Er leistet sich Philosophie, aber er braucht sie nicht. Er genießt es, sie sich leisten zu können. Was daran das Genießbare ist, liegt durchaus im Rahmen der anthropologischen Umrisse: Er genießt das Risiko, etwas zu unternehmen, was außerhalb des Kriteriums der Selbsterhaltung liegt – die Strapazierung der Vernunft als das Unvernünftige. Vernunft muß dafür den ›Überschuß‹ haben, weil sie das Organ für die unbestimmten, um nicht zu sagen: unendlichen Anforderungen ist, die sich das nicht definierte Säugetier durch das Kunststück seines evolutionären Überlebens eingebrockt hat. Der ›kritische‹ Glaube, wir hätten zu wenig Vernunft, ist eine bescheidene optische Täuschung – es ist zu viel davon, womit wir es zu tun haben und worin unsere intellektuelle ›Abenteuerlust‹ begründet liegt. Leugnet sich der Abenteurer der Vernunft deren mögliche Unvernunft ab, gerät er in den Vertigo der absoluten und unerfüllbaren, eben darin aber niemals bloßgestellten Ansprüche.

Husserls Pathosformel vom Ohne-Philosophie-nicht-leben-können hat auch den Rigorismus der ›Reduktion‹ getragen, die sich doch als unvollendbares Diktat erweisen sollte. Aber sie setzte Husserl instand, für das letzte Jahrfünft seines Lebens die Einsamkeit anzunehmen, die ihm in Freiburg aufgezwungen wurde. Es war, als hätte er sich ein Leben lang auf sie vorbereitet, und sie machte jenen fatalen Satz wahr: Trotz der Ausschließung suchte er in der Reduktion weiter die Antwort auf die Fragen, die allen gestellt waren. Der Untergang, die Realität gewordene Reduktion, verschonte ihn, der das absolute Subjekt als *Residuum der Weltvernichtung* konzipiert hatte.[1] Als hätte noch sein Werk, das beinahe unendliche, an der Festigkeit des absoluten Grundes partizipiert, überstand es den Untergang, als es der mutige Franziskaner Leo Van Breda nach Löwen transferierte und der nachrückende Sieger sich vor der Obhut frommer Kutten verzog. Van Breda hat auch noch die nochmals beinahe unendliche Arbeit der Nachlaßedition organisiert, die mit seiner Préface 1950 zu erscheinen begann und fast ein halbes Jahrhundert später mit 26 Bänden noch nicht abgeschlossen ist. Nun hieß es abermals, daß diese Philosophie (beinahe) ein Leben beanspruche, sich auch nur in die Reduktion ›einzuleben‹. Muß das sein?

1 [Edmund Husserl, Ideen zu einer reinen Phänomenologie und phänomenologischen Philosophie. Erstes Buch (1913). In: ders., Gesammelte Werke (Husserliana). Bd. 3. Den Haag 1950, 114-117 (I § 49).]

Wie sich das Leben erträgt

Wer ohne Philosophie nicht leben kann, ist kein Philosoph.

Husserl konnte schwerlich den ihm zugeschriebenen Satz verantworten, ohne Philosophie hätte er nicht leben können. Warum nicht ehrlicher: nicht leben *mögen.* Das diskreditierte die Philosophie nicht zum ›Lebensmittel‹. Und es hätte den Begründer der Phänomenologie nicht in den Widerspruch getrieben, die *Reduktion* als Schlüssel zu seiner Art des Philosophierens müsse in Front gegen die natürliche Unmittelbarkeit des Lebens vollzogen, durchgesetzt, in unendlicher Arbeit – die keinem Leben vergönnt ist – erzwungen werden.

Ob Philosophie geeignet ist, das Leben genießbarer zu machen, ist allerdings fraglich. Diese Fraglichkeit hängt mit ihrem Anspruch auf Lebenszeit zusammen: Selbst wenn sie alles aufbrächte, den Lebensgenuß zu steigern, ließe sie doch vom Leben nicht so viel übrig, davon Gebrauch zu machen. Sie bereitete auf etwas vor, was niemals kommt. Darin ist die Versuchung gut begründet, sie müsse dann eben selbst der Inbegriff der Lebensinhalte sein, auf die sie vorzubereiten scheint.

Der Name sollte zu denken geben: »Philosophie« *liebt* die Weisheit, und man ›liebt‹ nicht seine nackten Lebensnotwendigkeiten. Dieses Element erscheint nun nicht mehr so zufällig aus dem Schultitel »Phänomenologie« eliminiert: Auf die Phänomene sind wir angewiesen, auch wenn die *Reduktion* sie aus der Weltexistenz herausgenommen und der ›reinen‹ Anschauung vorgesetzt hat. Nur daß eben diese Operation alles andere als leichthändig ist – und kein Kriterium ihres abgeschlossenen Gelingens bereitsteht. Das *Leben* wendet sich gegen sich selbst, und dem gibt der Philosoph letztendlichen Ausdruck, indem er die ›Lebenswelt‹ thematisiert, die doch genuin nichts anderes ist als der Inbegriff der Widerstände gegen die Reduktion.

So gesehen, ist es viel schwieriger, sich das Lebenkönnen *mit* der Philosophie zu denken, als es ohne sie unerträglich zu finden. Das Ziel muß einfach *jenseits* des bloßen Lebenkönnens liegen.

Eigensinn des Glücks, Umständlichkeit des Verstands

Dazu braucht man keinen Begrif, sondern ein Bild.

Kant, Reflexionen zur »Anthropologie«[1]

Die Ungleichheit der Menschen, die Montaigne im 42. Kapitel des ersten Buches der »Essais« behandelt, ist für ihn kein moralisches oder politisches Thema, sondern eine anthropologische Kategorie, die vor allem mit der Unvereinbarkeit der Glücksvorstellungen zu tun hat. Hatte Plutarch gesagt, er finde die Distanz von Mensch zu Mensch größer als die von Tier(art) zu Tier(art), so überbietet ihn Montaigne noch, der Abstand des einen Menschen vom anderen sei größer als der eines jeden der beiden zu irgendeinem Tier. Kein Wunder, daß jeder nur *sein* Glück für *das* Glück hält. Grenzfall, daß der König von Thrakien einen Gott für sich allein hatte, dem keiner seiner Untertanen Verehrung erweisen durfte. Nur dieser eine also konnte seine Subjektivität zum Absoluten erheben und ›kultivieren‹.

Quantitativ wird daraus ›Weltgeschichte‹. Deshalb ist das Kapitel von Montaigne pointiert mit der Anekdote vom König Pyrrhus – dem Erfinder des widersinnigen Schemas aller Kriegstriumphe –, wie er seinem weisen Berater Kyneas die Pläne eröffnet, die mit dem Übersetzen nach Italien beginnen und mit der Unterwerfung der Welt enden sollten. Bei jedem Teilstück dieses Unternehmens fragt Kyneas, welches Ziel Pyrrhus damit erreichen wolle, und jedesmal ist die erreichte Herrschaft nur die Vorstufe zur nächsten Eroberung. Doch am Ende aller Unterwerfungen wolle er sich zur Ruhe setzen und ganz seinem Behagen leben: *et enfin, quand i'auray mis le monde en ma subiection, ie me reposeray, et vivray content et à mon ayse.*[2]

Allbekannt bei den Liebhabern des Montaigne ist, was er in

1 Immanuel Kant, Reflexionen zur Anthropologie. In: Kant's gesammelte Werke. Hrsg. von der Königlich Preußischen Akademie der Wissenschaften. Bd. 15.1. Berlin 1923 (Akademie-Ausgabe), 169 (Nr. 417).

2 [Michel de Montaigne, Essais. Paris 1836, Bd. 1, 176 (I, 42). »...und dann, wann ich mir die Welt unterwürfig gemacht habe, will ich mich zur Ruhe setzen, und ein zufriedenes gemächliches Leben führen.« Michael Montaigne's Gedanken und Meinungen über allerley Gegenstände. Bd. 2, 286 f.]

freiem Gebrauch des Plutarch den Kyneas erwidern läßt (nach Bodes nochmals freier Übersetzung): *Ums Himmels willen, mein Herr und König, so sag' mir doch, woran es fehlt, daß Du, wenn Du es willst, Dich nicht gleich in diese Umstände setzest? Warum beginnest Du nicht gleich, von Stund an, ein Leben, nach welchem Du, wie Du sagst, Dich sehnest? und ersparest Dir nicht alle die Beschwerden und Mißlichkeiten, die Du dazwischen stellest?*[3] Das ist weise gedacht, doch allzu abstrakt in Sachen des Glücks, die durch jene Distanzen der Menschen voneinander entschieden werden und nicht durch das Prinzip der Rationalität der Mittel. So also kam es gleich beim ersten Schritt zur einzigen Widerlegung, die ein solcher Casus zuläßt: zum Pyrrhus-Sieg.

Kant hat seine Anthropologie-Vorlesung »in pragmatischer Hinsicht« dreißig Jahre hindurch, kontrastierend zur *reinen Philosophie*, auf Beförderung der *Weltkenntniß* abzielend, alternierend mit der »Physischen Geographie« im Sommersemester, im Winter gehalten und durch mannigfache Varianten der ›Einlagen‹ auch für *andere Stände* als die ›Schule‹ zugänglich gemacht. Aus der Nachschrift Gotthold wissen wir, daß er zumindest im Winter 1791/92, also den Siebzig nahe, auch die Pyrrhus-Anekdote benutzt hat, um die Umständlichkeit und Eigensinnigkeit des Verstands als des Organs der Mittel zu Zwecken beim Anstreben durchaus vernünftiger Ziele zu belegen. ›Pyrrhus‹ hat er sich als Stichwort notiert,[4] um zu zeigen, wie der Verstand *sophistisch* wird, was bei ihm mehr als die antike Schulbedeutung hat: etwa die der Verselbständigung der Mittel gegenüber den Zwecken. Moralisierend heißt das Sklaverei unter den Leidenschaften, deren Dominanz die Verzerrung bewirkt.

Kant hat der bei Plutarch entnommenen Anekdote eine verschärfte Disproportion implantiert, indem er den makedonischen König, der als Nachfolger Alexanders *den Kopf voll von grossen Thaten* hatte, den Weg zwar über Italien, aber dann nicht über Gallien und Spanien nach Afrika zur ganzen Welt nehmen läßt, sondern rückwärts über Kleinasien nach Syrien, um unter Auslassung der ›ganzen Welt‹ das Endziel zu bestimmen: *Dann wollen wir in Ruhe ein Glas Wein trinken.* Der hier als Hauptmann eingeführte Cyrus (Cineas) macht dementsprechend den Gegenvorschlag: *Ey, so wol-*

3 [Ebd., 287.]

4 Kant, Reflexionen zur Anthropologie. In: Kant's gesammelte Schriften. 15.1, 168.

len wir itzt lieber gleich anfangen zu trinken. Denn wer weiss was für Ungemächlichkeiten dort unser warten.[5]

Diese eher karikierende Version erspart es Kant, den erfolglosen Widerstand eines Hauptmanns gegen eines Königs Einfall in Beziehung zur *inégalité* der Menschen und ihrer Glücksvorstellungen zu setzen. Es geht nur um die Ablenkbarkeit des Verstandes von seiner Dienstfunktion durch ein einziges Glas Wein – der Hauptmann Cyrus nimmt's gleich als eine ausgiebigere Trinkerei und bringt es damit der Umständlichkeit der Vorbereitung ein wenig näher. Aber der König setzt auf seinen Eigenwillen als maßstablose Instanz, und der Hörer der Anekdote wird den im zugespitzten Mißverhältnis gegebenen Humor genossen haben.

Gerade diese Nahezu-Sinnlosigkeit hatte Montaigne vermieden. Ein König, der sich als Weltbeherrscher zur Ruhe setzt und sein Glück genießen will, bietet einen würdigeren Anblick – und einen bedeutenderen Ansatz zur Nachdenklichkeit über den Menschen – als einer, der es am Ende, wie als Ausdruck der Verachtung für eine gewonnene Weltherrschaft, nur auf ein Glas Wein abgesehen hat. Montaigne zielt noch auf ein Dichterzitat, mit dem er das Kapitel sogleich schließen wird, aus der Vita des Atticus von Cornelius Nepos: *Mores cuique sui fingunt fortunam.* Was wiederum Bode auf seine Weise, aber in Anmessung an Montaignes ›größeres‹ Thema transponiert: *Wie jeder gesinnt, so ist sein Glück!*[6]

Die Differenz der beiden Versionen der Pyrrhus-Anekdote ist größer, als es auf den ersten Blick erscheint, und hat mit der Differenz ihrer Funktion zu tun. Die Aberrationen des Verstandes lassen sich durch einen Katalog ablenkender Faktoren *begrifflich* zureichend darstellen, wie es Kant mit pedantischer Lust in der Vorlesung und erst recht in den Notizen dazu getan hatte: weltweisheitlich der Verstand ein Spielball der Leidenschaften. Die Anekdote erfrischt den Verstand, wie Lichtenberg von der Metapher sagte, aber sie ist rhetorischer *ornatus,* Zutat. Die wesentliche ›Eigenheit‹ der Glücksvorstellung hat einen ganz anderen Bedarf, am übergroßen Fall überhaupt erst faßbar, zur *Anschauung* gebracht zu werden. *Das* Glück ist die härteste aller Abstraktionen; *ein* Glück, sogar *meines,* entzieht sich jeder Begrifflichkeit.

5 [Ebd., Anm.]

6 [Michael Montaigne's Gedanken und Meinungen über allerley Gegenstände, Bd. 2, 287 bzw. 438.]

Die Langsamkeit der Vernunft

Über die Verwechselbarkeit anthropologischer und politischer Kategorien

Im Rennen der Philosophie gewinnt,
wer am langsamsten laufen kann.

Wittgenstein (1938)[1]

Mit dem Gebot, den Nächsten zu lieben wie sich selbst, begann eine große Heuchelei, denn Unerfüllbarkeit steht ihm auf der Stirn geschrieben. Es mag Menschen gegeben haben und geben, die andere lieben können wie sich selbst – dann täten sie es nicht in Erfüllung eines Gebots. Sie tun es unter der Macht eines Bedürfnisses, auch einer überquellenden Kraft. Man kann nicht lieben, *weil* es geboten ist; man kann es nicht einmal, *wenn* es geboten ist, von wem auch immer.

Sowenig sich Liebe gebieten läßt, sowenig läßt sich Abneigung verbieten. Nicht einmal, wenn einer sie sich selbst austreiben will. Es ist ein Märchen, aus Abneigung oder Ungunst entständen Verfolgungen und Morde, als ob aus Sanftmut und Zuneigung jemals Frieden hätte hergestellt werden können. Haßten sich die Völker, die sich bekriegten? Kannten sie sich genug, um sich nicht zu mögen? Hätte es sie befriedet, einander besser zu kennen?

Nicht einmal in der privaten Sphäre entstehen Morde aus Antipathie, kommt Frieden aus der Genauigkeit des Einander-Kennens. Im Gegenteil: Menschen sind nicht so, daß es ihrem Verhältnis zueinander guttut, sich genau zu kennen. Daher liebt es sich so gut im Abstrakten. Wann hätte je die berüchtigte ›unüberwindliche Abneigung‹ den Gattenmord produziert? Eher die unüberwindliche Zuneigung zu einem anderen virtuellen Gatten.

Es ist einfach töricht, einen graduellen Übergang von der Antipathie zur tödlichen Feindschaft anzunehmen. Wo dies geschieht, hat man es mit einer Präsumtion zugunsten erzieherischer Einwirkung zu tun. Also mit der Theorie für die Praxis von Leuten, die

1 [Ludwig Wittgenstein, Über Gewißheit. In: ders., Werkausgabe. Frankfurt a. M. 1984. Bd. 8, 498.]

sich zutrauen und zutrauen lassen möchten, dem großen Übel der Unfriedlichkeit unter den Menschen abzuhelfen. Den Erziehern im weitesten Sinne die Weltaufgabe der Friedenserhaltung übertragen zu lassen ist so etwas wie die Standesaufgabe der in ihrem Rücken gewirkten Theoreme.

Die deutsche Doppelwortherrlichkeit hat daraus die ›Friedenserziehung‹ gemacht und, wie es sich inzwischen versteht, ›curricular verortet‹. Das wäre eine noch im Erziehergeltungsinteresse harmlose Treuherzigkeit, wenn es nicht die Entschärfung des Problems implizierte: seine theoretisch verkappte Nivellierung zwecks Kompetenzerweiterung. Der qualitative Hiatus klafft zwischen Abneigung und Abschlachtung, zwischen Unlust und Mordlust, sogar noch zwischen Vorurteil und Aburteilung.

Der Schritt, auf den alles ankommt, wird von der Antipathie zur Kausaldenomination getan: Eine universale Quelle aller Übel und Nöte wird gefunden und auf eine schon durch Unliebsamkeit ausgegrenzte Menschengruppe projiziert. Aber die Ausgrenzung disponiert nicht zur Funktion der generellen Ursächlichkeit. Es gibt immer rivalisierende ›Anwärter‹ auf die Rolle des Generalbösewichts. Denn es gibt die rivalisierenden ›Welträtsellöser‹, die alles auf den einen Nenner zu bringen und daher die eine Lösung anzubieten wissen. Gewiß hätten sie kein Publikum, gäbe es nicht Quälendes und Unerklärliches genug.

Erst die Herleitung der Weltübel aus *einer* Wurzel gibt die Lizenz zum Ungeheuerlichen, drängt zu Heilstaten und verspricht den Tätern gutes Gewissen, sofern sie es benötigen, läßt zumindest an Quarantänen gegen übermächtige Infektionen denken. Der Befreiergestus beim Mord hat nichts mit alten Antipathien zu tun: Ein *Mittel* wird angewendet, das auf einer *Diagnose* beruht. Der Ausdruck ›Hygiene‹ bekommt metaphorischen Verstand. Das Ungreifbare, repräsentiert durch das Bakterium, wird im Jahrzehnt vor der Jahrhundertwende zur ›absoluten Metapher‹: 1894 entdeckte Alexandre Yersin (1863-1943) in Hongkong den Erreger der Pest und damit der einzigen Seuche, an der die Menschheit beinahe ausgestorben wäre – ein halbes Jahrtausend zuvor.

Mußten von der Art der rasch hintereinander entdeckten ›Erreger‹ nicht auch die Ursachen anderer Plagen sein? Adolf Hitler, selber von dieser Bakteriophobie geprägt, beherrschte die Rhetorik der Ansteckung und sprach damit ein Muster an, von dessen Plausibilität Welträtsellösungen profitieren mußten. Auch wie man sich zu schützen hatte: durch Desinfektion.

Will man nicht von Liebe sprechen, spricht man politisch gern von ›Freundschaften‹. Aber kein Vertrag, kein Gesetz, keine Klugheitsregel, nicht einmal die heute so gern genannte ›Strategie‹ können Freundschaft hervorbringen. Fraglich ist sogar, ob Gelegenheit sie wie bei Arten der ›Liebe‹ schaffen kann. Wenn Staatsverträge als solche der ›Freundschaft‹ bezeichnet werden, ist das Etikettenschwindel; es sind Vereinbarungen verdichteter Konsultationen in unwichtigen Fragen – denn jeder weiß, wenn es für ihn darauf ankommt, wird er handeln, ohne zu konsultieren. Jeder weiß es, keiner sagt es – es gibt rhetorisches Schweigen.

Freunde zu haben oder solche zu suchen kann nicht Inhalt von Politik sein. Sowenig die Mitglieder einer Partei, die sich als ›Freunde‹ anreden, dies untereinander sind. Wozu sollten sie es sein? Weil man etwas füreinander tun muß? Gerade das sollte nicht die Funktion der Partei sein. Freundschaft ist eine unpolitische Kategorie. Carl Schmitt hatte zwar vom elementaren Freund-Feind-Unterschied als politischem Dualismus gesprochen, aber doch *sensu stricto* nur den Feind *gemeint*. Politisch gilt eben: Wer nicht gegen mich ist, ist für mich. Dabei braucht man sich nicht zu mögen. Sowenig man den politischen ›Feind‹ hassen muß, nur weil man es ihm nicht verraten würde, man täte es nicht.

Alles Politische ist eben eine abgeleitete Realität, und ihre Kategorien sind es auch. Nur bringen sie bei dieser Ableitung nicht alles von ihrer Herkunft mit. Freundschaft gibt es zwischen Menschen, zweifellos, nicht zwischen Völkern. Dennoch wird man nicht aufhören, von solchen Freundschaften zu sprechen, sie zu beschwören, an sie zu appellieren – einfach weil nur dies jeder ›aus eigener Anschauung‹ weiß, wie es ist und was darauf ruhen kann, und etwas ›gestiftet‹ wird, was es politisch auch nicht gibt: Vertrauen.

Es ist ein Witz der politischen Sprache, daß man ›vertrauensbildende *Maßnahmen*‹ erfunden hat. Doch beruhigt es darüber, daß aus politischen Handlungen überhaupt etwas herauskommen kann. Wenn Vorsicht geboten erscheint, so aus der Einsicht heraus, daß nichts derart imstande ist, Feindschaften zu erzeugen, wie gebrochenes Vertrauen, enttäuschte Liebe, getrogene Freundschaft. Besser also zu unterstellen, es könne so schlimm nicht werden, weil es die Voraussetzung gar nicht gegeben habe.

Das Risiko der Freundschaft, so sie denn entstehen könnte, wäre zwischen Völkern viel zu groß, als daß man es eingehen dürfte; ohne sie sind die einst als ›diplomatisch‹ bezeichneten Verstimmungen nicht vom Umschlagen ins Gegenteil bedroht. Es gibt Leute, die damit nicht zufrieden sind, daß die Völker nicht aufeinander losschlagen, wenn und weil sie gerade Besseres zu tun oder auch nur Angst vor den Waffen haben; sie möchten ein Mehr an Gesinnung. Auch nicht ohne Grund, weil sie der Stabilität des Stillhaltens eher trauen, wenn sie von edleren Motiven unterfangen ist.

Es *darf* einfach nicht viel davon abhängen, ob die Leute oder die Völker sich mögen. Sie müssen sich nicht mögen dürfen, ohne daß daraus etwas Mörderisches entsteht. So gilt es für jede Rechtsordnung. Die unzufriedenen Friedensfreunde, die mit dem Zustand des nichtfließenden Blutes noch nicht genug haben, denken in den Bildern eines messianischen Reiches, in dem Wolf und Lamm miteinander weiden. Die kleine Unwahrscheinlichkeit, daß der Wolf dabei überleben kann, indem er Gras frißt, wird hingenommen, obwohl sie doch an den Zeitpunkt denken läßt, an dem die Wölfe vom Aussterben bedroht sein werden und sich die Wolfsfreunde zusammentun müssen, um von irgendwoher Lämmer für die Wolfserhaltung zu beschaffen – die Lämmer von anderen Weiden natürlich. Man merkt, daß es ein anderer sein mußte, der sich den messianischen Zustand ausgedacht hat, als der, der sich die Natur ausgedacht hatte. Der Misanthrop E. M. Cioran hat die kleine Variante des Paradiesmythos erfunden, die diese Differenz in die biblische Urgeschichte einschmuggelt: *Wir wissen, daß die Tiere es sich im Paradies gutgehen ließen bis zu dem Tag, an dem eines seinen Zustand nicht mehr hinnahm, auf sein Glück verzichtete und Mensch wurde. Auf diesem ersten Ungehorsam ist die Geschichte schlechthin gegründet.*[2] Und die Tierfabel, möchte man hinzufügen.

Das Bedenkliche liegt nicht einmal in der ›Verstärkung‹ des Politischen durch das Moralische und Emotionale, wovon man doch sagen dürfte, es könne auch wiederum nicht schaden. Bedenklich ist die Umkehrbarkeit: Wo Verbrechen gegen das Menschenrecht und Mord gewütet haben, wird ein Mangel an prohibitiver Gesinnung, an Vorurteilsvorbeugung, an Erziehungseinwirkung verantwortlich gemacht. Dabei und dadurch wird die quasi-theoretische Wurzel

2 [E. M. Cioran, Von Tränen und von Heiligen. Frankfurt a. M. 1988, 51.]

der Welterklärung in ihrer drängenden und legitimierenden Funktion ausgeblendet. Wie kommt es dazu? Die Hypothese ist fast zu simpel, um sie auszusprechen: Theoretiker haben es nicht gern, daß Theorien eine schlimme Rolle spielen können, zumal Theorien des ganz großen Zuschnitts, der globalen Kausalzuweisungen.

Die tödliche Drohung lebt nicht von Emotionen, vom Nichtmögen; sie lebt vom Kausalmythos der Weltschuld, die sich auf einer Skala von der ›Verschwörung‹ bis zur ›Vergiftung‹ entwickeln kann. Von Unbehagen bis Unglück alles *einem* Untäter angelastet zu sehen befriedigt nicht nur bürgerliche Hirne; es stimuliert oft noch nicht zum Mord, läßt aber diesen passieren nach einem *ius talionis*, dem genauer auf die Finger zu sehen die Untergründigkeit solcher Weltenträtselungszusammenhänge ohnehin verwehrt. Bei dieser Spezifikation der Rechtfertigungen zum Äußersten schafft das Laborieren an Vorstufen und Übergängen die falsche Beruhigung, das Übel noch im Werden zu erwischen. Sie liefert der Überraschung aus, es ungemindert emporschießen zu sehen, vor seiner Gewalt nur noch zur Resignation fähig zu sein. Es hatte nichts geholfen, dagegen gewesen zu sein; dann würde es erst recht nichts helfen, noch dagegen zu sein.

Vor Jahrzehnten erbat der Präsident einer wissenschaftlichen Institution, die einen der wichtigsten unedierten Texte der Aufklärung herauszugeben sich entschließen wollte, ein Gutachten zur Frage, ob denn der Autor mit seinen vielen unfreundlichen bis abwertenden Äußerungen über das Volk des Alten Testaments überhaupt ediert werden dürfe. Die Antwort konnte nur sein, es sei gerade höchst aufschlußreich, daß die Vernunft der Aufklärung ihren eigenen Grund und Anlaß gefunden habe, jene Abwertung der vom Christentum eingeführten und verteidigten heilsgeschichtlichen Rolle des Judentums vorzunehmen, ohne daß eine den christlichen Nachstellungen vergleichbare Feindseligkeit hervorgerufen wurde. Die Abfälligkeit diente der Kritik an der Bibel nicht nach ihrer historischen Zuverlässigkeit, sondern nach der moralischen Qualität ihres Gottesbegriffs und des Adressaten der Verheißungen. Zu fragen, ob dieses Volk würdiger war als andere, die vermeintlichen Offenbarungen des Allerhöchsten zu empfangen, lief auf eine kräftige Zurückstutzung der theologisch konkludenten Auszeichnungen hinaus. Die Überhöhten gleichzumachen war Religionskritik, aber zugleich Vorbereitung darauf, die sonst noch Ungleichen gleichzumachen. Es war leicht, den Finger auf die ethischen Makel der Patriarchen und Könige zu legen und daraus zu folgern, solche Leute könnten unmöglich Bestimmungsträger einer höheren als der gewöhnlichen göttlichen Absicht mit der Gattung sein.

Rhetorik der Aufklärung, ob bei Voltaire oder bei Reimarus, bietet keine Indizien für einen Verfolgungsdrang. Darin darf man Lessing als dem Propagator der verheimlichten »Schutzschrift für die vernünftigen Verehrer Gottes« nicht ohne weiteres eine Sonderstellung zuweisen, weil auch ein der besonderen Zuwendungen Gottes Unwürdiger immer noch nicht ein der Menschenrechte Entblößter sein darf. Der aberkannte Anspruch auf Besonderheit ist von entgegengesetzter Intention; das wußte am besten der Freund des Moses Mendelssohn und der Elise Reimarus. Erst ein durch monströse Erfahrungen geschärfter Rückblick läßt die Gegensteuerungen zur ›Heilsgeschichte‹ isoliert heraushören und bedenklich mustern.

Auf ein dubioses Argument für diese These muß verzichtet werden: Die ideologische ›Generalkausalität‹ hat ihre Verfechter, sogar ihre Fanatiker nie daran gehindert, ›Ausnahmen‹ zu machen. Das scheint gegen die psychologisch-emotionalen Antriebe des Rassismus zu sprechen: Für den Doktrinär *ist* der einzelne kein Teil des Ganzen, kann sogar die Ausnahme sein, die die Regel bestätigt. Was das als anekdotische Inkonsequenz erscheinende Ausnahmerecht zum Symptom des waltenden Mechanismus macht, ist die Umkehrbarkeit, durch die einer sich die Rettung seiner Ausnahmen zugute hält, obwohl doch das generelle Verdikt ihn ›gegen alle‹ hätte innervieren müssen.

Wenige entkommen zu lassen wird unversehens zum Ausgleich dafür, viele gemordet zu haben. Aber dies ohne Haß, aus der höheren und höchsten Notwendigkeit der Selbsterhaltung – da wird der quasi-theoretische Rückhalt noch verstärkt. Daß entschiedene Antisemiten lebensgeschichtlich widersprechende Freundschaften unterhielten, Sympathien hatten, sogar riskante Hilfe leisteten – immer für einzelne und immer mit der Geste der Aussonderung aus dem Ganzen –, setzt den Gunsterweis ins Zwielicht des Machtbeweises: So tut, *wer* es sich leisten kann, um zu erweisen, *was* er sich leisten kann. Die Macht zu bestimmen, wer Ausnahme sein oder es gar nicht gewesen sein soll, ist von einem fatal falschen Glanz.

Nicht zufällig ist von dem wegen seiner Jovialität beliebten Hermann Göring das Wort überliefert (vielleicht sogar nur auf seine ostentative Dominanz erfunden): Wer Jude ist, bestimme ich. Macht hat, wer Ausnahmen gerade dort machen kann, wo sie unmöglich erscheinen. Sie ungestraft und ungescholten zu vollziehen ist in einem ideologisch fixierten System vor allem die Herausforderung der Rivalen, denen zu zeigen ist, was *sie* nicht dürften. Einer verschafft sich die Insignien seiner Unanfechtbarkeit; doch wird sein Konto mit jedem derartigen Ausnahmeakt für den Moment der leisesten Schwäche belastet. Um ein Haar wäre Göring bei seinem Sturz noch am Ende ereilt worden von der aufgelaufenen Rechnung bei seinen Konkurrenten um die Führergunst, hämisch ausgespielt in der Enge des Bunkers unter der Reichskanzlei als diejenige ›Unzuverlässigkeit‹, die schließlich alle anderen Insuffizienzen noch zu ›erklären‹ vermochte. Die Exekutoren des Buchstäblichen wurden die Paladine der letzten Stunde.

Man muß nicht mögen dürfen. Davon machen leicht und fast unangefochten die modischen Misanthropen, zumal die apokalyptischer Konnotationen, Gebrauch. *Den* Menschen nicht zu mögen, in ihm die Generalkausalität für den Naturverschleiß zu orten, erleichtert die ›Kultur‹ von Cliquen, in denen sich die Ausnahmen definieren und vereinigen. Sie sind so etwas wie die Erfolgsexemplare des mißlungenen Großunternehmens der sechziger und siebziger Jahre, *den* Menschen gesellschaftlich zu renovieren.

Gerade weil es vergeblich war, ist es nicht *ganz* vergeblich gewesen. Und diese Erfolgselite bestimmt nun auch, wen man nicht nicht zu mögen hat. Meistens leben sie in solcher Ferne, daß man nicht genauer feststellen kann, was sie zu Ausnahmen der Misanthropie macht. Im Blick auf die exotischen Ausnahmen verschwindet leicht das Naheliegende, daß es auch nach der anderen Seite hin so etwas wie exemplarische Vertreter der Nichtausnehmbarkeit, also der Verächtlichkeit dieser Gattung geben wird. Wie sollte es anders sein?

Und es gibt sie dann auch wirklich, die ›Prototypen‹ der negativen Antwort auf die Seinsgrundfrage: Wenn es diese gibt, wäre es besser, es gäbe überhaupt keine oder gar überhaupt nichts. Die Leibnizfrage *Cur aliquid potius quam nihil?*[3] hängt eng mit der Selektivität der Wahrnehmung und ihrer ›Auslegung‹ durch All-

3 [Gottfried Wilhelm Leibniz, De rerum originatione radicali (1697). In: ders., Opera philosophica quae exstant latina, gallica, germanica omnia, 1. Berlin 1840, 148.]

erklärungstheoreme zusammen. Die Generalkausalität für Übel und Unbehagen schließt den Widerspruch gegen das Prinzip des zureichenden Grundes ein: Es gibt keine Rechtfertigung für die Welt – weshalb sollte sie Anspruch auf Fortbestand haben? So beginnt man, sie symbolisch zu demolieren.

Ist also die Aufklärung gescheitert? Jede voreilige Antwort ist deshalb bedenklich, weil sie impliziert, daß sie hätte gelingen können. Was den Aufklärungen fehlt, ist Zeit. Und man läßt sie ihnen nicht, weil sie selbst den Faktor zu überschätzen lehren, der sie betreibt: die Vernunft. Weshalb sollte sie schneller arbeiten als alle Faktoren, die an der Anthropogenese beteiligt waren? Sie ist langsam, weil an ihrem ›Erfolg‹ der Fortbestand der Gattung nie gelegen hat. Im Gegenteil: Ihr endliches Obsiegen könnte der letzte, wenn auch schönste Akt der Gattungsgeschichte von *homo sapiens sapiens* sein. Aber ihre Langsamkeit enttäuscht alle, deren Lebenszeit zu kurz ist, um sich das Warten auf deutlichere Wirksamkeit leisten zu können. So werden die Anhebungen des Niveaus immer wieder abgebrochen.

Vom alten Clemenceau, der die beherrschende Figur der französischen Dritten Republik gewesen war und sowohl die Dreyfusrevision als auch die Niederhaltung Deutschlands nach dem Ersten Weltkrieg betrieben hatte und 1929 starb, hat sein Sekretär Jean Martet den Ausspruch notiert: *Ein Volk braucht ungefähr tausend Jahre, um zu verstehen, daß ein Mensch ein Mensch ist.*[4] Ist es das, was der Misanthrop nicht erträgt?

4 [Jean Martet, Clemenceau spricht. Unterhaltung mit seinem Sekretär. Berlin 1930, 89.]

Kein Sokrates

Ob Reisen bildet, darf zumindest als umstritten bezeichnet werden, auch wenn ein Gereister manches genauer weiß als ein Ungereister. Daß Reisen nicht aufklärt, scheint mir nachprüfbar zu sein, wenn man Behebung von Vorurteilen als Kriterium von Aufklärung nimmt. Die meisten Heimkehrenden fanden es sehr interessant, aber doch mit der Zugabe, die Vorzüge ihres ständigen Wohnsitzes mit engerer und weiterer Umgebung bestätigt zu finden.

Der Berliner Buchhändler und -macher Friedrich Nicolai war gründlich gereist und hatte seine Resultate in den zwölf Bänden seiner »Beschreibung einer Reise durch Deutschland und die Schweiz nebst Bemerkungen über Gelehrsamkeit, Industrie, Religion und Sitten« (1783-1796) niedergelegt. Er war dabei Aufklärer geworden – mit der Frontstellung der Berliner gegen die Königsberger Aufklärung sowie die noch andernorts. Aber aufgeklärt war er, genauer besehen, nicht. Die Existenz von Gespenstern war ihm so gewiß wie die der Vernunft. Daß er die seine als die ›gesunde Vernunft‹ gegen die ›kritische‹ und andere Vernunften rhetorisierte, stigmatisiert ihn noch nicht als aufgeklärt. Es macht immer mißtrauisch, wenn Leute zu genau wissen, was gesund ist. Man muß es *sein*, dann braucht man es nicht zu *wissen*.

In dem Lebensbericht »Über meine gelehrte Bildung« von 1799 hat Nicolai in einer Anekdote das Resümee intellektueller Erfahrungen gegeben. Im holländischen Delft habe sich eines Morgens ein Matrose an einen der Durchgänge zum Markt mit starkem Durchlauf gestellt. In der linken Hand hielt er einen Hering, in der rechten eine Sparbüchse, die er den Vorübergehenden hinhielt mit der Aufforderung, ihm zu sagen, welches das beste Stück an einem Hering sei. Sonst galt die Forderung: *Oder Ihr sollt einen Deut in die Sparbüchse stecken.* Ein Deut war so wenig, daß die Leute sich gern auf die Konkurrenz einließen und den Kopf, das Mittelstück oder sonst ein gefälliges Teil des Herings bezeichneten. Bei jeder Antwort schüttelte, wenn man Nicolai glauben darf, der Matrose den Kopf und bekam den Deut in die Büchse; man suchte keinen Streit oder nahm an, daß er ihn suchte. Am späten Abend war die Büchse gefüllt, und der Matrose wollte sich gerade zur Nutznießung seines

Ertrages wenden, als endlich jemand sich das Herz faßte zu fragen: *Ihr sagt uns immer wir wissen's nicht, was das beste Stück ist, so sagt Ihr es uns doch endlich einmal, damit wir's wissen.* Der Matrose mußte zugeben, er wisse es auch nicht. Damit aber alles seine Ordnung bekam, erlegte er selber die Konventionalstrafe, steckte einen Deut in die Büchse und ging mit ihr fort.

Dies wird nun für Nicolai zur Parabel auf die zeitgenössische Philosophie: *Das ist gerade die Geschichte von dem ursprünglichen Bewußtseyn, von den Entelechieen, von den Kategorieen, von dem Dinge an sich, von dem ursprünglichen Verstandesgebrauche, von dem künstlichen Vernunftgebrauch, von dem unbegreiflichen Imperativ, von dem höchsten Gute das in der Moral ohne Glückseligkeit durchaus gesucht werden soll, damit die Tugend den nöthigen Antheil an Glückseligkeit erhalte, von dem Setzen des absoluten Ichs durch einen Ur-Satz, der kein Satz sondern eine Handlung ist, und von der moralischen Weltregierung, welche sich selbst nicht zu regieren weiß.*[1] Da ist alles aufgereiht, was es an Schmähwürdigkeiten in der Philosophie des ausgehenden Jahrhunderts der Aufklärung gab. Das Vergleichsfähige liegt darin, daß der Matrose von Delft seinen Hering vorzeigt und damit eine Frage verbindet, die alle nicht beantworten können, sich aber damit zufriedengeben, er werde sie schon geben können. Doch als er sie geben soll, kennt er sie nicht und bestraft sich wie alle anderen zuvor. Gelogen hatte er nicht, denn er war ja bis zum Ende seiner Mission nicht gefragt worden.

Er könnte der Sokrates von Delft sein. Er beweist den anderen, daß sie nichts wissen, und gesteht schließlich zu wissen, daß er nichts weiß. Auch daß die anderen dafür bestraft werden, nichts zu wissen, verfehlt das Vorbild nicht, denn Sokrates strafte die der Unwissenheit Überführten mit Lächerlichkeit. Das hätte der Delfter Matrose vielleicht auch gern getan, doch hatten im Durchgang zum Markt die Leute keine Zeit, sich lächerlich machen zu lassen, und eher das Geld, um es sich zu ersparen. Der Deut war nur eine Ersatzleistung für das, was einem im Umgang mit Sokrates blühte, wenn man soviel Muße hatte wie die athenischen Bürgersöhne. Sie hätten sich um keinen Preis von diesem Zeitvertreib loskaufen wollen. Nur eins paßt nicht ins Urbild: Sokrates hätte nie für Erfolg seiner Tätigkeit Honorar genommen. Das Vergehen des holländi-

1 Friedrich Nicolai, Über meine gelehrte Bildung. Berlin/Stettin 1799, 261 f.

schen Seemanns lag darin, daß er das Eingeständnis seiner Unwissenheit sich mit Geld honorierte. Um einen ganzen Deut war er hinter Sokrates zurückgeblieben.

Das Sein – ein MacGuffin

Unter Filmweltbewohnern kursiert der ›MacGuffin‹ wie eine Vokabel, für die man kein Wörterbuch benötigt, mit dem augenzwinkernden Einvernehmen, sie würde auch nicht drin stehen.

Was ein MacGuffin ist, könnte alle Welt wissen, seit 1966 der Dialog zwischen Alfred Hitchcock und François Truffaut, den Meistern des filmischen ›Thriller‹, erschien. Truffaut hatte Hitchcock danach gefragt und darauf gehörige Antwort erhalten.

Das Gehörige der Antwort ist zu betonen. Sie hätte genausogut ungehörig sein können, da die Preisgabe seiner Mittel immer ein Risiko für die Existenz des Zauberers ist. Das Geheimnis des MacGuffin ist, daß die Preisgabe seines Namens die Spannung nur noch erhöht, ihn im jeweiligen Fall zu identifizieren. Was wiederum den Meister herausfordert, logische Verborgenheit in optische Präsenz zu steigern. Anders ausgedrückt: Das für eine Geschichte Bedeutungslose erhält die Auszeichnung optischer Bedeutsamkeit.

Um dieses Requisit plausibel zu machen, erfindet Hitchcock eine Unterhaltung zwischen zwei Männern in der Eisenbahn, wobei der eine den anderen fragt, was es mit dem Paket auf sich habe, das er ins Gepäcknetz gelegt hatte. Darauf der Gefragte: *»Ach das, das ist ein MacGuffin.«* Auf Rückfrage: Das sei ein Apparat, um in den Bergen der Adirondacks Löwen zu fangen. Darauf der erste: *»Aber es gibt doch überhaupt keine Löwen in den Adirondacks.«* Nochmals der andere: *»Ach, na dann ist es auch kein MacGuffin.«*[1] Dies, schließt Hitchcock, zeige die Leere des MacGuffin. Aber genügt es, daß er leer ist?

Dann brauchte es das Paket im Gepäcknetz, das den Dialog in Gang gebracht hatte, überhaupt nicht zu geben; aber in Gang mußte er kommen, denn er beschäftigt beide für einige Zeit.

In dem nur durch seine Identität ausgezeichneten MacGuffin kondensiert sich ein Geheimnis, das für die Spanne der Handlung jeden Aufwand, jede Betriebsamkeit, jede Menge Leben rechtfertigt. Ein Mann ist Träger einer vorgeblich ungeheuer wichtigen Kenntnis, eines Stoffes, einer Formel, einer Skizze; aber es kommt

1 François Truffaut, Mr. Hitchcock, wie haben Sie das gemacht? München 1973, 126.

nicht darauf an, sein Geheimnis am Ende zu enthüllen – es ist nicht einmal zulässig, soll die Enttäuschung vermieden werden, daß es ganz unsinnig war, es bei dieser Sache auf Leben und Tod ankommen zu lassen.

Am besten ist, der Besitzer des Geheimnisses geht mit ihm unter. Die Spannung der Handlung war die Funktion des MacGuffin als einer unbestimmbaren Größe. Hitchcock kann das auch ohne die Geschichte auf seine Erfahrung mit der Erzeugung von ›Suspense‹ bringen: *Aber das Wichtigste, was ich im Lauf der Jahre gelernt habe, ist, daß der MacGuffin überhaupt nichts ist. Ich bin davon überzeugt, aber ich weiß aus Erfahrung, daß andere davon schwer zu überzeugen sind. Mein bester MacGuffin – darunter verstehe ich: der leerste, nichtigste, lächerlichste – ist der von »North by Northwest«.* Das war ein Spionagefilm von 1959 gewesen, in dem die alles beherrschende Frage, was die Spione suchen, mit der Angabe ausgeht, es sei das Handelsobjekt der imaginären Import-Export-Agentur. Der Zuschauer erfährt nicht mehr, als daß es aus ›Regierungsgeheimnissen‹ bestand. *Sehen Sie*, schließt Hitchcock, *da haben wir den MacGuffin, reduziert auf seinen reinsten Ausdruck: nichts.*[2] So kann es zur Identität von Sein und Nichts kommen. Man begreift, daß auch die Philosophen ihre MacGuffins hatten und haben müssen, um die Arbeit des Denkens sowie die Lust an ihrem Resultat zu erhalten.

Der legendäre zweite Teil von »Sein und Zeit« ist nie geschrieben worden, weil er nicht geschrieben werden durfte. Wer die Zurüstungen für die Expedition in das Zentrum des vom Dasein verstandenen Seins jemals auf sich wirken hat lassen, zittert vor der Banalität dessen, was am Ende aller Daseinsanalysen und inmitten des Zauberkreises ›Zeithorizont‹ zutage gefördert werden könnte.

Der Verfasser des noch immer bedeutendsten philosophischen Werks dieses Jahrhunderts muß sich bewußt geworden sein, daß er alle Bedeutsamkeit riskierte, wenn er sich nicht entschloß, es Fragment bleiben zu lassen. Dazu war freilich nötig, den Abbruch der fundamentalontologischen Expedition unter die Nötigung höherer Mächte zu stellen. Sie geboten mit überwältigender Dringlichkeit, anderes zu tun: sich dem Geschick des Denkens zu unterwerfen.

Schnell fanden sich Genossen der Frühzeit, denen die Tradition

2 [Ebd., 127.]

zum Fragment gemacht hatte, was allein noch ihre Ahnung vom Ursprung dunkel übermittelte. So wurden die Vorsokratiker, zumal Parmenides und Heraklit, zu hermeneutisch verpflichtenden Schicksalsgenossen des Denkens im Abbruch seiner hochgemuten Intentionen.

Der MacGuffin des Seins tat seine Schuldigkeit. Die Wirkung blieb nicht aus, das Publikum folgte atemlos. Einige, die vom MacGuffin nichts gehört haben, werden noch immer von ihm umgetrieben.

Ist dieses Spiel verboten? Schwerlich. Das Verschwinden der MacGuffins aus der Welt brächte ihre Bewegung zum Stillstand. Die Mittel heiligen den Zweck, die unterwegs enthüllten Geheimnisse das unenthüllt Bleibende. Die schuldig gebliebene Antwort auf die Frage nach dem Sinn von Sein hat die Anstrengung ausgelöst, dem menschlichen Dasein die Einheit seiner Äußerungen und Verhaltensweisen abzufragen. Auf dem Weg gab es Verweilen – und Verweilen erwies sich als der Sinn des Weges.

Es gibt keine Löwen in den Adirondacks. Aber wehe dem Reisenden, der zweifelt, im Gepäck seines Fahrtgenossen befinde sich Fanggerät für die Löwen dort. Er hat für ein billiges Wissen die Spannung verkauft, die in langen Stunden der Reise beim Blick auf das rätselhafte Gepäckstück sich aufbauen muß. In dem Gepäckstück werde dann eben kein MacGuffin sein, wenn er von vornherein wisse, die behauptete Funktion gehe ins Leere. Langeweile wird die gerechte Strafe für einen sein, der sich nicht zum ›Suspense‹ verführen lassen will – so wie für den, der die Frage nach dem Sinn von Sein für sinnlos hält, [dem] die Zurüstungen zur Expedition in die *terra incognita* des Seinsverständnisses nur gähnende Langeweile entstehen – oder besser: bestehen – lassen können.

Langeweile ist, wenn das Feuer aller Feuer als Strafe aller Strafen verlorengegangen ist, die bleibende Optimierung des Überdrusses am Dasein. Für sie gibt es keinen dringenderen Wunsch als den, gestört zu werden. Neugierde ist Störung der Langeweile. Der MacGuffin ist deren Epiphanie.

Schnitzlers Philosoph

Fallstudie zu einem intellektuellen Risiko

Schriftsteller aller Gattungen, vom Lyriker bis zum Dramatiker, philosophieren nicht ungern nebenher und von da her in ihr Werk hinein. Gelegentlich mag die Vermutung berechtigt sein, der philosophische Nebensinn oder Hintergrund habe zu ersetzen, was an bildnerischer Kraft mangelt. Es ist nicht durchaus verfehlt, sich auf die Suche nach Autoren zu machen, die weit jenseits jedes Verdachtes stehen, eine oder gar ihre Philosophie zu haben und über Druck wie Bühne ans Publikum bringen zu wollen.

Unter den Vorschlägen, die man da gemacht bekommt, findet sich fast mühelos der Name Arthur Schnitzler. Selbst die oft behauptete Nähe zu Freud hat nur ein wenig mit der Lust an Traumdeutungen, kaum aber mit dem Repertoire der Analyse als einem Zugang zum Unbewußten zu tun. Schnitzler ist seinen Stoffen wie Wirkungsmitteln nach, aber auch als intellektueller Typus, eine ganz unphilosophische Figur.

Vielleicht gerade weil er dies war, hatte er so etwas wie einen Bedarf nach einem Philosophen näherer Zugänglichkeit, Befragbarkeit, wenn nicht sogar Verfügbarkeit. Sollte das zu weit gegangen sein, wollte er doch wenigstens dabeigewesen sein und beobachtet haben, wie etwas Großes der ihm so fremden Denkart entstand, sich zu Wort, Papier und Wirkung bringen würde. Es lag auch ganz nahe: In diesem Wien der ersten drei Jahrzehnte dieses Jahrhunderts produzierte sich so viel des Bedeutenden oder der Bedeutung Verdächtigen, daß es unwahrscheinlich gewesen wäre, dies alles sollte ohne ein philosophisches Ingrediens geblieben sein. Der Name Wittgenstein taucht im Briefwechsel nicht auf – der war ohnehin fast verschollen und mit dem »Tractatus« wohl nicht das, was Schnitzler affiziert hätte. Aber auch von Moritz Schlick, der immerhin im letzten Lebensjahrzehnt Schnitzlers in Wien wirkte, findet sich keine Spur. Als etwas passierte, was Schnitzlers Aufmerksamkeit nicht entgangen wäre – der Mord an diesem Philosophen –, war der Erfinder mancher Tragödien des Eros nicht mehr am Leben.

Schnitzler lernt seinen Philosophen – fast möchte man sagen: wie könnte es anders und wo sonst könnte es gewesen sein? – beim

Tennisspiel kennen. Es dauert Jahre, bis er eine gedruckte Seite von ihm zu Gesicht bekommt – es wird überhaupt niemals mehr als acht solcher Druckseiten geben: den Kurzaufsatz Arthur Kaufmanns »Zur Relativitätstheorie. Erkenntnistheoretische Erörterungen« im »Neuen Merkur« 1919/20. Schnitzler empfiehlt ihn, von seiner Philosophie schweigend, als *einen der ausgezeichnetsten Menschen, denen ich je begegnet bin.*[1] Und dieser menschliche Eindruck muß sich in die ›Evidenz‹ seiner Philosophie – besser wohl: der von ihm zu erwartenden Philosophie – umgesetzt haben.

Schnitzler schwankt zwischen der Wahrnehmung einer ihm fremden Sonderbarkeit und der Bewunderung für eine besessene Disziplin. Daß sich deswegen einer mit der Wirklichkeit nicht verträgt, fasziniert ihn: *Er ist auf »Gerechtigkeit gestellt«,* schreibt er am 3. Februar 1917 ins Tagebuch, – *und ward so gewissermaßen irre an der Welt. Sonderbar, die philosophischen Geister. Eine vorgefaßte Meinung – sagen wir System, Weltanschauung ist stärker in ihnen als persönliche und geschichtliche Erfahrung – selbst bei einem Menschen höchsten Ranges, wie Kfm. es ist.*[2]

Der Philosoph hat es leichter mit dem Dichter. Frühlingsspaziergang, es ist Mai, man sitzt schon am Wegrand. Man kommt auf Kant. Ob er ihn nicht doch einmal lesen sollte, fragt Schnitzler. Die Antwort ist großzügiger Dispens: *»Nein, er würde Sie ungeduldig machen; – das meiste haben Sie doch schon anticipirt.«*[3] Solche Überschätzung weckt Verdacht, mag sie den Entlasteten noch so erfreuen – sollte dieser Philosoph sich selbst einen ähnlich begründeten Dispens verschafft haben? Die Formel liegt allzu parat.

Ist es nicht schon verdächtig, wenn ein Philosoph bei einem Dichter so viel Interesse findet, von dem man sagen möchte und müßte, er werde gelesen und im Theater angeschaut, weil man sich mit ihm vom Philosophischen so weit entfernen kann? Schnitzler notiert nach einem nochmaligen Maienspaziergang, auf dem man über Moral und Wahrscheinlichkeitsrechnung sowie über Kritik der Werte im allgemeinen geredet hatte: *Es war ganz schön; aber man könnte sich innerhalb der gleichen Decoration – Frühling, Waldesgrün – noch Schöneres denken als das tiefsinnigste Gespräch.*[4]

1 Arthur Schnitzler, Briefe, Band 2. Frankfurt 1984, 200[. An Ludwig Bauer, 16.2.1920].

2 [Arthur Schnitzler, Tagebuch 1917-1919. Wien 1985, 16 f. Eintrag vom 3.2.1917.]

3 [Ebd.]

4 [Ebd., 49 (24.5.1917).]

Am meisten erstaunt, wie ernst Schnitzler die wiederholten Mitteilungen Kaufmanns nimmt, er sei dem Ziel seines Nachdenkens, der Lösung des Problems nahe. Daß da etwas Wahnhaftes im Spiel sein könnte, wird eher als allgemeine Weisheit über Philosophen ausgesprochen: *»Jeder Philosoph müßte in Erkenntnis der Antinomien wahnsinnig werden.«*[5] Schnitzler hätte das gewiß nicht gesagt, wenn er seinen Philosophen als besonders und konkret gefährdet erkannt hätte. Der Seelenkundige merkt da nichts.

Drei Wochen später ist sein Besuch im Sanatorium fällig. *Zwanghaftes Weiterdenken seines Systems*[6] ist die Diagnose, die der Philosoph sich selbst stellt. Aber es ist das Positive, die Nähe zur Lösung des Welträtsels, das mit ihm durchgegangen ist, seinen Erregungszustand angetrieben hat. Angst auch vor dem Tod als Verhinderung an der Vollendung eines so weit gereiften Werks von schlichtweg fünf Bänden, etwas *Ungeheurem.*

Zweifelt der Dichter jetzt, im Park eines Sanatoriums, bei Verheißung einer vielbändigen Ungeheuerlichkeit, von der noch nicht eine Zeile steht? *Wer weiß – ob er nicht recht hat? Was bei einem Schuster Größenideen wären – braucht es bei einem Denker vom Rang Kfm.s eben nicht zu sein!* Und wie es nun mit Kant sei, fragt Schnitzler. *Er: »Erledigt; – freilich ist meine ganze Philosophie ohne ihn undenkbar. Das Wesen meiner Philosophie gewissermaßen, daß die Philosophie überflüssig gemacht wird und der tiefere Sinn meiner Erkrankung – daß ich genötigt war, meine Geliebte (die Philosophie) selbst umzubringen.«*[7] Immer noch kein Zusammenzucken des Autors, den Freud als seinesgleichen akzeptiert hatte? Auf der Rückfahrt vom Besuch im Sanatorium sitzt im selben Coupé der Direktor der Anstalt und kaiserliche Rat Stein; Schnitzler stellt sich vor und bekommt frank und frei die Diagnose ›Paranoia‹ geliefert. Immerhin, man ist unter Kollegen.

Schnitzler ist es unerträglich, daß dieser *herrliche Geist* zur Zerstörung verurteilt sein sollte. Er hält sich an die Alternative von Genie und Wahnsinn: … *vielleicht läßt sich noch immer hoffen – daß es sich um Genialität handelt, und der Wahnsinn nur als Beigabe betrachtet werden muß.*[8] Diese Hoffnung ist gewiß sympathisch, wäre

5 [Ebd., 53 (2.6.1917).]
6 [Ebd., 56 (24.6.1917).]
7 [Ebd., 57.]
8 [Ebd.]

nicht die Ernsthaftigkeit für die Genialität: dieses Bauen auf ein Nichts von eingelösten Versprechungen, ein Symptom der glatten Urteilsunfähigkeit bei dem großen Dramatiker.

Mußte nicht die Art, wie über Kant gesprochen worden war, mehr als Mißtrauen erweckt haben? Oder ist auch dies noch ein Nachhall des Königgrätzeffekts, der die geistige Welt des Habsburgerreichs abtrennte vom ›preußischen‹ Gang der Philosophie, einen Wiener »Neukantianismus« unmöglich machte, dafür Positivismus und Phänomenologie als Philosopheme ›auf der grünen Wiese‹, mit Stolz auf Kant-Unkenntnis, etablierte? Vielleicht ist es mit dem Begriff des intellektuellen Geschmacks nicht getan, wenn man einen Arthur Schnitzler der Megalomanie so ausgeliefert sieht, daß er am Kriterium, wie einer es mit Kant hält, nichts Auffälliges, nichts Anstößiges ermitteln kann.

Einen Monat später hat man im Sanatorium die ›bösen Diagnosen‹ wieder fallenlassen. Schnitzler ist entzückt von der Philosophie Kaufmanns, vom »Mythos von Raum und Zeit«, obwohl er vermutet, *daß es die Fachleute gegen sich haben wird, anfangs.* Aber der euphorische Philosoph ist damit ganz einverstanden, *daß es die Dichter zuerst verstehen.* Es ist denn auch eine Formel des ästhetischen Wohlgefallens, in die Schnitzler zusammenfaßt, was ihm an diesem 21. Juli geboten wurde: *Ein hohes Gedankenspiel, das ich sehr schön fand …*[9] Der Fortgang dieser Beziehung ist ihre Ästhetisierung. Es kommt auf die am Anfang gesuchte Qualität nicht mehr an.

Wieder einen Monat später erscheint der Philosoph frisch und tatkräftig; an die Stelle des Fünfbändigen ist die Befassung mit noch Höherem als dem Systematischen getreten: *Arthur Kfm möchte sich als Weltrichter etabliren und einige hunderttausend hinrichten lassen.*[10] Ein grausamer Scherz? Nichts spricht dafür, daß in diesen Gesprächen je gescherzt worden wäre. Wir erfahren auch nicht, ob man den Weltrichter richten lassen wollte. Zwischen Philosophie und Weltgericht hat es immer eine Intimität gegeben. Aber wußte Schnitzler davon?

Wie soll man dieses Verhältnis beschreiben? Weisheit und Klugheit? Reine und unreine Rationalität? Oder etwa: die Verführbarkeit der Einbildungskraft durch die Vernunft? Am Heiligen Abend dieses vorletzten Kriegsjahres ist der Philosoph, der unbehauste,

9 [Ebd., 65 (21.7.1917).]
10 [Ebd., 76 (29.8.1917).]

Gast beim Dichter, man bescherte im Rahmen des Möglichen und des Nötigen: *Die Herren bekamen – Brode von uns,* notiert Schnitzler ins Tagebuch. Der Philosoph bescherte mit Philosophie: *Immer deutlicher spricht sich aus, daß jener Anfall im Sommer die Geburtswehen seines neuen Gedankens bedeutet – was ich schon damals ahnte.* Wenn das so war, sollte nun auch die Vernunft Verstand annehmen und sich aller Welt zu erkennen geben: *Ich rathe ihm zu einer »Vorläufigen Mitteilung«; er will aber – und währte es auch Jahre, gleich das Ganze geben.*[11]

Schnitzler kennt die Institution »Vorläufige Mitteilungen« aus den Fachorganen der Medizin, der Naturwissenschaft; er ist ahnungslos, daß man derartiges in der Philosophie kaum machen kann noch ernst nehmen würde. Aber er hat den wunden Punkt berührt. Auch hier ahnungslos, daß das nicht nur die kleine Schwäche, der zögernde Zeitumgang, die unpraktische Verfahrensweise, sondern schlichtweg Verkennung des Unvorhandenen ist. Gleich das Ganze – das würde heißen: niemals etwas.

Genießt Schnitzler bereits ›seinen‹ Philosophen als Figur seiner privaten Bühne mehr als das, was an ›Philosophie‹ auf ihn zukommt und wofür er so wenig Sinn hat? Und welchen Druck übt der Rezipient – um es in der Sprache einer schon nicht mehr modernsten Ästhetik zu sagen – auf den Produzenten aus, seine Rolle zu spielen: Genuß statt Einsicht zu spenden? Im folgenden März teilt Kaufmann mit, er werde über den Sommer nach Mariazell gehen. Notiz von Schnitzler vom 22. März 1918: *»Hoffentlich werden die Menschen später einmal mit Recht nach Mariazell wallfahrten« sag ich halb im Ernst.*[12] Da verflüchtigt sich etwas. Verträgt es der Systembesessene?

Als der Philosoph sich Ende April tatsächlich nach Mariazell zurückzieht und sich zu verabschieden kommt, wird der Ernstschwund noch empfindbarer: *»Den Tod hab ich aus der Welt geschafft« sagt er scherzend. – »Mit dem Grab wirds Ihnen nicht so leicht gelingen« erwidre ich.* Kann es Zufall sein, daß der Anspruch des Philosophen sich an gerade die Grenze herangemacht hat – und sei es nur im Scherz –, der kein Denken nahekommt? Der Dramatiker hat eine gute Pointe, auf die unübergehbare Realität zu verweisen: das Monument des Todes.

11 [Ebd., 100 (24.12.1917).]

12 [Ebd., 22.3.1918.]

Dann ist Kaufmann für fast ein Vierteljahr verschollen, auf einer Rußlandreise mit der Schwester zu seinem Bruder. Ob Nachprüfung von Heilserwartungen im Spiel war, läßt sich nicht sagen. Nur ist die Szene für den sonst kühl distanzierten Schnitzler ungewöhnlich, als Kaufmann zurückkommt: *Ich war so glücklich, dass ich ihn umarmte.*[13] Von dem, was Kaufmann aus Kiew erzählt, hält Schnitzler etwas fest, was viele Gespräche dieser Zeit beunruhigt: *– die schwerste Enttäuschung war für ihn – daß die Juden so grausam sein konnten. Es waren und sind auch dort beinah lauter Judenbuben, um zwanzig herum, die »regieren«.*[14] Es ist dies, im gesamten Duktus der vielen Gespräche mit Kaufmann, die Schnitzler notiert, wie ein scharfer Hauch von Realität. Was wird das ›Unphilosophische‹ im ›System‹ anrichten?

Da taucht in Schnitzlers Tagebuch am 12. Oktober 1919 ein Stichwort auf, das im Verhältnis zur Ankündigung des ›Systems‹ etwas Unerwartetes einschießen läßt: *Arthur Kfm., erzählt mir ganz erfüllt von seinem Märchen, das den Extract seiner Philosophie enthalten wird.*[15] Sollte das der Doppelerfolg der Freundschaft zum Dichter gewesen sein: einerseits die befolgte Mahnung zur »Vorläufigen Mitteilung«, anderseits das Nachgeben der Produktion unter dem Druck der Rezeption, etwas schlichtweg Schönes zu machen?

Nun besetzt das ›Märchen‹ den Platz des ›Systems‹ – nimmt aber auch dessen verzweiflungsvolle Eigenschaft an, Zeit zu fressen, ins Unendliche anzuschwellen, alle Anwartschaft auf Vorläufigkeit einzubüßen. Schon am 18. Oktober beginnen Schnitzlers Bedenken drastischer zu werden als beim System – bei dem er einfach die Position desjenigen hatte, der nicht mitreden konnte und seine Erwartungen hochputschen ließ: *Arthur Kaufmann; erzählt mir von seinem Märchen, – tiefsinnig, geniales – und doch beginn ich zu fürchten, daß er ins grenzenlose irrt.* –[16] Schon am 26. kommen ›neue Einfälle‹ zum philosophischen Märchen. Zwei Wochen später kann der Philosoph bereits etwas aus dem Märchen ›lesen‹; zum erstenmal, wie es scheint, gibt es ein Stück beschriebenes Papier: … *tiefsinnig eigenartig und doch irgendwie bedenklich – hart*

13 [Ebd., 281] (21. August 1919).
14 [Ebd., 284 (24. 8. 1919).]
15 [Ebd., 296 (12. 10. 1919).]
16 [Ebd., 300 (18. 10. 1919).]

an der Grenze, – niemals die Grenze überschreitend.[17] Anschließend geht man spazieren – über die ›Grenze‹ erfährt man nichts. Ist die zum Wahn gemeint? Man sieht, wieviel schwerer es der Philosoph mit dem Dichter hat, seit er auf dessen Dominium übergewechselt, zum Ästhetischen konvertiert ist. Nun wirkt alles nackter, anfechtbarer, ausgesetzter.

Und wieder aus dem ›Märchen‹ am 17. November: *Köstliche Klarheit und doch »verstiegen«; – aber wohl nur für die, die nicht so hoch hinauf können.* –[18] Immer ruft sich Schnitzler von der Unmittelbarkeit des Eindrucks zurück zu seinen unbestimmten Erwartungen; denn zweifellos zieht er sich selbst hinein in die Zurückgebliebenheit derer, die *nicht so hoch hinauf können.* Ein Trost an sich selbst, keinen Grund zuzulassen, der das aufgekommene Mißtrauen in den Freund bestärken, das Vertrauen korrumpieren könnte. Am 22. wieder Lesung aus dem ›Märchen‹, und diesmal der zweideutige, vom ›System‹ her schon bekannte Zusatz, er scheine davon *wie besessen.* Obwohl *in der Anlage* weiterhin *tiefsinnig genial,* ist doch jetzt die Feststellung unvermeidlich geworden, daß dieses Gebilde *in Einzelheiten sich ins absurde, zum mindesten schriftstellerisch-absurde verliert (was er selbst fühlt).*[19]

Es ist inzwischen nur noch das ›Märchen‹, als hätte es mit der Philosophie nichts mehr zu tun. Entsprechend vereinfacht sich das Urteil. Neues aus dem Märchen am 5. Dezember: nichts als *vorzüglich.*[20] Am 17. kommt Kaufmann, sich Lektüre zu holen, er ist *mit seinem »Märchen« irgend wo stecken geblieben.*[21] Und man spricht – sollte man es nicht schon lange erwartet haben? – *Über Goethes Märchen,* liest dazu in Graefs »Goethe über seine Werke« nach – zur Warnung vor Vergeblichkeit?

Diese Therapie scheint anzuschlagen. Das ›Märchen‹ ist wie vergessen, als Kaufmann am 28. zum Tee kommt. Er ist ganz im Bann seines einzigen ›Werks‹, des Aufsatzes über Einsteins Relativitätstheorie. Es gebe keine unlösbaren Fragen, nur falsch gestellte. Das wird von Schnitzler nicht akzeptiert, doch komme es am Ende nur auf einen Wortstreit hinaus. Dazu Kaufmann: *»Hier eben liegt*

17 [Ebd., 305] 8. November 1919.
18 [Ebd., 309 (17. 11. 1919).]
19 [Ebd., 311 (22. 11. 1919).]
20 [Ebd., 314 (5. 12. 1919).]
21 [Ebd., 317 (17. 12. 1919).]

der Hund begraben.«[22] Schnitzlers Replik, wie auf der Bühne seiner Stücke: *Ist nicht am Ende die ganze Philosophie solch ein Hundefriedhof?*[23] Das also durfte jetzt gesagt werden. Welches Indiz für Ernüchterung.

Am Silvesterabend geht es bei Schnitzlers zwischen Oberfläche und Tiefe hin und her, wie jedesmal. Kaufmann ist ganz erfüllt von neuen Ideen zu oder nach Einstein – über Messung der Zeit –, aber trotz der Aktualität oder Scheindringlichkeit der Sache ist man nicht ringsum bereit, ihm zuzuhören. Die Jahresbilanz des Hausherrn ist dennoch positiv: *Klarheit und Persönlichkeit; – auch seine eigentümliche Besessenheit (in schönstem Sinne) zwingend wie je.*[24] Ohne seine Philosophie – zu deren Gunsten Schnitzler einen einzigen Brief an eine Zeitungsredaktion schreibt – hat der ›Philosoph‹ die harte Probe dieses Jahres bestanden. Aber: auch der ›Dichter‹?

Schnitzlers Vertrauen zu Kaufmann wird ein letztes Mal daran faßbar werden, daß er ihn zum Berater seines Sohnes Heinrich bei der Verwaltung des literarischen Nachlasses testamentarisch einsetzt. Kaufmann stirbt im Juli 1938 in Wien auf nie ganz geklärte Weise. Aber da er zehn Tage vor dem Todestag seinen letzten Willen aufsetzt und seiner Vermieterin einen Betrag für die Kosten seiner Beerdigung übergibt, hat der Befund der Totenbeschau: *Herztod infolge Arteriosklerose,* nicht die Glaubwürdigkeit der Selbstmordvermutung. Über dem Todestag stand die Drohung der neuen Herren in Österreich, den Jahrestag des Putschversuchs am 25. Juli 1934 als ›Tag der Volkserhebung‹ zu begehen. Für den Philosophen Schnitzlers ein Grund, sich nicht mehr erheben zu wollen.

Dennoch: Wir wissen dies sowenig, wie wir etwas von ›System‹ und ›Märchen‹ wissen.

22 [Ebd., 320 (28. 12. 1919).]
23 [Ebd.]
24 [Ebd., 321 (31. 12. 1919).]

Parallelaktion einer Begriffsbildung

Als man Kinder zu haben sich noch nicht verdrießen ließ, hatte man naturgemäß auch Vettern und Cousinen. Daraus ergab sich nicht viel: ein Anstandsbesuch, wenn man am Ort war, und da man nicht viel reiste, kam es selten genug vor und brachte dann Abwechslung ins von Kurzweil unverwöhnte Leben.

So umständlich erklärt sich, daß Hugo von Hofmannsthal seinen Vortrag »Der Dichter und diese Zeit« im Dezember 1906 nicht nur in München, Frankfurt und Berlin, sondern auch in Göttingen hielt. Aus der Reihe der Stationen des schon Berühmten fällt Göttingen – wo der Glanz der Physik noch weit bevorstand – heraus. Weshalb Göttingen? Brieflich berichtet Hofmannsthal seiner Frau, er habe einen kurzen Besuch bei Malvine Husserl gemacht. Dazu hatte Frau Gerty, geborene Schlesinger, ihren Mann veranlaßt, denn Edmund Husserls Frau, geborene Steinschneider, war eine Cousine. Die Husserls, als seien sie durch den Besuch verpflichtet, hörten den Vortrag des Vetters an. So jedenfalls nahm es sich aus. Was die Hofmannsthals wissen zu lassen ungehörig gewesen wäre, war die kleine Vorbegebenheit, daß der Philosoph die Einladung des Dichters betrieben hatte, darin wohl einem Fingerzeig Malvinens folgend. Soweit gehört alles unter das Stichwort Familiensinn.

Hofmannsthal, wie andere auch, befand den Vortrag als mißglückt – den Text, nicht die Göttinger Darbietung. Er hielt ihn noch im Januar 1907 in Wien, ließ ihn im Märzheft 1907 von S. Fischers »Neuer Rundschau« drucken, auch noch im ersten Band der »Prosaischen Schriften« eben dieses Jahres, danach nicht mehr in den »Gesammelten Werken«. Es fällt nicht schwer, diesem Verzicht zuzustimmen.

Sogleich am Anfang des Vortrags fällt etwas auf, was im Vortragswesen gang und gäbe ist, um sich gekannter oder vermuteter Erwartungen des Publikums zu erwehren und der Kritik Wind aus den Segeln zu nehmen. Hofmannsthal erklärt, ihm fehlten Mittel und Absicht, *in irgendwelcher Weise Philosophie der Kunst zu treiben*. Er mußte gefürchtet haben, man traue ihm gerade das zu und habe ihn dazu ausersehen. Er spezifiziert seine Abwehr noch mit einem Satz, der ganz so klingt, als sei er an die bestimmteste Adresse gerichtet: *Ich werde es nicht unternehmen, den Schatz Ihrer Begriffe um einen, auch nur einen neuen Begriff zu bereichern.*[1] Konnte es sein, daß er im Verdacht stand, eben dies zu können, um es daraufhin zu sollen?

Wie schwer vorstellbar immer es sein mag, den Gastpoeten und den Ortsphilosophen in angeregte und anregende Beziehung zu setzen und daraus Fortwirkendes hervorgehen zu lassen, muß doch daran gedacht werden, daß zu diesem Zeitpunkt – wenn auch nicht mit diesem Vortrag – Hofmannsthal die von ihm abgewiesene Erwartung, gerade ohne sich dessen zu versehen, erfüllt haben konnte: den ›Schatz der Begriffe‹ um einen zu bereichern, der dem Göttinger ›Bedarf‹ nur allzu genau entsprach, ohne darin sogleich erkannt und angenommen zu werden.

Daß es im terminologischen Geflecht der frühen Phänomenologie eine ›Lücke‹ gab, die Husserl erst viel später zu benennen und noch später der ›Sache‹ nach zu schließen vermochte, hat Manfred Sommer nachgewiesen, als er der mit dem »Krisis«-Werk zwischen 1934 und 1937 systematisch eingeführten, aber erst 1954 aus dem Nachlaß zur Wirkung gekommenen »Lebenswelt« die Einschränkung hinzufügte, es sei das die »Freiburger Lebenswelt« gewesen. Man müsse sie als den Verzögerungseffekt einer anderen, eben der »Göttinger Lebenswelt« zu sehen lernen, die keinesfalls Gegenstück zum Cartesianismus des evidenzsüchtigen Phänomenologen und seiner ›transzendentalen‹ Inklination sei, sondern geradezu deren ›Kompensation‹.[2] Was daraus im Blick auf die verzögerte Lebensweltexplosion der dreißiger Jahre zu folgern ist, liegt nahe: Auch sie konnte kein ›Abschied vom Cartesianismus‹ sein. Darauf soll es hier nicht ankommen. Wohl aber auf das Datum, das zwischen beiden »Lebenswelten« liegt: die beiläufige Findung des Namens für die Sache der »Lebenswelt«.

Als Husserl diesen Ausdruck komponierte, war es 1924. Er kam damit nicht einmal in dem Kant-Jubiläums-Vortrag heraus, in dessen Entwurf dieses Kabinettstück der theoretischen Prosa gelungen und zum Vergessen abgelegt worden war. Die Göttinger Vorläufe-

1 [Hugo von Hofmannsthal, Der Dichter und diese Zeit. In: ders., Gesammelte Werke in zehn Einzelbänden. Reden und Aufsätze. Bd. 1, Frankfurt a. M. 1986, 54.]

2 [Vgl. Manfred Sommer, Husserls Göttinger Lebenswelt. In: Edmund Husserl, Die Konstitution der geistigen Welt. Hamburg 1984, IX-XLII. Auch in: Manfred Sommer, Lebenswelt und Zeitbewußtsein. Frankfurt a. M. 1990, 59-90.]

rin hatte keinen Namen. Sie war ein Sachkomplex der Konfiguranten Ich–Leib–Welt. *Res non verba*, das war phänomenologisch ganz legitim: eine »Lebenswelt« der Sache, nicht dem Namen nach. Und doch sollte die Rezeption der Phänomenologie in den fünfziger und sechziger Jahren zeigen, wieviel im Ambiente der Deskription von Anschauung auf die Kurrenz des Namens ankam. So ist für diesen Fall dem Rezept zu folgen, daß Begriffsgeschichten zwar nicht identisch mit Wortgeschichten sind, doch an diesen mehr als einen bloßen Leitfaden zur Auffindung ihrer Fußspuren haben. Deshalb ist genauer auf Hofmannsthals Cousinenvisite in Göttingen und auf deren mögliche Folgen hinzusehen.

›Folgen‹ – das hieß zunächst, daß der Gast an Husserl, über dessen Anteil bei der Einladung er inzwischen im Bilde sein mußte, den Band seiner »Kleinen Dramen«[3] schickte. Nicht den Verwandtenbesuch bei Frau Malvine, sondern die Begegnung mit dem Philosophen ›vertiefte‹ er auf diese Weise. Husserl dankte mit einem Brief vom 12. Januar 1907, den Rudolf Hirsch publiziert hat. Er legt nahe, die Vorannahme über die plane Konventionalität des Göttinger Rencontre zu überprüfen.

Husserl befand sich – nach den wenigen Zeugnissen, die aus dieser Zeit ihn selbst zugänglich machen – in einer Phase ihn überwältigender Einsichtszuwächse. Dennoch wäre es wohl kaum das Übliche gewesen, davon einem flüchtigen Gast und Gattinnenvetter etwas mitzuteilen: *Lang gesuchte Gedankensynthesen boten sich mir plötzlich, wie vom Himmel gefallen, dar. Ich hatte zu thuen, sie schnell zu fixiren.* Der Bezugspunkt solcher Selbstmitteilung war das im Vortrag über die *inneren Zuständlichkeiten* des Dichters bei der Produktion Gesagte.[4] Die von der neuen ›Methode‹ ermöglichten Evidenzen waren der Art der Zeitverhältnisse nach – langjähriges Warten, plötzliche Einsicht – vom Grade ›naher Verwandtschaft‹ zu *Stellung und Haltung* des Dichters. Das darin Gemeinsame war die Art einer Anschauung, wie sie in der Phänomenologie durch ›Reduktion‹ zu erreichen sein sollte: *in strenger Ausschaltung jeder*

3 [Hugo von Hofmannsthal, Kleine Dramen. Leipzig 1906.]

4 [Edmund Husserl, Brief an Hugo von Hofmannsthal, 12.1.1907. In: Rudolf Hirsch, Edmund Husserl und Hugo von Hofmannsthal. Eine Begegnung und ein Brief. In: Carl-Joachim Friedrich, Benno Reifenberg (Hrsg.), Sprache und Politik. Festgabe für Dolf Sternberger zum 60. Geburtstag. Heidelberg 1968, 111-114, hier 111.]

existentialen Stellungnahme des Intellects und jeder Stellungnahme des Gefühls u. Willens, die solch eine existenziale Stellungnahme voraussetzt. Auch das Kunstwerk zwinge zu einer jene Stellungnahmen ausschließenden Anschauung. Was hier zu langfristiger Wiederkehr als ›existential‹ benannt wird, ist die *natürliche Geisteshaltung, die des actuellen Lebens …*[5]

›Leben‹ – gerade im Aufstieg zur Spitzengarnitur der Pathosformeln – ist bei Husserl hier noch der Inbegriff der Reduktionsausschlüsse: Herkunft aller Setzungen, Vorgaben, Übereilungen und Übersprünge, Naturalismen und Positivismen der wissenschaftlich-systematischen Ungeduld, denen der lange Atem der phänomenologischen Arbeitsamkeit in der *Epochē* entgegenwirkt. Für den zeitenfernen Ausgangspunkt von Bewegung und Gegenbewegung gibt es nur die dem Dichter als Gemeinsamkeit angebotene mythische Szene: *Sobald die Sphinx der Erkenntnis ihre Frage gestellt hat […] Das Rhätsel ist nur lösbar, wenn wir uns auf seinen Boden stellen.*[6] Und das heißt, wie im Sphinxmythos angelegt, Gleichgültigkeit der Existenz und des Lebens in einer bis zur tödlichen Drohung gehenden Doppeldeutigkeit.

Dichter oder Phänomenologe kann nur einer sein, dem es nicht ›um das Leben‹ geht. Das wird erst mehr als ein Jahrzehnt später und in Konkurrenz mit der »Lebensphilosophie« heißen: Weil ›das Leben‹ selbst sein Thema ist, darf es nicht schon seine Voraussetzung sein.

Unversehens ist Husserl in den Duktus seiner endlosen Aufzeichnungen verfallen und ruft sich, wie so oft in diesen oder an deren Rand, zur Ordnung: *Der unverbesserliche und unverfälschte Professor! Er kann nicht den Mund aufthun, ohne ein Colleg zu halten.*[7] Doch wie bei diesem habe der Briefempfänger das Glück der akademischen Freiheit, nach Belieben schlafen oder schwänzen zu dürfen.

Ob Hofmannsthal von dieser Lizenz Gebrauch gemacht hat, wissen wir nicht, denn eine Fortsetzung der Korrespondenz ist nicht erhalten. Doch soll Husserl noch 1919, schon in Freiburg, bei Behandlung ästhetischer Fragen auf die einstige Unterredung mit Hofmannsthal und eine anschließende Korrespondenz über das

5 [Ebd., 112.]
6 [Ebd., 112.]
7 [Ebd., 113.]

Versdrama »Der Abenteurer und die Sängerin« hingewiesen haben. Übersteigt das aber den anekdotischen Reiz eines eher kontingent zustande gekommenen und verlaufenen ›Gipfeltreffens‹ der beiden Epochengenossen?

Die Antwort kommt aus einer unerwarteten Ecke. 1923 beginnt im Leipziger Insel Verlag Enno Littmanns Übersetzung des schönsten Geschichtenbuches der Weltliteratur, »Tausendundeine Nacht« (Alf Laila wa Laila), zu erscheinen. Vorangestellt ist dem – 1928 mit dem sechsten Band vollendeten – Unternehmen eine Einleitung Hugo von Hofmannsthals. Wenige Seiten mit einem Einsatz, der Erfahrung und Lockung vereint: *Wir hatten dieses Buch in Händen, da wir Knaben waren; und da wir zwanzig waren und meinten, weit zu sein von der Kinderzeit, nahmen wir es wieder in die Hand, und wieder hielt es uns – wie sehr hielt es uns wieder!*[8] Wer hätte nach diesem Satz die »Einleitung« überschlagen können, um schneller zu den Erzählungen zu kommen? Ich helfe mir mit dieser rhetorischen Frage über die Verlegenheit hinweg, nicht nachweisen zu können, daß Malvine Husserl oder der Philosoph selbst Leser hätten sein können. Denn daran liegt etwas.

Die Einleitung sucht Umschreibungen für die Welthaltigkeit der Geschichten aus den persisch-arabischen Nächten, für die Fülle und Farbigkeit des Lebens in ihnen, seine Verführungen, seine Gerüche. *Ich meine es einfach und möchte verstanden werden*, schaltet Hofmannsthal an einer Stelle ein, als ob auch er sich zur Ordnung riefe. Denn wovon er reden möchte, ist eine im Universum dieser Erzählungen selbst waltende ›Reduktion‹: die von ›abgeschliffener Begrifflichkeit‹ auf *Urworte* eines patriarchalischen Nomadenlebens und auf seinen *urtümlichen Weltzustand*.[9] Zwar ist dies nicht die Märchenwelt selbst, aber der Hintergrund ihrer Unbegrifflichkeit, dem sie noch nahe zu sein scheint. Alle Abenteuer, von denen erzählt wird, *deren ganzer Inhalt ein gieriges Trachten ist, ein verworrenes Leiden und ein unbedingtes Genießen*, scheinen nur dazusein um der *über ihnen schwebenden Gedichte* willen. Das ist der finale Aspekt, der ästhetische Hinblick; doch nicht der auf die Herkunft, auf den archaischen Hintergrund. Denn: *was wären diese*

8 [Hugo von Hofmannsthal, Einleitung zu dem Buche genannt Die Erzählungen aus Tausendundein Nächten. In: Die Erzählungen aus Tausendundein Nächten. 6 Bde. Übertragen von Enno Littmann. Bd. 1. Leipzig 1923, 1-11, hier 1.]

9 [Ebd., 6.]

Gedichte, was wären sie uns, wenn sie nicht aus einer Lebenswelt hervorstiegen?[10]

Da ist das Stichwort, vor dem der Leser mehr als ein halbes Jahrhundert später stutzt. 1923 schreibt Hofmannsthal für den letzten Grund der Erzählungen aus dem Orient das Wort »Lebenswelt« hin; 1924 macht Husserl in den Ausarbeitungen zu seiner Freiburger Kant-Jahrhundert-Rede dasselbe Wort wie beiläufig zur Urregung einer thematischen Bewegung, die ihn in seinem letzten Jahrzehnt nicht loslassen wird.[11] Sie ist Gegenbewegung und Erfüllung in eins seiner ersten Gewalttat der ›Reduktion‹ auf das Wesentliche – und sie ist Urgeräusch einer Wörterlawine, die mehr als zwei Jahrzehnte nach seinem Tod und im Zuge seiner Wieder- und Erstentdeckung aus dem Nachlaß ausgelöst werden wird.

Unvergleichlich ist diese Lebenswelt, war Hofmannsthal fortgefahren, den letzten Absatz seiner Einleitung beginnend: *Wo hatten wir unsere Augen, da wir dies Buch ein Labyrinth und voll Unheimlichkeit fanden! [...] Wo hatten wir unsere Sinne, als wir dies Buch unheimlich fanden! [...] Es ist das Buch, das man immer wieder völlig sollte vergessen können, um es mit erneuter Lust immer wieder zu lesen.*[12] Was dieser zugleich letzte Satz sagt, ist auch die Formel für eine unerreichbare Unbefangenheit der Einstellung zur Welt, in der der Phänomenologe ›vergessen‹ möchte, was eine Welt von Wissenschaft ihn schon hat wissen lassen und was ihn daran hindert – und wohl auch für immer hindern wird –, die Wirklichkeit als »Lebenswelt« zu sehen und zu beschreiben.

Zur Übertragung, der diese Einleitung voransteht, schreibt Hofmannsthal Lobendes: Es sei *die Sache einer vortrefflichen Übersetzung, daß wir durch sie hindurch die Nacktheit der Originalsprache müssen spüren können, wie den Leib einer Tänzerin durch ihr Gewand.*[13] Wo blieben wir sonst mit der ›Reduktion‹ auf jenen Urworthintergrund?

Aber nur an einer einzigen Geschichte gewährt Hofmannsthal einen knappen Blick auf *seine* Gewinne als Verheißungen für den Leser: Es ist die Geschichte eines Liebenden, der die von einem bö-

10 [Ebd., 10.]

11 [Edmund Husserl, Kant und die Idee der Transzendentalphilosophie (1924). In: ders., Gesammelte Werke (Husserliana). Bd. 7. Haag, 230-287.]

12 [Hofmannsthal, Einleitung, 10 f.]

13 [Ebd., 6.]

sen alten Christenmenschen gefangengehaltene Geliebte bei Nacht entführen will und beim Warten auf die Stunde fürs verabredete Zeichen von einer bleiernen Müdigkeit gepackt und in Schlaf versenkt wird. *Sitzend im Dunkel der Mauer, unter dem Fenster, schlief er ein. Ruhm und Preis Ihm, den niemals Schlummer befällt.* Diese Wendung vom Menschenschlaf zur Gotteswachheit hat es Hofmannsthal angetan, läßt ihn auf Homer und Dante zurückgreifen, um für sie den Rang zu finden: *so aus dem Nichts in ein wirres Abenteuer hinein das Gefühl Gottes aufgehen zu lassen wie den Mond, wenn er über den Rand des Himmels heraufkommt und in das Menschenleben hineinblickt.*[14] Auch die Namen der Liebenden werden in die Unsterblichkeitszuweisung einbezogen: Allischar und Summurud.

Wenn der so vorgestimmte Leser im dritten Band der Ausgabe von Enno Littmann endlich bei dieser Erzählung angelangt ist, hat er die beiden Namen vielleicht vergessen. Zumindest, wie Hofmannsthal sie geschrieben hatte. Sonst müßte er sich wundern, daß hier steht: »Die Geschichte von Alî Schâr und Zumurrud«. Hätte Hofmannsthal nicht aus dem Text zitiert, würde der stockende Leser meinen, so ginge es eben mit den orientalischen Namen. Man weiß es aus der Zeitung, wenn nicht in der Ära des Tourismus vom Lokalirrgang. Sollte aber Neugierde aufgekommen sein, die Zitate der Einleitung mit dem zu vergleichen, was sie einleitet, findet der verblüffte Sucher, daß gar nicht diese Übersetzung zitiert wird. Das einzige Beispiel zur schon herangezogenen Stelle genügt zum Beleg: *Doch da überfiel ihn die Schläfrigkeit, und er schlief ein – herrlich ist Er, der nimmer schläft!*[15] Der Leser, dem es auf einen anderen, nur möglichen Leser ankommt, steht jetzt auf seiten dessen, der nimmer schläft.

Befund: Hofmannsthal hat eine andere Übersetzung benutzt, um die von Littmann einzuleiten und zu loben. Sollte er den Text etwa nicht für diesen Zweck oder nicht einmal zu dieser Zeit geschrieben haben? Wenn man lange genug vergeblich im neunten Band der »Gesammelten Werke« von 1986, der die Reden und Aufsätze des Zeitraums 1914-1924 enthält, gesucht hat, läßt man ab, in der Resignation, daß »Gesammelte Werke« eben nicht »Sämtliche

14 [Ebd., 8 f.]

15 [Die Erzählungen aus Tausendundein Nächten. Bd. 3. Leipzig 1925, 241.]

Werke« sind und der Herausgeber den Text nicht hoch genug eingeschätzt haben könnte.

Bleibendes Unbehagen läßt den Umweg über die Frage suchen, welche Ausgabe für Hofmannsthals Zitate denn zur Verfügung gestanden haben mochte. Und da ergibt sich, daß derselbe Insel Verlag schon einmal eine Übersetzung von Felix P. Greve auf der Grundlage der englischen Übertragung von Richard F. Burton herausgebracht hatte. Und zwar in den Jahren 1907/08.[16] Und mit Einleitung von Hugo von Hofmannsthal. Jetzt weiß man, in welchem Band der »Gesammelten Werke« man finden wird: Reden und Aufsätze 1891-1913.[17] Die Sorgfalt des Herausgebers vermerkt, daß der Text in der Berliner Zeitung »Der Tag« am 25. November 1906 vorabgedruckt gewesen war und 1907 auch schon im zweiten Band der »Prosaischen Schriften« bei S. Fischer gestanden hatte.

Soweit die ›philologischen‹ Anstrengungen, deren Um- und Abwege womöglich als zu Recht bestrafende angesehen werden mögen. Doch nicht für den Geplagten. Denkt man zurück an das Göttinger ›Gipfeltreffen‹, so treten nun zwei Daten dicht nebeneinander: Am 25. November 1906 war Hofmannsthals Essay erstmals im Berliner »Tag« öffentlich geworden, am 6. Dezember 1906 absolvierte er Vortrag und Besuch in Göttingen. Liest man Husserls Danksagungsbrief für die »Kleinen Dramen« nicht mit anderen Augen, wenn man seine Kenntnis des Essays von Hofmannsthal voraussetzen darf? Hatte man statt der beschworenen Gemeinsamkeiten von ästhetischer und phänomenologischer ›Reduktion‹ nicht eher das gemeinsame Problem des Lebensbezuges? Und dabei wiederum Hofmannsthal in der Version des Rückganges auf den Hintergrund einer schon so benannten »Lebenswelt«, während Husserl noch dabei war, die Gefahr der Rückfälle ins ›actuelle Leben‹ für den Philosophen zu bannen?

Daß die ›natürliche Weltansicht‹ selbst zum Thema der Phänomenologie gemacht werden müsse und nicht nur der Inbegriff der Urdoxa-Reste wäre, deren Theorie zwecks ›Reinigung‹ der Reduktion Erheblichkeit hätte – das ist eine Verlagerung des Akzents, die

16 [Die Erzählungen aus den Tausendundein Nächten. In 12 Bänden. Auf Grund der Burton'schen engl. Ausg. besorgt von Felix Paul Greve. Einl. von Hugo von Hofmannsthal. Leipzig 1907/08.]

17 [Hugo von Hofmannsthal, Tausendundeine Nacht. In: ders., Gesammelte Werke. Reden und Aufsätze. Bd. 1. Frankfurt a. M. 1986, 362-369.]

erst mit der ›genetischen Phänomenologie‹ Anfang der zwanziger Jahre in Gestalt der ›Genetischen Logik‹ anstehen sollte. In diesem Zusammenhang ist dann die »Lebenswelt« eine der neuen Prägungen, unerkannt noch in der Tragweite ihrer Gebräuchlichkeit als Titulatur einer *terra incognita* dieses Philosophierens. Ob freilich Husserl sich an eine schon 1906 erlangte Kenntnis der Doppelbegriffsbildung Hofmannsthals erinnerte oder ob das Wiedererscheinen der Einleitung nun zu Enno Littmanns Ausgabe Anlaß zum Lesen gab oder erneuerte, dafür fehlen jedenfalls mir jegliche Anhaltspunkte.

Etwas darf freilich noch geltend gemacht werden: Koinzidenzen sind oft mindestens so aufschlußreich wie nachweisbare ›Einflüsse‹. Gäbe es nicht den geringsten Anlaß, sich Husserl als Leser des Textes von Hofmannsthal vorzustellen, wären die beiden Zeitstellen 1906/07 und 1923/24 für das zunächst ganz vergebliche Auftauchen von »Lebenswelt« signifikant genug, daß es einen Bedarf gab für die Bezeichnung einer »positiv« intakten, unbegrifflich autarken Formation des Bezuges von Leben auf Welt, wie ihn 1927 mit durchschlagender Resonanz das »In-der-Welt-sein« abdecken sollte. Hofmannsthal starb 1929, als Husserl erstmals genauere Kenntnis von Heideggers Apostasie in »Sein und Zeit« nahm und sich für die »Cartesianischen Meditationen« vorsätzlich notierte: *Ich beschloß, ganze Arbeit zu machen …*

[Affinitäten und Dominanzen]

Als sich 1929 in Davos Ernst Cassirer und Martin Heidegger zu einer Disputation trafen, geschah es nach Heideggers Absicht, damit sich das, was »Sein und Zeit« zwei Jahre zuvor als ›Fundamentalontologie‹ mit der Frage nach dem ›Sinn von Sein‹ begonnen hatte, endgültig von der Theorie der ›symbolischen Formen‹ unterscheiden ließ, deren dreibändige Darstellung Cassirer im Juli desselben Jahres – so das Vorwort datiert – abgeschlossen hatte. Beide Denker hatten sich also gerade in voller Reichweite ihrer Arbeit absehbar gemacht.

Der großen Disputation von 1929 war eine kleinere 1923 – im Jahr des Erscheinens des ersten Bandes der »Philosophie der symbolischen Formen« Cassirers – vorausgegangen, von der man durch eine Anmerkung Heideggers zum § 11 von »Sein und Zeit« weiß. Heidegger hatte vor der Kantgesellschaft Hamburg im Dezember 1923 einen Vortrag über »Aufgaben und Wege der phänomenologischen Forschung« gehalten und in der darauffolgenden ›Aussprache‹ (so hieß das damals) *Übereinstimmung in der Forderung einer existenzialen Analytik* mit Cassirer festgestellt, wie er sie in dem Hamburger Vortrag ›skizziert‹ hatte.[1] Dann allerdings war 1925 der zweite Band über »Das mythische Denken« erschienen (Vorwort datiert Dezember 1924), und Heidegger vermißte den ›Erfolg‹ seiner Hamburger Umwerbung des Autors. Der Ethnologe möge *umfassendere Leitfäden* bekommen haben, dem Philosophen bleibe die Frage, *ob die Fundamente der Interpretation hinreichend durchsichtig* seien. Der verspätete Metaphorologe wird mißtrauisch, wenn die Eigenschaft der *Durchsichtigkeit* von *Fundamenten* verlangt wird, zumal die Metapher ›Fundament‹ nicht unbesehen in den Text gekommen ist, denn es wird weiter gefragt, ob die ›Architektonik‹ von Kants »Kritik der reinen Vernunft« – und gemeint ist nicht der Titel des knappen vorletzten »Hauptstücks« der »Transzendentalen Methodenlehre«, der nur zufällig auch »Architektonik der reinen Vernunft« heißt – überhaupt den *möglichen Aufriß für eine solche Aufgabe* bieten könne oder, falls nicht, ob es dazu nicht eines *neuen und ursprünglicheren Ansatzes* bedürfe. Das ist ungefähr die

1 Martin Heidegger, Sein und Zeit. Halle ^{5}1941, 51, Anm.

Kurzfassung der Rezension, die Heidegger über diesen Band in der »Theologischen Literaturzeitung« publiziert hatte.[2]

Den einzigen Akt der ›Unterwerfung‹ unter das neue Programm der Verbindung von phänomenologischer Forschung und ›Existenzialanalytik‹ erkennt Heidegger in einer Anmerkung zur Einleitung des Bandes, in der Cassirer zu den *grundlegenden Verdiensten der Husserlschen Phänomenologie* zählt, daß sie durch ihre *scharfe Trennung der psychischen »Akte« von den in ihnen intendierten »Gegenständen«* den Blick geschärft habe für die *Verschiedenheit der geistigen »Strukturformen«*.[3] Man spürt, wie Cassirer die Phänomenologie Husserls um ein gutes Stück an seinen Begriff der ›symbolischen Formen‹ heranzieht, weshalb auch Heideggers Akzeptation in der Anmerkung von »Sein und Zeit« nicht weiter geht, als Cassirer zu bescheinigen, daß er *auf die von Husserl erschlossenen phänomenologischen Horizonte hinweist.*[4]

Tatsächlich hatte es Cassirer nicht auf den ›ursprünglicheren Ansatz‹ abgesehen, sondern auf die Erweiterung des kantianischen Kategorienbegriffs der Erkenntnistheorie zu einem Strukturbegriff der Kulturleistungen insgesamt. Darin lag für ihn das Entscheidende, wie Husserl die *Aufgabe der Phänomenologie* bestimmt hatte, daß die sich *in der Analyse der Erkenntnis nicht erschöpft*, sondern *die Strukturen ganz verschiedener Gegenstandsbereiche rein nach dem, was sie »bedeuten«, und ohne Rücksicht auf die »Wirklichkeit« ihrer Gegenstände* zu untersuchen aufgibt. Wobei eben zwangsläufig das Wörtchen *auch* zum Signal von ›Erweiterung‹, nicht von ›Fundierung‹ wird. So kommt eben *auch die mythische »Welt«* in ihren Kreis als das, was *noch* zu tun wäre, da es die Phänomenologie noch nicht getan hat, so daß wiederum eine ganze – freilich in Anführungszeichen gesetzte – ›Welt‹ der Erfassung *in rein »ideierender« Analyse* harrt. Heideggernähe zeigt sich daran, daß der Ausdruck ›Analyse‹ dem der phänomenologischen ›Anschauung‹ vorgezogen ist.[5] Die Geste dieser Fußnote des zweiten Bandes vollendet sich dann im

2 [Vgl. Martin Heidegger, Ernst Cassirer: Philosophie der symbolischen Formen, 2. Teil: Das mythische Denken, Berlin 1925. Jetzt in: ders., Kant und das Problem der Metaphysik. Gesamtausgabe I,3. Frankfurt a. M. 1991, 255-270.]

3 [Ernst Cassirer, Philosophie der symbolischen Formen. Bd. 2. Darmstadt [2]1953, 16, Anm.]

4 [Heidegger, Sein und Zeit, 16.]

5 Ernst Cassirer, Philosophie der symbolischen Formen. Bd. 2, 16, Anm.

dritten, also im Jahr von Davos, der den Titel »Phänomenologie der Erkenntnis« trägt und nach der thematischen Ausweitung nun die ›Konkurrenz‹ im Kern der klassischen philosophischen Kompetenz aufzunehmen scheint, was statt der Gebärde der Demut eher die der Herausforderung impliziert. Das war ernst zu nehmen auch als ›Polarisierung‹ der deutschen philosophischen Landschaft: Hamburg formierte sich als ›Schulzentrum‹ gegen das inzwischen von Husserl an Heidegger übergegangene (übergelaufene?) Freiburg. Keine schlechte Konstellation für eine ›die Sache‹ – die ›Rückkehr zu den Sachen‹ – vorantreibende Spannung.

Noch war nicht zu sehen – obwohl aus der Unterlegenheit der ›Pathosformel‹ der Frage nach dem ›Sinn von Sein‹ gegenüber der nüchternen ›Formsymbolik‹ schon herauszuhören –, wie sich die prospektive Tendenz ergeben würde. Der in jeder anderen Disziplin eher nachteilige Aspekt war der, daß »Sein und Zeit« ein Torso war und blieb, während sich die »Philosophie der symbolischen Formen« in hanseatischer Solidität abgeschlossen darbot. Dieser denkbare Vorhalt war in der Philosophie seit Heraklit und seiner frühen Fragmentierung eher ein Gewinn an unbestimmter Größe der Erwartung. Bis ins hohe Alter ist Heidegger noch nach dem Abschluß von »Sein und Zeit« gefragt worden, und seine Antworten blieben von vagem Vorbehalt jeder Möglichkeit. Daß Heidegger nach dem ›Sein‹ fragte und fragen zu lassen allem anderen vorzog, lag zunächst im Zuge der Selbstdefinition der Phänomenologie, Bedeutungen auf Anschauungen zurückzuführen und dadurch eindeutig zu machen. Auch Cassirers Problem war eines von ›Bedeutungen‹, und er selbst sah darin das Gemeinsame mit Husserl. Aber Heidegger wollte unter der Deckung des Namens ›Phänomenologie‹ den ›Sinn von Sein‹ nicht mehr als ›Bedeutung‹ des Wortgebrauchs: Phänomenologie war Analyse dessen, was ›sich zeigte‹. Die reflexive Implikation im Phänomen-Begriff erlaubte oder erzwang den Übergang zur Seinsfrage: von ›bedeuten‹ zu ›sein‹ als einem Wechsel nicht nur des Aspekts, sondern der Dignität der Frageposition.

Genau 400 Jahre vor der Dissoziation von Davos hatte es in Marburg um dieselbe Grundthematik die Disputation zwischen Luther und Zwingli über die Präsenzart Jesu im Abendmahl gegeben: Sein *oder* Sinn, Substanz *oder* Funktion, Wirklichkeit *oder* Bedeutung. Man sieht, wie die von Heidegger und Cassirer verwendeten Begriffe ihre alte Antithetik endogen reproduzieren, als ginge es um ein und dasselbe, seit der ›Realismus‹ der Inkarnation und Passion des Logos seine Jahrhunderte dauernde Abwehr gegen den ›Doketismus‹ der Gnosis definitiv – gleich definitorisch – gewonnen hatte – wäre nicht das Rezidiv des Abendmahlstreites gekommen, fast unerkannt als Reprise jener frühen ›Bewahrung‹ Gottes vor der Unreinheit der Verweltlichung durch den platonischen Hilfsbegriff der ›Erscheinung‹.

Um die ›Reinheit‹ war es auch gegangen, als Husserl den Titel des ›Phänomens‹ erkor, um dem Druck zur erkenntnistheoretischen Entscheidung zu entgehen und die Methode der ›Beschreibung‹ als der adäquaten Rezeptionsart von Anschauungen gegen ›Verweltlichung‹ *qua* Psychologismus, Historismus, Anthropologismus abzuschirmen. Seine frühen Anhänger hielten ihn daher für einen ›Realisten‹, bis die »Ideen« von 1912 sie verblüfften, wie Jesu Jünger dessen ›Verklärung‹ auf dem Berge. So enthüllte sich aus der Frage nach dem ›Sinn von Sein‹ als einer genuin bedeutungstheoretischen, wie aus dem Aristoteles-Buch von Brentano erlernt, das Andenken des Seins selbst bei dessen Verborgenheit – oder sogar: durch diese *hindurch.* Statt Husserl auf die ›Ursprünglichkeit‹ seiner Vermeidung der erkenntnistheoretischen Alternative zurückzuführen – etwa zu empfehlen, sich um diese nicht zu kümmern, als bestände sie nicht –, zerschlug Heidegger den gordischen Knoten, indem er sie zur Späterfindung der Philosophie selbst und damit als ›ursprünglich‹ inexistent erklärte. Aber angesichts der von Cassirer schon 1910 aufgestellten Disjunktion von »Substanzbegriff und Funktionsbegriff« entschied sich Heidegger mit Luther für die Substanz als die erste *und* einzige Kategorie, gegen die funktionale Kategorienvermehrung der ›symbolischen Formen‹ – und damit für denselben Habitus des ›Realisten‹, der Husserl seinen Zulauf in der Göttinger Frühzeit gebracht hatte. Nun ging es sogar um das Sein selber – wer wollte nicht dabei sein?

Mir kommt es darauf an, den Ausgang der Disputation von Davos nicht als ein Faktum kontingenter rhetorischer Stärkeverhältnisse oder ›mentalitärer‹ Zeitlagen und Schuldominanzen sehen zu lassen. Und gerade deshalb nicht, weil dem Entscheid auf der helvetischen Walstatt eben für künftige Rhetorik, für Affinitäten und Dominanzen, für Wahrnehmungsdefekte und Opportunitätsanfälligkeiten eine gar nicht zu überschätzende Bedeutung zukommt.

Wer nur gebannt auf die Rektoratsrede von 1933 hört, wird allerdings – wie widerwillig auch – einwilligen können, es sei um Politik und nicht um Philosophie gegangen oder um diese als bloßes *Organon* jener. Von Davos her ›zeigt sich‹, was philosophisch schon an Erblindung fürs ›Bedeuten‹ passiert war, um ›Bedeutungen‹ so unterschätzen zu können – vermeintlich zugunsten des ›Seins‹.

Die Kraftprobe von Davos – nach Bollnows, des mit Eugen Fink zusammen als ›Sekundant‹ Heideggers von diesem ausdrücklich Geladenen, Erinnerung – fand eine Woche lang derart statt, daß *beide nebeneinander, der eine am Vormittag, der andre am Nachmittag,* sprachen und dabei *geradezu als die Verkörperung der philosophischen Situation dieser Zeit*[6] figurieren konnten. War es so etwas wie eine scholastische Disputation? Was dazu fehlte, war wenigstens ein Rest des Glaubens jener Epoche der *Quaestiones disputatae*, die Macht der Wahrheit werde sich im bloßen Vorzeigen der Instrumente des Für und Wider, des *Videtur quod non* und des *Sed contra*, selber zutage fördern, wie es doch gerade noch Heideggers Auslegung des Phänomen-Begriffs *seiner* Husserlnachfolge als das ›Sichzeigen‹ in »Sein und Zeit« nahegelegt hatte – dort freilich ganz im Dienst der Verweigerung der ›Reduktion‹ als Husserls Urgewalttat des Zugriffs aufs Wesentliche. Aber bis zu Heideggers später Devise *Brechen, nicht biegen!* hat sich in seinem oft so genannten »Seinsdenken« eine Konsequenz aus den Daseinsanalysen von »Sein und Zeit« ergeben, die der Milde des ›Seinsverständnisses‹ und seiner Freilegung im Dasein als Sorge zunehmend das Bohrende und Aufspaltende einer ihr Ziel augenscheinlich selbst entrückenden oder gar unterdrückenden Gewalttätigkeit gab. In Davos war das schon dem von Heidegger hinzugezogenen Bollnow auffällig, aber nicht einmal widerwärtig geworden: Er vermerkt, als sei dies Ausdruck legitimer Dringlichkeit, daß zwar Cassirer *sich ganz auf Heidegger eingestellt* habe, während dieser *gar nicht auf Cassirer ein*(ging), mit einer *schon an Unhöflichkeit grenzenden Schärfe* antwortete und schließlich den Vorschlag, das Gespräch *am folgenden Tag fortzusetzen,*[7] ablehnte. Bollnow ist da etwas ungenau: Am wievielten Tag der Woche kam es zu diesem ersten Vollzug von *Brechen, nicht biegen!* als Abbruch?

Dieses Lehrstück in Richtung Konsensseligkeit weist voraus auf

6 [Otto Friedrich Bollnow, Gespräche in Davos. In: Erinnerung an Martin Heidegger. Pfullingen 1977, 26 f.]

7 [Ebd., 27.]

die seinsgeschichtliche Fatalität der ›Verborgenheit‹ des Seins. Was dem Noch-Phänomenologen in »Sein und Zeit« den Erfolg der letzten Erschließung des im Dasein doch effektiven wie affektiven Seinsverständnisses vorenthalten hatte, war aus der bloßen Enttäuschung an der (nie zugegebenen) Vollendbarkeit der »Fundamentalontologie« zu einer ›Gegenmacht‹ gegen die Entbergung der Wahrheit geworden, die sich aus der Zeitkritik immer neue Kräfte bis hin zur manichäischen Dualisierung holte, bis am Ende nur das Sein selbst sein Geschick der Verborgenheit wenden konnte, was auch immer ihm zuvor oder zugleich den Weg durchs Dickicht der Widerstände ›gebrochen‹ haben mochte. Warten (auf die geschickhafte Epiphanie) einerseits, jenes bremische *Brechen, nicht biegen!* andererseits – das sollte der unbehobene Widerspruch bleiben, dem Cassirer wohl das Symbolische abgelesen hätte, Heidegger nur seine Maxime, daß *jede Interpretation notwendig Gewalt brauchen* müsse – so schon im Kant-Buch eben jenes Jahres 1929[8] –, was nicht gemildert wird durch den geradenwegs ›hermeneutischen‹ Grundsatz: *Die Kraft einer vorausleuchtenden Idee muß die Auslegung treiben und leiten.*[9] Nichts von der Realisierung dieser Idee hat Cassirer am Davoser Heidegger wahrgenommen, als er ihm 1931 eben in bezug auf das Kant-Buch als »Usurpator« statt als »Kommentator« die Legitimität des Umgangs mit der gemeinsamen ›Größe‹ bestreitet.

8 [Martin Heidegger, Kant und das Problem der Metaphysik. Bonn 1929], 192ff. [Jetzt in: ders., Gesamtausgabe 3, 202.]
9 [Ebd.]

Selbstbehandlung

Am 16. Dezember 1986[1] entschied das Bundessozialgericht in Kassel über das Revisionsbegehren eines Arztes, dem die Kassenärztliche Vereinigung bei Abrechnung seines eigenen Krankenscheins zwar Sachkosten (Reizstrom, physiologische Maßnahmen) voll zugebilligt, die Behandlungskosten jedoch um 40% gekürzt hatte. Der Arzt, so war die Begründung gewesen, dürfe für Selbstbehandlung kein Honorar abrechnen, da Anspruch auf ein solches nur bei einem Arzt-Patient-Verhältnis bestehe. Dem folgte die Großzügigkeit der obersten Sozialrichter nicht. Sie urteilten konkludent nach dem früheren Grundsatzentscheid, Ärzte dürften Honorar auch für die Behandlung eigener Familienmitglieder berechnen. Dabei war noch ein Rest der Voraussetzung festgehalten worden, es müsse ein Vertragsverhältnis zwischen dem Arzt und seinem Patienten bestehen, damit jener diesem liquidieren könne. Nun aber ließ sich kein grundsätzlicher Unterschied mehr feststellen, ob der Arzt eine Leistung einem anderen oder sich selber erbringe.

Man wird sofort erkennen, welche Entlastung der Ärzte mit diesem Fortschritt der Rechtsprechung erreicht ist: Bei ihrer ständig steigenden Zahl wäre ihr Anteil an der Patientenschaft jeweils anderer Ärzte nicht nur schlicht gewachsen, sondern auch das Maß der Ansprüche infolge der mit diesem Beruf konstitutiv verbundenen Hypochondrie – oder, mit weniger Zumutung gesagt, der professionellen Beobachtung eigener Leiden und fremder Leistungen. Schon die Lektüre der ärztlichen Ratgeberspalten in bunten Blättern hat ja den Vorwissertyp – verschwiegen sei der ›Besserwisser‹ – unter der Patientenschaft ausgebreitet. Viele Wartezimmersitzer müßten ihrerseits schon dafür honoriert werden, daß sie sich als Patienten überhaupt ›erkannt‹ haben. Nun erst der selbstbehandelnde Arzt: der Eigentümer seiner Anamnese mit der reichsten Auswahl an Diagnosen (40000 Krankheiten!) und mit der angespannten Sorgfalt, die man nun einmal für sich selber aufbringt. Dieser letzte Gesichtspunkt mag die Richter von der Beachtung der Gefahr abgebracht haben, wie der Selbstpatient gegen den Selbstarzt bei den zunehmend ›beklagten‹ Kunstfehlern vorgehen könnte.

1 Az 6 RKa 16/85.

Zumindest Sigmund Freud, der Meister der Selbstbehandlung, war auch ein Kenner ihrer Risiken: Hätte er sich für seine ›Selbstanalyse‹ honoriert, wäre er sich zumindest Rückzahlung des Honorars schuldig geworden, denn weder die Herzsymptome verschwanden, noch wurde er der Nikotinsucht Herr (die Einsicht in den Nexus beider wollte er sich ersparen und nahm es dem Freund Wilhelm Fließ übel, daß er darauf bestand). Im Grunde hat ein Philosoph die Selbstbehandlung erfunden, derselbe Descartes, der mit der Therapie des Leidens am Zweifel begann, das Heilmittel des *Cogito sum* verordnete und im übrigen empfahl, auf die Vollendung der Physik zu warten, aus der neben einer definitiven Moral auch die vollendete Medizin hervorgehen sollte, die jede Reparatur des Leibmechanismus würde meistern können. Als ›Musterfall‹ der Selbstanalyse ist das unbeachtet geblieben: Der ganze Prozeß konnte nur in Gang kommen, weil und sobald einer sich vom Zweifel heilte und damit zur ›Methode‹ für alle anderen Erkenntnisse fand, die es überflüssig machten, jedem nochmals die Selbsttherapie zu verordnen, nachdem der Fortgang der Dinge objektiv geregelt war. Leider versäumte Descartes, die inaugurative Reflexion für alle Folgenden zu verbieten, wie es Freud mit der Selbstanalyse tat: ›Selbstbehandlung‹ enthält ein hochgradiges Risiko, dem sich therapierenden Ich auf die Schliche zu kommen, und die Philosophen mußten daher noch Jahrhunderte später in die Nachbehandlung der ›phänomenologischen Reduktion‹ gehen, über deren Heilerfolg Klarheit anhin nicht besteht. Immerhin ließ sich erkennen, daß die naive Selbstbehandlung das Subjekt nicht von seinen Gewißheitsmängeln befreit und durch ein *splitting* zwischen dem mundanen Ich und dem transzendentalen Ego zuvor die Bedingung für das ›Vertragsverhältnis‹ Arzt–Patient – oder hier: Beschauer und Akteur – wiederhergestellt werden muß. Welche erweiterten Einsichten sich aus der von Gießen her induzierten Neuerung der »Praxis für Philosophie« ergeben werden, muß man abwarten nach dem Vorbild der Cartesianer. Auf jeden Fall wird die mit Sicherheit – wie für jede akademisch diplomierte Berufsausübung – zu beanspruchende Abrechnung als Heilbehandlung irgendwann das konkludente Urteil letzter Instanz nach sich ziehen, auch zur Selbstbehandlung erbrachte Leistungen seien ihren sozialen Preis wert. Den Selbstbehandlern – denen der philosophischen wie jeder anderen ›Praxis‹ – sollte doch ein kurzer Gedanke an den Gleichheitsgrundsatz empfohlen werden: etwa im Hinblick auf die Zahnärzte oder die Chirurgen, die sich fremden Händen ausliefern und fremden Liquidationen aussetzen müssen. An dem ›klassischen‹ Motiv des Gangs zum Zahnarzt mag der Philosoph lernen, daß der Schmerz erst in seiner intensivsten Form, in der das *Cogito* sich zu vergessen bereit ist, darüber belehrt, wie wenig Selbstbehandlungen zu ›Mustern‹ – reflexiven wie rechtsbegrifflichen – taugen.

Delegation

Daß jeder ersetzbar ist, folgt zwar aus der Idee der Gleichheit, ist aber auch das Ärgernis ihrer Anwendung für jeden, dessen Idee nur sein kann, unersetzbar zu werden. Dafür gibt es eine paradoxe Voraussetzung: Unersetzbar kann man nur werden um den Preis, überflüssig zu sein. Es wäre zur Vollentwicklung dieser riskanten Spezies *homo sapiens* nicht gekommen, wenn nicht die ihr Notwendigen jederzeit hätten ersetzt werden können. Zum Luxus der Individualität durften es nur die bringen, die auch als andere hätten dasein können – deren Beliebigkeit zugleich die Schwäche ihrer Existenzsicherheit war.

Ersetzbar muß jeder sein, unersetzlich will er sein. In diesem Zwiespalt des Daseins erwächst die dritte Idee: die der Vertretbarkeit. Der Unersetzliche muß nicht selbst tun, wofür er dasteht, er kann es im Mandat abtreten und kraft der Delegation es so sein lassen, als ob er selbst es wäre, der es tut, und worum es anderen geht, daß er es tut.

Unter den Wrangel-Anekdoten sind Fontane, wie sich versteht, die am liebsten, die in Ruppin angesiedelt sind – obwohl die Pflicht des Historikers ihm abzwingt zu sagen: *auch andere Städte werden genannt.* Und Gelegenheit, sie zu erzählen, muß einer seiner ›Helden‹, etwa einer aus dem Geschlecht der letzten Schloßherren auf Liebenberg in den »Fünf Schlössern«, haben, der Graf Philipp zu Eulenburg-Hertefeld etwa, der als Wrangels Adjutant diesen schon darin zu vertreten gehabt hatte, daß er ihn in die Schlacht schickte, als ginge es darum, statt seiner zu sterben. Da beginnt der Ernst des Delegationsprinzips. Dessen heitere Seite, jenseits der *dänischen Campagne,* spielte sich eben in Ruppin bei der Inspektion der Truppe ab, die dort in Garnison lag. Die Ruppiner hatten *ihren Jungfrauenflor in drei Gliedern aufgestellt. Die hübschesten natürlich in der Front. Wrangel küßte die ganze Frontreihe durch und sagte dann, auf den Rest deutend: »Eule, küsse weiter.«*[1]

Der Unersetzliche, oder wenigstens in jenem Augenblick so An-

1 Theodor Fontane, Wanderungen durch die Mark Brandenburg, Bd. 3; Werke, Schriften und Briefe. München [3]1987, 299.

gesehene, konnte sich vertreten lassen – und keine der Ruppiner Jungfrauen des zweiten und dritten Gliedes hätte Mißmut zeigen dürfen und wollen, auf Befehl vom Adjutanten geküßt worden zu sein. Vom Ersetzbaren, hier Unersetzlichen, im Besitz des Mandats kraft dieses schönsten aller preußischen Befehle, auch wegen der Vertraulichkeit der Namensverkürzung: »Eule, küsse weiter.«

Begriffsversagen

Ein Fall von Realismus

Das Verhältnis des Lesers zu Memoiren hat etwas Entspanntes. Mängel an Kunstfertigkeit, selbst an Logik, reizen weniger kritische Empfindlichkeit als etwa beim Roman, der den Leser ständig dem Autor auf die Finger sehen und nichts durchgehen läßt.

Dafür gibt es in Memoiren gelegentlich Sätze, die nachdenklich machen, ohne daß man bis zu Fragen kommen möchte oder muß.

In Heinrich Manns bewegendem, wenn auch zu rhetorischem Buch »Ein Zeitalter wird besichtigt« steht der schlichte Satz, den man nicht einmal zu Ende liest: *Ich denke an meinen Briefwechsel mit einem Berliner Zimmermaler* …[1] Da hakt sich ein Interesse ein, und die postume Anmerkung belehrt, daß Heinrich Mann schon 1928 mit Erwin Gerzymisch in Verbindung trat, der erst 1972 verstorben sei. Ein Teil der Briefe Heinrich Manns an ihn sei schon 1950 veröffentlicht worden, allerdings gerade nicht die aus der Zeit der Weimarer Republik, auf die es in diesem Teilsatz ankommt, sondern aus der Zeit nach dem Zweiten Weltkrieg in den Jahren 1947-1949. Das Interesse an dieser Beziehung wird wachgehalten durch die nicht ganz belanglose Differenz, daß der Autor als einen Zimmermaler bezeichnet, was der Herausgeber einen Schriftenmaler nennt. Wollte der eine senken, der andere heben?

Diese Frage verblaßt vor der anderen, was wohl in diesem ›ständigen Briefwechsel‹ zur Sprache gekommen sein mag. Natürlich Fragen der Literatur und des politischen Lebens. Der vormalige ›Zivilisationsliterat‹ beantwortete nicht nur solche Fragen, sondern fragte selbst, *wie man im Lebens- und Arbeitskreis seines Korrespondenten über Bücher, Menschen und Geschehnisse der Zeit dachte.*[2] Wie groß mag das Interesse der Korrespondenten aneinander und an den gegenseitigen Welten gewesen sein?

Da ist man verblüfft, aus dem Kommentar zu erfahren, daß die beiden Partner des ständigen Briefaustauschs in jenen Jahren der ersten deutschen Republik in Berlin nur wenige Schritte voneinander entfernt wohnten und sich doch niemals in ihrem Leben

1 [Heinrich Mann, Ein Zeitalter wird besichtigt. Berlin, Weimar 1973, 316.]

2 [Einleitung des Herausgebers (Bodo Uhse) zu »Briefe Heinrich Manns«. In: Aufbau 7/1950, 579. Zit. n. Mann, Ein Zeitalter wird besichtigt, 684.]

gesehen oder gesprochen haben.[3] Sollte es von vornherein nur auf Literatur abgesehen gewesen sein? Ein Briefwechsel nur für die Ewigkeit, nicht für die Gegenwart?

Hinterdrein, im Rückblick der Memoiren, tut sich der literarische Grandseigneur etwas zugute darauf, mit dem Proletarier korrespondiert zu haben, als es noch nicht Staatsmachtraison gewesen sein kann. Ein Briefwechsel mit einem Zimmermaler, mit dem man vielleicht nicht recht hätte sprechen können. Oder brauchen? Wie so viele andere Intelligenzler vor und nach ihm mag Heinrich Mann sich gescheut haben, einem aus der Klasse wirklich zu begegnen, für die zu kämpfen und die befreien zu wollen man vor allem Literatur machte. Sie waren eben noch nicht so, wie man wollte, daß sie sein sollten. Und man brauchte sie gar nicht zu kennen, man konnte sie sich ja denken. Es gibt da eine fatale Erfahrungsunbedürftigkeit des Intellekts, der zu leicht weiß, wie die Dinge sind, da er doch weiß, wie sie nicht anders sein können.

Ein Briefwechsel mit einem Berliner Zimmermaler über die Distanz weniger Schritte? Genügte das schon, um sich die eigene Rolle im literarischen Welttheater zu verdeutlichen, sich einen Platz im großen Stellenplan zuzuschreiben, worin jene nicht waren, man selbst aber durch sie sein konnte, um jenen den mystischen Platz zu erkämpfen, dessen endliche Erlangung man doch zu ertragen nicht imstande gewesen wäre? Denn dann hätte man sie sehen, reden hören, riechen müssen, nicht auf der Distanz halten können, die am sichersten die Post gewährleistet.

Sollte man nicht für solche Zwecke doch bei der altbewährten Erfindung der fiktiven Korrespondenz bleiben? Man braucht sich dann den Partner nicht vom Leibe zu halten. Man schafft sich sein Maß von Verstand und Unverstand nach dem eigenen Bild und Gleichnis, und vor allem nach dem eigenen Bedarf, sich an ihm zu definieren. Nicht jeder Benn hat das Glück, einen Oelze zu finden – allerdings auch nicht jeder Oelze das Glück, von einem Benn gefunden zu werden. Etwas geht es allerdings auch darum, wieviel Realismus einer von sich verlangt und dann auch ertragen kann.

3 [Ebd.]

Realität ist das selbe und doch nie gleiche, zu dem man zurückkommt

Ich tauche aus dem Schlaf auf, als hätte es mich nie gegeben. Nur eine dubiose Kleinigkeit hindert mich daran, dieser Neuling des Daseins zu sein: meine Erinnerung und die der anderen an mich. Es gibt Umstände, Umgebung, Dinge, die nicht dazu passen wollen, daß ich unter ihnen erstmals zutage träte. Ich kenne sie, sie kennen mich. Deshalb hat es seinen Sinn, daß die anderen mich begrüßen wie ich sie, wenn wir uns am Morgen oder im Laufe des Tages begegnen. Dazu muß man nur in einem allerweitesten Sinne dazugehören, keineswegs besondere Intimität besitzen: Die Normalität des Schon-dagewesenseins bedarf der Zeugenschaft für ein Wesen, das so tief schlafen kann wie der Mensch, daß sein Anschluß an sein gelebtes ›Vorleben‹ ihm nicht selbstverständlich ist.

Es ist eben nicht das Und-so-weiter schlichtweg. Man kommt zu sich, das ist eine unglaubliche Sache, jedes Aufstehen eine Auferstehung, weil alles dagegen spricht, daß sich das Bewußtsein auf seine Unterbrechung eingelassen hat: Es ist seinem Wesen nach, was Unterbrechungen nicht erträgt. Was als Pathologie der Schlaflosigkeit erscheint, ist vielmehr das Sich-durchsetzen der Normalität des Daseins als ›Sorge‹ um sich, zunehmend im Alter, wo es immer wahrscheinlicher wird, daß es dem Bewußtsein nicht gelingt, zu sich zurückzufinden. Deshalb auch wachen die Alten über die Einhaltung der Rituale: Man hat einander wissen zu lassen, daß man noch da ist; schließlich verliert man seine Zeugenschaft und hat es immer schwerer, für den Schwund Ersatz zu finden. Daher das ›Werben‹ der Alten um die Jungen, indem sie sich zu deren Komplizen in Anerkennung der ›Modernität‹ machen, da es doch keine andere Chance gibt als die eine, sich beerben zu lassen – und eben das ist die Bedingung, daß man die ausgedienten Zeugen nicht mehr belastet.

Deshalb ist die ideale Funktion des Geldes die der Erbsubstanz, in der der Erblasser anonym wird wie in nichts sonst. Jeder Gruß am Morgen, jede Wiedersehensszene während eines Lebens wird honoriert oder kann tendenziell vergolten werden mit dem schnödesten Medium des Dagewesenseins. Der Gruß ist eine Technik zur Herstellung von Selbstverständlichkeit, mit der Implikation, daß eben die darin enthaltene Zusicherung dem ganz und gar nicht Selbstverständlichen dient. Der noch und wieder da ist, jeden Morgen in seinem Büro, an seinem Arbeitsplatz wieder da ist, soll gar nicht merken, wie erstaunlich das ist.

Deshalb fällt das Grüßen um so beiläufiger aus, je gleichgültiger diese Anwesenheit ist: Der Ersetzbare, der jederzeit jeder beliebig andere sein könnte, wird am nachlässigsten begrüßt, fast mit einem Ton des Widerwillens dagegen, daß er nicht weichen will. Ihm aber ist eben dies wichtig, daß man sich mit seinem Nichtweichenwollen abfindet, daß auch er zu den Indizien gehörig wird, die den anderen dazu gefügig sind, sich aus der Verwunderung herauszuziehen, daß sie wieder und noch da sind als dieselben. Im beiläufigsten Wiedersehen steckt dieses Drama des Risikos, daß es auch nicht hätte stattfinden können. Weshalb sonst sollte man sich mit »Auf Wiedersehen« verabschieden?

Einige Schrecknisse reiner Vernunft

Der Befehl des delphischen Gottes und die Ironie seiner Spätfolgen

Mit der Vernunft läßt sich am wirksamsten agieren, wenn man im Unbestimmten hält, was man unter ›Vernunft‹ verstanden wissen will; dann kann sie so flexibel werden, daß man sie einer trivialen Anweisung zum Leben und Verhalten nur hinzuzusetzen braucht, um eine unwidersprechliche Norm herzustellen: man müsse dies oder jenes ›vernünftig‹ tun und treiben, im Disput wie im Diskurs ›vernünftig‹ verfahren und erst recht ›kommunizieren‹ – also schlechthin und allgemein ›vernünftig‹ denken und sein. Geht man auch nur einen Schritt weiter, gerät man in Gefahr, unter -ismen verschiedenster, auch übelster Art rubriziert zu werden. Ob ›vernünftiges Denken‹ schon mehr ist, als jedes Denken aus sich und für sich verlangt, ergibt den Verdacht, es würde ein höherer Anspruch prätendiert als der ebenso einfache wie rabiate des Befehls *Pense, porc!*, der 1952 in Becketts »En attendant Godot« nicht unbezeichnend in Tonart und Paradox die zweite Jahrhunderthälfte auf einer Bühne beim Wort nahm oder zu diesem brachte.[1] Doch was konnte Lucky, der vertierte Knecht, unter der Peitsche Pozzos noch ›denken‹, gar ›vernünftig‹ denken?

Die Frage führt auf das Minimum, auf das Unverzichtbare: an seine nackte Selbsterhaltung, die im gegebenen Rollenfall der Gehorsam ist. Diese Verbindung ist faktisch – wie ›symbolisch‹ auch immer – und nur eine von vielen möglichen, in denen sich ›Selbsterhaltung‹ als Thema des Denkens durchhält. Zuerst und allem voran die Selbsterhaltung *des* Denkens, die allein Selbsterhaltung *durch* Denken gewährleistet. Wer die Abhängigkeit des ›richtigen‹ Denkens vom ›bedachten‹ Denken nicht zugesteht, riskiert virtuell die Selbstkontrolle des Denkens und damit seine Unbrauchbarkeit für das Leben, die aber das Leben nicht ›durchgehen‹ läßt. Ob man hier nun von einem (anschaulichen) *Wesenssachverhalt* spricht oder in Annäherung an die Zuständigkeit der Logik von einem *Grundsatz*, ist zwar der ›Schulart‹ nach nicht gleichgültig, doch ändert es an der Sache nichts. Kant notiert sich als *Grundsatz der Vernunft:*

1 [»Denke, Schwein!« Samuel Beckett, Warten auf Godot/En attendant Godot/Waiting for Godot. Frankfurt a. M. 1971, 110f.]

ihre Selbsterhaltung,[2] und er ist es, der jenes *sich selbst denkende Denken* aus der Metaphysik des Aristoteles mit dem Glücksfall der sprachlichen Flexion zur subjektiv-objektiven Doppeldeutigkeit im Titel seiner Hauptwerke ›ausnutzt‹: *Kritik der Vernunft.* Sie ist es, die sich vor den unvorhergesehenen Gefahren in der Konsequenz ihrer Vollstreckung bewahrt und unter kontrolliertem Verzicht auf ›Reinheit‹ funktionsfähig selbsterhält, und dies eben für die Aufgaben der Selbsterhaltung in dem erweiterten Sinn, den erst das Jahrhundert nach Kant der Vernunft als Wissenschaft eröffnen sollte.

Der Verzicht der Vernunft auf ihre ›Reinheit‹ zugunsten ihrer Selbsterhaltung wollte der nachkantischen Ära der Wissenschaft durch Erfahrung nicht genügen. Grundsatz der Vernunft hätte alsbald heißen können: Selbsterhaltung durch Entwicklung. Das erste der definierenden Elemente korrigierte das zweite, indem es ihm – nur zeitweise mit Erfolg – die Wertungsimplikation des ›Fortschritts‹ verweigerte. Das Leben hatte sich zu seiner Vielfalt ›entwickelt‹, um nicht zugrunde zu gehen; mit listiger Nutzung immer neuer Verfahren und Räume feierte es keinen anderen Triumph als den einzigen: noch da zu sein, wie monströs ausgewuchert und im Übergang selbstzerstörerisch auch immer. Die Vernunft seiner Selbsterhaltung hatte die seiner Metamorphosen angenommen. Es hatte eine ›Geschichte‹ bekommen, in der es immer mehr des Überlebten als des Überlebenden gab.

Wie daraufhin das Denken sich selber bedachte, fand es diese Schematik als die eigene heraus: Es hatte eine Geschichte und sich in dieser durch keine Scheu vor der Erkundung am Rande seiner Möglichkeiten ›durchgesetzt‹. Auch diese Geschichte ist ›Entwicklung‹, aber das Prinzip der Selbsterhaltung gebietet der Hyperbolik Einhalt, es sei ständig am großen Fortschritt gearbeitet worden. Eher ließe sich sagen, die Geschichte des Denkens bestehe in der Elimination der allzu großen Verfehlungen; aber diese ›Lernerfolge‹ im Dienst der Selbsterhaltung stehen nicht jeder Generation in ihrer Gesamtheit zur Verfügung. Der Mechanismus der Geschichte ist ein Widerspiel von Erinnerung und Vergessen, und die Vernunft hätte dessen ›Ökonomie‹ zu kontrollieren. Doch kann sie es?

2 [Immanuel Kant, Reflexionen zur Anthropologie. In: ders., Kant's handschriftlicher Nachlaß. Bd. 15,2. Berlin, Leipzig 1923, 823.]

Das Unverfügbare ist leibhaftig geworden in den Monumenten und Speichern der Bibliotheken und Sammlungen, der ›Protokolle‹ von Vernunftarbeit im weitesten Sinn. Niemand wagt, den Gedanken der Überflüssigkeit der obsoleten Massen zu Ende zu denken. Und niemand gäbe ihm dann ein Recht, nach seinem zu Ende Gedachten diesem den Titel der ›Vernunft‹ zu geben.

Doch noch in dieser absurden Fiktion vollzieht sich etwas, was die Geschichte der Selbsterhaltung in eine andere Sprache überträgt: in die des Selbstverständnisses. Denn noch oder gerade wenn der Mensch sich am Vergeblichen vergebens schindet, erfährt er ebenso etwas über sich selber wie an den episodischen Erfolgen, die diesen Prozeß als Prämien verschiedenster Art in Gang halten. ›Prämie‹ ist auch die Befriedigung des Bedürfnisses, das mehr oder weniger ausgeprägt dieser nicht auf ein Lebensprogramm festgelegten Gattung Mensch eigen ist, sich Proben und Maße des Könnens und Aushaltens zu verschaffen, eine Leistungs- und Ertragensreserve für Situationen, die vielleicht nie oder anders als absehbar eintreten. Selbstverständnis ist daher nicht nur eine Auswertung von Erfahrungen mit und an sich selber, sondern auch die Antizipation des noch Unerfahrenen und Unberechenbaren. Selbstverständnis hat insofern mit der Vernunft der Selbsterhaltung zu tun, als es ›Sicherheit‹ der Lebensform entstehen läßt, die mit ›versicherbaren Risiken‹ nichts zu tun hat. Der Tod allein ist, wovon keiner wissen kann, wie er damit ›fertig werden‹ wird.

Der Tod des Sokrates – wieviel auch Plato an Erdichtung zu den Dialogen im Kerker hinzugetan haben mag – ist zum philosophischen Paradigma des Übergangs vom Befehl des delphischen Apollo »Gnothi seauton« [geworden], insofern er die Richtungswende von der die Vorsokratik beherrschenden Naturerkenntnis auf die Menschenwelt unter den Dächern und auf den Märkten der *Polis* mit ihren Tugenden und Verfänglichkeiten auf die kürzeste Formel gebracht hätte, zu der Intimität eines Selbstverständnisses, das die Situationsbezogenheit des Allgemein-Menschlichen aus dem kosmischen Vorkommnis des den *Logos* als Rede wie als Vernunft besitzenden Lebewesens herzustellen erzwingt. Daß der Selbsterkenntnisanruf des Gottes eben ›Erkenntnis‹ in jenem an der Natur gewonnenen Sinn von *theoria*, aus der Position des erstaunt sich selber zuschauenden Gattungswesens, gemeint hatte, läßt die schöne Legende durchscheinen, jene Inschrift auf dem Tempel in

Delphi sei von eben jenem Thales aus Milet erfunden worden, der als Begründer der ionischen Naturphilosophie und ihres Dranges, alles aus einem herzuleiten, in die Geschichte der Theorie eingegangen ist. Womöglich als Konsequenz des vom platonischen Sokrates aufgegriffenen Sturzes in die Zisterne beim Beobachten des nächtlichen Himmels, von der lachenden Thrakerin ihm vorgehalten als Übersehen des Nächstliegenden zum Fernstliegenden hin.

Dann wäre der delphische Gott vom milesischen Philosophen zum Verstärker einer intimen Erfahrung des Denkers mit sich selber gemacht worden. Denn die nächtlich verhallte ›Katastrophe‹ des an Sonne, Mond und Sternen wie an Wettervorhersage notorisch erfolgreichen Thales hatte nichts mit der Erkenntnisform der ›professionellen‹ Gegenstände zu tun, verhalf ihm zu keinerlei ›Selbsterkenntnis‹ als Gattungswesen, sondern allenfalls zum ›Selbstverständnis‹ der Torheit, die ihm in den Scheltworten der thrakischen Magd vorgehalten wurde.

Daß ›Selbstverständnis‹ bleibend mit dieser oder jener Art von Sturz und Fall zu tun haben würde – auf dem literarischen Gipfel im Musterbuch der »Confessiones« Augustins, mit Sündenfall wie Sündenfällen, als dem der Intimität der einen Seele mit ihrem einen Gott vorbehaltenen und der *Agora* entzogenen Thema –, das wäre beim legendären Urheber des Tempelspruches von Delphi keine absehbare Konsequenz der Abwendung von den ›Phänomenen‹ der Natur gewesen. Sonst hätte, allen zuvor, Sokrates sich selbst anders verstehen müssen, wieviel in seiner ›Ironie‹ auch an indirekter Doppelhörigkeit des Befehlsempfangs liegen mochte. Verstand er des Sophisten Protagoras Ausspruch, der Mensch sei das Maß aller Dinge, wirklich nur als ein Stück Sinnesphysiologie, als eine gattungsgebundene ›Anpassung‹ der Welt an den Menschen – und nicht ein wenig doch als die Wahrheit, daß *jeder* Mensch *seine* Welt kraft der Einzigkeit seines Selbstseins habe? Dann wäre ›Selbsterkenntnis‹ im Sinne des Apollo zu wenig gewesen, nur die Folie von ›Selbstverständnis‹ – dem also, was keine Theorie beobachten und, platonisch gesprochen, unter die ›Ideen‹ versetzen kann.

Kommt man auf diesem Umweg zu dem Resultat, ›Menschenkenntnis‹ sei – trotz ihrer Verfeinerungen zur Temperamentenlehre und zur Charakterologie – ein viel zu grobes Raster, um das zu erfassen, was jeder von sich selber und für sich selber ›verstehen‹ möchte und gar muß, um mit sich leben und überleben zu können, so steht man unversehens unter der altgefürchteten Drohung mißlingender ›Erkenntnistheorie‹, die sich den Schreckens- und Abwehrnamen ›Solipsismus‹ verdient hat. Jeder der Gefangene seiner selbst und unter Verschluß seines Selbst für ihn – das hört sich exotisch an, ist aber doch die Prämisse zahlloser Emsigkeiten über das ganze 20. Jahrhundert hinweg. Ein anderer muß uns dazu kommen lassen – ohne sokratische oder augustinische oder montaignesche Hilfsmittel –, es uns allmählich dämmern zu lassen, was es mit uns aus unserer vor uns verborgenen Geschichte auf sich hat. Diese Konsequenz mag sich als absurd und als honorarpflichtige Ambition professioneller Einhelfer erweisen – Konsequenz aus lang herkommendem Mangel an Verständnis jenes apollinischen Befehls und seiner sokratischen Umsetzung in Philosophie ist sie allemal.

Es liegt nahe, sich für das Selbstverständnis zurechtzufinden – wie so oft bei anderem – mit der Analogie unserer Erkenntnisverfahren mit Gegenständen von ganz anderer Art, als wir selbst es sind. Vom Sirius haben wir ein Spektrum, etwas sehr ›Oberflächliches‹ also, und darauf gründend eine Reihe von Hypothesen, wie das, was das Diagramm zeigt, den *möglichen* Zustand des Sterns begreifen läßt. Nimmt man die ›Hypothese‹ in dem erweiterten, alle unsere Weltbeziehungen beherrschenden Sinn, daß wir über das Mögliche hinter der Maske der ›Phänomene‹ nicht hinauskommen, wenn nun einmal das ›Ding an sich‹, das wir selbst sein mögen, uns genauso verborgen ist wie das Innere des Sirius, so haben wir es im ›Selbstverständnis‹ mit etwas von der Art der ›Hypothese‹, mit dem nur Möglichen und niemals als es selbst Gegebenen, zu tun – bei uns ebenso wie bei allen anderen. Es gibt *nur* mögliche Selbstverständnisse, dort wie hier.

In der Anerkennung dieser Unzugänglichkeit des Selbst hinter dem, was zu sein es prätendiert, liegt alles andere als die Verzweiflung daran, nur dieser eine allein zu sein und zu bleiben. Der Weg endet bei einer sehr vorsichtigen Handhabung der Verallgemeinerung: uns sei, insofern wir Menschen sind, nichts anderes gemein als dieser Vorbehalt des stets nur *möglichen* Selbstverständnisses. Der seit dem Vorrang der cartesischen Evidenzfrage gegebene Primat der Selbsterfahrung des *Cogito sum* hat seinen Glanz verloren, seit es um die immanente Identität des *Cogito* in den Assoziationsmechanismen ebenso fraglich bestellt ist wie um die des *Sum* in seiner zeitlich-lebensweltlichen ›Geschichte‹. Mögliche Selbstverständnisse sind wie ›Reparaturen‹ an vielleicht brüchigen Beständen, an schon versuchten, aber nie solide gewordenen Konstruktionen.

Selbstverständnisse sind Hilfskonstruktionen der Selbsterhaltung – diese freilich in anderem Verstande genommen als dem des ›Erfolgs‹ im Kampf ums Dasein, das immer noch so ›aussieht‹ wie eine ›Substanz‹, deren Besitz zu verteidigen ist. Was der Selbsterkenntnis des apollinischen Befehls korrespondiert hatte, war noch ›Substanz‹, und das hieß vor allem: das begrifflich faßbare ›Wesentliche‹ des Menschen. Mit der Auflösung des Substanzrückhalts tritt das Selbstverständnis ein für die Selbsterhaltung, und sei es das episodische Kondensat der Empfindungswolke. Wer wen versteht, das ist nicht rätselhafter geworden, seit der ins Herz schauende Gott nicht mehr der Zeuge ist und seit die Vernunft wiederum die Vernunft zu kritisieren berufen war, sollte sie nicht an sich selber zerbrechen. Aber Selbstverständnisse gab es seit dem Verlust der Unmittelbarkeit des Selbst zu sich selber nur noch ›zur Probe‹: das eigene nicht anders *ein* mögliches als die anderen vielfältig möglichen im Dienst jenes einen.

Die absolute Selbstgewißheit, die Descartes im *Cogito sum* gefunden und für die Epoche zum Maßstab philosophischer Wahrheit erhoben hatte, brachte die schon von Parmenides gefällte Entscheidung für die ›Zeitlosigkeit‹ der Wahrheit zum vermeintlichen Abschluß, aber auch zur Krise ihrer Haltbarkeit. Denn die Evidenz des »Ich denke, (also und dabei) bin ich« ist nur die *des* ›Augenblicks‹, in dem das gedacht wird. Genauer: mit-gedacht wird. Denn das Bewußtsein ist stets auf das Gedachte gerichtet, das diese Evidenz nur der Reflexion preisgibt, die darauf geht, daß die Vorstellung »Ich denke« alle Vorstellungen muß begleiten können, insofern sie sich als die meinigen erweisen sollen. Wie das notwendig geschieht, sah Descartes noch nicht; sein Problem bestand im Mangel der Zeit als einer synthetisch-homogenen Einheit, da er den Einwand der möglichen *creatio continua*, der Erschaffung jedes Weltaugenblicks unabhängig von jedem vorherigen oder folgenden, nicht beheben konnte: Die einzige absolute Gewißheit hatte nicht das Zeug, die Einheit des »Ich denke, ich bin« zu gewährleisten. Als unausschaltbarer Störfaktor ist diese stetige Erhaltungsschöpfung der Welt eher eine *creatio discontinuata*.

Die Erinnerung kann sich ihrer nicht selbst versichern; sie muß garantieren, was umgekehrt sie garantieren müßte. Die ›Dehnung‹ des Augenblicks über Retention und Protention sollte erst drei Jahrhunderte nach Descartes zur Last der Phänomenologie werden. Damit aber zeigt die philosophische Zentralthematik nur noch ihren Wechsel an der Epochenschwelle an: nicht die Zeitlosigkeit der Wahrheit, sondern die Wahrheitschance der Zeithaftigkeit war thematisch geworden. Die Konstitution des inneren Zeitbewußtseins erwies sich als vorbegriffliche Anschauungsbasis dafür, daß wir mit Uhren überhaupt umgehen, die Zeit ›ablesen‹ können. Die Haltbarkeit des *Cogito sum* durfte noch kein Quentchen an Zeitverlauf und damit keine Überschreitung des anschaulichen ›Augenblicks‹ zur zeitaufwendigen Diskursivität enthalten, Grund genug für den Cartesianer, das diskursive Stigma des *ergo* zwischen *cogito* und *sum* zu exorzisieren. Das Kapitel »Haltbarkeit der Zeit« wurde zentral für eine Kultur der Gewißheit von eigenen Gnaden – und eben damit wird ›Erinnerung‹ in einem sich vertiefenden Verstande zum Medium aller möglichen Selbstverständnisse. Wir verstehen uns im Maße, wie wir uns ›erinnerlich‹ werden, die längst auch dem Namen nach kostbar gewordene ›Identität‹ wahren. Der Evidenzmoment des »Ich denke«, dessen Punktualität die Gewißheit zur ›Ungegenwärtigkeit‹ aushob und darin wiederum ›idealisierte‹, hatte die *Memoria* zum dubiosen Organ der um ihren Absolutismus verlegenen Subjektivität entwertet – ›entwertet‹, wenn man sich erinnert, welche Funktion die *Anamnesis* in Platos Rückbindung aller Erkenntnis an die durchs Leben mitgeführten Präexistenzreste seiner ›leibhaftigen‹ Ideenanschauung gehabt hatte, um das Kriterium der ›Zeitlosigkeit‹ halbmythisch bis halbanalytisch im Wust der Erscheinungen ›trotzdem‹ zu erfüllen. Nach Descartes gab es keine Beziehung der Erinnerung zur Zeitlosigkeit mehr, es sei denn, der umwegige Gottesbeweis wäre gelungen, um auch der Erinnerung etwas von der Vollkommenheit der Werke des *ens perfectissimum* – der Umbesetzung des durchprobierten ›trügerischen Geistes‹ (*genius malignus*) – zuzuteilen. Ohne diesen metaphysischen Kunstgriff, dessen Mißlingen nicht erst Kant klar wurde, ist die ›Erinnerung‹ zwar mit jeder Garantie im Stich gelassen, aber als auf sich selbst gestellte Intimität des Selbstverständnisses die Retterin der inneren Erfahrung aus dem bloß formalen Schema der Zeit, dem eine ›genetische‹ Theorie erst von Edmund Husserl mehr verordnet als zuteil werden konnte. Aber schon im versuchten Übergang von der statischen Form zur ›erlebbaren‹ – und damit beschreibbaren – Genese kommt zum methodisch-trockenen Recht, wie nahe Selbstverständnis und Wahrheit aneinandergerückt sind.

Als erlebte und gelebt werdende ist Zeit immer verlorene Zeit (*temps perdu*), und wie am Ende der kühl-trostlos beschriebenen ›Nachforschung‹ (*recherche*) die wiedergefundene Zeit (*temps retrouvé*) sich zum ›Ding an sich‹ des im Tod zu verlierenden Lebens verhält, dafür gibt es keine andere Vermittlung als das ästhetisch sich erschließende Selbstverständnis, in dem sich Verlust und Rückgewinn ununterscheidbar amalgamieren. So ist Prousts Riesenepos, aus der Ansichtigkeit des Todes in der Leidenshöhle geschrieben, das fleischgewordene Wort für die Jahrhundertsorge, sich – oder sein Dasein oder seine Identität – zu retten. Darin erst sind Selbstverständnis und Selbsterhaltung zu dem einen geworden, um das es geht, wenn alle Zeitlosigkeiten – auch schließlich die der Allgegenwart durch Wiederkehr im Mythos, wie die in Thomas Manns »Joseph« aus der Distanz des Nichterlebens versuchte – vergeblich geworden sind.

Die unendliche Theorie

Nicht nur die Welt zu erkennen überschreitet seit langem die Erfordernisse der Lebenszeit des Menschen. Sogar sich selbst zu erkennen scheint seine Zeit derart auszufüllen, daß die von dieser Erkenntnis erhofften Folgen, sei es moralischer, sei es psychohygienischer Art, seinem Leben nur noch marginal zugute kommen.

Als die Journalistin Karin Obholzer Freuds berühmtesten und längst in die Weltliteratur eingegangenen Patienten, den Wolfsmann, leibhaftig und lebendig antrifft, muß sie feststellen, daß er sich immer noch in den Händen der Analytiker befindet. Sie erkundigt sich, ob sein gegenwärtiger Seelsorger sich seine Träume erzählen lasse. Antwort: *Er hat doch nicht so viel Zeit.* Und hinzugefügt mit der Altersweisheit eines lebenslangen Patienten: *Die Psychoanalyse hätte was für sich, wenn die Psychoanalytiker Götter wären.*[1] Gefragt, ob denn wohl Freud selbst ihm heute helfen könnte, hatte er verneint.

Freud hatte der Gedanke nie wirklich geschreckt, die Analyse könnte im Grenzfall die lebenslange Arbeit *eines* Analytikers mit *einem* Patienten sein. Deutet sich an, daß selbst dies noch nicht ausreichen würde, wenn der berühmteste Patient sagt, die Analytiker müßten Götter sein? Merkwürdigerweise denkt er nicht daran, daß dann auch ihre Patienten Götter sein müßten. Wenigstens ihre prominenten Fälle. Der ›Prothesengott‹ in Freuds »Unbehagen«, das ist eben auch der Gott mit der Prothese Uhr in der Hand: der Gott ohne Ewigkeit.

Das Interesse des Patienten ist in diesem Punkt um einen Abgrund getrennt von dem des Analytikers, der in der Nachfolge Freuds vor allem Theoretiker sein könnte. Diesem käme es auf ein Leben nicht an, welches das seinige ist und über das er verfügen kann. Aber der Patient will nicht vorrangig über sich aufgeklärt werden, nicht vorrangig prominenter Fall sein, sondern ein rationales Verhältnis hergestellt wissen zwischen dem Teil seiner Lebenszeit, den er zur Gesundung aufwendet, und dem anderen, den er kraft seiner Gesundung erleben und genießen will. Je mehr sich der

1 Karin Obholzer, Gespräche mit dem Wolfsmann. Reinbek 1980, 231.

Anteil der Analyse dem Ganzen der Lebenszeit nähert, um so mehr schwindet diese Rationalität dahin. Als der todkranke Freud noch im Londoner Exil dreimal von seinem ›Wolfsmann‹ aufgesucht wurde, ereilte den erfolgreichen Theoretiker im letzten Moment der erfolglose Therapeut. Daß dieser lebenskräftige Patient seinen Arzt um 40 Jahre überleben sollte, veranschaulichte den mehr als potentiellen Schrecken der theoretischen Unendlichkeit. Die Erben des Meisters ließen die leibgebliebene Falsifikation der Theorie nie aus dem Auge.

Vielleicht ist die Psychoanalyse mit der von Freud erkannten, aber nicht unter die Lebensdimension gestellten Problematik ihrer Dauer die wichtigste Erfahrung dessen, daß Zeit das Kernproblem des Menschen ist. Selbst wenn er genug Zeit hätte, gesund zu *werden*, hätte er nicht genug Zeit, gesund zu *sein.*

Und dann muß er doch noch, zu seinem Teil, den Analytiker ernähren können. Ein Gott den anderen.

Das finale Dilemma des Lesers

Mit den Selbstauslegungen dichterischer Kreativität hat man sich zu lange beschäftigt, als daß man nicht endlich hätte wissen wollen, welche Erlebnisse denn ihre Leser wirklich mit ihnen hätten. Der Umschwung von der scheußlich genug benannten ›Produktionsästhetik‹ zur nicht weniger abstoßend bezeichneten ›Rezeptionsästhetik‹ erreichte den Grad von Begeisterung, der nur mit Verleihung des gerade greifbaren Titels eines ›Paradigmawechsels‹ angemessen honoriert werden konnte.

Dabei entging der Aufmerksamkeit ein Mittelglied zwischen dem Selbstbewußtsein des Autors und der Selbstbestimmung des Lesers: Der Autor macht einen Anspruch gegenüber seinem Leser ohne Rücksicht darauf geltend, ob dieser jemals bereit ist, ihn anzuerkennen, und willens, ihn zu erfüllen. Dabei geht es nicht um die *Art* der rezeptiven Erlebnisse, sondern um deren *Ausmaß* bis hin zur Ausschließlichkeit.

Zwischen dem Anspruch des Autors und der Disposition des Lesers besteht ein konstitutiver Konflikt auch dann, wenn Äußerstes nicht verlangt wird. Die Zusammenkunft des Lesers mit dem Autor ist bei der Dichte des gegebenen Angebots immer die mit einem unter vielen. Der Leser sucht nach dem, der ihm wichtig werden könnte; doch auch wenn er einen solchen gefunden hat, wird er von der Unruhe oder gar dem Verdacht nicht losgelassen, es könne ihm über intensiver Beschäftigung mit diesem entgehen, was ein anderer ihm zu bieten hätte. So ist bedingungslose Hingabe in diesem Verhältnis kaum zu erwarten.

Man braucht von den Enttäuschungen nicht zu reden, die zum Abbruch lesender Begegnungen führen. Nicht einmal von den Enttäuschungen, die der bereits erwählte Autor dadurch bereitet, daß er die Höhenlage des Werkes einer ersten Begegnung nicht durchweg zu halten vermag. Man darf durchaus von der gelingenden, der erfüllten ästhetisch-intellektuellen Erfahrung ausgehen, um dennoch jene Unterwanderung der Zufriedenheit nicht ausschließen zu können, die in der Existenz einer Welt von immer noch und immer wieder unbekannten Autoren und Werken besteht.

Daß der Anspruch des Autors an seinen Leser absolut ist, auch wenn dies auszusprechen oder anzudeuten nicht gewagt wird, versteht sich aus der Vermutung, der Selbsteinsatz des Autors bei seinem Werk werde gleichfalls absolut gewesen oder dem nahegekommen sein. Er kann nicht erwarten, daß jemals aufgefunden und nachgewiesen wird, was er an Fülle und Feinheit investiert zu haben glaubt, und wird das durch die Versicherung der Hermeneutik nicht aufgewogen sehen, sie könne sogar mehr und anderes an Bedeutung erkennen, als jemals beabsichtigt gewesen sei. Gerade weil die Investition des Autors über das Maß an Rezeption hinausgeht, auf das er rechnen kann, muß er die unbedingte und vorbehaltlose Hingabe des Lesers an sein Werk beanspruchen: eine ungeteilte, obgleich niemals adäquate Aufmerksamkeit.

Jeder Autor wird wissen, dies sei eine Überforderung jedes Lesers. Der Implikation nach wird er davon nicht ablassen können, für sein Angebot die Erwiderung auf gleichem Niveau zu erwarten, und sei es irgendwann in einer unbekannten Ferne der Zeit und unter unbekannten Bedingungen rezeptiver Muße und Entschlossenheit. Dennoch ist damit der Anspruch des Autors an den Leser noch nicht total: Er wird ihn mit anderen Autoren zu teilen haben, von denen er zu vermuten hat, daß sie für die Rezeption ihrer Werke um so weniger mit der Forderung an die Zuwendung der Leser heruntergehen, als er selbst deren Anhebung mitbetrieben hätte. Wer Nachlaß gewährt, gibt auf. So findet der Autor sich zwar damit ab, einer unter anderen zu sein, läßt aber die Hoffnung niemals fahren, unter diesen am Ende den Vorzug zu erhalten, der das rezeptive Lebensmaß mit dem produktiven zur Kongruenz brächte. Eine Eschatologie des Lesers gewiß, aber eine, die nichts anderes als Steigerung der heimlichen Leserfigur im Hinterkopf des Autors ist und jederzeit zur offenen Wahnidee seiner Ansprüche an das dann erst von ihm mit Recht erwählte Publikum werden kann.

Total wird die Beanspruchung durch den Autor, wenn dieser seinen Leser ohne Rücksicht auf dessen Zeitbedingungen allein für sich beschlagnahmt. Natürlich kann er das nur durch das Maß seines Angebots, indem er die Schwierigkeiten des Zugangs zu seinem Werk derart steigert, daß die Voraussetzung lebenslanger Beschäftigung mit dem rezeptiven Geschäft als Unumgänglichkeit präsent wird. Solche Forderungen liegen in der Sache, in der Tiefe, im Umfang, im inneren Komplikationsgrad. Den Rigorismus, sie auszusprechen, die unverkennbare Misanthropie dahinter, hat kaum einer geprägt wie Schopenhauer: *Überhaupt mache ich die Anforderung, daß, wer sich mit meiner Philosophie bekanntmachen will, jede Zeile von mir lese.*[1] Dabei ist, wohlgemerkt, nur vom Bekanntmachen die Rede, und weitere Stufen der Vertiefung und Identifikation bleiben, kaum ohne Absicht der Wortwahl, offen. Wer so nicht tut oder so nicht kann, ist vom Mitreden ausgeschlossen; und wer unverständig mitredet, unterliegt zwangsläufig dem Verdacht, nicht jede Zeile gelesen zu haben. Der Autor liefert dem Leser auch dies als Entschuldigung, wenn er zur Zustimmung nicht bereit sein sollte.

Schopenhauer ist mit diesem Anspruch nicht erfolglos geblieben, sowenig wie nach ihm vielleicht nur James Joyce und Arno Schmidt. Der grimmige Philosoph hat Leser gefunden, die mit ihrem Leben auf sein Werk eingeschworen waren und, traut man den Bekundungen, niemals einen anderen Autor als ihn zu lesen bereit gewesen wären. Ganze Leserwelten entstiegen diesem Werk, das zweifellos auch eine Welt ist und insofern den Anspruch an den Leser nicht auf Täuschung gründet. Es ließ sich damit leben, und das ist einzigartig.

Aber auch erschreckend. Mußte Schopenhauer seinem Leser nicht zur Bedingung machen, er habe erst und auch zu tun, was sein erwählter Autor getan hatte: seinen Kant gründlich zu lesen? Und sollte er sich nicht wie dieser seinen philosophischen Ärger geholt haben bei den Erzscharlatanen des Deutschen Idealismus, um hernach jede Zeile Schopenhauers auch als Erholung davon zu genießen? Darf der Autor seinen Leser von den Vergnügungen des Lesens aussperren, die er so erkennbar selbst genossen hat und deren Spuren dann mit Wehmut bei der zeilenweisen Lektüre seines Werkes wahrgenommen werden müssen? Müßte nicht, umgekehrt, all das der Leser schon gelesen haben, um des Genusses teilhaftig zu werden, wie sein Autor eine Welt des Lesbaren der eigenen integriert und rhetorisch wie argumentativ dienstbar macht?

Nimmt man die Rückfragen ernst, so gibt es die Prämie auf den kürzesten Weg zur Totalität des einen Autors nicht, wie notwendig er sich seinem Leser auch machen mag. In der Philosophie sowenig wie in der schönsten Literatur.

1 Arthur Schopenhauer, [Die Welt als Wille und Vorstellung II. In: ders.,] Sämtliche Werke. Hrsg. von Wolfgang von Löhneysen. Bd. 2. Darmstadt 1961, 589 [Ergänzungen zum vierten Buch. Vorwort].

Die Urstiftung der Vernunft

Giambattista Vico hat in der »Scienza Nuova« einen Vertrag der Väter gegen die Söhne erfunden. Er hätte das Rechtssystem mit seinen Sanktionen und damit den Staat zu definieren gehabt. Diese Fiktion des urzeitlichen Vertrages bringt den ewigen Verdacht der Söhne zum Ausdruck, die Einrichtungen, die ihrer Freiheit Grenzen setzen, seien von den Vätern zur Herstellung der Beständigkeit ihrer Macht ausgedacht und in Kraft gesetzt worden.

Freud hat im Gegensatz dazu einen Vertrag der Söhne erfunden, in dem sie sich darauf festlegen, ihrer Eifersucht auf die Väter nicht mehr nachzugeben und diese fernerhin nicht mehr zu töten.

Die Söhne haben zum erstenmal die Bedeutung der Zeit begriffen, die ihnen nicht gestattet, Söhne zu bleiben, sondern sie zwingt, Väter zu werden. Dann ergibt sich die Konsequenz, daß der Wille gegen die Väter, zu einiger Allgemeinheit gebracht, sich immer schon potentiell gegen die Söhne richtet. Würden alle Söhne ihre Väter töten, würden alle Söhne als Väter getötet werden.

In dieser mythischen Fiktion, die zugleich eine Theorie der Entstehung des Totemismus als des symbolischen Rituals für den Urvertrag ist, steckt nicht nur eine Variante des alten Theorems vom Staats- oder Gesellschaftsvertrag, sondern auch eine Verschärfung der Modelldarstellung dessen, was Rationalität ist. Sie ist die Aufdeckung des Widerspruchs in der Regel, nach der sich ein Verhalten richtet, wenn sie nicht nur über die Gesamtheit der Individuen, sondern über das Ganze der Lebenszeit als herrschend vorgestellt wird. Die Zeit verändert, was die Regel für den Einzelnen bedeutet. Womit er sich eben noch befreit, das trifft ihn im Abstand von Jahren und Jahrzehnten als der Befreiungsakt anderer.

Vico hatte von den Wirkungen eines Machttriebs der Väter gesprochen und ihm die Entstehung des politischen Rechtssystems zugeschrieben. Die Schwäche einer solchen Theorie besteht in der Faktizität ihrer Prämisse. Sollte man nicht erwarten dürfen, vielleicht sogar darauf vertrauen, daß Machttriebe unter veränderten Bedingungen der Selbsterhaltung sich abbauen und dadurch dem System ihrer Perpetuierung der Boden entzogen werden wird?

Die Vollkommenheit der Theorie Freuds besteht darin, daß sie von der Annahme ihrer faktischen Voraussetzung, der sexuell motivierten Vatertötung in der Urhorde, letztlich ganz unabhängig ist. Sie beschreibt, was geschieht, wenn die Vernunft zu ihrer primären Leistung findet, den Widerspruch in der Regel eines beliebigen Verhaltens durch dessen bloße Verallgemeinerung über jede Gesamtheit von Individuen und über das Ganze der Zeit aufzudecken.

Freud hatte an einem noch brutaleren Punkt angesetzt, als es Hobbes für den vorstaatlichen *status naturalis* mit seiner bloß von Fall zu Fall auftretenden Tötungsbereitschaft in Konflikten bei der Nutzung der Natur getan hatte: in der realen urzeitlichen Ödipus-Situation, um den Stiftungsakt der Vernunft im Rahmen seiner Theorie zu demonstrieren. Gab es irgendein Indiz dafür, daß dieser Ansatz die Vernunft auch als wirkungsvoll zeigen konnte?

Als Freud »Totem und Tabu« schrieb, beobachtete er an seinen Schülern bereits Einstellungen, die denen der Söhne gegen den Vater in der Urhorde ähnlich zu sein schienen: *Sie können es alle kaum erwarten,*[1] schrieb er am 16. Dezember 1912 an Binswanger, und meinte mit dem Objekt der Erwartung seinen Tod. Er war ungewöhnlich deprimiert, als er das folgenreiche Werk abgeschlossen hatte. Die Mitglieder seines engsten Kreises, des ›Komitees‹, vermuteten analytisch, der Autor sei nach der Erregung des Tötens und Verzehrens des Vaters, die er bei der Arbeit am Werk nochmals durchlebt habe, in Ernüchterung, wenn nicht Schuldgefühl zurückgefallen. Sein Biograph Jones berichtet über einen Besuch bei Freud zu dieser Zeit. Er habe ihn gefragt, warum ein Mann, der »Die Traumdeutung« geschrieben hatte, bei dem neuen Werk von Zweifel und Niedergeschlagenheit geplagt werden könne. Freuds Antwort: *Damals beschrieb ich den Wunsch, den Vater zu töten, jetzt habe ich das wirkliche Töten beschrieben; es ist immerhin ein großer Schritt vom Wunsch zur Tat.*[2]

Freuds Problem war, daß er Söhne brauchte, wie alle Begründer von Schulen. Zugleich hatte ihn jedoch seine Theorie dazu geführt, diesen Söhnen nichts Dringlicheres ins Herz legen zu können als den Wunsch, den Vater zu töten. Daher hatte er mit der menschheitlichen Projektion des Ödipus-Komplexes die Stiftung der Ver-

1 [Sigmund Freud, Ludwig Binswanger, Briefwechsel 1908-1938. Frankfurt a. M. 1992, 119.]

2 Ernest Jones, Sigmund Freud. Bd. 2. München 1984, 418; Max Schur, Sigmund Freud, Leben und Sterben. Frankfurt a. M. 1977, 337 f.

nunft verbunden. Er wollte sich wenn nicht Gewißheit, doch Trost verschaffen gegen einen Zweifel, der sich in ihm genährt hatte, seit er als Primaner den »König Ödipus« des Sophokles gelesen hatte: den Trost, daß in einer sich aufklärenden ›Gesellschaft‹ die Vernunft sich selbst herstellen könne.

Doch in seiner Schule wollte sich die Evidenz desselben Stiftungsaktes nicht einstellen. Die Verordnung der Lehranalyse, wenige Jahre nach »Totem und Tabu«, kann als Ersatz dafür gesehen werden: als Mittel der Domestikation für die atavistische Urhorde der Analytikerschule, der die Urzeugung der Vernunft nicht gelingen wollte.

Doppelte Buchführung – Wittgensteins Kriegstagebücher 1914-1916

Der Gedanke, der sich an's Licht arbeitet.[1] Notiz Wittgensteins aus dem Jahre 1946. Licht und Arbeit, miteinander unverträgliche Vorstellungen durch eine ganze Tradition hindurch. Solange das Licht die Metapher der höheren Erleuchtung oder die der inneren Vernunftnatur war, lag der Gedanke immer zu nahe an der Wahrheit, als daß die letzten Schritte, sie zu gewinnen, sich hätten als Arbeit ausgeben dürfen. Annäherung war, wenn die Erkenntnis schon nahe genug lag, kein rechtmäßiger Begriff. So nahe, wie man dem Tod war, war man auch, so oder so, der Wahrheit – der beseligenden wie der schrecklichen. Doch geht Wittgensteins Aphorismus noch über den neuzeitlichen Status der Arbeitsbedingtheit von Erkenntnis hinaus. Es ist ja nicht der theoretische Arbeiter – etwa in der Gestalt des Wissenschaftlers –, der sich ans Licht heranarbeitet; es ist der Gedanke selbst, der an ein Licht kommt, das kein höheres oder inneres, sondern am ehesten das des Tages ist. Hat er sich herangearbeitet, tritt er zutage. Und muß er zutage treten, um sichtbar zu sein, so war er zuvor unterhalb dessen, am ehesten unterirdisch. Der Gedanke ist der Wühler, der sich aus seinem Dunkel hervorarbeitet. Er ist es, der sich dem nähert, der auf ihn wartet. Und dem, der ihn dann zu sehen vermag.

Die Erfahrung, die hinter solcher Formel stehen mag, entzieht sich dadurch dem Aufschluß, daß bei Wittgenstein auch die zutage getretenen Gedanken die abgeschlossene wie abschließende Dekretform des Aphorismus angenommen haben. Die Sprünge, die zwischen den Gedanken liegen, sind nicht ›Gedankensprünge‹. Sogar der »Tractatus« täuscht die Dichtigkeit eines systematischen Aggregatzustandes nur vor, zumal durch die Dezimalnotation. Er ist ›wesensmäßig‹ aphoristisch.

Was demzuvor in den Tagebüchern der Jahre an der östlichen Front 1914-1916 als *Bemerkungen* niedergeschrieben worden war, ist das schon ›Bemerkte‹, weil ans Licht Gekommene. Die greifbarste

1 [Ludwig Wittgenstein, Vermischte Bemerkungen. In: ders., Werkausgabe in acht Bänden. Frankfurt a. M. 1984, Bd. 8, 517.]

Ansage des um mehr als drei Jahrzehnte späteren Apophthegmas steht gleich zu Kriegsbeginn zweimal da, als sollte eine drückende Pflicht auf den Selbstvortrieb der Sache abgewälzt werden: *Die Logik muß für sich selber sorgen.*[2] Das wird im »Tractatus« wiederkehren, aber als im Kontext isolierte Vertröstung mit der Klausel: *Wir können uns, in gewissem Sinne, nicht in der Logik irren.*[3] Am 2. September 1914 stand noch die hochgemute Qualifikation: *Dies ist eine ungemein tiefe und wichtige Erkenntnis.*[4] Das sieht wie eine Freistellung aus, die dann nicht hält, was sie zugesteht – und deshalb im »Tractatus« *nicht mehr* am Anfang stehen sollte.

Nun kann man den 1960 publizierten Frontnotizen seit 1985 die persönlichen und chiffrierten Tagebücher[5] derselben Zeit parallelisieren und bei allem Absehen von der Indezenz des psychologischen Aspekts beobachten, wie es mit der Sorglosigkeit um die Logik nach jenem Introitus in die Kriegsphase wirklich bestellt war. ›Arbeit‹ ist das Stichwort für Selbstzweifel und Resignation in den verschlüsselten Notizen, ›Sehen‹ steht für das Erwartete, Ausbleibende: *Ob es jetzt für immer mit meinem Arbeiten aus ist?!!! Das weiß der Teufel!... Ich sehe gar nichts!!!*[6] Das Patrouillenschiff »Goplana« auf der Weichsel läuft auf eine Sandbank, aber der erfolglose ›Arbeiter‹ muß notieren: *Kann noch immer auf nichts Festes kommen.*[7] Den Humor mag nur der unerwünschte Leser spüren.

Dann ein Schimmer von Helle: *Arbeite täglich etwas, noch ohne rechten Erfolg, obwohl schon manches aufdämmert.*[8] Bestimmter eine Woche darauf: *Ich bin auf dem Wege zu einer großen Entdeckung. Aber ob ich dahingelangen werde?*[9] In den theoretischen Notizen läßt sich nichts von ›Weg‹ und ›Entdeckung‹ erschließen, wohl aber eine gegen Russells Rigorismus gerichtete Trotz- und Resi-

2 [Ludwig Wittgenstein, Tagebücher 1914-1916. In: ders., Werkausgabe in acht Bänden. Bd. 1, 89 (22. 8. 1914).]

3 [Ludwig Wittgenstein, Tractatus logico-philosophicus. In: ders., Werkausgabe in acht Bänden. Bd. 1, 57] (5.473).

4 Wittgenstein, Werkausgabe. Bd. 1, 89 (2. 9. 1914).]

5 Ludwig Wittgenstein, [Geheime Tagebücher. Der verschlüsselte Teil der] »Gmundener Notizbücher«, hrsg. von Wilhelm Baum, in: Saber 5/6, 1985[; jetzt auch ders., Geheime Tagebücher 1914-1916. Wien [3]1992.]

6 [Wittgenstein, Geheime Tagebücher, 299 bzw. 19] (21. 8. 14.).

7 [Ebd.] (22. 8. 14).

8 [Ebd., 300 bzw. 20] (29. 8. 14).

9 [Ebd.] (5. 9. 14.).

gnationsformel: *Wenn sich die Logik ohne die Beantwortung gewisser Fragen abschließen läßt, dann muß sie ohne sie abgeschlossen werden.*[10] Insgeheim vergleicht sich der Tolstojaner mit dem Linsenschleifer Spinoza: *Am besten kann ich jetzt arbeiten, während ich Kartoffeln schäle.*[11] Doch der Theoretiker, der sich noch am 8.9. gegen Russells Rede vom ›Einleuchten‹ als letzter Instanz wendet, das immer gänzlich trügerisch ist und war (was in den »Tractatus« 5.4731 eingehen wird), schreibt alsbald selbst: *Daß der Satz ein logisches Abbild seiner Bedeutung ist, leuchtet dem unbefangenen Auge ein.*[12] Am 10. Oktober ist *viel gearbeitet* worden, doch *ohne positiven Erfolg,* wenn nicht der seltsame Satz am Schluß der intimen Notiz stände: *Es ist mir, als läge mir ein Gedanke schon fast auf der Zunge.*[13] Der Gedanke schon und nur als gesprochener? Die offene Entsprechung am 13.10. erweitert den Initialsatz um ein wichtiges Stückchen, um den die authentische Arbeit der Logik ›sehenden‹ Zuschauer: *Die Logik sorgt für sich selbst; wir müssen ihr nur zusehen, wie sie es macht.*[14] Der verspätete Leser denkt daran, daß in diesem Jahrzehnt die »Genetische Logik« Husserls als Beschreibung *vorprädikativer* Leistungen des Bewußtseins entsteht.

Der ausbleibende Gedanke wird im Maße seiner Absenz von der ›Lösung‹ zur ›Erlösung‹. Am 15.10. heißt es im Chiffrennotat: *Es scheint mir fast, als stünde ich knapp vor einer Lösung.*[15] Zwei Tage später im Rückblick: *Der Knoten zog sich immer mehr zusammen, aber ich fand keine Lösung [...]. Ob mir der erlösende Gedanke kommen wird, ob er kommen wird??!!*[16] Das liest sich wie ein Adventstext. In offener Schreibung steht am 15.10.: *Wenn man sich vor Wahrheit fürchtet (wie ich jetzt), so ahnt man nie die volle Wahrheit.*[17] Doch was wäre dann gemeint mit dem sekreten Satz: *Die Lösung des Problems liegt mir auf der Zunge!* ?[18]

Die Sprache der ›Arbeit‹ wird gesteigert zu kriegerischer Meta-

10 [Wittgenstein, Werkausgabe. Bd. 1, 91] (4.9.14).
11 [Wittgenstein, Geheime Tagebücher, 302 bzw. 22] (15.9.14).
12 [Wittgenstein, Werkausgabe. Bd. 1, 92] (20.9.).
13 [Wittgenstein, Geheime Tagebücher, 307 bzw. 29 (10.10.14).]
14 [Wittgenstein, Werkausgabe. Bd. 1, 99] (13.10.).
15 [Wittgenstein, Geheime Tagebücher, 308 bzw. 30 (15.10.14).]
16 [Ebd., 308 bzw. 32] (17.10.).
17 [Wittgenstein, Werkausgabe. Bd. 1, 101 (15.10.14).]
18 [Wittgenstein, Geheime Tagebücher, 311 bzw. 33] (19.10.).

phorik: *Ich belagere jetzt mein Problem –.*[19] Wenige Tage später: *Sehr viel gearbeitet. Belagere noch immer mein Problem, was schon viele Forts genommen.*[20] Am selben Tag das offene Notat: *Der Satz muß zeigen, was er sagen will. – Er muß sich zu seiner Bedeutung ähnlich verhalten, wie eine Beschreibung zu ihrem Gegenstand.*[21] Die allfällige Probe jeder Logiktheorie an der Negation folgt schon am 30. 10.: *Man könnte auch auf einem Bild eine negative Tatsache darstellen, indem man darstellt, was nicht der Fall ist.*[22] Brauchte man da nicht zu dem Bild ein ›Vorzeichen‹, das nicht ›im Bild‹ wäre?

Doch sollte man es dem ohnehin von seiner desolaten Lage Gequälten nicht so schwer machen. Denn es kommt der ›heroische‹ Zugriff auf die Festung: *Den ganzen Tag gearbeitet. Habe das Problem ver[gebens] gestürmt! Aber ich will eher mein Blut vor dieser Festung lassen, ehe ich unverrichteter Dinge abziehe.*[23] Was aber wäre im Erfolgsfall gewesen? Das wird schon vorausbedacht, als tröste über das Versagen hinweg, wieviel schwerer es mit dem Gegenteil gewesen wäre, *die einmal eroberte Festung zu halten, bis man ruhig in ihr sitzen kann. Und bis nicht die Stadt gefallen ist, kann man nicht für immer ruhig in einem der Forts sitzen.*[24] Wieder im Klartext am 1. November: *Ob ein Satz wahr oder falsch ist, muß sich zeigen. Wir müssen aber im voraus wissen, wie es sich zeigen wird.*[25] Das ›Sichzeigen‹ noch ohne das Herausziehen des ›Phänomens‹, weg von der neutralen ›Erscheinung‹, aus der Wurzel des griechischen Mediums *phainesthai*?

Die Sprache der Vergeblichkeit in den persönlichen Notizen hat eine eigentümliche Interferenz von Gewaltsamkeit und Geruhsamkeit, von Begriff und Anschauung. Am 12. November in Krakau: *Ziemlich viel gearbeitet, aber ohne rechte Klarheit des Sehens! Ob ich noch weiter werde arbeiten können?! Ob der Vorhang schon fällt?? Es wäre merkwürdig, da ich inmitten eines Problems stecke, inmitten einer Belagerung –!*[26] Am folgenden Tag vergeblich zu arbeiten be-

19 [Ebd.] (24. 10.).
20 [Ebd., 312 bzw. 36] (29. 10.).
21 [Wittgenstein, Werkausgabe. Bd. 1, 109.]
22 [Ebd., 110.]
23 [Wittgenstein, Geheime Tagebücher, 466 bzw. 37] (31. 10. 1914).
24 [Ebd.]
25 [Wittgenstein, Werkausgabe. Bd. 1, 112.]
26 [Wittgenstein, Geheime Tagebücher, 469 bzw. 41 (12. 11. 1914).]

müht: *Das klare Sehen will sich nicht einstellen.* Das Nachdenken über das eigene Leben schiebt sich vor die ›Arbeit‹ – *Oder ist es umgekehrt?*[27] An demselben Tag das offene Notat: *Bei dieser Arbeit lohnt es sich mehr als bei jeder anderen, Fragen, die man für gelöst hält, immer wieder von neuen Seiten als ungelöst zu betrachten.*[28] Hatte es eine Lösung gegeben? Lag sie in dem Platonismus: *Der Satz bestünde dann aus Urbildern, die auf die Welt projiziert wären?* Oder lag sie im Zurückkommen auf die Negation? *Die Verneinung ist im selben Sinne eine Beschreibung wie der Elementarsatz selbst.*[29] Und der *Schatten, welchen das Bild gleichsam auf die Welt wirft: Wie soll ich ihn exakt fassen?* Da gerade sei ein tiefes Geheimnis, *das Geheimnis der Negation: Es verhält sich nicht so, und doch können wir sagen, wie es sich nicht verhält.*[30]

Wie jeder starke Logiker sucht sich auch dieser am ›Geheimnis‹ der Negation zu messen, und es mag dieser Kraftakt sein, der seine ›Privatsprache‹ bestimmt: *Wieder keine Klarheit des Sehens. Obwohl ich ganz offenbar vor der Lösung der tiefsten Fragen stehe, daß ich mir fast die Nase daran stoße!!! Mein Geist ist eben jetzt dafür einfach blind! Ich fühle, daß ich an dem Tor DARAN stehe, kann es aber nicht klar genug sehen, um es öffnen zu können.* Das Paradox ist, daß er zwar das Tor nicht klar genug sehen kann, aber *noch nie so klar empfunden* hat, in welch *ungemein merkwürdige[m] Zustand* er sich dabei befindet.[31] Auf diese Selbstbestimmung ist intentional die Anstrengung gerichtet, in der sich das Versagen herausstellt, weil es diesen rätselhaften Vorgeschmack des Unerreichten gibt: *Aber noch immer kann ich das eine erlösende Wort nicht aussprechen. Ich gehe rund um es herum und ganz nahe, aber noch konnte ich es nicht selber erfassen!!*[32] Am Tag danach: *Das erlösende Wort nicht ausgesprochen. Gestern lag es mir einmal ganz auf der Zunge. Dann aber gleitet es wieder zurück.*[33] Dieses ständig wiederholte Auf-der-Zunge-liegen nimmt dingliche Konsistenz an, ein früher Vorgriff auf den Substantialismus der Sprache: die Zunge Organ des Schmeckens wie

27 [Ebd., 469 bzw. 42 (13. 11.).]
28 [Wittgenstein, Werkausgabe. Bd. 1, 119 (13. 11. 1914).]
29 [Ebd., 118 f.] (12. 11.).
30 [Ebd., 120] (15. 11.).
31 [Wittgenstein, Geheime Tagebücher, 470 bzw. 43] (16. 11.).
32 [Ebd., 471 bzw. 44] (21. 11.).
33 [Ebd., 472 bzw. 45] (22. 11.).

des Redens, des Quietismus wie des Aktionismus, der Empfindung wie – der Rhetorik.

Die metaphorische Interferenz der ›Zunge‹ leitet von den Imaginationen der Belagerung über zu denen der Selbstauflösung. Noch am 24. November heißt es: *Immer wieder liegt mir die fehlende Erkenntnis auf der Zunge.*[34] Am übernächsten Tag schon, daß man beim Stocken nicht weiterdenken darf, *sonst bleibt man daran kleben.* Die Passivität in der Kriegsszene verschmilzt mit der Situation des nur noch Wartenden: *Die harten Probleme müssen sich alle von selbst vor uns auflösen. Starker Kanonendonner. Was ich auch tue, die Probleme ballen sich wie Gewitterwolken zusammen. Und ich bin nicht im Stande, einen dauernd befriedigenden Standpunkt ihnen gegenüber einzunehmen.*[35] An eben diesem Tage im philosophischen Journal: *Wenn von einem Dinge alle positiven Aussagen gemacht sind, sind doch nicht schon alle negativen auch gemacht! Und darauf kommt alles an! [...] Kurz: Ich kann nur verneinen, daß das Bild stimmt, aber das Bild kann ich nicht verneinen.*[36] Noch einmal zurückgeblickt ins intime Journal dieses donnerreichen Tages: *Sehr viel gearbeitet, aber ohne die Lage irgendwie klären zu können.*[37] Die Lage? Das ist schon mehr als der Gedanke, das *erlösende Wort*, die Erkenntnis *auf der Zunge.*

Zwei Monate später, Ende Januar 1915, ist der Quietismus vollendet, die Schicksalsergebenheit des Lebens auch zu der des Fragens geworden. In den unverschlüsselten Notizen verebbt die Anspannung, *das Wesen allen Seins* dadurch *angeben* zu wollen, *das Wesen des Satzes zu erklären,*[38] in der Resignation vom 15. April: *Ich kann eben nicht herausbringen, inwiefern der Satz das Bild des Sachverhaltes ist! Beinahe bin ich bereit, alle Bemühungen aufzugeben.*[39] Dazwischen liegt die chiffrierte Notiz zum Arbeitsstand: *Nur durch Wunder kann sie gelingen. Nur dadurch, indem VON AUSSERHALB MIR der Schleier von meinen Augen weggenommen wird. Ich muß mich ganz in mein Schicksal ergeben. Wie es über mich verhängt ist, so wird es werden.*[40]

34 [Ebd., 472 bzw. 45 (24.11.1914).]
35 [Ebd., 472 bzw. 46] (26.11.).
36 [Wittgenstein, Werkausgabe. Bd. 1, 122 f. (26.11.1914).]
37 [Wittgenstein, Geheime Tagebücher, 472 bzw. 46 (26.11.1914).]
38 [Wittgenstein, Werkausgabe. Bd. 1, 129] (22.1.1915).
39 [Ebd., 132 (15.4.1915).]
40 [Wittgenstein, Geheime Tagebücher, 480 bzw. 55 (25.1.1915).]

Wenn Wittgenstein vier Jahre später nach Kriegsende aus italienischer Gefangenschaft zurückkehrt, ist er erfüllt von dem Gedanken, im Gebirge seinem Leben ein Ende zu setzen. Statt dessen vollendet er den »Tractatus«, die »Logisch-philosophische Abhandlung«, mit der die Aufgabe der Philosophie, soweit es sie noch gab, vollbracht sein sollte. Dies ist zu erwähnen, weil der Anfang der Verwicklung von »Tractatus«-Arbeit und Selbstmordabsicht in den Monaten liegt, die in der Verschlüsselung der »Gmundener Notizbücher« dokumentiert sind. Deshalb wird ein einziges Mal die hier abgeschirmte ›moralische‹ Ebene des Tagebuchs herangezogen: für das Ausschlagen zwischen Endigung und Vollendung, Abbruch und Vollzug in der Annäherung an das *erlösende Wort.*

Es war nicht das erste Mal, daß er an Selbstmord dachte, aber wohl die erste Herstellung des Verbundes zwischen dem Schicksal des späteren »Tractatus« und der ›Arbeit‹ als Bedingung für seinen Lebensfortbestand, als er am 26. Februar 1915 niederschrieb: *Denke an Selbstmord. Werde ich je wieder arbeiten??!*[41] Am Tag darauf: *Es ist mir, als sollte ich nie mehr eine große Entdeckung machen.*[42] Kein Licht fällt zurück auf die Augenblicke, in denen er sich so nahe an der ›großen Entdeckung‹ gesehen hatte: Welcher Art mochte sie gewesen sein? Wohl nicht von der des »Tractatus«, denn der enthält nichts vom Typus des *erlösenden Worts.* Man muß annehmen, daß er das, was ihm einmal schon *auf der Zunge* gelegen hatte, mit dem siebten und letzten Satz des »Tractatus« sich selber ein für allemal verbieten wollte: *Wovon man nicht sprechen kann, darüber muß man schweigen.*[43] Er hatte nicht sagen können, was ihm so nahe erschien und doch unerreichbar blieb. So wurde aus jener Urerfahrung ein Verbot.

Noch einmal ist Selbstmordabsicht im Tagebuch für den März 1916 belegt, und dort als ›Umwandlung‹ der ausbleibenden ›Arbeit‹ in die eigenhändig ausgeschlossene: *Ich habe schon seit mehr als einer Woche nichts mehr gearbeitet. Ich habe keine Zeit! Gott! Aber es ist ja natürlich, denn wenn ich tot sein werde, werde ich auch keine Zeit zum Arbeiten haben.*[44] Der Tod, hier als der freie durch Vergiftung belegt, ist nur die Konsequenz aus dem Zustand des der ›Arbeit‹

41 [Ebd., 482 bzw. 59 (26.2.1915).]

42 [Ebd. (27.2.1915).]

43 [Wittgenstein, Tractatus logico-philosophicus. Werkausgabe. Bd. 1, 85.]

44 [Wittgenstein, Geheime Tagebücher, 486 bzw. 67] (29.3.1916).

vorenthaltenen Lebens, der verlorenen Lebenszeit. Dann, als der Tod auf dem Beobachtungsstand ihm nahekommt, gewinnt das Leben für einen Moment durch die Ferne zur ›Arbeit‹: *Hätte jetzt reichlich Zeit und Ruhe zum Arbeiten. Aber es rührt sich nichts. Mein Stoff ist weit von mir entfernt. Der Tod gibt dem Leben erst seine Bedeutung.*[45] Eben das wird noch für den endlichen Abschluß der »Logisch-philosophischen Abhandlung« gelten.

45 [Ebd., 489 bzw. 71] (9.5.1916).

Ergebnis und Erlebnis

Newton sah einen Apfel vom Baum fallen, Einstein einen Decker vom Dach.

Der Hauptunterschied ist methodischer Art: Newton konnte den Apfel nicht befragen, wie er gefallen sei. Einstein eilte auf den überlebenden Dachdecker zu und fragte ihn, wie er den Sturz ›erlebt‹ habe. Es war ein Glücksfall für den Forscher. Daß es demzuvor einer für den Dachdecker sein mußte, geht die Wissenschaftsgeschichte nichts an.

Was sich Newton darbot, nennen wir nicht ein Experiment, weil Äpfel von selbst vom Baum fallen, wenn sie reif sind, und der Physiker als müßiger Zuschauer dabei war. Ob alles ›zu sehen‹ war, worauf es ankam, um die Folgerungen für die Theorie der Gravitation zu ziehen, ist zumindest fraglich. Die Annahme, Newton habe wahrnehmen können, daß die Fallinien der Äpfel zur Erdmitte hin konvergierten, läßt sich schlichtweg bestreiten. Dazu war mehr Spekulation als Anschauung nötig. Dennoch ist die Stilisierung des Vorgangs auf Erfahrung und Beobachtung insofern zutreffend, als die Benennung des fallenden Objekts als »Apfel« nur eine gefällige, aus anderen Quellen bedeutsame Zutat ist.

Einstein hätte der gestürzte Dachdecker keinen Dienst leisten können, wäre er nicht ein Körper mit Bewußtsein gewesen. Es war der ›Gegenstand‹, der ein ›Erlebnis‹ gehabt hatte und davon infolge glückhafter Umstände Auskunft geben konnte, nicht der Beobachter, dem noch soviel ›auffallen‹ mochte, ohne das bestätigt zu bekommen, was er freilich vermutet haben mußte, um einen gestürzten Dachdecker überhaupt ›interessant‹ zu finden. Der Gegenstand selber vollzog die Verifikation der Annahme über ihn. Die Differenz ist epochal. Es kam in der Naturwissenschaft, in der Richtung ihrer exaktesten Fortentwicklung, auf ein ›Erlebnis‹ an, nicht auf ein ›Ergebnis‹. Nie würde gemessen werden können, ob richtig sei, was der Dachdecker in einfachen Worten mitzuteilen hatte.

Fast gleichzeitig kam auch die Phänomenologie zu dem – nun ja – ›Ergebnis‹, die Philosophie müsse Begriffe auf ›Erlebnisse‹ in letzter Instanz zurückführen und begründen können, was auch immer messendes Verhalten in anderen Wissenschaften damit anfangen mochte.

Was aber hatte der Dachdecker erlebt? Genaugenommen: nichts. Jedenfalls nichts von der Art, was er hätte erleben müssen, wenn eine ›Kraft‹ ihn herabgezogen, seinen Körper ›schwer‹ gemacht hätte. Im Gegenteil: Indem er fiel, verlor er die Empfindung, als ›Last‹ auf einem Dach zu stehen und sich ›mit Kraft‹ darauf halten zu müssen. Das war es, was sein zufälliger Zuschauer schon wußte. Doch kein fallender Dachziegel hätte es ihm bestätigen können.

Grenzfälle

Glossen zu Hebbels Diarium

Die Natur sollte keine Dichter erwecken, die keine Goethes sind, darin steckt der Teufel.

Hebbel an Elise Lensing, 18. Juni 1837[1]

Er war einer, wie keiner hätte sein wollen. Das Unbehagen an Schicksalsprivilegien gab es für ihn nicht. Sein Äußeres nicht einmal war, was ein Poet von der Natur beanspruchen darf. Auf die kürzeste Formel hat es die dänische Hoftheaterdirektorsfrau Johanne Heiberg gebracht, als sie ihn 1862 in Marienbad getroffen hatte: *So soll ein Dichter nicht aussehen.*

Er war die Anstößigkeit in Person, und er zelebrierte sie. Weil er aus Wesselburens Dumpfheit heraufgestiegen war, mußte er die Spannweite seiner Lebensgeschichte präsent halten. Weil ihm dabei schließlich keiner mehr zuhören wollte, schuf er sich eine Klientel von Hörsklaven. Wer nicht allabends kommt, braucht überhaupt nicht zu kommen, wies er seinen späteren Biographen Emil Kuh zurecht, der sich für einen Abend bei seiner Verlobten beurlauben wollte. Es war der erste Hörigkeitskreis aus ästhetischer Tyrannei, vor Wagner, vor George. Grillparzer weigerte sich, auch nur anwesend zu sein, wo Hebbel bevorstand. Weshalb? *Er ist imstande, das Gespräch auf Gott zu bringen; er weiß, was Gott ist, und ich weiß es nicht. Das ist mir unangenehm …*[2] Er bestand auf höchster Anspannung, auf ›absoluten‹ Themen, auf den Grenzfällen einer ›reinen Dramaturgie‹. Gott war sein rhetorischer Hammer, wie wenig später für Nietzsche, dem er im Pathos der Unerschrockenheit vorgreift.

So gewiß war er sich dessen, kein anderer hätte an seiner Stelle sein wollen, daß er daraus den Anspruch auf Unterwerfung derer ableitete, die er durch sein bloßes Dasein davor bewahrte, sein zu müssen wie er – sie schuldeten ihm einen Ausgleich dafür, daß er es schon war. Sein Gebet – wenn es ein solches gewesen sein soll-

1 [Friedrich Hebbel, Werke. Bd. 5. München 1967, 499.]

2 [Ludwig August Frankl, zit. n. Paul Bornstein (Hrsg.), Friedrich Hebbels Persönlichkeit. Berlin 1924, Bd. 2, 346.]

te – ließe sich blasphemischer nicht denken: *O, wie oft fleh ich aus tiefster Seele: o, Gott, warum bin ich, wie ich bin! Das Entsetzlichste!*[3] Der Gott, den er da in seinem leeren Himmel tagebuchdramatisch anrief, hätte ihn nicht gewollt haben dürfen. Er war der Gegenbeweis gegen die Theodizee.

Hebbels dramatische Imagination ist durch dieses Selbstverhältnis bestimmt. Auf seiner Bühne werden die Glossen zu seinen Tagebüchern gespielt, die in ihrer fiktiven Kasuistik dem reinen Grenzfall nachjagen, auf den Tragödie und Komödie konvergieren mußten. Darauf zielen die Gedankenexperimente mit dem Unerträglichen, die Destillate dessen, was keiner sein kann – womöglich nicht einmal er sein konnte? Vielleicht gab es sogar für ihn den Stellvertreter, der den Platz dessen hielt, was er nicht zu sein brauchte, und sei es nur im Imaginären. Er leidet darunter, daß die ›Reinheit‹ der Grenzfälle nicht in ›Rollen‹ umzusetzen ist, nicht einmal für seine Frau Christine, die ihm die Judith ›wahrgemacht‹ hatte. Der »Moloch«, ein Lebensthema, bleibt Fragment, erst recht der »Christus«, sein letzter Griff nach dem Ungreifbaren. Für den Erfinder des Mittels zur Unsterblichkeit, der das Rezept vergißt und allein unter allen, die fortsterben müssen, die Schuld des Überlebens trägt, hätte es keine theatralische Anschaulichkeit geben können. Es ist das ›reine‹ Gedankentheater des Diariums.

Was die Tagebücher aufregend macht, sind nicht die Selbstentblößungen, die *›Confessions‹*, nicht die innere Rhetorik der Apologie ohne Tribunal; es sind die Versuche, die Grenze zu erkunden, die dem Menschlichen zwischen dem Noch-nicht und dem Nichtmehr seiner Negation gezogen sind. Die Lebensthemen, nach denen sich diese Experimentalanthropologie ordnen läßt, sind von lapidarer Einsilbigkeit: Buch und Geld, Zeit und Tod, Faust und Gott.

3 [Hebbel, Werke. 5, 114.]

Zweierlei Umgang mit dem Buch

Auf seiner Fußreise im März 1839 von München nach Hamburg findet Hebbel, erschöpft und abgerissen, in Göttingen Unterschlupf bei Rudolph Ihering aus Aurich, dem nachmals berühmt gewordenen Juristen, mit dem er aus seinem ersten und einzigen juristischen Semester in Heidelberg im Sommer 1836 bekannt war und den er in München wiedergetroffen hatte. Da bestand zwar nicht mehr die Gemeinsamkeit der Fakultät, aber man muß sich einander mitgeteilt haben, denn in Hebbels Tagebuch ist eine Episode aus Iherings Kindheit eingegangen, die ohne nachhaltigeren Eindruck nicht notiert worden wäre.

Der Knabe hatte beim Buchhändler des Pädagogen August Hermann Niemeyer »Grundsätze der Erziehung und des Unterrichts« aus dem Jahr 1796 erworben und der Mutter mit der Aufforderung überreicht, ihn nach dem Buche zu erziehen.

Man darf die Notiz nicht als Zeitgenosse der Gegenwart lesen. Der hat ohne weiteres zu vermuten, der gescheite Knabe habe sich die Erleichterungen einer immer schon ›fortschrittlichen‹ Pädagogik verschaffen wollen. Der spätere Meister der Rechtssystematik hatte auf indirekte Weise seine Erziehung selbst in die Hand genommen und gehörte damit in die Endphase der Aufklärung mit ihren ›selbstdenkenden‹ Frühreifen. Er hatte in den elterlichen Prozeduren die Methode vermißt. Statt selbsterdachte Grundsätze respektlos in ›Kritik‹ umzusetzen, hatte er den Umweg eines Buchgeschenks in elterndidaktischer Absicht eingeschlagen. Eltern waren immer schon beeinflußbar durch Theorien über die rechte Aufzucht ihrer Kinder. Sie mögen zu allen Zeiten etwas von der Ungeheuerlichkeit gespürt haben, die darin liegt, von der Natur und nicht von der Vernunft getrieben Nachkommen zur Existenz zu verhelfen. Das macht sie anfällig für den Zuspruch solcher, die es genauer zu wissen scheinen, wie man es richtig zu machen hat.

Blickt man nun auf Hebbel, der sich diese Episode notiert: Wie muß sie sich ausgenommen haben, um ihren Platz im Tagebuch zu verdienen? Hebbel hätte seiner Mutter den Niemeyer nicht überreichen können; sie war des Lesens unkundig, und ein Buch im Wesselburener Elternhaus wäre ein *non-ens,* ein Unding, gewesen.

Vor allem aber: Der Knabe Friedrich Hebbel hätte keine Ahnung davon gehabt, daß mit Büchern Einfluß ausgeübt, Wirkung erzielt werden kann. An seiner frühen Lektüre erfährt er nur, daß Bücher ›Erlebnisse‹ sind, nicht Mittel zu anderem, Instrumente zum Erlernbaren, Karrierefaktoren. Die Eleganz der Mittelbarkeit aus der Ihering-Anekdote wird Hebbel immer fremd bleiben; deshalb notiert er sie wie eine exotische Begebenheit.

In Wesselburen ›überreichte‹ man Bücher nicht, man wurde über ihnen ›ertappt‹ – und das war keine Bagatelle, wenn man erfährt, mit welchem Pathos man sich zu rechtfertigen hatte. Weit draußen, am Straßenrand, sitzt der Junge lesend. Der Bauer Hansen überrascht ihn, schlägt ihm auf die Schulter und spottet: *Na, Krischan, du wullt ja wohl Kaspelvagt* (Kirchspielvogt) *warn?* Da ist es: Lesen als Mittel, etwas zu werden. Das empört Hebbel: *Johann, wenn ick nichts anners warn kann, denn mug ick garnich geborn sien!* Der Konrektor Schlobohm, dem Hansen dies erzählt hatte, weiß auch, was der Landmann im Weitergehen bei sich dachte: *De snappt bald öwer.*[1]

Nicht diese landesübliche Reaktion ist das Beachtliche der Episode, vielmehr die archaische Grundformel der Tragödie aus dem Mund des künftigen Dramatikers: Es gebe das, angesichts dessen es besser wäre, nicht geboren zu sein. Hebbel war nicht nur der, der keiner sein wollte, er war auch der, der es selbst nicht sein mochte. Immer ist er auf dem Sprung zur Projektion seines Grundlosigkeitsgefühls auf die Welt: Sie sei, wie nichts sein dürfe.

Nach Wesselburen ist Hebbel nach dem Tod der Mutter nicht zurückgekehrt. Aber als er in seinen späten Jahren nach Weimar kommt – zur Lebensstätte dessen, an dem sich zu messen er nie aufhören konnte –, läßt trotz aller Avancen, die ihm dort gemacht werden, sein verstörender Eindruck ihn an Christine schreiben: *Weißt Du, an welchen Ort unter den Tausenden, die ich kenne, Weimar mich am lebhaftesten erinnert? An Wesselburen!* Wieder findet er etwas von jenem Entsetzlichsten, das ihm so treu bleibt, und entflieht.

Ein anderer Satz desselben Briefes deutet darauf hin, was ihm auch diesen Aufenthalt zu einer seiner Höllen gemacht hätte,

1 [Aus Friedrich Hebbels Jugendzeit. Nach Berichten von Zeitgenossen erzählt von Konrektor Schlobohm. Hamburger Nachrichten v. 10.1.1913. Zit. n. Paul Bornstein (Hrsg.), Friedrich Hebbels Persönlichkeit. Berlin 1924. Bd. 1, 5.]

wäre er geblieben: *In Weimar muß man entweder Goethe oder – sein Schreiber seyn!*[2]

2 [Hebbel an Christine Hebbel, 24. 6.1858. In: Friedrich Hebbel, Sämtliche Werke. III. Abt. Briefe. Bd. 6. Berlin 1906, 154.]

Ein »Faust« für eine Nacht

Die Wirkungen des Buchdrucks werden überschätzt. Wir sind beeindruckt von den Zeugnissen derer, die zu den Büchern kamen oder zu denen sie kamen. Von den vielen, die ausgeschlossen blieben, gibt es keine Zeugnisse.

Die Bücher waren da, aber waren sie auch dort?

Waren sie in Wesselburen, wo Friedrich Hebbel aufwuchs und Gerüchte gingen, dieser oder jener habe dieses oder jenes?

So spricht sich herum, daß einer einen »Faust« hat, eifersüchtig gehütet wie ein Schatz im Gewölbe, ein geheimes Laster. Der Hauptpastor Meyn hat ihn, ein Mann von der Unnahbarkeit eines Papstes, und niemand wagt es, ihn um das Buch zu bitten. Hebbel erinnert sich Jahrzehnte später in seinem Lebensbekenntnis an Arnold Ruge jener dörflichen Provokation der Entbehrung dessen, was angeblich schon einer Nation gehören sollte.

Bis eines Abends einer den Bann gebrochen hat und jubelnd, Neid heischend ausruft, er habe den »Faust«. Nur auf Umwegen und nur für eine Nacht; am nächsten Morgen in der Frühe muß er ihn zurückgeben, weil der Hüter des Schatzes von einer Inspektionsreise zurückkehrt. Alle Versprechen an den Glücklichen sind vergeblich: *Nichts da, er will selbst lesen.*[1] Was für ein Satz, und welche Verdammnis, von der unbekannten Seligkeit ausgeschlossen zu sein.

Da hilft, was auch im Drama immer hilft: Erotik. Hebbel schlägt dem anderen vor, ihn um den Preis des Buches in das Haus seiner Liebsten zu begleiten, das die Schüchternheit ihn zuvor niemals betreten ließ. Das ist dem anderen den »Faust«-Abtritt wert. Nur noch die kleine Bedingung, Hebbel müsse drei volle Stunden im fremden Hause ausharren. Er ist, noch bevor er die Geschichte kennt, zum Mephisto geworden, der Faust zu seinem Gretchen verhilft. *So sitze ich denn, mein Buch wie eine Feuerkohle in der Tasche, bis elf Uhr bei Leuten, die mir wenigstens in dem Moment äußerst gleichgültig waren, und kann etwas vor Mitternacht den Faust anfangen.*[2]

1 [Friedrich Hebbel, Werke. Bd. 5. München 1967, 733.]
2 [Ebd., 733 f.]

So leichthin, zur Illustration einer entbehrungsreichen Jugend, schreibt Hebbel die Komödie der Bildung *in nuce.* Niemals hat der große Theatraliker daran gedacht, daraus Theater zu machen. Er hatte die Tragödie im Kopf und ihren immerwährenden Kernsatz, für den Menschen wäre es besser, nicht geboren zu sein. Die dörfliche Faustiade hätte dem widersprochen: Für jenen nächtlichen Augenblick allein hatte es sich gelohnt, geboren zu sein.

Sämtliche Werke

Von Hebbel ist die Bosheit überliefert, man könne über Jean Paul sagen, daß *er jeden Augenblick, wenn er nicht an seinen sämtlichen Werken schrieb, sicher in seinen sämtlichen Werken gelesen habe.*[1]

Dies sei erst die vorletzte Stufe, ließe sich sagen. Der absolute Autor schreibt an seinen sämtlichen Werken, damit der ihm verfallene Leser sein Leben lang nichts anderes zu tun haben kann, als in diesen zu lesen.

Wer nicht wenigstens die Annäherung an den Grenzwert kennt, möge daraus entnehmen, daß er die Chance schon versäumt hat, absoluter Leser eines absoluten Autors zu werden.

1 [Eduard Kulke, Erinnerungen an Friedrich Hebbel. Wien 1878. Zit. n. Paul Bornstein (Hrsg.), Friedrich Hebbels Persönlichkeit. Berlin 1924. Bd. 2, 305.]

Unverhältnisse

Was geht einem nahe? Was trifft ihn so, daß es fest in ihm sitzen bleibt?

In München hat Hebbel ein Verhältnis mit der Tochter seiner Wirtsleute, der Josefa Schwarz, Beppi genannt. Im Mai 1837 notiert er deren unverwindliche Äußerung, er habe *eine bloß tierische Liebe.*[1] Dieses Mädchen, dem er beim Abschied 100 Gulden als ›heiligste Schuld‹ versprechen sollte, hatte das zu sagen gewagt. Niemand sonst hätte es ungestraft tun können. Er muß es hinnehmen und kann nicht anders, als es zu notieren.

Er selbst ist großzügig, andere zu treffen. Ihering kann er nach langen Gesprächen das vernichtende Edikt entgegenschleudern, das dieser unverdrossen aufgezeichnet hat: *Ich hätte ihm bloß als Wand gedient, gegen die er sprach!*[2] In den »Aufzeichnungen aus meinem Leben« hat es Hebbel noch drastischer ausgesprochen: *Ich kann mit einer Tür reden, sobald nur mit Kreide ein Mensch darauf gemalt ist.*[3]

Zwei weit voneinander abgelegene Schlüsse von Unverhältnissen. Gemeinsam ist beiden ein Moment der traumatischen Entwertung. Da sieht es wie Billigkeit aus, daß der, der das eine *sagte,* das andere *anhören* mußte.

Anzumerken bleibt, was Hebbels zuverlässigster Biograph über das der Beppi hinterlassene Versprechen lakonisch mitteilt: *Nichts deutet darauf hin, daß dies Versprechen gehalten wurde.*[4] Beppi wird in demselben Jahr wie Hebbel sterben, sie allerdings unverheiratet.

1 [Friedrich Hebbel, Werke. Bd. 4. München 1966, 145 (Nr. 745).]

2 [Rudolf von Ihering, Bericht. Zit n. Paul Bornstein (Hrsg.), Friedrich Hebbels Persönlichkeit. Berlin 1924. Bd. 1, 69; s. a. Hebbel, Werke. 4, 985.]

3 [Friedrich Hebbel, Aufzeichnungen aus meinem Leben. In: ders., Werke. Bd. 3, München 1965, 711-742. Das Zitat ist aber nicht aus dem Text selbst (und daher in dieser Ausgabe nicht enthalten), sondern findet sich unter »Lesarten und Anmerkungen«, vgl. ders., Sämtliche Werke I, 8. Berlin 1904, 395. Hier zit. n. Bornstein, Friedrich Hebbels Persönlichkeit. Bd. 1, 483.]

4 [Ebd., 1, 482.]

Vernichtungen

Im Juli 1851 ist Hebbel in Hamburg und sieht Elise Lensing wieder, drei Jahre vor ihrem elenden Tod. Sie hatte zwei Jahrzehnte zuvor dem Ungeschlachten aus Wesselburen – wie man vormals so schön sagte – alles gegeben. Er hatte alles genommen. Die Versöhnung mit Elise hatte Hebbels Frau Christine 1847 ertrotzt, als fast gleichzeitig seine beiden Söhnchen – Elises Ernst in Hamburg, Christines Ariel in Wien – gestorben waren. Solches zwiefache Unheil muß im Hause des Tragikers wie Verhängnis gewirkt haben. Jedenfalls wurde Elise nach Wien eingeladen und lebte mehr als ein Jahr im Hause der Hebbels. Als sie abreist, nimmt sie Christines vorehelichen Sohn Karl mit sich nach Hamburg.

Dort also sieht Hebbel sie wieder, und dort kommt der Augenblick der bittersten Wahrheit. Dafür, wie tief er Elise verwundet hatte, wird ihm das schrecklichste Zeichen: das der Unwiederherstellbarkeit des Einmaligen. In einem einzigen Satz notiert er sich, was ihm wie so oft zum Nucleus eines Dramas gerät: *Die Szene, wo ich vor Elisens Schreibpult saß und dachte: darin liegen die Manuskripte von Judith, Genoveva, Diamant, dann darnach fragte und erfuhr, daß sie alle verbrannt habe.*[1]

Von dieser Härte war, was Hebbel auf dem Theater als Rache gespielt sehen wollte und womit die imposante Christine Enghaus ihr Wiener Publikum erschaudern machte. Hebbel hatte seine Manuskripte bei der Abreise nach Paris 1843 Elise als Pfand gelassen. Sie hatte ihn beim Wort genommen, wie er sie mit der Versicherung, ihn an keiner anderen Bindung zu hindern. Was mit ihrem Gegenpfand, ihren vielen Briefen an ihn über die Jahre seiner ruhelosen Wanderungen hinweg, geschehen ist, wissen wir nicht. Mit ihrem Verlust ist Elisens Bild fast unaufhellbar im Dunkelgrund der Zeit verschwunden.

Es bleibt eine ihrer unwürdige Vermutung, Christine könnte Elisens Spuren aus dem Nachlaß ihres Mannes getilgt haben, sosehr sich ihr Umriß im Alter verhärtet. Sie hatte das Glück gehabt, von Hebbel nicht verlassen werden zu können, weil sie das einzige

1 [Friedrich Hebbel, Werke. Bd. 5. München 1967, 94 (Nr. 4934).]

Organ war, das er hatte, seine Tragödien zu realisieren. Sie machte das Unmögliche seiner Frauengestalten möglich, wir wissen kaum noch, wie. Nichts deutet darauf hin, daß sie Hebbel sein Ausgeliefertsein an sie hätte erleiden lassen.

Über den Zeugnissen von Hebbels Dasein wütet die Vernichtung. Der Freund Felix Bamberg, der zuerst die Tagebücher herausgegeben hat, riß ganze Seiten heraus, lädierte andere durch Rasuren. Er war in Paris Hebbels Freund geworden, als er den Schmerz des Vaters über den Tod des ersten Kindes mit Elise sah. Bei allem Späteren appellierte Hebbel an diese intime Zeugenschaft: *Sie haben mich in meinem höchsten Schmerz gesehen!* In der Einleitung zu seiner Erstedition der Tagebücher 1885 wird sich Bamberg auf diesen Satz berufen; er sei *einer Weihe gleichgekommen.*[2] Zwei Jahrzehnte nach Hebbels Tod mochte dies das Motiv sein, das Gericht über den Freund unmöglich zu machen. An dieses Gericht hatte Hebbel selbst noch 1847 gedacht, als er sagte, daß sein Verhältnis zu Elise *vor vollständiger Vorlegung der Aktenstücke vielleicht von keinem Menschen richtig beurteilt werden kann.*[3] Eine Bedingung, die sich nie erfüllen sollte.

Wäre dies das Ganze und das Ende der damnatorischen Verbrennungen? Hebbel hat, mit einem seiner großen Konjunktive, noch eine Weltstufe weitergedacht. Als Elise am 27. August 1848 Wien mit dem Adoptivsohn verlassen hatte, schrieb Hebbel ihr nach ins Tagebuch: *Ich wollte, du arme Seele, es gäbe einen Himmel, damit du für alle deine Leiden Vergeltung erhieltest, ich wollte es, obgleich es für mich dann auch eine Hölle gäbe!*[4]

Da ahnte er noch nicht, was ihm drei Jahre später an Elisens Schreibpult als Ausbrennungswahrheit bevorstand.

2 [Felix Bamberg, Vorwort. In: Friedrich Hebbel, Tagebücher. Bd. 1. Berlin 1885, XVIII.]

3 [Friedrich Hebbel, Werke. Bd. 4. München 1966, 829 (Nr. 3917).]

4 [Hebbel, Werke. 5, 25 (Nr. 4441).]

Wie die Spartaner

Sie haben in Europas Köpfen viel Unfug gestiftet: die Spartaner mit ihrer staatsdienstbaren Genügsamkeit und Härte, die Rousseau verwechselte mit der frugalen Zufriedenheit seiner naturzuständlichen Urzeit. Er teilte mit ihnen die Indifferenz gegen die eigenen Kinder; mit ihr hatten sich seine Bewunderer zumindest abzufinden.

In Wien wohnt Hebbel – eben noch ein verzweifelt Abgerissener auf der Durchreise von Rom kommend – im ersten Stock eines großen Hauses in der eleganten Wohnung der bewunderten Hofburgschauspielerin Christine Enghaus. Es war kein Aufstieg, es war ein Aufsprung gewesen.

Was tut der Aufgesprungene, sobald er es ist? Er räsoniert im Caféhaus über die soziale Frage. Mit dem Pauperismus könne es so nicht weitergehen. Da sei vor einigen Jahren im englischen Parlament ein Satz gefallen, der von sich reden gemacht habe. Man hatte über Verarmung und Übervölkerung debattiert, als sich das Mitglied des Hauses Thomas Robert Malthus erhob und trocken vortrug: *»Wenn man wirklich Abhilfe will, so muß man den Kindermord gutheißen!«*[1]

Man ist ringsum, gelinde gesagt, erstaunt, daß einer darin keine Abartigkeit findet: Hebbel hatte es wie der Weisheit letzten Schluß berichtet. Er fügte noch hinzu, man werde nach einem gesetzlichen Maßstab die Kinder bei der Geburt zu töten haben; so sei es schon einmal Sitte gewesen – in Sparta. Darauf werde man zurückkommen.

Robert Waldmüller, der die Caféhausszene überliefert hat, gesteht, nicht einmal gewagt zu haben, den drakonischen Mann zu fragen, wie er sich die Anwendung der Prozedur auf die Seinen denke. Statt dessen bleibt die Debattierrunde beim großen Ganzen; man tröstet sich mit dem Blick auf die weiten Teile des Erdballs, die noch nicht übervölkert seien. Man hatte Zeit gewonnen, konnte die Schwere der Sache den Künftigen überlassen. Diskutiert wurde auch da schon zumeist für die anderen.

1 [Robert Waldmüller überliefert von Emil Kuh, Biographie Friedrich Hebbels. Wien, Leipzig 1907, Bd. 2, 237. Zit. n. Paul Bornstein (Hrsg.), Friedrich Hebbels Persönlichkeit. Berlin 1924. Bd. 1, 222.]

Nun kann man sagen, Teilnehmer an solchen Gesprächen über Weltprobleme müßten immer auf einiges gefaßt sein. Doch Hebbel spricht da nicht zum ersten Mal vom Überfluß an Menschen – und er hat es schon mit weit weniger Rücksicht getan. Am 2. April 1844 – kaum zwei Jahre vor seiner Ankunft in Wien – hatte er aus Paris an Elise Lensing über den Plan eines Dramas geschrieben, das Konsequenzen aus der Weltlage darstellen sollte. Da schreibt er ihr – die immerhin schon ein Kind von ihm geboren und verloren hatte und nur einen Monat vor der Geburt des zweiten stand –, er habe sich für das Stück vorgemerkt, *daß, so wie jetzt die Kindesmörderinnen b e s t r a f t werden, sie dann* eine *B e l o h n u n g erhalten, und daß Staatsanstalten existieren müßten, worin die Kinder der Pauperisten g e t ö t e t würden.*[2] Er denkt nicht daran, dies nur als utopisches Hirngespinst der armen Elise hinzuschreiben. Er insistiert auf der Ernsthaftigkeit: *Es steht in meiner Schreibtafel. Zu meinem größten Erstaunen lernte ich nun aus dem Engelsschen Aufsatz über Nationalökonomie, daß der berühmte Nationalökonom* Malthus *dies schon wirklich in Vorschlag gebracht, meine Phantasie also zur Nachhinkerin seines Verstandes gemacht hat.* Die Selbständigkeit des Fundes, die Originalität des genialischen Spruches verdeckten ihm jede andere Rücksicht: *Es war mir lieb; denn ich sehe doch daraus, daß ich unser jetziges sociales Prinzip richtig gefaßt habe.*[3]

Der frühere Brief macht die spätere Äußerung in einem bestimmten Punkt durchsichtiger. Die von Waldmüller gegenüber dem schnell Gereizten nicht riskierte Frage, wie er sich die Auswirkung seiner Forderung auf die eigene Familie denke, beruht auf Hebbels Voraussetzung, die Minderung der Neugeborenenzahl solle *allerdings nach einem bestimmten gesetzlichen Maßstabe*[4] erfolgen; da durfte man wohl bei dem Verfechter der Volksfreiheit heraushören, daß unter ›gesetzlichem Maßstab‹ die gleichmäßige Betroffenheit aller gemeint sein müsse. Der Pariser Brief an Elise zeigt allerdings, daß Hebbel an die Seinen nicht zu denken brauchte, weil er immer schon an die anderen gedacht hatte.

2 [Friedrich Hebbel, Werke. Bd. 5, München 1967, 540; s.a. Friedrich Hebbel, Sämtliche Werke. III, 3. Berlin 1905, 74.]

3 [Ebd.]

4 [Ebd., 222.]

Eine Lücke im Tagebuch – oder: die Kunst, andere tragisch enden zu lassen

In Paris war unter den Damen, die sich für den blonden Teutonen aus Wesselburen interessierten, auch die Frau eines reichen Mannes, der in der Nähe der Hauptstadt eine Villa hatte. Die Frau bestürmte Hebbel mit Einladungen; er fürchtete die Eifersucht des Ehemannes. Bis dieser eines Tages selbst bei ihm vorstellig wurde, ihm sanfte Vorwürfe machte, daß er die Einladungen in sein Haus verschmähe. Als Hebbel sich mit der weiten Entfernung entschuldigte, stellte ihm der Mann seine eigene Equipage zur täglichen Verfügung. So wurde Hebbel Gast in jenem Hause.

Er muß später in Wien diese Geschichte Eduard Kulke erzählt haben, der sie in seinen Erinnerungen an Hebbel von 1878 wiedergab. Damals, in Paris, waren die Dinge weiter gelaufen, wie sie bei jedem anderen auch gelaufen wären. Doch kommt bei Hebbel immer ein makabrer Zuschuß hinein; hier der des potentiellen Mordes.

Eines schönen Tages, als sich der Dichter mit der lebhaften Französin allein befand, trat sie mit einer wunderlichen Zumutung an ihn heran. Sie machte nicht viele Umschweife, sondern forderte ihn lakonisch auf: *Heiraten Sie mich!* Nun war Hebbel nicht der Mensch, der über einen sonderbaren Einfall aus der Fassung geraten wäre; doch diese Aufforderung befremdete ihn. Mit dem ganzen Ernst des Deutschen erwiderte er, wie das denn zugehen solle, da seine Verehrerin doch verheiratet sei. Die Antwort war nicht weniger ernsthaft gewesen: *Oh, […] nur ein Wort von Ihnen, und ich bin morgen Witwe!*[1]

Hebbel reagiert, indem er dies eine rasche Prozedur nennt und die Plötzlichkeit des Geistes der Dame bewundert. Nur gebe es da einen Umstand, der ihn davon abhalte, sie zu heiraten. Die Dame glaubt sich schon am Ziel ihrer Wünsche, denn sie ist sich sicher, jede Einwendung widerlegen und jedes Hindernis aus der Welt schaffen zu können. Was das denn für ein Umstand sei, erkundigt sie sich. Darauf Hebbel, es sei sehr liebenswürdig von ihr und

1 [Eduard Kulke, Erinnerungen an Friedrich Hebbel. Wien 1878, 39.]

äußerst schmeichelhaft für ihn, was sie zu tun bereit sei; nur fehle es an der Garantie dafür, daß sie nicht morgen oder übermorgen ebensogut einem anderen zuliebe – wenn dieser das Glück haben sollte, ihre Aufmerksamkeit zu gewinnen – wiederum ihn selbst aus dem Wege räumen würde.

Er reklamiert sein Recht wie seine Pflicht, noch etwas für die Welt oder zumindest in der Welt zu tun. Dazu stehe er im Begriff, eine Reise nach Italien anzutreten: *Sie begreifen wohl, meine Teuerste, daß eine Dame, die mit solcher Leichtigkeit sich selbst zur Witwe machen kann wie Sie, keine Partie für einen Mann ist, der in der Welt noch manches andere zu tun hat als zu heiraten.*[2] Auf diesen Einwand war seine Anbeterin offenkundig nicht vorbereitet. Sie ließ Hebbel gehen, der nicht wiederkehrte. Er war zu diesem Zeitpunkt noch im Besitz des Reisestipendiums, das ihm der dänische König bewilligt hatte, und nicht darauf angewiesen, an Sanierung durch eine Heirat zu denken.

Nun muß man sich vorstellen, wie der Dramatiker für einen seiner Theaterhelden an diesem Punkt entschieden hätte. Leider hat er darüber im Tagebuch nichts notiert; sonst wäre ihm nicht entgangen, welcher Bühnenstoff vor ihm lag. Sein Held hätte nur auf die Chance gesehen, der Ärmlichkeit seines Daseins ein Ende zu machen. Erst nach dem vordergründigen Erfolg wäre ihm nach und nach, bei jeder kleineren und kleinsten Beobachtung von Aufmerksamkeiten seiner Frau gegenüber anderen Männern, eben der Gedanke gekommen, mit dem der schlagfertige Hebbel seine Bewerberin bei Zurückweisung ihres Antrags verblüfft hatte.

Um daraus allerdings eine Tragödie zu machen, durfte der Held nicht einer sein, der mit am »Pitaval« geschulter Geistesschärfe schon das übernächste Delikt ins Auge faßt, während das nächste noch gar nicht ausgeführt wäre. Held der Tragödie konnte nur sein, wer seinem Schicksal bei allmählicher Einsicht in seine Lage kurzerhand vorgegriffen und *sich* zum Witwer gemacht hätte.

Hebbels Phantasie hinderte ihn daran, selbst der Held einer Tragödie zu werden.

2 [Ebd., 39 f.]

Falschmünzerei im Gegensinn

Die reine Handlung, das ist die Idee des Dramatikers vor jeder ›Geschichte‹, vor dem historischen Stoff und den erdachten Gestalten. Die reine Handlung ist entweder zwecklos oder überdimensional in der Einheit ihres Zwecks. Daran, daß einer die Welt zerstören könnte, war nie zu denken – aber es wäre der Grenzbegriff der reinen Handlung gewesen: auszulöschen, was *ist,* und dann zu warten, was *wird.*

Hebbel entwirft sich einen Falschmünzer, den kein Motiv niederen und kleinen Gewinns antreibt. Er verschlechtert nicht die Münze, er verbessert sie. Er schlägt sie aus reinem Gold. Er ist kein Betrüger; dennoch ein Verbrecher, weil er das Monopol des Staates, die Münze zu schlagen, verletzt. Er tut es *aus reiner Lust,* und es ist noch nicht einmal sicher, ob er die Wirkung beabsichtigt, die er erzielt: die Münzen des Staates zu diskreditieren, die aus legiertem Gold sind.

Das ist 1849 im Januar niedergeschrieben. Es ist kein revolutionärer Text. Die Möglichkeit, den Staat in seiner Glaubwürdigkeit zu treffen, ist der fast belanglose Nebeneffekt der reinen Handlung, die das Unwahrscheinliche, das Unglaubliche um seiner selbst willen sucht.

Nichts darf Mittel sein, was die reine Handlung hervorbringt. Da scheint sich ein Widerspruch zu regen: Was wäre ausschließlicher Mittel als Geld? Aber Hebbels Falschmünzer will gar kein ›Geld‹ erzeugen; er will etwas, was es in Reinheit nicht gibt, zur Reinheit seiner Möglichkeiten bringen. Münze ist es nur deshalb, weil das den Vergleich zu allen Stufen der Entwertung ermöglicht und eben dadurch dieser entgegensteht. Der Staat ist zum Urheber der schlechten Münze geworden, weil er sich das Recht der ausschließlichen Versorgung des Geldumlaufs durch seine Garantie für den Annahmewert verschafft hat. Alles ist Mittel geworden, was einmal Substanz gewesen sein mußte, um akzeptiert zu werden. Der Reiz der reinen Handlung liegt in ihrer unmittelbaren Beziehung zur Substanz: des Menschen wie der Sachen.

Symbolisches Lebensmittel

Das Tagebuch gegen Ende Oktober 1851: *Ein Mensch will essen und ist eilig: da verschlingt er eine Banknote, statt dessen, was er dafür haben könnte, und eilt davon.*[1]

Der Einfall ist bestechend, obwohl er einen dramatischen Keim nur enthielte, wenn die Form des symbolischen Nahrungsersatzes zum Irrtum der Dauerhaftigkeit führte. Die Zuspitzung zum Grenzfall besteht hier in der flüchtigen Verwechslung von Symbol und Realität an eben der Stelle, wo alle Realismen ihren Vegetationspunkt haben: beim Essen. Was gegessen werden kann, ist real; es wird dadurch real, daß es Sättigung bewirkt, auch wenn es vorher nur Symbol zum Erwerb von Eßbarem gewesen sein sollte. Was Hebbel sieht, ist die Verwechselbarkeit des Geldes mit der Sache, für die es einsteht. Da hat einer nur das Symbol gegessen, aber einen so ausgeprägten Realismus, daß es für ihn keinen Unterschied ausmacht: Die Sättigung ist so etwas wie ein psychosomatisch an das Symbol gebundener Akt geworden.

Der Zufall des Tagebuchs läßt uns die kurze Entstehungsgeschichte beobachten. Ursprünglich war dies kein ›Einfall‹ Hebbels, sondern ein Traum seiner Frau Christine, der – zwischen dem 15. und 26. desselben Monats – den Dichter nicht mehr als ebenfalls einen Satz gekostet hatte: *Meine liebe Frau träumt: sie ißt sehr viel und verzehrt zuletzt eine Zwei-Gulden-Banknote.*[2]

Nun sieht man, was an dem Halbsinn eines Traumes geändert werden mußte, damit es ein Einfall wurde.

In Christines Traum wird ja zunächst im gewöhnlichsten Sinne gegessen, und zwar sehr viel; im Zuge solcher Völlerei unterläuft wie ein übermütiger Luxus, eine Herausforderung des Schicksals, der Nachtischverzehr der Banknote. Sie ist nicht symbolischer Ersatz, sondern Symbol der Übersättigung bei einem, der sonst womöglich nichts mehr hätte zu sich nehmen können. Etwas wie Snobismus.

Hebbel erkennt innerhalb weniger Tage, welche Chance in dem Traum steckt. Nicht gerade die, einen Hungernden sich symbolisch

1 [Friedrich Hebbel, Werke. Bd. 5. München 1967, 100 (Nr. 4958).]
2 [Ebd., 98 (Nr. 4949).]

sättigen zu lassen, bei dem jedes Motiv gefehlt hätte, die Umwandlung der Note in das Lebensmittel nicht zu vollziehen. Der Eilige ist ein anderer Typ; er hat Geschäfte, dringendere, als zu essen, und da unterläuft ihm eine jener nur Jahrzehnte später ebenfalls in Wien entdeckten Fehlleistungen: die beiläufige Flüchtigkeit, sich am Symbol genügen zu lassen.

Nichts läßt erkennen, daß Hebbel am Traum seiner Frau das eigene Trauma betroffen gemacht hätte, von ihren 6000 Gulden im Jahr, denen er seine Dichterruhe verdankte, herausfordernd zwei vor seiner Nase verspeist zu sehen. Immerhin mußte Christine arglos den Traum ihrem Mann erzählt haben. An Deutereien hatte sie nicht gedacht; nur an das, was er daraus machen würde, wie sie vertraute. Und dieses Vertrauen rechtfertigte er.

Der Preis, wenn es keinen Preis gibt

Schiffbrüchige waren seit je geeignet, dramatisch verschärfte Situationen gedanklich durchzuspielen.

Hebbel notiert 1840 im Tagebuch: *Einer wirft beim Schiffbruch dem andern ein Brett zu, worauf er sich rettet. Angekommen am Lande, frägt dieser: wieviel kostet das Brett?*[1]

Zweifellos soll ein Fall unanständigen Betragens gezeigt werden. Einer, der dem anderen Dank fürs Überleben schuldet, fragt nach dem Preis – nicht für die Rettung, sondern für das Requisit dazu. Das Wort ›Geld‹ fällt nicht; fast darf man bei Hebbel glauben, aus Verachtung.

Seit Georg Simmels »Philosophie des Geldes«, also seit der Jahrhundertwende, haben wir zu würdigen gelernt, was die Ersetzung verwirkten Lebens durch eine Geldleistung zur Sittigung und Vernünftigung, zur Zähmung des Rachegelüsts, beigetragen hat. Die Einwilligung, nicht Leben mit Leben zu verrechnen, sondern das Maß eines inadäquaten Äquivalents gelten zu lassen, ist eine Kulturleistung.

Auf den Grenzfall von Hebbel bezogen: Für die Rettung des Lebens gibt es keinen Lohn. Die Frage des Geretteten nach den Kosten des rettenden Bretts spielt die Verlegenheit herunter, indem sie so tut, als gäbe es eine Regelung der offenen Schuld. Jeder Versuch, mit Ernst an diese Frage heranzugehen, geriete leicht ins Lächerliche. Etwa das einzig ›gerechte‹ Versprechen, beim nächsten Schiffbruch die Rettung mit Rettung zu vergelten und dabei dem anderen das Brett *naturaliter* rückzuerstatten.

Weil es keine Lösung gibt, ist die falsche so gut wie jede andere – obwohl weniger falsch. Immerhin wurde nicht gefragt: Wieviel verlangst du dafür, mich gerettet zu haben? Da zeigt sich, daß die unvermeidliche kleine Unanständigkeit offenbar sehr steigerungsfähig wäre. Oder sollte die Frage rhetorisch gemeint sein: Du hast es doch hoffentlich umsonst getan?

Jede Kasuistik der Situation führt ins Unmögliche, und in dessen Nacht sind alle Katzen schwarz. Oder befindet man sich, von

1 [Friedrich Hebbel, Werke. Bd. 4. München 1966, 364 (Nr. 1921).]

Hebbel gestoßen, auf dem Weg zu einer Tragödie? Man stelle sich vor, er ließe den Retter sagen, das Brett sei unbezahlbar teuer, denn es sei das einzige und letzte gewesen, und er werde seinen Preis eintreiben. Da käme es doch noch, obgleich metaphorisch, zu dem Schiffbruch, bei dem der Schuldner versinkt. Seine Rettung wäre zum Grund seines Ruins geworden – die Tragödie dessen, der sich retten läßt.

Zeitopfer, Zeitdiebstahl, Zeitraub

Dem emsigen Leser des »Neuen Pitaval« und der »Merkwürdigen Kriminalrechtsfälle« des Juristen Anselm von Feuerbach verwandelt sich die unerschöpfliche Idee des perfekten Verbrechens in die des unschuldigen. Das unwiderstehliche Motiv, die Idee einer letzten Rechtfertigung, steckt in der Formel des unvollendeten Satzes, den Hebbel Ende Februar 1848 notiert, durch die Anführungszeichen offenkundig vorbereitet als Spruch aus dem Munde einer dramatischen Figur: *»Ja, würden die Jahre dessen, den ich tötete, meinen zugelegt, dann – «*[1]

Die Vorstufe zu diesem Ausspruch, umständlicher und moralisierend, gibt eine Notiz aus dem September 1847, wieder als zum Rollentext einer Dramenfigur gehörig gekennzeichnet: *»Nur den Mord würd ich entschuldigen, der dem Mörder so viel Jahre zulegte, als der Gemordete einbüßte!«*[2]

Auch zu dieser Eintragung gibt es einen Vorgänger im September 1846, wo das Element des Verbrechens noch gänzlich fehlt, nur der Grundgedanke der Übertragbarkeit von Zeit abgelesen ist an der mythischen Selbstaufopferung des Antinous für den Kaiser Hadrian, *um diesem seinen Lebensrest zu schenken.*[3] Der Freitod des Kaiserlieblings im Nil hatte diese Deutung gefunden, die Hebbel allerdings nur als Beispiel eines Aberglaubens vorführt, der sich gegen Widerlegung unempfindlich erweist: Wäre der Kaiser alsbald gestorben, hätte man nur feststellen können, größer sei eben die von Antinous hinterlassene Restzeit nicht gewesen. Diese Art zu denken behält immer recht.

Der Gedanke hätte die Aufmerksamkeit der Kommentatoren wohl nicht gefunden, wenn sie nicht seine Spur im letzten Akt von »Herodes und Mariamne« festzustellen geglaubt hätten: Die zum Tode verurteilte Königin bittet sich, als letzten Wunsch, ein Gespräch mit dem römischen Hauptmann Petrus aus und verspricht dafür ihrem Richter – keinem anderen als dem eigenen Gemahl –, ihr ausstehendes Leben dem seinen zuzulegen, was dieser in den

1 [Friedrich Hebbel, Werke. Bd. 5. München 1967, 14 (Nr. 4637).]
2 [Friedrich Hebbel, Werke. Bd. 4. München 1966, 906 (Nr. 4283).]
3 [Ebd., 778 (Nr. 3707).]

Gewinn einer Ewigkeit überdeutet. Dabei hat das Versprechen die Irrealität der Verzweiflung und die Wirkung der Illusion. Nichts anderes mehr als nichts hat zu geben, wer die Erfüllung seines letzten Wunsches durch eine Prämie dringender machen muß. Es ist nicht der Fall von Hebbels unschuldigem Verbrechen, obwohl die späteste der drei Tagebuchnotizen und der letzte Akt der Tragödie in demselben Jahr entstehen.

Das Opfer des entschuldbaren Mordes hat keine Gelegenheit, seinem Mörder den Preis zu versprechen; alles kommt darauf an, daß keiner bereit wäre, dieses Zeitgeschenk zu machen, und der Übertrag folglich nur gewaltsam erreicht werden kann. Es ist eine der harmlosen Redensarten des Alltags, daß einer dem anderen die Zeit stiehlt. Allerdings verliert sie der, dem sie gestohlen wird oder der sie sich stehlen läßt; doch der, der sie stiehlt, gewinnt sie nicht. Daher ist Strafe für Zeitdiebstahl auch noch nicht in Erwägung gezogen worden; es fehlt das wichtigste Merkmal: Aneignung der Sache durch den Dieb.

Hebbels Überspitzung zum Raubmord macht erst sichtbar, daß die harmlose Redensart keineswegs das Harmlose meint. Es geschieht immer etwas Endgültiges, wenn einer Zeit verliert; es gibt keinen Ausgleich, keine Restitution, keine Gerechtigkeit.

Der Dramatiker umkreist den unausgesprochenen Gedanken, alle Tragik des Menschen beruhe auf seiner Armut an Zeit. Das macht zum einzig rationalen Motiv von Rang und Größe für einen Mord, sich das Unvermehrbare anzueignen, Lebenszeit eines anderen der eigenen hinzuzugewinnen. Nur gibt es eben das Verfahren der Übertragung nicht, und das Motiv wäre so etwas wie das Paradox eines rationalen Wahns.

Ist der Gedanke damit erledigt? Oder zwingt er zu überlegen, ob die Substanz des Verbrechens nicht dennoch mit dieser Idee von Verzeihlichkeit zu tun haben kann, wenn der Abstraktionsgrad der Tat die Ebene der Entwindung eines beliebigen Raubguts übersteigt? Es ist eben nicht ganz so, daß sich Zeit durch keine Handlung erwerben ließe und jene Rechtfertigung des Mordes schon dadurch *ad absurdum* geführt wäre. Hebbel erreicht sein Ziel nicht. Er nähert sich der Grenze, berührt sie aber nicht.

Zwar statuiert er den absoluten Wert der Zeit, läßt aber nicht den Gedanken zu, daß es für jeden Wert eine Substitution geben könnte. Denkt man ein Stück weiter und nimmt die geläufige Gleichung von Zeit und Geld nicht als Plattheit schon deshalb, weil das Geld darin vorkommt, so sieht man auch in gewöhnliche Formen des Mordes das Motiv des Zeitgewinns, zumindest unterschwellig, hineinspielen. Hebbel konnte das wissen, denn seine ganze ästhetische Existenz beruhte auf der Intensität der Beziehung zu dieser Substanz, die er niemals besaß und die dennoch auf dem Umweg der erotischen Mittelbarkeit ihm immer dienstbar gewesen war.

»Die Langeweile« – ein Drama

Gäbe es eine Kritik der reinen Dramatik, wie es eine der reinen Vernunft gibt, so hätte Hebbel jedenfalls von ihr nichts erfahren. Er ist immer auf der Suche nach dem reinen dramatischen Stoff, nach der absoluten Tragödie (wie ein einziges Mal nach der absoluten Komödie). Nur Kleist ist ihm darin vergleichbar, der den reinen antiken Kreisschluß der Tragödie sogar im Komödien-Ödipus des »Zerbrochnen Krugs« zu realisieren vermochte. An Hebbel fasziniert nicht das Ungelungene, sondern die Entschlossenheit des Suchens, der es oft nicht einmal auf den kleinsten nächsten Schritt vom Einfall zum Werk ankommt.

1846 in Wien gibt es in Hebbels Tagebüchern zwei kürzeste Notizen, die sich fast wörtlich gleichen und dennoch schrill divergieren sollen. Einmal über ein fremdes Drama, unbekannt nach Titel und Verfasserschaft: *Das Stück ist die Langeweile in 5 Akten.*[1] Gleichgültig, was da gespielt wurde, gleichgültig sogar, ob Frau Christine eine Rolle hatte. Die andere Notiz ist kürzer und erweckt ein ganz anderes Maß an vergeblicher Neugier. Sie lautet: *Die Langeweile. Drama.*[2]

Wie ihn dies beschäftigt: diese Antinomie, daß das Leben in seiner Grundbeschaffenheit – nicht ihr entgegen, sondern gerade durch sie – zum Drama taugt. Und natürlich denkt er nicht an ein solches, das die Langeweile in fünf Akten sein würde. Hebbel hatte sie erlitten, als er aller Mittel entblößt war, denen er zutraute, leichthin die Lästigkeit der Zeitlänge vertreiben zu können; als ihm diese Mittel zur Hand sind, das tägliche Leben mit Büchern und mit dem Theater, da sitzt sie immer noch wie ein Stachel in seinem Leben. Er erfährt, daß sie nicht zu vertreiben ist und ihre Insistenz nichts mit den Mitteln zu tun hat, auf die er gesetzt hatte, als man ihm nicht einmal in den öffentlichen Bibliotheken ein Buch anvertrauen mochte: *Die elenden Subjekte, die sich Literaten nennen, haben sich durch Veruntreuung von Büchern so berüchtigt gemacht, daß man, wenn man nur irgend mit der Literatur zusammenhängt,*

1 [Friedrich Hebbel, Werke. Bd. 4. München 1966, 770 (Nr. 3663).]

2 [Ebd., 785 (Nr. 3763).]

keine zu fodern wagt.[3] Da hatte also einer gesessen, dessen Gedichte schon von Campe verlegt waren, dessen Tragödienerstling aufgeführt wurde – und dem gerade deshalb das einzige Mittel gegen die Langeweile vorenthalten blieb.

Als Hebbel die ganz großen Beweggründe für das Töten, wie in der »Judith«, ins Theatralische umzusetzen begonnen hatte, blitzt in ihm – als ob kaum weniger schrecklich – der Gedanke auf, die geläufig als tödlich bezeichnete Langeweile könne es schließlich auch für die sein, die von ihr nichts ahnen. Am 10. Februar 1842 notiert er: *Warum sollte ein Mensch nicht einen Mord verüben können, bloß um der Langeweile zu entgehen!*[4] Es gibt noch nicht die Theoretiker, die vagen Motivationen ihre Konstrukte nach- und unterschieben, weil es die Begriffe für die dumpfe Unbestimmtheit nicht gibt, die im unfaßlichen Übermut die Grenze der Tödlichkeit berührt und überschreitet.

Fast gleichzeitig mit Hebbel hat ein anderer großer Tagebuchschreiber dieser Jahrhundertmitte dem Grundgedanken des Überdrusses an der Zeit die vergleichbar scharfe Wendung gegeben: Kierkegaard. Am Ende des Jahres 1845 nimmt er die Redensart vom Totschlagen der Zeit zum Hinweis darauf, der Mensch könne es in ihr mit seinem schlimmsten Feind zu tun haben und sich dessen nur auf die definitive Art erwehren wollen: *Es könnte eine psychologisch richtige Replik eines Selbstmörders sein im letzten Augenblick, ehe er sich erschösse: mit diesem Schuß töte ich die Zeit, schlage ich die Zeit tot.*[5]

Da wäre ein Stück von dem Drama, das Hebbel ebenso umkreiste wie den Zeitmangel: der Zeitüberfluß. Einer sucht, was ihm das Leben verleidet, will in jedem seiner Opfer den Erzfeind treffen, der ihm die Quelle des Lebensgenusses vergiftet: die Zeit – um im Kreisschluß der Tragödie auf sich selbst als den einzigen zu stoßen, an dem die Zeit ins Herz getroffen werden kann. Es erscheint ihm nur als winzige Schwäche dieser Lösung, daß er der Zeit den Garaus nicht machen kann, ohne dies wie nebenher auch dem Leben zuzufügen.

3 [Ebd., 468 (Nr. 2464).]
4 [Ebd., 469 (Nr. 2464).]
5 [Sören Kierkegaard, Die Tagebücher 1834-1855. Leipzig 1941, 185.]

Todesarten

Heute ging ich unter einem Maurergerüst vorbei. Da fiel es mir ein, es würde mir, wenn ein Stein herunterfiele und mich erschlüge, sogar in dem Fall unangenehm sein, wenn ich schon die geladene Pistole, mit der ich mich im nächsten Gebüsch erschießen wollte, unterm Rock trüge.[1]

Notiz im Tagebuch vom 29. Juli 1837. Der Selbstmörder, in der christlichen Tradition aus nie ganz geklärten Gründen ein Verworfener, ist doch der wahre Nachfolger der ›Vorsehung‹ als des ins Christentum gewanderten Stücks Stoa. Denn worauf es ihm ankommt, zeigt Hebbels Grübelei am Rande des Todestriebs im Münchener Elend: Er will nicht ohne Absicht sterben. Gleichgültig, wer sie hat, könnte man hinzufügen: die Weltvernunft oder die eigene. Der vom Maurergerüst fallende Ziegel ist der ewige Beispielsfall des Gegenteils: der unvernünftigen Absichtslosigkeit. Dagegen begehrt noch im letzten Atemzug auf, wer sich im nächsten seinen eigenhändigen Tod zugedacht hatte.

Nun ist auch der Dachziegel nur ein Repräsentant für die vernünftige Unerträglichkeit der Vorsehung: Nur wenn sie mich bevorzugt, ist sie mir recht und kann sie mir nicht zuwider sein; dann aber weiß ich auch, daß mir der Egoismus den Streich spielt, mich an etwas glauben zu lassen, weil es mich begünstigt, und dies aus Unvernunft, weil ich und nur ich weiß und wissen kann, daß diese Gunst nicht zu verdienen ist – von den anderen ahne ich es nur. Wer von Gott begünstigt zu sein glaubt, ohne sich der Verdienbarkeit der Gunst gewiß zu sein, muß auch ihrer Beständigkeit ungewiß sein. Was mag in dieser hintergründigen Absicht, dem waltenden *principium rationis insufficientis,* für ihn noch stecken?

Das war es, was Epikur gegen die Stoa aufbrachte und ihn den Dachziegelzufall in Gestalt der Weltatomstürze bevorzugen ließ: Man brauchte sich nicht zu sorgen, ob man Günstling des *Logos* sei oder nicht; alle waren gleich, wenn sie unter dem Maurergerüst der Welt hindurchgingen. Der Epikureer ist der, der ohne Harm unterm Zufall des Falles von allem und jedem vergeht und der ei-

1 [Friedrich Hebbel, Werke. Bd. 4. München 1966, 165 f. (Nr. 840).]

genen Absicht im Dahinschwinden so wenig nachtrauert wie der einer Gottheit. Dazu war Hebbel der prägnante Gegentypus und mußte es sein. Denn: Die Tragödie wird unmöglich, wenn der Zufall seine Dachziegel oder Atome streut.

Im anderen Fall aus der Kasuistik der Todesarten spielt nicht der Zufall dem Selbstmörder übel mit, sondern dieser seinem Mörder. Einer will einen anderen vergiften und mischt ihm Entsprechendes in den Wein – der aber schon vergiftet ist, weil das Opfer seinerseits die Absicht hat, sich zu töten. Dieser stirbt in ungetrübter Gewißheit, nur seinem eigenen Willen zu erliegen. Auch der Mörder glaubt sich am Ziel seiner Wünsche; doch wird er darin gestört durch ein hinterlassenes Schriftstück des anderen mit der Erklärung der Selbsttötung. Hebbel läßt nun den Überlebenden von Gewissensbissen gepackt werden und sich der Strafe stellen.

Dazu liegt in der Konsistenz der Sache kein zureichender Anlaß. Reuig würde ein schwächlicher Mörder auch ohne die Mitwirkung seines Opfers an der Tat werden können. Nimmt man es ernst, daß es sich so leicht nicht mordet, muß man dem Täter unterstellen, es sei ihm alles darauf angekommen, diesen einen von seiner Hand sterben zu lassen, seinen Willen ganz in der Tat aufgehen zu sehen. Darum ist er betrogen. Sein Gift war das überflüssige im Becher, eine lächerliche Zutat zum Zureichenden. Sein Opfer, das doch dieses ganz und einzig werden sollte, spottet seiner gerade dadurch, daß es ihn mit der hinterlassenen Erklärung von jedem Verdacht befreit – so weitgehend, daß ihm nicht einmal die Selbstanzeige nützen würde. Die Handschrift seines Opfers zeugte gegen ihn. Er würde zum Wichtigtuer, der sich einer Tat bezichtigte, deren ihn alle nun erst recht für unfähig halten.

Deshalb ist die Selbstanzeige ein schlechtes Stück Tragik. Der geprellte Täter wäre, sofern die Tat ihm notwendig geworden war, ein Verzweifelter; der Mord ist gescheitert und läßt sich nicht wiederholen. In dieser Sackgasse gibt es das weitere Todesopfer: das von eigener Hand.

Die Notiz ist aus dem Februar 1848. Hebbel steckt mitten in seinem Meisterwerk »Herodes und Mariamne«, das er während der Belagerung Wiens vollenden wird. Da ist es verwunderlich, daß er sich ein Jahrzehnt nach dem Einfall vom Selbstmörder unter dem Maurergerüst die zwingende Endigung des neuen Stücks Taschentheater entgehen läßt.

Das Rezept der Unsterblichkeit

Hebbel hat viele Notizen zum Extremwert des tragischen Konstrukts hinterlassen. Oft nur wenige Zeilen und gelegentlich in die Verwechselbarkeit von Tragödie und Komödie umschlagend. Da ist einer, der, ohne es selbst zu wissen, den Trank zusammengebraut hat, der unsterblich macht. Er trinkt ihn und ist es. Aber es war Zufallsprodukt, er kann es nicht repetieren – *er muß allein unsterblich sein.*[1]

Es ist ein Gehirndrama. Zuerst mit der Genugtuung aller Überlebenden, dann mit wachsender Verwunderung, mit Befremden, schließlich mit Schrecken oder gar Entsetzen, vielleicht mit der Verzweiflung, die den Tod zu erzwingen entschlossen ist, erfährt einer, daß er nicht sterben kann. Er ist dessen längst überdrüssig geworden, als Kuriosität belächelt zu werden, als Spiel der Natur, von dem niemand weiß, wie lange sie es treiben wird. Sehr bald glaubt man ihm nicht mehr, daß er so alt sei, wie er behauptet. Es geht ihm wie den angeblich Uralten aus dem Kaukasus, bei denen man Irrtümer in den Ämtern vermutet. Es wird die Einsamkeit eines Solipsismus unter Menschen, die von ihm nichts hören wollen, weil sie es nicht verstehen, und von denen er nichts hören will, weil er die Erfahrungen ihrer Kurzlebigkeit töricht findet.

Auf die Komödie könnte es hinauslaufen, wenn der Zuschauer erfahren würde, der Held sei schon unsterblich, wisse es aber noch nicht. Wie jedoch sollte der Zuschauer es erfahren können? Es wird sich ohnehin niemals herausstellen, daß es sich um Unsterblichkeit handelt; der Trank könnte nur eine Lebensverlängerung von unbestimmter Dauer bewirkt haben. Der Held würde die Angst um seine Gesundheit vielleicht niemals los – ein überdimensionaler Hypochonder.

Die Tragödie ließe sich noch vermeiden, wenn die anderen – aus Neid und in der Meinung, der Held wisse ganz genau, wie man es auch fortan machen könne, unsterblich zu werden – diesen schließlich erschlagen. Davor dürfte ein Unsterblichkeitstrank nicht schützen können. Auch bei diesem Ausgang wäre freilich voraus-

1 [Friedrich Hebbel, Werke. Bd. 4. München 1966, 554 (Nr. 2746).]

zusetzen, was unmöglich zu zeigen wäre, daß der Held überhaupt unsterblich geworden ist. Er könnte es nicht einmal im Schlaf oder aus Liebe oder aus Renommiersucht ausplaudern. Er weiß ja weder, wie es um ihn bestellt ist, noch weiß er, wie er es angestellt hat.

Das Gedankenspiel beleuchtet das Dilemma der absoluten Eigenschaften eines gedachten unendlichen Wesens. Etwa die Idee der Laplaceschen Intelligenz: Sie weiß alles, da sie alles wissen *kann*; aber *weiß* sie auch, daß sie es kann? Und hätte es irgendeinen Wert, alles zu wissen, wenn man eben dieses nicht weiß? Kann man wissen, daß man allmächtig ist, ohne sich darin zu erproben? Es ist eine Wesenseinsicht, daß jedes Können sich seiner selbst mit letzter Gewißheit nur sicher wird, indem es tut, was es kann. Sogar der Mensch wird jederzeit alles machen, was er kann, weil es gar keinen anderen Weg gibt zu wissen, ob man es kann.

So auch mit der Unsterblichkeit. Man muß sie genießen können, soll sie eine positive Qualität werden. Dazu aber muß man ihrer sicher sein und nicht zu befürchten brauchen, das verwendete Mittel habe eine noch unbekannte Begrenztheit seiner Wirkung. Sonst wäre auch die Zusicherung irgendeines als wissend gedachten Betrachters nichts wert, da man in einer so riskanten Sache niemand glauben würde und glauben dürfte. Woher sollte er die Gewißheit haben, die der Verfertiger des Tranks nicht hätte?

So schwer ist es, unsterblich zu sein, angenommen, man könnte es sein oder wäre es schon.

Und ein Abschied von der Unsterblichkeit

Erst in seinem Todesjahr hat Hebbel die Moral der Unsterblichkeitsidee der Unerbittlichkeit seiner Gedankenexperimente unterzogen, ist bis zu einem Stück Geschichtsphilosophie dabei vorgedrungen. Was wäre, sollte man irgendwann den Grenzwert medizinischer Triumphe erreichen und es zur Sache freier Entschlüsse machen, wie lange einer leben wolle?

Die geschichtliche Anstößigkeit läge im Gedanken an die, die vor diesem Gipfelpunkt der Geschichte dahingestorben wären, zumal auf dem Niveau der Alexander und Cäsar, der Shakespeare und Goethe, Phidias und Raffael. Unerträglich für die, die sich immer mehr Leben verschaffen könnten, auf jene in ihre Lebenszwangszeit Gepferchten zurückzublicken.

Nach der anderen Seite hin wäre jeder Anspruch auf Unsterblichkeit der zufällig Lebenden, denen dies möglich würde, in letzter Konsequenz der Ausschluß von Lebensmöglichkeiten in der Zukunft: Auf dem begrenzten Lebensboden verringerte jede endgültige Besetzung die Plätze für Kommende. Welche Generation auch immer sich zum Verbleib auf der Erde entschließen dürfte, sie würde ihren faktischen Bestand als Verwirklichung der Menschheit absolut setzen.

Aber wäre es denkbar, schließt Hebbel seine Notiz angesichts des eigenen hinfälligen Zustands, daß sich eine Minorität fände, die den Zugang zur Unsterblichkeit für so unerträglich und unmenschlich erachten könnte, daß sie sich aus Vernunft dagegen erheben würde? Es wäre das Paradox einer Revolution gegen das erreichte Endziel aller verborgenen Sehnsucht. Hebbel traut der Vernunft die Macht gegen die Wünsche kaum zu, wenn er fragt: *und sollte diese etwas ausrichten?*[1] Ein Grenzfall für den, der selbst die Grenze schon berührt.

1 [Friedrich Hebbel, Werke. Bd. 5. München 1967, 425 (Nr. 6334).]

Grenz(über)gänger

Die unerträgliche Unsterblichkeit

Die erstmals von Plato als beweisbar ausgegebene Unsterblichkeit ist ein eher störendes als beglückendes Stück Metaphysik geworden. Zum allgemeinen Menschenglück konnte sie schon deshalb nur wenig beitragen, weil die Anforderungen, ein ›ewiges Leben‹ ungestört zu erreichen und zu verbringen, in der Blütezeit ihrer unbezweifelten Geltung sehr hoch, zuweilen unerreichbar hoch angesetzt waren. Es ergab keinen Verlust oder Verzicht mehr, als sie von Kant aus der Metaphysik endgültig entfernt und zur vermeintlichen Harmlosigkeit eines Postulats degradiert wurde. Dies leitete ein Jahrhundert ein, das in Erwartungen solcher Art eine gefährliche Ablenkung von intensiver Diesseitigkeit erblickte: Man stehe fest und sehe hier sich um ... Versprechungen, die sich erst jenseits des Todes erfüllen sollten, konnten nur Vertröstungen sein, die dazu verleiteten, nicht auf seinem Anteil am Hiesigen zu bestehen.

Mußte nicht auch Nietzsche diesem Zuge des Jahrhunderts folgen? Konnte der Übermensch etwas Rechtes werden, wenn seine Anwärter sich noch andere Aussichten als die auf irdische Gründlichkeit machten?

Und dann steht da, überraschend, unverhofft, aus der Phase des werdenden »Zarathustra«: *Dass wir unsere Unsterblichkeit ertragen könnten – das wäre das Höchste.*[1] Ehe man noch dem Gehalt des Satzes, seinem eigentümlich schwebenden Irrealis, näher gekommen ist, stimuliert er die Neugierde, weil er so wenig zum Nachrufer des ›toten Gottes‹ und anderer metaphysischer Verwesungen passen will. Für den Zögernden ist Aushilfe schnell zur Hand, die sich auch frühere Herausgeber dienstbar machten, indem sie den Satz einbauten in allerhand anderes über die Ewige Wiederkunft des Gleichen, den Übermenschen als Wiederholungstäter, ausgezeichnet dadurch, daß er es nicht lassen kann und nicht lassen will: *Und dann zuletzt: diese ganze Reihe noch einmal wollen!*

Aber man darf sich weigern, dulderisch hinzunehmen, daß diese beiden Sätze auf derselben Seite stehen und der eine nur das

1 [Friedrich Nietzsche, Aus der Zeit des Zarathustra. In: ders., Musarion-Ausgabe 14, 130; Nachgelassene Fragmente. Herbst 1883, 20.1. In: KSA 10, 587.]

Komplement des anderen sein soll. Denn alles über die Ewige Wiederkunft ist bloße Kraftmeierei, metaphysisches Surrogat, jenen verblichenen Gott aufzuwiegen und den Menschen ausfüllend für seine Vakanz zu machen: als einen, der mit der ungeheuerlichsten Zumutung fertigwird. Dagegen ist der eine Satz über die Unsterblichkeit vom höchsten Rang. Nach welchem Kriterium? Nach keinem anderen als dem, pure Nachdenklichkeit zu stiften und von sich nicht ablassen zu lassen.

Als Nietzsche in der Zeit des »Zarathustra« den Satz über das Ertragenkönnen von Unsterblichkeit notierte, war die »Philosophie des Als-ob« schon niedergeschrieben – wenn man Hans Vaihingers Selbstdarstellung in diesem Punkte folgen darf, da das Werk erst 1911 erscheinen konnte – und hatte ihre erregende Hauptfrage formuliert: *Wie kommt es, dass wir mit bewusst falschen Vorstellungen doch Richtiges erreichen?*[2] Vaihinger hatte dieses Problem, unter anderem, an Kants Postulatenlehre studiert, die er freilich mit der Unterstellung bewußter Falschheit aus ihrer Verankerung in den Zusammenhängen Kants herausriß: Das Unbeweisbare, das des Beweises Unbedürftige, mehr noch: das mit Beweisverbot Belegte, konnte und sollte nicht das bewußt Falsche sein. Und gerade das gilt noch für Nietzsches Umgang mit der Unsterblichkeit.

Wie er sie denken und zulassen zu können glaubte, als Ewige Wiederkunft, sollte sie drohend über die Entschlüsse des Menschen auf dem Weg über sich hinaus verhängt sein, eine Herausforderung, die nichts mehr mit den alten Belohnungen und Strafen zu tun haben durfte. Fraglos gilt dieses Suchen nach dem Übergroßen, an dem sich der Mensch selbst zur Übergröße hocharbeiten konnte, auch für das knappe Apophthegma, über dem der Nachsinnende nicht leicht freigelassen wird: ein Irrealis zwar, aber einer, der packt wie das Apodiktische. Abgewendet von der abstrakten Allgemeinheit dessen, was Gesetz muß sein können, wird jeder als vor der Grenze der eigenen moralischen Tragfähigkeit stehend gedacht. Er wird genötigt, über sie hinaus auf die unbegrenzte Zeugenschaft seiner selbst zu blicken, als die allein Unsterblichkeit das autonome Tribunal sein könnte.

Denn die Menschen sterben, bevor sie wahrzunehmen Gele-

2 [Hans Vaihinger, Die Philosophie des Als-Ob. System der theoretischen, praktischen und religiösen Fiktionen der Menschheit auf Grund eines idealistischen Positivismus (1911). Leipzig [8]1922, S. XII (Vorbemerkungen zur Einführung).]

genheit hatten, was aus dem wird, das als Inbegriff ihrer Handlungen ihr Leben ausmacht. An der Vergrößerung wird deutlich, was gemeint ist: Luther ist vor dem Dreißigjährigen Krieg gestorben, Rousseau vor der Französischen Revolution, Bismarck vor den beiden Weltkriegen seines kurzlebigen Reiches, Freud vor dem Zusammenbruch aller Widerstände gegen seine Generalthese durch die sexuelle Revolution. Als Argument der Unsterblichkeit bedeutet dies nur, man müsse denken dürfen, daß alle ihren Folgen wenigstens noch zuzusehen genötigt wären. Ob sie sich dabei vergnügen könnten oder grämen würden, sollte man auf sich beruhen lassen – da ist vielleicht etwas am Menschen, worauf man sich verlassen kann, wenn er in jedem Sinne zur Ruhe gekommen ist.

Keine Rede also mehr von Glückseligkeit, die der moderne Mensch, selbst wenn er sie noch wünscht, sich kaum noch zutrauen wird. Für den christlichen Himmel ist er sich zu kompliziert geworden. Nietzsches Rede geht von der Erträglichkeit – der Selbsterträglichkeit – als unendlicher Probe aufs Endliche. Kein Gericht bedroht den, der sich als unsterblich denken müßte, außer der einzigen Instanz, die es ihm schwerer machen könnte fortzuexistieren als alles, was im Tale Josaphat vorgesehen war: er selbst, mit seiner Last der Erinnerung, mit der Scham der Identität.

Aus dem Postulat der Unsterblichkeit wird durch Nietzsche ein Gedankenexperiment auf die eigene moralische Subsistenz, auf die Stichhaltigkeit eines Handelns, das jedem Rückblick aus der Zukunft würde standhalten können. Der Moral einer ganz und gar der Welt verpflichteten Einstellung entspricht der Imperativ, so zu handeln, als ob dies für alle Ewigkeit dem Anblick dessen standzuhalten hätte, der es gesetzt hatte. Auf eine Formel gebracht: Lebe so, daß du jederzeit mit dir selbsteinig sein kannst, so gelebt haben zu wollen und wieder zu leben! Das sittliche Subjekt, endlich in seinen Maßen, erschließt sich die Dimension der Unendlichkeit als die seines niemals endgültigen Selbsturteils.

Die besondere Ausstattung der Unsterblichkeit mit dem Ritual der Ewigen Wiederkunft kann man als Überzeichnung, als ein Stück nachmetaphysischer Rhetorik betrachten: Indem Nietzsche über die Unsterblichkeit als bloße Katamnese des einmaligen Lebensvollzuges hinausgeht auf die vermeintlich größere Unerbittlichkeit der Nötigung zur Wiederholungstäterschaft hin, riskiert er die Widerlegung, schon der gegenwärtige Weltlauf und alle Verantwortlichkeiten in ihm könnten einer der Durchgänge jener Ewigen Wiederkunft sein. Damit aber wäre, entgegen der Absicht äußerster Belastung mit Zurechenbarkeit, die Ausrede der Rechtfertigkeit des von Ewigkeit her Entschiedenen an die Hand gegeben.

Freilich hatte die Idee der Wiederkunft für Nietzsche ihren eigenen Reiz des antiken Paganismus: Nicht nur sollten wir es ertragen können fortzubestehen, sondern sein zu müssen als wiederum diese und nur diese, zu denen uns zu machen wir ein einziges Mal die Freiheit hätten. Wovon uns allerdings, wie Nietzsche verschweigt, unerkannt bleiben muß, ob es dieses Mal und dieses Leben sind, die uns das Weltschicksal anheimgegeben sein ließen. Wie vieles bei Nietzsche ist dieser Gedanke ein Stück zu großartig, um nicht über die Köpfe – auch der Aspiranten aufs Übermenschentum – hinweg gedacht zu sein: Der rotierende Kosmos sollte seinen wahren Demiurgen nicht aus den Fängen lassen und dessen Bewußtsein imprägnieren mit einer schier unerträglichen Zurechenbarkeit. *Dauern ficht ihn nicht an*, heißt es vom ›Helden‹ in Rilkes sechster Duineser Elegie.[3] Diesem heroischen Typus von Einmaligkeit als Selbstgenügsamkeit der Tatgröße hatte Nietzsche vorbeugen wollen mit seinem eigenen, den nichts anderes anficht als Dauern. Einem Weltlauf genügt zu haben sollte sich erst daran erweisen, allen genügen zu können und aus dem Gelingen der Kraftprobe dem Wunschzwang zu unterliegen, dieser Kraft immer wieder ihre Tatgelegenheit zu verschaffen. *Meine Lehre sagt: so leben, daß du wünschen mußt, wieder zu leben, ist die Aufgabe – du wirst es jedenfalls!*[4]

Anstelle des Kontinuums bloßen Weiterlebens das Diskretum des Wiederlebens zu setzen erscheint Nietzsche als der entscheidende Schritt über die klassische Unsterblichkeit hinaus. Vor allem aber das Wünschenmüssen anstelle des Ertragenkönnens – der mit dem »Zarathustra« aufgekommene Frohsinn der Selbstübersteigerung. Doch ist der Beschreibung der Aufgabe, durch Leben zum Wiederlebenwollen zu gelangen, mit der angehängten Drohung ihre Freiheitsimplikation genommen: *du wirst es jedenfalls!* Das ist, vom Niveau des Als-ob, der Rückfall in die Metaphysik.

Es wird wieder zum Kalkül der Wette Pascals, sich bei Unver-

3 [Rainer Maria Rilke, Sämtliche Werke. Bd. 1. Frankfurt a. M. 1955, 706.]

4 [Friedrich Nietzsche, Nachgelassene Fragmente. Frühjahr-Herbst 1881, 11, 163. In: KSA 9, 505.]

meidlichkeit des Weiteren für dessen Optimierung zu entscheiden. In der Wiederholung des Gleichen steckt immer noch ein Stück vom Korrespondenzprinzip Dantes. Aber der Rückfall ist tiefer, weil – man muß es wiederholen – das gegenwärtige Dasein der Entscheidung für alle Zeit schon Dantes Inferno der Vergeblichkeit sein könnte, ohne daß irgendein Anzeichen denkbar wäre, sich darüber Klarheit zu verschaffen.

Wer wünschen könnte, was er wünschen muß, wäre der Reuelosigkeit über die Welt, die seine Spur trägt, gewiß. Keine der Welten, die kommen, würde ihn mit Scham erfüllen können. Man spürt: Das *wäre* der Übermensch. Aber er wird es nicht sein. Seine Chance ist schon vorbei, wenn sie dagewesen sein sollte. Sie ist untergegangen in der Furcht vor dem, was jedenfalls kommt, *weil* es jedenfalls kommt. Deshalb darf man sich fallen lassen auf Nietzsches anderes Wort: Unsterblichkeit ertragen zu können. Das wäre, was vielleicht nicht ganz den Übermenschen erforderte, sofern es nur bedeutete, die Folgen des eigenen Daseins in dessen Maßen auszuhalten.

Die Rede vom Ertragen der Unsterblichkeit ist eine Verkürzung; was ertragen zu können das Höchste sein soll, ist der unverwischte und durch keinen Lohn-Strafe-Kalkül entstellte Gedanke an Erinnerung über die Grenze der physischen Existenz hinaus. Was den als überlebend Gedachten zwingen würde, sich fort und fort zu ertragen und allein vor sich selbst der zu sein, der er gewesen ist, als der er so und nicht anders gelebt hätte, wäre seine aus dem Schutz des Vergessens und der Verdrängung entlassene *Memoria.* Sie wäre das Gericht, das allein die Autonomie des ethischen Subjekts vollenden könnte, sollte eine philosophische Eschatologie in der Nachfolge der theologischen von einem ›Gericht‹ zu sprechen haben, um die Leerstelle besetzt zu halten, deren Vakanz in der Ökonomie des Bewußtseins offenbar nicht gut vertragen wird.

Es war ein den theologischen Eschatologien eigentümlicher Mangel, daß sie in der Umkreisung jenseitiger Schicksale des Menschen nicht jedem zu seiner eigenen Konsequenz verhelfen konnten. Das hätte die Erschwernisse wie die Erleichterungen der göttlichen Heilsordnung, ihrer unverzeihlichen Sünden wie ihrer hoheitlichen Gnadenangebote, unkenntlich gemacht. Noch Schopenhauers Metempsychose hatte zu viel von einer Heilsschicksalsregelung; da mußte für allgemeine Gerechtigkeit gesorgt werden, wie sie sich einem externen Weltzuschauer aufs Ganze der Weltzeit dargeboten hätte. Sein und Gerechtigkeit koinzidieren erst, wenn nicht mehr verlangt wird, als daß jeder mit sich selbst und seiner Erinnerung auszukommen hat. Was das Ertragenkönnen von Unsterblichkeit angeht, so ist es immer noch infolge von Kants Kritik an der Substantialität der Seele ein Grenzwert, durch keine ontologische Sicherung gewährleistet, eine zerbrechliche Instabilität. Vor Scham vergehen zu können, diese redensartliche Wendung könnte, ins Eschatologische übersetzt, die Form sein, in der Unsterblichkeiten sich selbst verlieren, umschlagen in Endlichkeit – im Paradox ihrer Unerträglichkeit.

Wäre in Nietzsches Satz die Ethik enthalten oder sogar repräsentiert, die auch dem ›Prinzip Verantwortung‹ genügte? Für diese mag zu präzisieren sein, was der sich Überdauernde zu ertragen hätte. Die *Memoria* nicht nur seiner Handlungen und ihrer Maximen könnte es sein, was ihm gegenwärtig bleibt, sondern auch die der Ansichtigkeit seiner Folgen in der Welt, deren Zeuge zu bleiben Unsterblichkeit hieße, solange sie bleiben: die Spur von seinen Erdentagen. Angesichts dessen nicht vergehen zu wollen *oder* niemals existiert zu haben wünschen zu müssen, bezeichnet die Extremwerte dessen, was als Erweiterung des Grundgedankens von Nietzsche im Hinblick auf einen neuartigen Weltzustand von radikaler Bedrohlichkeit hervorgehen könnte.

An Nietzsche verblüfft der Glaube an die praktische Wirksamkeit eines theoretischen Gedankens, der doch die Ewige Wiederkunft war und nur sein konnte; die Realität des Übermenschen sollte darin bestehen, der Last dieses Gedankens gewachsen zu sein. Zweifellos haben auf dem weiten Feld der Ethik nur Rigorismen eine Chance, ihren Typus zu finden und zu prägen. Nur die Stoa und der kategorische Imperativ haben prägende Wirkung gehabt. Nietzsche war sich der Eindrucksmacht seiner Idee deshalb sicher, weil er den Verdacht aller Gedankenbildner teilte, es müßten die bis dahin gebildeten Gedanken nur zu schwächlich gewesen sein, ihre Forderung durchzusetzen. Die Enttäuschung mit der Wirkung von Gedanken sollte für jeden nächsten Denker an der Unentschlossenheit seiner Vorgänger liegen. Zum Erreichten muß jeweils das Bewußtsein vom Äußersten des Erreichbaren hinzutreten, um endlich einmal die Probe zu machen, was der Gedanke vermag. Weil keiner der Urheber selbst den Ausgang dieser Probe noch zu attestieren hat – gerade deshalb auch für ihn Unsterblichkeit! –, nimmt er den Trost aller Extremisten mit ins Grab, es aufs äußerste ankommen gelassen zu haben. Man braucht diese Tröstung nicht mitzumachen, keine Erwartungen aufs Letzte nach dem Vorletzten zu setzen, um doch für unvermeidlich zu halten, daß weiter versucht werden wird, den Punkt zu finden, an dem sich der Gedanke derart genügt, um für seine Wirkungslosigkeit zumindest keine Ausflüchte mehr finden zu lassen. Das steckt in der Unermüdlichkeit aller philosophischen Anstrengungen. Darin haben sie ihren experimentellen Charakter im Laboratorium der Geschichte.

Für das Nachdenken über den Satz Nietzsches hieße das: Wenn überhaupt ein Gedanke mächtig genug sein sollte, Menschen in ihrem Dasein umzustimmen, könnte oder gar müßte es dieser sein. Ihm sollte es gelingen, sich mit dem Begriff der *Memoria* so zu verbinden, daß Menschen nicht nur der Intimität ihrer Identität überliefert würden – nicht nur der Unverstelltheit ihrer Erinnerung an das Ich, das sie gewesen waren –, sondern auch noch zu Zeugen ihrer Nachwelt, als des Inbegriffs der Geschichte ihrer Welt, zu werden hätten.

Da mag das Nachdenken über den Satz von Nietzsche zur Konvergenz kommen mit der Urfrage nach dem, was dem Menschen zuzutrauen ist. Genügt ihm, was seit dem Spruch des delphischen Apollo von ihm gefordert wurde: durch den Gedanken ans Ertragenkönnen der Unsterblichkeit schlichtweg sich selbst zu erkennen, um *zu sein, wie er sich würde ertragen können*?

Sinn für Doppelsinn – Verlesungen des Humanisten Montaigne

Geglückte Verfehlung

Jean Paul hätte unter den vielen Sammlungen, die er empfahl, eine der Belege vorschlagen können, daß das Falsche das Schönere als das Wahre sein kann. Gemeint ist natürlich nicht, daß die Dichter lügen. Aber zum Beispiel, daß sich Abschreiber, Setzer und Übersetzer irren, wobei gelegentlich etwas herauskommt, das erst durch die Verfehlung aufblühen konnte. Dabei muß man sich nicht denen anschließen, die mit dem Gedanken trächtig gehen, so richtig schön werde es erst, wenn es so richtig irre geworden sei. Das mag sein, steht aber nicht zum Beweis an.

Vielmehr geht es um folgenden Satz: *Habe ich nicht beym Plato diesen göttlichen Satz gelesen: »Die Natur ist nichts, als eine räthselhafte Poesie!« So vielleicht, als ob man sagete: es ist ein verhülltes, dunkles Gemälde, in welchem eine unendliche Menge falschen Lichts angebracht ist, um unsern Witz im Errathen zu üben.*[1] So jedenfalls übersetzt der unvergleichliche Johann Joachim Christoph Bode – dem wir viel Vergnügen zumindest an unserer Sprache verdanken –, was Montaigne im zwölften Essay seines zweiten Buches schreibt, der der Größe und dem Elend des Menschen gewidmet ist. Und nicht der Übersetzer ist schuld, wenn der Leser zögert vor dem, was der Begründer der Moralistik *ce divin mot* nennt: *que nature n'est rien qu'une poésie ainigmatique …*[2]

Man ist immer wieder verblüfft, nicht so sehr darüber, was die großen Kenner der Renaissance bei ihren antiken Autoren lasen, als vielmehr darüber, wie unbedenklich und ohne Zögern sie ihnen zutrauten, was sie lasen. Nichts macht uns deutlicher, wie weit wir uns von so schöner Unbefangenheit gegenüber den alten Texten entfernt haben. Oder doch nicht? Wollte uns Heidegger nicht wieder lehren, wie man profunde Sprüche ohne Rücksicht auf die Bedenken der Philologie lesen könnte?

1 [Michael Montaigne's Gedanken und Meinungen über allerley Gegenstände. Ins Dt. übers. von Johann Joachim Christoph Bode. Berlin 1793, Bd. 3, 500 (II, 12).]

2 [Michel de Montaigne, Essais. Paris 1836, Bd. 1, 273.]

Der Satz, der bei Plato im »Zweiten Alkibiades« wirklich steht, sagt zwar nicht das Gegenteil, aber die Umkehrung – und damit eher eine harmlose Trivialität: Alle Dichtung ist rätselhaft.

Die Verwirrung kommt in den Satz durch die seine Standfestigkeit steigernde Hinzufügung, Poesie sei dies ›von Natur‹ (*physei*). Die Natur, im emphatischen Sinne des Allumfassenden der unberührten Welt, gab es für die Griechen nicht; ihre ›Natur‹ eignete sich eben gerade am besten für die Formel ›von Natur‹, Ausdruck für den Gegensatz zu jeder Künstlichkeit (*technē*). Sie ist, was wir eher einschränkend, aber legitimierend, als ›Naturwüchsigkeit‹ bezeichnen würden.

Montaignes Mißverständnis markiert einen der Punkte, an denen die Entfernung von der antiken ›Natur‹ *und* die Annäherung an die der Neuzeit für einen Augenblick als epochale Änderung wahrnehmbar werden.

Daß die großen Herren von der Jagd nicht lassen können, auch wenn sie keine Beute machen, ist eine der Wahrheiten über den Menschen, die Montaigne in den umfassendsten seiner »Essais« (II, 12), die »Apologie de Raimond Sebond«, eingebracht hat. Die Philosophen werden nicht von ihrer Philosophie bestimmt, sondern gehen als Skeptiker wie als Stoiker ihrem Erkenntniswahn nach, als gäbe es ihre Resignationsformeln nicht.

Gartenfrüchte

So auch der Begründer der Atomistik, Demokrit von Abdera, nach einer bei Plutarch überlieferten Anekdote: Einst schmeckten ihm bei Tisch Feigen (*des figues*) nach Honig, und sogleich begab er sich zum Feigenbaum, um die Ursache solcher Süßigkeit zu erforschen. Das bemerkte seine *chambrière* und klärte lachend – schon wieder eine den Philosophen beim Forschen verlachende Magd – den Sachverhalt auf: Im Gefäß, worin sie die Feigen verwahrte, sei vorher Honig gewesen. Demokrit war verärgert; nicht über die Verfälschung des Feigengeschmacks, sondern über die Entkräftung einer Gelegenheit zum Forschen. Während die genuine Anekdote zeigt, wie wenig der Atomistiker seiner Theorie folgt, daß Sinnesqualitäten nur subjektiv im Verhältnis zur Atomgestalt seien, der Naturforscher aber so tun muß, als ob diese besondere Süße objektiv den Feigen zugekommen wäre, will Montaigne als Pointe die der Jagdbegier gleichende *passion studieuse,* die sich durch keine Ernüchterung abhalten läßt – auch sie zur ›Natur‹ des Menschen gehörig wie jene Honigsüße zu der der Feigen.

Nun hat Montaigne des Plutarch »Quaestiones convivales« nach einem lateinischen oder französischen Übersetzer zitiert, der im griechischen Text *to sykon,* die Feige, für *ton sikyon,* die Gurke, gelesen hatte. Das verändert die Geschichte schon auf den ersten Blick, weil der Honiggeschmack für eine Gurke absonderlicher ist als für eine Feige. Daß nach einem Baum nicht zu suchen war, hat Montaigne seiner Quelle gelassen. So begibt sich Demokrit nur zu der *Stelle,* an der die Feigen geerntet waren. Wollte der Übersetzer den Kunstfehler der Hausmagd verkleinern, Gurken im Honigtopf zu verwahren, um den Ärger des Philosophen ganz von objektiver Berechtigung freizuhalten?

Im ganzen, könnte man sagen, ist den Zeitgenossen der Übersetzer Xylander oder d'Amyot – und durch sie dem Weltpublikum der »Essais« – nichts entgangen oder zugefügt worden, indem die Gurke durch die Feige abgelöst worden war. Daß die Rezeptionslage nach Sigmund Freud eine ganz andere geworden ist, scheint zu keinen Weiterungen in der Montaigne-Literatur geführt zu haben. Zum Glück, weil sonst die Finesse der Rollenverteilung der ›Realismen‹ von Philosoph und Magd anläßlich der Gurke im Honigtopf von ganz anderem überwuchert worden wäre. Nun weiß man, nach dem Vorübergang der Deutungslüste, erst zu schätzen, was einem an *passion studieuse* erspart geblieben ist.

[Ich-bin und Urgleichzeitigkeit]

Wer ein Phänomen vor Augen hat,
denkt schon oft drüber hinaus.

Goethe, Maximen und Reflexionen[1]

Ein Berg, ein Baum, ein Löwe können mir nicht fremd, obwohl unbekannt sein. Das Unbekannte ist niemals Gegenstand von Hermeneutik. Der Andere ist mir fremd, obwohl nicht unbekannt, insofern er zuerst und vor allem ein Auch-Ich ist oder von mir so wahrgenommen und behandelt wird, als wäre er es. Deshalb nur kann dieser Andere in die Auffassungsweise von Hermeneutik geraten, noch bevor deren Methodik auf ihn angewendet wird, sobald er etwas bekundet, was unter den Aspekt der ›Verständlichkeit‹ – positiv oder negativ, erfüllend oder enttäuschend – fällt. Der Einschuß von Reflexivität, der in aller Hermeneutik steckt, läßt immer fragen, was *mir* Veranlassung geben könnte, mich so zu verhalten wie der Fremde eben jetzt oder eben damals. Der Andere ist dann der, der sich seiner selbst muß gewiß sein können – dessen jede Vorstellung durch das Ich-denke muß begleitet werden können – und für den *ich* insofern der Fremde bin, als *er* mir eben dieses zuzutrauen ›in Verdacht gerät‹. Was auch immer ich in Konstitution des Ich-bin schon tue und getan habe, ein Zuschuß an Aufmerksamkeit und Energie wird darauf gerichtet, gegen jenen Verdacht auch ausdrucksweise nicht zu verstoßen. Man kann sagen: Den Eindruck eines Verrückten bei anderen erwecken zu wollen ist selbst schon ›Verrücktheit‹ im radikalen Sinne der Brüche im Ich-bin. Der Fremde ist dieser nicht nur kraft *seiner*, sondern auch nur kraft *meiner* Identität.

Darauf beruht, daß wir die einzigen Wesen in der Welt sind, die *eine* absolute Gleichzeitigkeit haben können, nämlich die unserer gegenseitigen ›Fühlungnahme‹, gleichgültig von welcher Art und Intensität diese sei und was ihr vorausgegangen oder nachgefolgt sein mag. ›Abschiede‹ sind in dieser Hinsicht exemplarische Erlebnisse – unabhängig davon, ob man sich wiedersieht; man kann auf

1 [Johann Wolfgang Goethe, Maximen und Reflexionen. In: ders., Sämtliche Werke. Bd. 17. München 1991, 923 (Nr. 1227).]

diese ostentative Evidenz der Zubilligung des Ich-bin alle möglichen Zeitverhältnisse gründen, die den Typus des ›Seitdem‹ haben *und* darin nicht solipsistisch sein wollen. Diese Gleichzeitigkeit ist die *erste* objektive noch vor aller Weltzeitlichkeit und unabhängig von dieser, sie ist die Urgleichzeitigkeit.

Daß ein reflektiver Einschuß in aller Hermeneutik steckt, macht diese zu einer Entfaltung der Fremdwahrnehmung. Das Bedürfnis zu verstehen wäre selbst gar nicht zu verstehen – noch bevor man wüßte, ob es auszuüben möglich sei –, wenn es diese Eigenqualität, der Andere für den Anderen zu sein, nicht gäbe. Dieses Verhältnis von Hermeneutik als ›Auslegung‹ von Bekundungen zur Fremdwahrnehmung erlaubt jedoch nicht die Umkehrung, auch und schon die Fremdwahrnehmung impliziere so etwas wie rudimentäre oder gar ›reine‹ Hermeneutik. In der Reflexion, wie sie idealisiert wird, soll das Subjekt derart bei sich selbst sein können, daß es die Distanz zwischen Subjekt und Objekt für dieses eine Quasi-Objekt, das es selbst für sich werden können soll, aufhebt – oder besser: gar nicht erst ›aufkommen‹ läßt. Die Formel ist wichtig, denn von ihr hängt ab, ob man von den ordinären Subjekt-Objekt-Verhältnissen her die Reflexion als deren Minimierung betrachtet oder umgekehrt.

Die Erinnerung an den Anderen, an den Augenblick der Urgleichzeitigkeit mit ihm, ist auch schon Erinnerung an seine Erinnerung. Der Einwand, jener könne alles vergessen haben, was jemals zwischen dem einen und dem anderen war, ist eine psychologische Trivialität. Natürlich *kann* das so sein, es berührt aber den Kern nicht. Wesentlich ist, daß sich die mindeste Reminiszenz an jenes Erlebnis *eo ipso* auf den identischen Augenblick, auf die Ursimultaneität, bezieht. Dieser Sachverhalt kann, zur Vermeidung der Einrede mit Faktizitäten, auch so gefaßt werden: Erinnerte einer sich, so kann er sich nur an den Konvergenzpunkt beider Erinnerungen erinnern. Was um diese Punktualität herum liegt, ist auch von bestimmten Formationen durchzogen, ohne die jener Augenblick keiner des Augen-Blicks hätte sein können. Hierher gehört das Stichwort ›Sichtbarkeit‹ und der Hinweis darauf, es sei nicht selbstverständlich, daß wir das Wahrgenommenwerden wahrnehmen können. Als Wesen der aktiven Optik sind wir solche der passiven; umfassender noch: Jeder unserer Sinne ist potentiell der fremden Sinnlichkeit gegeben. Sie hört, daß wir hören, weil wir erschrecken, wenn wir durch ein Geräusch ihrer Bewegung überrascht werden.

Die Urgleichzeitigkeit verdoppelt sich virtuell in den Erinnerungen, im Dual der *Memoria*, ihrer Konfrontierten. Die Funktion dieser *Memoria*, die Art ihrer ›Weckung‹, kann in der weiträumig-unbestimmten Protention positive wie negative Funktion haben. Es ist immer wieder gut, sich an Phänomene zu halten, die in der Phänomenologie keinen guten Ruf oder überhaupt keine Beachtung erlangen konnten. Heidegger hat früh an die Langeweile als Gegenwärtigkeit der Zeit in ihren Dimensionen gedacht, bevor er auf die Angst als Indikator des ekstatischen Zeithorizonts verfiel. Es geht mir nicht um Originalität, wenn ich an die Eifersucht erinnere, die literarisch einen so einzigartigen Rang hat und in der Pathologie der Sexualität wohl das am meisten Gehütete ist.

Man kann das auch so ausdrücken: Die Urgleichzeitigkeit impliziert nicht nur *eine* Protention von unbestimmter Weite – gemeint etwa in der Abschiedsformel »Auf Wiedersehen!« –, sondern *zwei.* Und zwar *nur* zwei, weil man nur unter vier Augen jene absolute Augenblicklichkeit des Blick-Ineinanders haben kann, dem die Evidenz der Gleichzeitigkeit zukommt. Deshalb – und nicht aus Gründen der Kumpanei mit zeitgeistgefälliger Theorie – ist die Sexualität das ausgezeichnete, dazu noch anthropologisch singuläre Paradigma: Nur der Mensch hat sich von der Kopulation *a tergo* abgekehrt und durch die Erlangung des Orgasmus bei beiden Partnern des Geschlechtsaktes tendenziell auch die gleichzeitige, gegenseitig ›feststellbare‹ Gleichzeitigkeit in die Evolution aufgenommen. Denkt man an die in allen Kulturen ausgebildete Ritualisierung der Geschlechtsbeziehung zur Ehe, so ist gerade sie durch die Akzentuierung der *prima nox* und darin wieder des Moments der Perforation des Hymens zur Institution einer Gleichzeitigkeit geworden, auf die man sich wiederum ritualisiert in den Jahrestagen bezieht. Die modisch oktroyierte Verachtung der Virginität mag die Auszeichnung des einen Augenblicks verwischen und überlagern mit der Relation auf mindestens *eine* weitere Simultaneität, zu der die Bezugsperson ›verlorengegangen‹ ist; so bleibt doch die Fiktion erhalten, dieses Silber- oder Goldpaar *besitze* den Bezug auf die einzige Gleichzeitigkeit, die akzessorisch auch noch mit Kalender und Uhr nachgemessen werden kann. Es ist, wie ich meine, keine beiläufige Zutat zu allem, was sich der Mensch an

Möglichkeiten des Ausdrucks seiner Erlebnisgeschichte zugelegt hat, daß er für dieses Mal die Simultaneität in genau dem Umfang kulturell betont, in dem sie einzig Evidenz haben kann. Unter verschobenem Aspekt ist dann jene Urgleichzeitigkeit nichts anderes als Vorbereitung auf Erinnerung, die inhaltlich kein anderes Moment hat als dieses, daß eine weitere Person mehr oder weniger an allem beteiligt sein wird, was ›da auch kommen mag‹. Die Leere des derart Vorbereiteten erlaubt, von ›Protention‹ zu sprechen, obwohl in weltzeitlicher Proportion unter diesem Begriff nichts von auch nur annähernd vergleichbarer Ausdehnung begriffen werden kann. Aber auf diese vermeintliche ›Kürze‹ der dem Bewußtsein ständig vorgreifenden ›Protention‹ hat doch hintenherum wieder der unüberwindliche Psychologismus seine Einwirkung gehabt. Sosehr der Begriff der Erwartung verlangt, daß Gegenstände und Erlebnisse in einer gewissen, doch nicht beliebigen Variationsbreite als kommend ins Gegenwärtige einbezogen sind und die Steuerung des Verhaltens bestimmen, sowenig wird der Begriff der Protention dadurch getroffen, daß man die Variationsbreite steigert, die Unbestimmtheit vergrößert, die ›Diesigkeit‹ der Sicht verdichtet, gar deren Nebel verdickt; vielmehr kommt es bei der Protention auf die Tiefe des Erlebnisraumes an, in die hinein sich das Bewußtsein dieses oder jenes gewärtig sein kann. Um es sogleich auf die Spitze zu treiben: Obwohl man weiß, daß man sterben muß, kann man doch seinen Tod nicht *erwarten*, obwohl seiner *gewärtig* sein. Er allein ist das jederzeit Mögliche.

Dieselbe Aspektänderung ergibt sich, wenn man das Phänomen der Urgleichzeitigkeit mit dem Begriff der Erinnerung zu konfrontieren sucht. Da haben *zwei* Egos *eine* Erinnerung, die für den absolut identischen Zeitpol doch je ein eigenes und differentes ›Erlebnis‹ enthalten kann, ja muß. Die Zeitkonvergenz, die gemeint ist, enthält nicht den Koitus als Erfahrung, sondern nur das formale Moment ihrer notwendigen Simultaneität auch bei gelingender Synchronisation des Orgasmus. Der schlichte Blickwechsel genügt zur Verdeutlichung: Jeder sieht das Auge eines anderen, der in der retrograden Konvergenz aus Gründen des Erlebnisakzents eben ›der Andere‹ ist. »Wir sahen uns in die Augen«, kann jeder von beiden sagen, und doch muß jeder von beiden etwas anderes gesehen haben, nämlich nichts von der Art, was man hat, wenn man sich selber im Spiegel ins Auge sieht – eine gleichsam erlebnisfreie

Wahrnehmung. Obwohl jeder das gleiche sieht, nämlich zwei Augen aus genau der Distanz, aus der der andere seine Augen sieht, sehen doch nicht beide dasselbe, wie zwei oder beliebig viele auf ein Ding, etwa eine Billardkugel, blicken können.

Mit dieser Differenz ist sogleich die Unterstellung ausgeschaltet, der Blickwechsel der Urgleichzeitigkeit sei das Paradigma der Intersubjektivität. Eben das ist er nicht, weil ›das Dritte‹, der Gegenstand im gemeinsamen Hinblick, das ›Ding‹ in einigen Abschattungen, fehlt, und dieses Fehlen nicht ein beiläufiger Mangel ist. Für die Erfassung der Intersubjektivität ist es unabdingbar, sie gerade nicht mit der wesentlichsten der möglichen Relationen zwischen Subjekten zu verwechseln, also auch die primordiale Begründung der Gleichzeitigkeit als des Ansatzes zur Weltzeit nicht auf den Ursprung aller Objektivität, die Intersubjektivität, zurückzuführen. Schon die Fremdwahrnehmung als solche ist ja nicht ›intersubjektiv‹, obwohl Bedingung für jederlei Intersubjektivität. Denn die Wahrnehmung des anderen kann, im Gegensatz zur Urgleichzeitigkeit, durchaus einseitig sein: Der eine nimmt den anderen als einen anderen wahr, ohne von diesem wahrgenommen zu werden, oder auch ohne von diesem als anderer ›anerkannt‹ zu werden. Aber selbst wenn dies geschähe, der eine vom anderen und dieser von jenem fremdwahrgenommen würde, wäre intersubjektive ›Bestätigung‹ der einen Wahrnehmung durch die andere nicht erreicht. Die Einführung eines Dritten wäre nötig, der jeweils einem der beiden seine Wahrnehmung des anderen als eines anderen durch seine Fremdwahrnehmung desselben aus verschobener Position vermittelte. Doch mache ich diese Erweiterung hier mit dem Zweifel, ob nicht die Verstärkung jeweils einer Subjektposition schon die vollzogene Objektivierung der beiden sich zum stimmigen Resultat vereinigenden Subjekte voraussetzte. Nehmen wir an, zwei durch Urgleichzeitigkeit ›radikal‹ verklammerte Subjekte brächten sich gegenüber einem ›Fremden‹ in beobachtende Einstellung, so hätten sie zwar die Synchronizität ihrer Erinnerung bewahrt, jedoch die Gleichzeitigkeit ihrer Beobachtungen am Anderen nicht gesichert. Die urkonstitutive Zeit ist noch nicht die Weltzeit, sosehr sie deren Voraussetzung ist. Die Intersubjektivität kann aus der Urgleichzeitigkeit nicht abgeleitet werden.

Vorstoß ins ewige Schweigen

Als der norwegische Arktisforscher und Friedensnobelpreisträger Fridtjof Nansen 1930 starb, war er Präsident der »Internationalen Studiengesellschaft zur Erforschung der Arktis mit dem Luftschiff« (Aeroarctic). Das hat seine Ironie. Denn ein Mitglied dieser Gesellschaft hatte deren vornehmstes Ziel, den Nordpol zu erreichen, bereits vier Jahre zuvor mit der halbstarren Konstruktion »Norge« als realisierbar erwiesen. Der italienische General Umberto Nobile, dem dieses Unternehmen unterstand, machte zwei Jahre später mit der »Italia« einen zweiten Vorstoß von Spitzbergen zum Nordpol und scheiterte im Nebel. Nur ein Teil der Besatzung, der aus dem Wrack die Notausrüstung, Funkgerät und Batterien sowie das seither sprichwörtlich gewordene »Rote Zelt« auf eine Treibeisscholle geborgen hatte, konnte gerettet werden. Gerettet dank den Notsignalen über Funk, die eine Vielzahl von Hilfsflügen und Eisbrecherfahrten mobilisierten und durch Peilungen auf das Rote Zelt zulaufen ließen.

Den fast siebzigjährigen Nansen muß das an die Ohnmacht seiner Ostwestdrift mit der im Packeis drei Winter bewegungslos umklammerten und gepreßten »Fram« erinnert haben, die entgegen seiner Theorie den Pol verfehlt und jenem vergangenen Jahrhundert der kühnen Polarfahrten den krönenden Abschluß auch dann verweigert hatte, als Nansen im dritten Jahr von der polnahen Schiffsbasis aus die letzte Distanz mit Hundeschlitten zu bezwingen versuchte. Nun waren die Blockaden der Eispressungen und Rinnen mit den unsäglichen Strapazen ihrer Überwindung oder Umgehung wie im Handstreich aus der Luft genommen worden. Sogar im Desaster des zweiten Fluges hatte es ein für Nansen 1893/95 noch unerahnbares Mittel des Auswegs gegeben: die Funkapparatur auf der treibenden Eisscholle. Der Italiener Marconi hatte seinem Landsmann Nobile vorgearbeitet und den Vorstoß ins ewige Schweigen, das Nansen drei Jahre lang wie im Nichts der Ungewißheit hatte verschwinden lassen, mit der Vorsorge der ständigen Rückmeldung und schließlichen Hilfsanrufung ausgestattet. Zwar hatte schon Nansen elektrischen Strom auf der »Fram« erzeugt: Solange das Schiff unter Dampf lief, hatte es keine Not, der

Mannschaft Spiel und Lektüre zu beleuchten, aber beim Stillstand der Maschinen im Eislager funktionierte das Windrad nicht lange, ehe es vereiste, wie alles andere. – Doch hätte man den Strom nicht zu nutzen gewußt, um Funkzeichen zu senden oder zu empfangen. Ein und dasselbe Jahrzehnt brachte den Problemfall und seine Lösung – nur eben nicht *zueinander*.

Das fügte sich in eine allgemeinere Problemlage des ausgehenden Jahrhunderts: die bange Frage nach der Dauer der Lebensbedingung »Sonne«, die auch für Nansen unter dem apokalyptischen Stichwort »Wärmetod« stand. Ewiges Schweigen, das war nur eine Probe aufs endgültige Schicksal der Allerstarrung.

In Nansens Todesjahr war die Sperre um die Erdpole längst durchbrochen, die dunklen Drohungen über seinem Abenteuer waren gelichtet, die Wege für den transpolaren Luftverkehr geöffnet. Aber ein düsteres emotionales Moment lag unverändert über dem menschlichen Selbstverständnis: Die Gunst der Sonne konnte nicht die Dauer haben, die das ungebrochene Versprechen des ›Fortschritts‹ beanspruchte und sich zu verdienen schien. Das Zentralgestirn verausgabte sich durch seine Strahlung, verlor an Masse und damit an ›Brennstoff‹ für Wärme und Licht, die es dem irdischen Leben spendete. Denn noch kannte man nicht den Ausweg aus der Zeitenge der einzig bekannten Antworten auf die Frage nach dem Prozeß der Energieerzeugung im Sonneninnern und seinen Ressourcen.

Im Jahrzehnt nach Nansens Tod wurde die ›chemische‹ Lösung des Problems durch eine ›physikalische‹ ersetzt: Bethe und von Weizsäcker fanden die Formel für den Kernfusionszyklus unter Sonnentemperaturen, der die Länge der Vergangenheit des Lebens wie die seiner Zukunft sprungartig auf neue Dimensionen brachte. Für wenige Augenblicke der Wissenschaftsgeschichte rückte die apokalyptische Grenze in eine gemütsfremde Ferne, sowenig sich die Thermodynamik absolute Verheißungen ablisten ließ. Aber der Zeitmoment zwischen dieser genialen Tröstung und dem Anbruch einer Ära neuer apokalyptischer Implikationen durch die Entdekkung der Uranspaltung war so kurz, wie fortan die Verdichtungsschübe der Atomtechnik werden sollten.

Auf Nansens Melancholie inmitten von »Nacht und Eis«, auf das *fin de siècle* des ›Wärmetods‹, läßt sich nicht mehr im Triumph zurückblicken, sowenig wie auf den Bruch des ewigen Schweigens an den Enden der Welt, über die hinweg alsbald das unablässige Getöse des vieldeutig genug benannten ›Funkverkehrs‹ einsetzen sollte. Für Nietzsche war es noch die Metaphorik des großen Gestus gewesen zu schreiben: *Jenseits des Nordens, des Eises, des Todes – u n s e r Leben! U n s e r Glück! … Wir haben das Glück entdeckt, wir wissen den Weg, wir fanden den Ausgang aus ganzen Jahrtausenden des Labyrinths.*[1] Nicht weniger pathetisch, wenn auch mit der Lakonik der erstarrten Schreibhand schrieb dann Nansen im letzten Winter seiner Expedition am Weihnachtstag 1895 ins Tagebuch: *Oh, der Weg zu den Sternen ist lang und beschwerlich.*[2] Zu lang, wie sich zeigen sollte, und zu teuer.

Nicht nur weil er Abenteuer der Grenzdurchbrüche wie die Driftfahrt der »Fram« sucht, ist der Mensch ein *riskantes* Wesen. Er ist es schon kraft seiner biologischen Herkunft aus der schmalen Zone der letzten Zwischeneiszeit, aus der harten Schule zwischen den Eisrändern vorrückender Gletschermassen der im Wechsel ihres Vorrückens und Zurückgehens sich mühselig heranziehenden und behauptenden Lebenstüchtigkeit: das Naturwesen *gegen* die Natur, das sich sogar den Zugang zu den fossilen Speichern der Sonnenenergie frühester Erdzeitalter öffnete, um sich von allen Schwankungen seiner Lebensbedingungen unabhängig zu machen – bis auf die Erschöpfbarkeit dieser Speicher, die ihn erneut so zu ängstigen begann wie im Jahrhundert zuvor der ›Wärmetod‹. Das Erbe dieser Vorgeschichte ist den Überlebenden geblieben: die Nötigung zur Erprobung ihrer Belastbarkeit durch die Natur bis hin zum Aushalten in der Schwerelosigkeit. Die Probe auf das Ausharren in der Lautlosigkeit, im ›ewigen Schweigen‹ der Welträume, das noch Pascal erschreckt hatte, blieb ihm durch das eine ›Medium‹ erspart, das Nansen noch nicht mit der ›Welt‹ verbunden hatte.

Vielleicht wäre er ohne dieses Abreißen der akustischen Nabelschnur zur wohlversorgten Kultursphäre nie in die Nähe des Gedankens gekommen, seine Expedition habe ihn zur ›Anschauung‹ dessen geführt, was seit der Jahrhundertmitte ›Wärmetod‹ genannt worden war. So aber fällt seine Erfahrung des ersten Winters im

1 [Friedrich Nietzsche, Der Antichrist. In: ders., Musarion-Ausgabe. Bd. 17, 171; KSA, Bd. 6, 169.]

2 [Fridtjof Nansen, In Nacht und Eis. Die Norwegische Polarexpedition 1893-1896. 2 Bde. Leipzig 1897. Bd. 1, 271.]

Eislager der »Fram« bestürzend zusammen mit der Vorstellung, die ihm als Schicksal des Planeten unausweichlich erschien, mit einem nur auf ›Jahrhundertmaße‹ bestimmten Zeithorizont: *Die Welt, die kommen wird! Wieder und immer wieder kehrt dieser Gedanke mir zurück. Ich blicke weit über die Jahrhunderte hinaus ... Langsam und unmerklich nimmt die Wärme der Sonne ab, und in derselben langsamen Weise sinkt die Temperatur der Erde. Tausende, Hunderttausende, Millionen von Jahren entschwinden, Eiszeiten kommen und gehen, und die Wärme nimmt immer mehr ab; ganz allmählich dehnen sich die treibenden Eismassen weit und immer weiter aus, immer weiter dringen sie nach südlichen Breiten, ohne daß jemand es bemerkt, bis endlich alle Meere der Erde eine einzige Eismasse sind. Das Leben ist von der Erdoberfläche verschwunden und nur noch in den Tiefen des Oceans zu finden.*[3] Für den Trost dieses letzten Refugiums hatte die Expedition selbst gesorgt, nachdem ihre Lotungen unter der Eisdecke Kleingetier aller Art herausgebracht hatten.

Aber noch ist die Extrapolation in die Zukunft nicht am Ende, die Großzügigkeit mit der Zeit nicht ausgeschöpft. Die Temperatur mußte weiter absinken: *Das Eis wächst, es wird dicker und immer dicker, die Herrschaft des Lebens verschwindet. Millionen von Jahren rollen vorüber, bis das Eis den Meeresgrund erreicht. Die letzte Spur von Leben ist verschwunden, die Erde ist mit Schnee bedeckt. Alles, wofür wir gelebt haben, besteht nicht mehr, die Früchte all unserer Mühen und Leiden sind schon vor Millionen von Jahren hinweggelöscht, begraben unter einem Leichentuch von Schnee.*[4] Nun erst ist die Erde, wider alles Erwarten unter diesem Namen, ein ›Stern unter Sternen‹ geworden, weil ganz dem Weltgesetz der Erstarrung und des Schweigens erlegen. Von Sehnsucht nach diesem Schweigen ist bei dem Eisgänger keine Spur – dazu ist seine Heimwelt noch nicht laut genug.

Als erstarrte leblose Eismasse wandelt die Erde ihre Bahn durch die Ewigkeit weiter, wie eine schwachglühende Scheibe kreist die Sonne am Himmel, der Mond erglänzt nicht mehr und ist kaum noch sichtbar.[5] Das alles ist nicht originell für dieses Jahrzehnt; nur hebt es sich vom zumeist in bildender Absicht Geschriebenen dadurch ab, daß es nicht bloß aus dem Wissensertrag des Jahrhunderts hervor-

3 [Ebd., Bd. I, 352.]

4 [Ebd.]

5 [Ebd., Bd. I, 353.]

geht, Wissenschaft zu Wissen verbreiternd, sondern aus der *Anschauung* des gerade überlebten ersten Polarwinters auf oder in der »Fram«. Daher auch die immer neue Erlebnismächtigkeit der ›Farbspiele‹ der *Aurora borealis* (»Nordlicht«), deren Korrelation mit dem Maß der Sonnenunruhe zwar schon erkannt war, deren Natur aber erst im Jahr nach Nansens Rückkehr aufgeklärt wurde. Dieses Nordlicht beunruhigt ihn, weil es ihm als eine ›ästhetische‹ Veranstaltung fern vom Menschenauge und damit als Demonstration gegen das menschliche Anrecht auf deren ›Genuß‹ erscheint. Zur ›Gegendemonstration‹ wird damit die Fülle der Aquarell- und Pastellskizzen, die 1897 in die Expeditionssaga in damals kostspieligen Reproduktionen aufgenommen wurden.

Da Nansen vom solaren Energiebedarf des Nordlichts noch nichts wissen kann, läßt er es über den ›Wärmetod‹ des Lebens hinaus die Eiswüste illustrieren, wenn auch in geminderter Pracht: *Aber das Nordlicht flackert vielleicht noch über den wüsten Eisflächen, und die Sterne funkeln still und friedlich wie einst. Einige sind erloschen, während neue aufleuchteten, und um sie herum drehen sich neue Bälle mit neuen Lebenswelten, mit neuen Leiden ohne Ziel. Das ist der unendliche Kreislauf der Ewigkeit, ist der ewige Rhythmus der Natur.*[6] Der ›Wärmetod‹ erscheint als ein universales Ereignis, und Trost liegt nun darin, daß es diese Vergeblichkeit des Lebens irgendwo immer wieder geben wird. In der extremen Einsamkeit des Polarwinters wird man doch nicht allein gewesen sein. Der Wahn eines Trostes, nachdem das ausgehende Jahrhundert begonnen hatte, der kosmischen ›Geselligkeit‹ durch explodierende Urmasse von Raum und Zeit den von der Aufklärung des vorhergehenden erträumten Sinn zu zerstören – die Welten hatten aus ihrer Pluralität nichts als Schweigen zu gewinnen.

Ausgenommen die ›Lebenswelten‹, gehören Nansens eschatologische Banalitäten mehr der Zeit- als der Wissenschaftsgeschichte an. Auch Biblisches klingt mit, das vorweltliche Tohuwabohu als das nachweltliche, als der Normalzustand, aus dem sich die Weltherrlichkeit durch göttlichen Befehl episodisch erhoben hatte, um zurückzusinken, sobald der Befehl verklungen war: *Ich habe nie die Thatsache begreifen können, daß diese Erde eines Tages vergehen und öde und leer sein soll. Wozu in diesem Falle denn all diese Schönheit,*

6 [Ebd.]

wenn kein Geschöpf vorhanden ist, um sich daran zu erfreuen?[7] Soweit der Stoiker, für den Kopernikus nur der theoretische Korrektor von allzuviel Selbstherrlichkeit gewesen sein konnte. Aber nun die Anschauung des wilden Eises, das Dröhnen seiner sinnlosen Pressungen und Zerreißungen: *Jetzt beginne ich zu verstehen.* Dies *ist die zukünftige Erde – hier sind Schönheit und Tod. Aber zu welchem Zwecke? Oh, was haben alle diese Himmelskörper zu bedeuten? Lest die Antworten, wenn ihr könnt, am sternenbedeckten blauen Firmament!*[8]

Die Ablenkung des Blicks auf den Sternenhimmel ist eine schwer noch nachzuvollziehende Denkfigur des ausgehenden 19. Jahrhunderts. Die zahllosen Wiederholungen des Gleichen, genauer: derselben Vergeblichkeit in *Lebenswelten*, soll Sinngebung reflektieren auf dieses wie zeitgerafft als ›Expedition‹ ausgeübte Experiment der Erstarrung, der nautischen Passivität, der Überlassung an die dubiose Eisdrift, in Kürze: des simulierten ›Wärmetods‹. Die Erdenzukunft in ihrer Nacktheit, wenn nicht einmal mehr Schnee auf die Weite der Aufpressungen und der Rißrinnen fallen will: *Weshalb will es nicht schneien? [...] Diese schneelose Eisebene gleicht dem Leben ohne Liebe; nichts ist da, es zu mildern. Die Spuren aller Kämpfe und Eispressungen treten hervor, als ob sie eben entstanden seien, rauh und beschwerlich für das Wandern dazwischen.*[9]

Obwohl Tagebuchtext, ist dies doch die Vorwegnahme der Bedingungen, unter denen der Vorstoß mit Schlitten zum Pol scheitern sollte. Ohne das unfühlbar, unbeeinflußbar treibende Vehikel der »Fram« war in dieser Welt nichts möglich – es sei denn, man wäre dem Anachronismus verfallen und hätte schon ans Überfliegen gedacht wie der Schwede Salomon August Andrée, der 1897 mit dem äußersten Preis bezahlen sollte, sich den Versperrungen der Natur nicht zu fügen.

Mitten im dritten Polarwinter, auf dem Rückmarsch und auf unberechneter Position, sieht Nansen von der primitiven Hütte aus, in der er mit Johansen überwintert, den Mond über dem unbekannten Land. *Eine seltsame, gefühllose Schönheit, gleichwie von einem erloschenen Planeten, aufgebaut aus glänzendem weißen Marmor [...]. Und alles so still, so beängstigend still! Das große Schweigen,*

7 [Ebd., Bd. I, 191.]
8 [Ebd.]
9 [Ebd., Bd. I, 263.]

das eines Tages herrschen wird, wenn die Erde wieder wüst und leer ist …[10] Nicht genug dies, den Anfang der Bibel zu beschwören; auch was vor dem ersten Schöpfungstag über den Wassern schwebte, ist nun, in der Schlußszene des Geschaffenen, wieder da: *In Nordlichtsflammen schwebt der Geist des Raumes über den gefrorenen Gewässern. Die Seele beugt sich vor der Majestät der Nacht und des Todes.*[11]

Die Sinnreflexion auf dem Umweg über den Weltraum will nicht mehr recht gelingen: *Während wir zitternd vor Kälte auf und ab schreiten, blicken wir hinauf zum endlosen Sternenzelt, und all unsere Entbehrungen, all unsere Sorgen schwinden in leeres Nichts. Sternennacht, du bist erhaben schön! Aber leihest du unserm Geiste nicht zu mächtige Schwingen, größer, als wir sie meistern können? Könntest du doch das Räthsel des Daseins lösen! Wir fühlen uns als Mittelpunkt des Lebens, wir kämpfen um das Leben, um die Unsterblichkeit, die der eine hier, der andere jenseits sucht. Deine stille Pracht verkündet: auf den Befehl des Ewigen tratest du ins Dasein auf einem armseligen Planeten, als winziges Glied in der endlosen Kette von Umgestaltungen; auf einen neuen Befehl wirst du wieder ausgelöscht werden […]. Ist denn das Ganze nichts als nur ein Feuerwerk von der Dauer eines Augenblicks? Wird die ganze Weltgeschichte wie eine goldgeränderte dunkle Wolke in der Abendröthe sich auflösen, ohne Spur, ohne Zweck, einer Laune gleich?*[12]

Als Passung in die vom Druck des Eises bedrängte »Fram« inszeniert wirkt es, wenn Nansen im Tagebuch vermerkt, er habe auf dem Bett liegend in Darwins »Entstehung der Arten« gelesen. Nansen ist Zoologe, nicht Ingenieur wie Andrée und Nobile: Er denkt nicht ans ›Überfliegen‹ der dreijährigen Mühsal in Dunkelheit und Eis, weil seine Vorstellungen das Grundmuster des Kampfes ums Dasein nicht verlassen. Die Konstruktion des Schiffs war auf das ›Aushalten‹ der Naturgewalt, nicht auf ihre Überspielung angelegt. Das Verlassen der Eisfestung mit den Hundeschlitten zum Ansturm auf das Punktziel des absoluten Nordens ist ganz die Konsequenz der Sicht auf den Menschen in letzter Zuspitzung seiner Selbsterprobung. Es gab keine Wahrscheinlichkeit dafür, daß die beiden Gruppen – die »Fram«-Gruppe und die Schlittenmänner Nansen

10 [Ebd., Bd. II, 263.]

11 [Ebd.]

12 [Ebd., Bd. II, 263 f.]

und Johansen – die Heimkehr über die Grenze des Schweigens hinweg wenn überhaupt, auch nur annähernd gleichzeitig schaffen würden. Aber eben dies geschah und gab dem Unternehmen die Aura einer fast mythischen Bestätigung.

Und jetzt zerbarst das Schweigen wie in einer Explosion mittels einer Technik, die für Norwegens geographische Lage und Gestalt wie geschaffen war: die Telegraphie. Die fast simultane Ausbreitung der Nachricht, die der langen Ungewißheit ein Ende machte, war noch an den Draht gebunden; das war in diesem Augenblick bedeutungslos. Aber es macht bewußt, wie nahe am Übergang zur Allgegenwärtigkeit der Verbindungen das Wagnis des Vorstoßes ins ewige Schweigen eingegangen worden war. Die Epoche der Unerreichbarkeiten eilte ihrem Ende zu.

Paul Valérys mögliche Welten

Ewig wird der Muschel die Schönheit ihres Werkes unbekannt bleiben.[1] Dieser Satz Paul Valérys enthält das Paradox seiner Weltansicht: Nur die Muschel ›weiß‹, wie sie ihr Gehäuse macht, und nur sie findet die Geborgenheit im Zentrum seiner Zweckmäßigkeit; aber der Glanz dessen, was sie um sich absondert, bleibt ihr im Dunkel – der Genuß des Werkes erfordert den exzentrischen Betrachter, den, der es selbst nicht gewesen ist, den Fremden aus der Welt der Nichtmuscheln. Valérys Ästhetik verbietet das Privileg und den Schutz der Zentralstellung; sie ist in einem dezidiert nachholenden Sinne kopernikanisch. Der Mensch genießt das Schöne, weil er das Geheimnis nicht kennt, nicht der Gott geworden ist, der zu sein die Schlange ihm verheißen hatte, an die zu denken Valéry und Nietzsche gemeinsam war. Erfahrung des Schönen ist Selbsttröstung für Weltignoranz und darin eben auch der Stachel, es beim Schönen nicht bewenden zu lassen. Der *poeta doctus* ist der Kompromiß zweier Ungenügsamkeiten: Zu wissen, daß er das Werk der Muschel niemals ganz begreifen wird, genügt ihm nicht, um beim Anblick ihres Form- und Farbspiels zu verweilen; wenn er nicht vollends begreifen kann, will er doch mehr begreifen. Das Muster der Wendungen, die aus der Unvereinbarkeit von Werkgenuß und Werkverstand entstehen, hat Valéry in der Gewitternacht von Genua 1892 erfahren und im Sokrates des Totendialogs »Eupalinos« von 1923 selbst zum Kunstwerk gemacht.

Wie ein Stück Mittelalter nimmt es sich aus, wenn einer unter Blitz und Donner, datiert und lokalisiert, den Entschluß faßt, nach Hunderten von Gedichten keins mehr zu schreiben, der literarischen Ausschweifung zu entsagen, seine Lebensverhältnisse zu konsolidieren – und Beamter zu werden. *Nuit effroyable*:[2] Die Nacht

1 [Paul Valéry, L'homme et la coquille. In: ders., Œuvres. Bd. 1. Paris 1957, 902. Eigene Übersetzung von HB. Im Original heißt es vollständig: »Mais il (le solitaire = la coquille, RZ) ignorera toujours toute la beauté de son œuvre et de sa retraite.« Vgl. a. Paul Valéry, Werke. Frankfurter Ausgabe in 7 Bänden. Bd. 4. Frankfurt a. M. 1989, 174.]

2 [»Entsetzliche Nacht«, zit. n. Agathe Rouart-Valéry, Introduction biographique. In: Œuvres I, 20.]

vom 4. auf den 5. Oktober 1892 in Genua, der Heimat der Mutter, bietet den ganzen Kulissenaufwand einer Bekehrung, nicht ohne die Selbststilisierung, die bei Bekehrungen immer im Spiel ist, weil jederzeit jeder zu genau weiß, wie es sich abspielen müßte, sofern es ihn träfe. Valéry wußte es von Descartes und von dessen nächtlichem Erlebnis in deutscher Ofenstube bei Ulm am 10. November 1619, das für das ›Programm‹ der Neuzeit entscheidend gewesen sein sollte.

Stilisierung bedeutet nicht Unglaubwürdigkeit: Ein solches Erlebnis würde sich ohnehin nicht wie ein Faktum beschreiben lassen; es bestätigt sich von dem her, was es zur Folge hat, und die Folgen reflektieren sich auf das Maß seiner Intensität. Descartes, der den Festungsbaumeistern auf die Finger gesehen hatte, sollte eine Festung der Erkenntnisgewißheit erbauen. Valéry, der dem Meister Mallarmé über die Schulter auf die Aussparungen und Leermuster des »Coup de dès« sehen wird, konstruiert aus dem Verzicht eine Kunst.

Valéry hat für sich in Anspruch genommen, der erste Mensch gewesen zu sein, der Mallarmés Prosagedicht vor Augen bekam. Wieder sind Datum und Ort festgehalten: Es ist der 30. März 1897 im Landhaus Mallarmés. Auch dies hat den Zug der exzeptionellen Erfahrung von Bekehrungen: den einer Vision des Universums auf dem Papier. Ihm sei gewesen, berichtet Valéry später, als hätte er die Gestalt eines Gedankens zum erstenmal im Raume festgelegt erblickt. Eine faustische Szene: das Zeichen des Makrokosmos als magische Konfiguration auf den Probeabzügen aus der Druckerei. Der Magier beobachtet die Wirkung auf den Adepten; aber auch dieser ist nicht so gebannt, um nicht zu bemerken, daß sein Erstaunen vom Meister ohne Erstaunen bemerkt wird. Es war eine Initiation und von Mallarmé als Einweihung des Jüngeren gemeint; aber die Pointe der Szene ist, daß dieser schon auf dem anderen Weg, dem der Abkehr vom Zwischenreich der Meeresküste, ist und es dem Urbild seiner literarischen Wünsche verschweigt.

Die Vision war auch die einer Endgültigkeit: Valéry hatte das Unüberbietbare gesehen, ein Zeichen für das Ende von allem. Wenige Wochen später tritt er seinen Dienst in der Artillerieabteilung des Kriegsministeriums an. Man mußte schon Leonardo da Vinci zu seinem fast lebenslangen Helden der Möglichkeiten erwählt haben, um zwischen der Vision von Valbins und den Kanonen des

Modells 75 keine lebenszerreißende Spannweite zu empfinden. 1895 hatte Valéry den ersten seiner drei Leonardo-Essays veröffentlicht, die »Einleitung in die Methode des Leonardo da Vinci«. Aber schon ein Jahr zuvor hatte er mit dem unbenannten Werk begonnen, dessen Erregung vielleicht die stärkste Nachhaltigkeit der Existenz Valérys geschaffen hat und schaffen wird, über die Jahrtausendwende hinweg: die 257 Faszikel seiner »Cahiers«.

Leonardo und Sokrates, das waren die historischen Namen, unter deren Deckung Valéry sich darstellte. Das Wort ›historisch‹ bedeutete dabei nur den Ausschluß des Unwahrscheinlichen, nicht die Unterwerfung unter das Faktische. Ein Gedankengeschöpf zu konstruieren, das der Natur gewachsen wäre, mit ihr und gegen sie gestellt durch ›Methode‹, sollte die aller Erkenntnis vorausgehende Handlung sein, für deren Resultat erst nach einem Namen aus dem Repertoire der Geschichte zu suchen war.

Valérys Verfahren ist das einer *docta ignorantia*: Er will nicht wissen, was man schon weiß, und am liebsten ist ihm, wenn man nichts weiß und kaum etwas wissen kann, wie im Fall des Sokrates. Bedrängt vom schon alt gewordenen Kunstgriff einer Literatur möglich-vielfacher statt wirklich-einfacher Lebensläufe und Kriminalfälle, sind wir kaum noch imstande, die Entdeckung des Jahres 1894 zu bewundern: dem möglichen Leonardo den Vorzug vor dem wirklichen zu geben. Oder: den Sokrates des Jahres 1923 angesichts des am Meeresstrand aufgelesenen *objet ambigu* und seiner Entscheidungsforderung als Prototyp der Existentialismen zu respektieren. Allzu künstlich sieht es aus, Sokrates im Hades sich an den Meeresstrand erinnern zu lassen, an diese Zone der Unbestimmtheit und des unbesetzten Horizonts, wo alles heraufkommen und alles geschehen kann, das Leben noch im Vollbesitz seiner Möglichkeiten ist. Sein Sokrates mußte heraus aus den Straßen und vom Markt der Stadt, wo er seine berüchtigten Fragen stellte, die sein platonisches Bild bestimmen, hinaus und dorthin, wo er selbst der Befragte wäre, der antworten mußte. Für Valéry hat der Philosoph Sokrates schon deshalb keinen Reiz, weil er eine dem Positivismus abgelesene Definition der Philosophie besaß: Philosophie, das sei soviel wie: schlecht gestellte Fragen.

Valéry entging dem Schicksal derer nicht, die sich unter wechselnden Titeln sträuben, Philosophen zu sein; sogar Antiphilosoph wäre er gern gewesen. Aber auch das kann man nur als Philosoph sein – es ist die Disziplin, die jeden, der sich ihr widersetzt, schon dadurch, daß er es tut, integriert hat. Erst spät hat sich das auch ins Gedicht durchgeschlagen: 1917 hatte Valéry mit der »Jeune Parque« den selbstauferlegten Bann, kein Poet zu sein, durchbrochen; aber erst 1935 gelang ihm mit »Paraboles« das vorfaustische Gedicht des aufgegebenen Widerstands gegen die Philosophie, der Preisgabe an die Unvermeidlichkeit der Alternative, entweder Fragen zu stellen oder das Paradies der Fraglosigkeit zu beschreiben, das in der Gartenszene von »Mon Faust« wiederkehren wird.

Auch das Recht zur Umdeutung des Faust leitet Valéry her aus dem Überschuß des Möglichen über das Wirkliche an jeder Figur, auch der mythischen oder poetischen. Aber er wollte »Mon Faust« als eine letzte Faustiade genommen wissen. Der Rollentausch zwischen Mephisto und Faust mußte endgültig sein; wenn der Teufel durch den Menschen verführbar geworden war, blieb dem Menschen kein faustischer Wunsch mehr. Dieser Faust sollte am Ende seiner Geschichte entsagen, nicht nur seiner erdichteten Biographie, sondern auch seiner Biographie als Dichtung, als Literaturgeschichte, als neuzeitlichem Mythos.

Es war weniger eine Feststellung als eine Beschwörung, daß der Fundus der faustischen Möglichkeiten erschöpft sein sollte. Die Kontingenz als einzige ontologische Entdeckung, die der Neuzeit von ihrer theologischen Vorgeschichte geblieben war, hatte alles hergegeben, was sie geben konnte: vom Prinzip des zureichenden Grundes bis zur Umkehrung der Folge von Wesen und Existenz. Hat Valéry diese Umkehrung mitvollzogen? Eine Kurzformel, die er für sein Selbstverständnis notiert, lautet: *Je suis ce que je puis.*[3] Und die letzte Eintragung in den »Cahiers« war: *Après tout, j'ai fait ce que j'ai pu …*[4] Mit Namen benannt, stehen Leonardo und Faust für diese beiden Formeln. Zum Existentialismus aber genügt die Erschöpfung des Möglichen an der Mortalität nicht; hinzukommen muß die Abwendung von der Natalität als dem blindesten aller Fakten, der nackten Geworfenheit, der Legitimation jeder Auflehnung gegen das, was ist und nicht nur sein kann.

An diesem Punkt versagt sich Valéry jeder Konformität mit dem

3 [»Ich bin, was ich kann.« Paul Valéry, Mélange. Homo quasi novus. In: ders., Œuvres I, 396.]

4 [»Schließlich habe ich getan, was ich konnte.« Paul Valéry, Cahiers. Bd. 2. Paris 1974, 388; Paul Valéry, Cahiers/Hefte. Bd. 4. Frankfurt a. M. 1990, 606.]

Zeitgeist. Er hat im Gegensinn alles Wesentliche seiner Existenz auf das Faktum der Geburt, auf die reine Impressionabilität der frühen Lebenszeit am Ufer des Mittelmeers zurückgeführt. Dafür sind die »Inspirations méditerranéennes« von 1934 das bewegendste Zeugnis. Sein Bekenntnis ist, daß Ort und Horizont seines Lebensanfangs das gewesen sind, was er sich gewünscht hätte, hätte er gefragt werden können. Zehn Jahre nach dem »Eupalinos« wird begreifbar, weshalb er seinen Sokrates an den Strand des Meeres, in die Szenerie der Reinheit der Elemente und des Lichts, hatte führen müssen, um ihn sich zwischen Denken und Erfinden entscheiden zu lassen.

Nichts spricht dafür, daß Valéry von der Phänomenologie berührt worden wäre; er hat Husserls Pariser Vorträge 1929 nicht gehört, die dessen Wirkung in Frankreich begründeten – aber dem Begriff des Horizonts hat er eine unvergleichliche Anschaulichkeit gegeben, als er auf den Weg zurückblickte, der ihn vom Meeresstrand endgültig landeinwärts geführt hatte wie seinen Sokrates.

Dort, wo nicht Dinge das Maß des Menschen sind, sei der Mensch das Maß der Dinge. Valéry hat den Satz des Protagoras in diesen Jahren gemocht, ihn auch in der großen Goethe-Rede von 1932 in der Sorbonne verwendet. Seine Deutung ist nicht die der oberflächlichen Verachtung vermeintlicher Arroganz, deren Tradition leider schon Plato begonnen hatte. Vom Menschen als Maß aller Dinge zu sprechen bedeute, der Vielfältigkeit der Welt die Einheit der menschlichen Kräfte entgegenzustellen, auch der Vielfältigkeit unserer Augenblicke, der Flüchtigkeit unserer Eindrücke, sogar der Absplitterung unserer Individualität zu einem bruchstückhaften Leben ein Ich entgegenzustellen, das sie umgreift und durchwaltet, wie das Gesetz den Einzelfall, das Gefühl der Kraft aller Handlungen enthält, zu denen sie befähigt. Nicht nur der ferne Leonardo war der *uomo universale*; in jedem liegt das universale Ich gleichsam bereit zum Antritt seiner Herrschaft über das Zufällige – über die Faktizität: *Nous nous sentons ce moi universel, qui n'est point notre personne accidentelle.*[5]

Universalität ist zwar nicht alles andere als Gelehrsamkeit, aber

5 [Paul Valéry, Inspirations méditerranéennes. In: ders., Œuvres I, 1084-1098, hier 1092 f. »Wir fühlen uns als dieses umfassende Ich, das sich nicht mit unserer zufälligen Person deckt«; Paul Valéry, Mediterrane Eingebungen. In: ders., Werke. Bd. 7. Frankfurt a. M. 1995, 463.]

doch mit dieser nur entfernt verwandt; eher abzuleiten ist sie vom ›Universum‹ als dem letzten Horizont der Horizonte, erahnbar an der Unbesetztheit der Linie, die dem Auge alles Weitere verwehrt: *ein Blick auf das Meer ist ein Blick auf das Mögliche.*[6] Hier hatte es begonnen, in der Nacht von Genua hatte es seine Krise gehabt (*Je suis entre moi et moi*[7]), mit Faustens Absturz von der eisigen Höhe der Verwünschungen des Universums durch den Solitaire in die Tiefe der Resignation findet es sein Ende.

Daß Faust in den Abgrund stürzt, um das letzte Nein zu seiner Geschichte und ihrer Wiederkehr zu sagen, muß verwundern, denn der Abgrund ist Valérys Metapher für das ihm Zuwidere. Mit Voltaire, mit Nietzsche teilt er die Faszination durch die Fremdartigkeit Pascals – ihn muß man vor sich haben, ihm widersprechen können, ihm das Gegenbild setzen, wenn man aus den Antrieben der Neuzeit heraus und über sie hinaus existieren will. Aus der Negation Pascals hat Valéry sein Gegenbild – das des jenem fast zwei Jahrhunderte vorausgehenden Leonardo – konstruiert und für den Antipodismus beider die Doppelmetapher gefunden, die auch sein eigenes Zentrum erhellt, die von Abgrund und Brücke: *Pas d'abîme ouvert à sa droite. Un abîme le ferait songer à un pont.*[8] Aber Faust, ein halbes Jahrhundert nach dieser Antithese, ersteigt die Höhe der Abstraktionen nur, um in dem Abgrund zu versinken.

Eine Korrektur? Vielleicht die entscheidende. Valéry hatte bei seiner strikten Ablehnung jeder Art von Inspiration des dichterischen Aktes zum Beweis angeführt: Wer inspiriert wäre, korrigierte nicht. Er wollte es nicht sein, weil er korrigieren können wollte. Man schreibt – mit Verspätung von mehr als einem Jahrhundert – keinen »Faust«, wenn man nichts zu korrigieren hat. Valéry, der Mann der ›Methode‹ und der ›Konstruktion‹, macht Faust zum Verführer ›jenes Anderen‹, weil er der Hölle die Kenntnis der Sinnlichkeit bestreitet. Von der Sinnenhaftigkeit wie von der sensuellen Fleischeslust verstehe der klassische Verführer nichts, weil er dem

6 [Valéry, Werke 7, 463.]

7 [»Ich bin zwischen mir und mir«. Zit. n. Rouart-Valéry, Introduction biographique, ebd., I, 20.]

8 [»Kein Abgrund klafft zu seiner Rechten. Ein Abgrund ließe ihn an eine Brücke denken.« Valéry, Note et digression. In: ders., Œuvres I, 1210; ders., Anmerkung und Abschweifung. In: ders., Leonardo. Drei Essay, Frankfurt a. M. 1960, 113 bzw. Werke Bd. 6, Frankfurt a. M., Leipzig 1995, 75.]

Ich, der ›Seele‹, eine Solidität beilegen mußte, die ihm den Gewinn der Heilsverlorenen allein lohnend machen konnte. Der späte, der verspätete Faust weiß längst, was Ernst Mach gewußt hatte: daß das Ich eine Empfindungswolke ist, sich in jede intensive Erfahrung preisgeben kann, sobald sich die Anstrengung der Selbsterhaltung löst. Auch der Programmatiker eines eher cartesischen *Moi pur* hatte sich in diesen letzten Lebensjahren noch einer neuen Grenze der Selbsterfahrung genähert.

Man korrigiert – wenn man mehr und genauer gesehen hat, und man korrigiert, wenn man vergißt. Sollte ich aus Valérys Texten und Notizen den einen Satz herauszusuchen haben, der am genauesten sein Verfahren angibt, so wäre es der: *Es genügt hinzusehen, um zu begreifen.*[9] Eine Trivialität? Doch wohl nicht. Man denke daran, wie er der Muschel zusieht, um dieses Stück Natur – nach seiner Lieblingsformel – *en construction* zu erfassen. Sein lebenslang ungeglücktes Verhältnis zur Mathematik, der er eine Anschaulichkeit zutraut, die sich ihr doch nicht abgewinnen lassen will, gehört hierher: Auch ihr möchte er *en construction* zuschauen. Schließlich das Kunstwerk. In einer der erst 1929/30 dem ersten Leonardo-Essay beigefügten Marginalien hat Valéry die dichteste Formel für den Zusammenhang von Werk und Sensualität gegeben: *Ein Kunstwerk sollte immer darauf hinweisen, daß wir noch nicht gesehen haben, was wir sehen.*[10] So wenig, so viel ist das. Eine Korrektur an der Gewöhnlichkeit, feiner (und nach Husserl): an der Lebenswelt.

Dann das Vergessen. Die Eigenart von Valérys Korrekturen, seiner *docta ignorantia* insgesamt, ist auch eine Sache seines Gedächtnismangels, und diese wiederum eine seiner sensualistischen Identität. Er hat sich einmal mit Proust verglichen und das Unmögliche einer Suche nach der verlorenen Zeit für sich festgestellt: Ereignisse vergesse er, als könnten es die eines anderen gewesen sein. Er habe keine Kindheitserinnerung, wie sehr er sich auch vom Alter her durch die Landschaft der Kindheit geformt sehen moch-

9 [»Il suffit de regarder pour l'apercevoir.« Paul Valéry, Discours en l'honneur de Goethe. In: ders., Œuvres I, 550.]

10 [»Une œuvre d'art devrait toujours nous apprendre que nous n'avions pas vu ce que nous voyons.« Paul Valéry, Introduction à la méthode de Léonard de Vinci. In: ders., Œuvres I, 1165. Übers. v. HB; vgl. a. Leonardo. Drei Essays, 30 und Werke 6, 22.]

te. Die Vergangenheit ist ihm in ihrer Zeitstruktur, in ihrer Erzählbarkeit abhanden gekommen. Es ist nicht Polemik gegen den großen Epiker, eher ein fast bedauerndes Markieren der Distanz in dem Wortspiel, es wäre für ihn verlorene Zeit, die verlorene Zeit wiederzufinden. Unbedrängt von der Vergangenheit, unbedrängt auch von einer Fülle positiver Kenntnisse, wird Valéry so etwas wie ein ›Konstruktivist‹. Er muß sich erzeugen, was für ihn da sein soll, und es überzeugt ihn nur, insofern er es erzeugt hat. Am Vergleich mit Proust demonstriert er, wie seine Gedächtniskondition ihn dazu geführt habe, die Vergangenheit als vernachlässigenswert und sogar als beliebig zu betrachten.

Kaum bei einem anderen Autor dieses Ranges ist die Diskrepanz so groß zwischen der Form der immanenten Absicht und der der faktischen Darbietung. Das Werk Valérys besteht, außer dem Leonardo-Komplex, der aber auch gerade anderthalb hundert Seiten umfaßt, überwiegend aus Gelegenheitsarbeiten. Valéry suchte diesen Zwang, bis hin zur Zahlenvorgabe der Buchstaben beim »Eupalinos«, wie er die Zwänge der bürgerlichen Konsolidierung gesucht hatte, um einer zerfließenden Literatenexistenz zu entgehen. Manches hat er aus seinen Notizheften zusammengestellt und veröffentlicht. Dennoch steht hinter der zerrissenen, jeden Eindruck der Konzentration ausschließenden Manifestation die genau gegenläufige Absicht. Valérys Anspruch an sich selbst, das geheime Spiel seiner Kombination mit der Vielfältigkeit der angehäuften Materialien, war *Le Système.* Schon fünf Jahre nach dem Entschluß, nicht Dichter zu werden, eröffnet er André Gide, er werde ›Das System‹ zum Abschluß bringen und veröffentlichen. Zwar fehle es ihm noch an der genauen Ordnung in der Folge der Thesen; doch um so näher liege es, die Gebäude zu errichten, deren Plan fertig sei. Das erfordere Arbeit und Geduld – zwei Erfordernisse, hinter die Valéry für sich ein Fragezeichen setzen muß.

Aber nicht nur dieser Zweifel an sich selbst ist da. Ein Einwand, den er sich macht und den er zugleich absonderlich findet, besteht darin, daß er das umrissene Unternehmen zu natürlich findet, um nur erstaunt, ja erschrocken sein zu können, wie man im Lauf der Jahrhunderte noch nicht daran gedacht haben sollte. Von diesem Erschrecken sei es nur ein Schritt, irgendein Ungeheuer unten auf dem Grund der Sache zu vermuten. Gide beschwört ihn, dem Zögern begegnend, mit einem für ihn, der das niemals gedacht oder gewagt hätte, charakteristischen Ausruf: »*O!! Écris ›Le Système‹.*«[11] Das half nichts. Der Anachronismus des Systems geistert durch die Tagebücher, deren Form nahelegen muß, in diesem Stichwort nur den Titel für ein großes Selbstmißverständnis Valérys zu sehen.

Niemals ist er einem System auch nur nahe gekommen. Doch ist schon der Begriff als Opposition gegen den Vorrang der ›Unendlichkeit‹ in aller Metaphysik, zumal der Pascals, zu verstehen. Der Mensch kann sich Unendlichkeit nicht leisten. Als zufälliges Produkt der Evolution wendet er sich von dem äußersten Punkt des von ihm beschrittenen Weges um, und sein ganzes Werk wird zu der Anstrengung, jene Zufälligkeit in Notwendigkeit zu verwandeln. Das System ist nur das Äquivalent dessen, was die Kunst auf ihre Weise zu leisten hat: den Zufall aus ihrem Stück Welt auszuschließen, sich als ›Nicht-Zufall‹ zu etablieren. Je schärfer die Kontingenz des Menschen in der Welt formuliert werden konnte, um so künstlicher und kunstvoller ist der Inbegriff seiner Gegenbewegungen. Er erfaßt sich in seinen Möglichkeiten, um sich seiner Wirklichkeit nicht ausgeliefert zu sehen.

Auch wenn den pointierten Überlieferungen von André Malraux nicht durchweg zu trauen ist, wird man doch geziemend finden, als letztes Wort des sterbenden Paul Valéry gesagt zu finden: *Das Erstaunlichste ist, daß dies alles doch wohl einen Sinn hat.* Zunächst könnte man es für eines der vielen letzten Worte halten, die mit allem Vorherigen keinen rechten Zusammenhang mehr haben. Doch dann wird manches deutlicher, was sich Valéry in den Notizheften über den Tod notiert hat, zumal das, was zu seinen letzten Notizen gehört: *Ich habe das Gefühl, als sei mein Leben zu Ende, das heißt, ich sehe zurzeit nichts, was nach einem Morgen verlangt. Was mir zu leben übrig bleibt, kann jetzt nur noch vergeudete Zeit sein.*[12] Das Potential ist ausgeschöpft, wie es fünf Jahre zuvor das Faustens gewesen sein sollte.

11 [»Oh!! Schreibe *Das System.*« André Gide an Paul Valéry, Februar 1897. In: André Gide, Paul Valéry, Briefwechsel 1890-1942. Würzburg, Wien 1958, 362.]

12 [Valéry, Cahiers. Bd. 2, 388. Übers. v. HB. Vgl. a. ders., Cahiers/Hefte. Bd. 6, 606.]

Thomas Mann 1945

Kein Tod am Lake Mohonk

Wer möchte denn Goethe sein? So gnadenreich es ist, ihn gewesen zu wissen, so peinigend wäre es, er noch einmal sein zu müssen. Erkennen heißt doch gerade, besitzen zu dürfen, *ohne* es sein zu müssen. Dennoch ist er eine Figur, die zur Assimilation einlädt, die die Köpfe sich nachzuformen scheint, die Attitüden evoziert, vor allem aber die Erlebnisse ›wiederzuerkennen‹ gebietet: Wieder Werther! Wieder der Farbenlehrer! Wieder Ulrike!

Da braucht ein Autor von großer Repräsentanz nur für einige Tage ins Kurbad zu gehen, und schon steht in seinem Tagebuch das Satzbruchstück: *Andeutung Ulrikens.*[1] So im Quäkerkurbad – mit lästigen Beschränkungen! – Mohonk am 24. Juni 1945 der eben siebzigjährige Thomas Mann, als ginge es nicht anders. Auch nur von ferne und eine kleine Cynthia. Man heißt eben gerade nicht Ulrike.

Und es will nichts entstehen, was irgend der ersehnten Identifikation seit dem »Tod in Venedig« von Nutzen sein könnte. Wie zur Begründung, daß die Situation zu größerer Vorsicht nötigte, als es einst in Marienbad der Fall war, wird die karge Notiz angereichert mit dem Vermerk, der Vater sei in der Nähe gewesen.

Das war, im Lift am 24., so etwas wie die Entpflichtung von der Rollenübernahme, die sich noch am 20. angekündigt hatte, als nur die Mutter der Sechzehnjährigen zu erwähnen war – und daß diese gerade den »Zauberberg« las, was dazu beitrug, daß es sie *sehr aufregte, neben mir zu sitzen.* Da durfte es noch heißen, was der Vateranblick im Lift vier Tage später untersagte: *Zärtliches Gefühl.*[2] Beim Abschied, *mit den Eltern in der Entfernung,* versteckte sich die Kleine und *schaute, ob ich nach ihr sähe.* Er denkt – um am Abend zu notieren, was er gedacht hatte –: *Werde sie nicht vergessen.*[3]

Das ist schon zwei Monate später ›realisiert‹, eingegangen in gesprochene Abschiedsworte: *»Good-bye, Cynthia! I never shall forget you. […]«* So berichtet im Brief an Kuno Fiedler am 20. August,

1 [Thomas Mann, Tagebücher 1944-1946. Frankfurt a. M. 1986, 218 (24. 6. 1945).]

2 [Ebd., 217 (20. 6. 1945).]

3 [Ebd., 219 (24. 6. 1945).]

wo das Ganze sich ausnimmt wie arrangiert *zur lächelnden Befriedigung meines Sinnes fürs Mythische.* Und arrangiert war es auch, obwohl nicht zu *seiner* mythischen Selbsteinlösung, sondern nur von der Mama für den *lipstick-Engel mit schiefen Augen,* dem sie beim Kurkonzert den Platz neben dem glühend verehrten Objekt ihrer *Kulturbegierde* verschafft hatte.[4]

Fast traurig muß man sein, daß nicht nur Thomas Mann vom Arrangement wußte, sondern auch uns die Forschung nicht erspart hat zu wissen, daß *die Kleine* mit Nachnamen Sperry hieß und Tochter eines Geschäftsmannes aus Connecticut war. Ob sie, wie ihr Urbild Ulrike, ein langes Leben lang der Erinnerung an jene Augenblicke gelebt hat, wissen wir nicht. Es ist unwahrscheinlich, denn sonst wüßten wir es.

Dann, in New York, das Nachspiel. Die wirklich gefährlich glühende Verehrerin und Mäzenatin Agnes E. Meyer macht ihm ›*Bekenntnisse einer schönen Seele*‹, genießt poetisch ihre Selbstvorwürfe wegen »*Untreue*«, erfährt nichts von der seinen: *Ich verschwieg ihr entschlossen die unvergleichlich bevorzugte kleine Cynthia.*[5]

So muß die Welt sein. So dienstbar unserem Bedürfnis nach Bedeutsamkeiten, als wäre sie sinndurchtränkt. Doch muß der mythische Griff auch den Siebzigjährigen, damit er nicht seinem Urbild gleichend leidet, gnädig entlassen. Der Vateranblick – Ulriken war der ihrige längst dahingestorben – genügt dem Kränkelnden, sich frei zu wähnen. Stärkungsbedürftig aus dem Grunde und von Leidenschaft eher bedroht als erhoben, hatte er am Abend der Ankunft am Lake Mohonk und vor dem Kurkonzert notiert: *Zeitig zu Bett nach einem Trunk von Quellwasser.*[6]

Nach Abschied und Rückfahrt entsteht denn auch keine Elegie. Aber Thomas Mann wußte vom toten Meister Freud, daß es spurlos und ohne Arbeit am Mythos auch nicht abgehen konnte. So tat er, was in solcher Sache einzig zu tun war: Er träumte. Da konnte gleich noch ein *reizender junger Student* vom Vortag eingearbeitet werden: *Tief entzückt von seiner Jugend und Freundlichkeit.*[7] Des Morgens träumt ihm, er sei *auf irgendeine Weise verlobt mit einem jungen Weibe, das mir große Zärtlichkeit einflößte.* Sie macht

4 [Zit. n. ebd., 656 (Anm. 3).]
5 [Ebd., 219 (25. 6. 1945).]
6 [Ebd., 216 (15. 6. 1945).]
7 [Ebd., 229 (19. 7. 1945).]

ihm ein Traumgeschenk, das gedeutet sein will; es ist aus rotem und weißem Stoff, etwas wie ein Liegestuhl, *wohl eine Anspielung auf mein ehrwürdiges Alter.*[8] Gefühle dabei glücklich und etwas ängstlich zugleich, wie es bei dem Kontrast von Geberin und Gabe nicht anders sein konnte. Die Selbstanalyse ergibt die Kombination der Tagesreste: Cynthia und der Student – ›Begegnung‹ mit jener, ›Entzücktsein‹ von diesem – sowie ein Zuschuß vom Filmheldengesicht aus dem Cinema vom vergangenen Abend.

Der Traumersatz für die Elegie steht zwar nicht für das Unvermögen dieses Autors zum Lyrischen, wohl aber für die Schwierigkeiten, die das Jahrhundertprodukt der Analyse der ›Erinnerung‹ macht: Sie geht als Teilchen ins Kaleidoskop des Deutungsbedürftigen ein.

Noch sind wir nicht ganz am Ende der Enttäuschungen. Schon Freud hatte den Verdacht – die ›positivistische‹ Erwartung –, irgendwann werde die Chemie allen deutungsbedürftigen Auswürfen des psychischen Apparats den Garaus machen. Der Tagebuchschreiber ist von dieser Aussicht eingeholt. Mit der Eiseskälte, die in seinem gerade entstehenden Faust-Roman die ›Aura‹ des Teufels ausmacht, registriert er den Chemismus des eben noch ausgelegten Traumes: *Physiologisch gesprochen handelt es sich um einen Effekt der von Gumpert verordneten Hormon-Kur.*[9] Alles aus und vorbei, der Rest von lächelnder Befriedigung am Mythischen erstorben? Nicht ganz. Denn schon drei Tage später greift *Tyche* ein und verhindert den Fortgang der chemisch induzierten Aufarbeitung des Erlebten. Am 23.7. steht im Tagebuch: *Die Hormon-Tabletten, nach denen mich verlangt, nicht zu erlangen.*[10] Aber für den Wissenden ist es zu spät, an den Anfang der Cynthia-Episode zurückzukehren, zu jenem ersten Abend am Lake Mohonk und seinem Quellwassertrunk.

Umgang mit dem Ungesehenen

Als man den erhobenen Zeigefinger erst fernhören, noch nicht fernsehen konnte, bedurfte es zur Verdeutlichung guter Absichten noch des guten Zuredens.

8 [Ebd., 229 (20.7.1945).]
9 [Ebd., 230 (20.7.1945).]
10 [Ebd., 231 (23.7.1945).]

So wurde Thomas Mann von Columbia Broadcasting um drei Minuten der Nachrede zu einem Hörspiel gebeten, das der Tugend der Toleranz aufhelfen sollte. Im Dezember 1945 war diese Tugend schon wieder möglich, aber noch nicht recht wirklich geworden. Die unabweisbare Aufforderung der Rundfunkanstalt erreicht den Autor des »Doktor Faustus« inmitten der Arbeiten an der ›Apocalipsis‹ seines Tonsetzers Adrian Leverkühn, der es mit dem Teufel aufs handgreiflichste zu tun hat.

Am 11. Dezember bekommt Thomas Mann zu lesen, was er angesichts der guten Absichten das *Columbia-Hörspielchen*[11] nennt. Am 13. nach dem Tee (immer ›Thee‹ von dem eigenwilligen Orthographen geschrieben) diktiert er Frau Katia, was er unter Vorspiegelung von Spontaneität zu dem *schönen, sympathischen kleinen Stück, dem wir soeben gelauscht haben,* sagen wird. Womit er beginnt, ist nicht weniger als eine nachsichtige Entschuldigung für den Mangel an Spannung, der dem Hörer zugemutet werden wird: *Es spielt zwischen lauter guten Menschen, und ich versichere Sie als Schriftsteller, daß es garnicht leicht ist, ein Stück und sei es das kleinste, zu schreiben, dessen Handlung von lauter guten Leuten getragen wird.*[12] Er sagt nicht, wie schwer ihm das genaue Gegenteil gerade fällt, Umgang und Pakt mit dem Teufel zu beschreiben. Um so leichter fällt ihm, zu Geist und Lehre des Hörstücks seine *herzliche Zustimmung* auszusprechen.

Drei Tage später, in der Sonntagmorgenfrühe des 16., ist er zu Probe und Aufnahme von »My brother's blood« im Studio. Im Tagebuch notiert er: *Amüsiert von dem Vorgang.* Wovon amüsiert? Im Aufnahmeraum bot sich ihm ein Anblick, der vorwegzunehmen schien, was hätte sein müssen, wenn die Moralität schon im heranrückenden Fernsehen auszustrahlen gewesen wäre: *Sahen alle aus wie sie in dem Stück hätten aussehen müssen.*[13]

Das hat seine Ironie für den, der wie der Autor weiß, was hinterher gesagt werden wird, und der bedenkt, daß die Mitwirkenden an einem Hörspiel über die schönste aller Tugenden hätten aussehen dürfen wie Zeloten und Fanatiker. Solche wiederum werden durch

11 [Thomas Mann, Tagebücher 1944-1946. Frankfurt a. M. 1986, 284 (11. 12. 1945).]

12 [Thomas Mann, Nachwort zu einem Hörspiel über Rassendiskriminierung. In: ebd., 834.]

13 [Ebd., 286 (16. 12. 1945).]

keine Anschauung belehrt, daß ihre Idole die falschen sein könnten – sie wissen zu genau, was hinter jedem Aussehen steckt.

Nicht zufällig hat Thomas Mann seine Überraschung an der Physiognomik der Mitwirkenden lapidar notiert. In seinem Dreiminutentext stand nämlich etwas, was mit dieser kontingenten Passung auf makabre Weise zu tun hatte: eine die akustisch-optische Kongruenz pervertierende Anekdote aus dem Deutschland von 1933 nach Hitlers Machtergreifung. Eine *jammervoll komische Geschichte,* an die er immer denken müsse, wenn er von Antisemitismus höre: *Es gab da einen Verein von Kriegsblinden, und diese beschlossen unverzüglich zu Ehren der nationalsozialistischen Doktrin, die Juden, die sich unter ihnen befanden, auszuschließen. Kann man sich etwas Groteskeres vorstellen, als, wie diese Menschen mit den leeren Augenhöhlen oder den weißen und toten Augensternen aus ihrer Nacht in die der Anderen hineinriefen: »Packt euch, ihr Juden!«*[14]

Man begreift vor der einsamen Evidenz des Eindrucks, weshalb Thomas Mann der Notifikation für bedürftig befand, es hätten wie Tugendhafte ausgesehen, die Tugendhaftes zu verlautbaren hatten. Seine denkbare Erregung war eben nur seine allein: Kein Hörer des Hörspiels und der Nachrede konnte daran teilnehmen, und den Mitwirkenden wird die Distanz des Eintretenden, der das Produkt seiner alsbaldigen Spontaneität kannte, gefehlt haben, um voneinander diese Fremdwahrnehmung zu haben. Bleiben also zum Erschrecken die wenigen, die nach der quälenden Lektüre des sechsten Bandes der Mannschen Tagebücher noch Lust und Mumm haben, in den Anhang der kleingedruckten Texte zu sehen und dabei nicht den einen Satz vergessen zu haben, der unter dem 16. 12. 45 stand: *Sahen alle aus wie sie in dem Stück hätten aussehen müssen. Freundliche Eindrücke.*[15]

14 [Ebd., 834.]
15 [Ebd., 286 (16. 12. 1945).]

Thomas Mann 1955
»Zauberberg« und geteilte Welt

Aus Anlaß des achtzigsten Geburtstags Thomas Manns am 6. Juni 1955

Mit Verwunderung, fast mit Unglauben sehen wir Deutschen, die wir an der Lebenskraft unseres Genius zu zweifeln gelernt haben, auf den Autor, der heute, unter unseren Augen, achtzigjährig, noch an einem Werk von einsam-unbestrittener Weltgeltung schafft. Er ist nicht mehr so ganz, so eindeutig der unsrige, daß wir uns seines Besitzes mit ungetrübtem Stolz erfreuen könnten – nicht nur, weil er der Welt gehört, sondern weil er uns weniger gehört als der Welt. Das ist ein Faktum, das vielen zur Verstimmung, wenigen zur Besinnung gedient hat; ein Faktum, das den nach Europa heimkehrenden, seinen vielleicht letzten Standort suchenden Dichter knapp vor unseren verwundeten Grenzen haltmachen ließ. Auch wird es uns nicht leicht zu sehen, daß dieser eine Deutsche leichter und bedenkenloser die Scheide zwischen West und Ost passiert, als es Millionen tun können, denen sie mitten durchs Herz geht – daß ihm die Welt, der er gehört, in ihrer Gänze mehr gilt als die eine Hälfte, deren Idealen wir uns zugehörig fühlen. Das Recht des Künstlers, in Sachen dieser Welt ›naiv‹ zu sein, ist nie in Anspruch genommen worden von ihm, der ein Leben lang so leidenschaftlich Partei ergriffen, so global in Parteien gedacht hat. Nein, wir erschleichen uns nicht die Möglichkeit der Huldigung, indem wir ihn ein Kind, realitätsfreudig und realitätsfremd zugleich, sein lassen. Dies heiße Eisen anzufassen mag Bürgermeistern geschenkt bleiben, die mit Ehrenbürgerbriefen billige Versöhnung stiften. Wir dürfen diesen Anstoß unserer deutschen geistigen Gegenwart nicht dem obligaten Vergessen überliefern; er ist einer der wenigen Maßstäbe für die Wahrhaftigkeit unserer Rückkehr zur Welt und muß als solcher, befremdlich und sogar lästig vielleicht, respektiert werden. Wie wenige haben noch kürzlich wahrgenommen – und wie wenige von diesen wieder haben es gelten lassen –, daß Thomas Mann nicht ›unseren‹ Schiller, sondern ›seinen‹ Schiller gefeiert hat. Und wie mühelos er ihn über die furchtbare Grenze mit sich nahm!

Den Schlüssel zu seinem Verhalten gegenüber der Grenze, die um die Welt läuft, hat Thomas Mann schon 1924 in seinem zentralen Werk, dem »Zauberberg«, gegeben. Ein Lungensanatorium in Davos wird zur ›Pädagogischen Provinz‹ seines Wilhelm Meister, der hier Hans Castorp heißt. Dieser Sproß guter deutscher Bürgerlichkeit kommt besuchsweise in dieses Vorfeld des Todes, wird selbst von den tückischen Mikroben ereilt und sieben Jahre dort festgehalten, bis ihn der Ausbruch des ersten Weltkriegs in die Heimat und in den Kriegertod ruft. Der Innenraum des »Zauberbergs« ist wie ein Versuchsfeld jener Energien angelegt, die wenig später die Welt zerspalten sollen. Da ist die schöne, makabre Russin Clawdia Chauchat, die den auf Tüchtigkeit angelegten Jüngling mit dem Glück des entspannten Sich-aufgebens lockt, wie es seit je der Osten dem Westen versucherisch angeboten hat. Da sind die intellektuellen Matadore der großen Ideenpole Macht und Freiheit, Diktatur und Demokratie, Organisation und Spontaneität – der Jesuit Naphta und der Rationalist Settembrini, deren leidenschaftliche Dialoge den Untergrund der Zeitkräfte aufreißen, hart Weltbild gegen Weltbild stellen, wie in einem Sandkastenspiel für den globalen Dualismus der Zukunft. Aber Thomas Mann führt in das Spiel eine dritte Größe ein, die das Spannungsfeld um Hans Castorp mühelos in sich zusammenfallen läßt, den lebensübervollen, erdrückend kraftvollen Mynheer Peeperkorn, der, allem intellektuellen Gefecht abhold, nichts als strahlend sich verschwendende Substanz ist. Hier bietet sich Hans Castorp die gestalthafte Formel, mit den um ihn ringenden Ideologen fertigzuwerden – es ist Thomas Manns eigene Formel für das Widerspiel der Weltkräfte: Grenzen nicht, nach hier oder dort, zu ›überschreiten‹, sondern sie zu ›überbieten‹. Es ist der große Mensch, der das Recht auf das Ganze hat, das er in sich trägt, mag es in der realen Welt noch so ins Unkenntliche zersplittert sein. Jeder kann irren im Anspruch, diese Idee auf sich selbst anzuwenden; aber das setzt weder die Idee ins Unrecht noch den, der ihr so unvergeßliche Gestaltung gab. Der »Zauberberg« ist noch heute, nach allem, was Thomas Mann inzwischen an Staunenswertem vorgelegt hat, sein aktuellstes, den Zeitgeist bedrängendstes Werk. Nur wer es wieder und wieder liest, wird auch Thomas Mann verstehen, den Zeitgenossen, der uns nicht eindeutig genug sein will, und den Dichter, der Welten gegeneinander ausspielen und sie verklammern konnte; der eine ist nicht ohne den anderen.

Den großen Menschen, der die heile Welt allein verbürgt, hat Thomas Mann mehr und mehr in Goethe gesehen. Er hat nicht nur über Goethe viel und ergriffen gesprochen; er hat, fast ohne Scheu vor dem Gewicht des Anspruches, die Analogie zu dem beispielhaften Ganzen des Werkes und Daseins des ›Klassikers‹ gesucht. Freilich, für die Goethestilisierung eines Gerhart Hauptmann hat er keinen Geschmack; eher steckt noch etwas vom Antik-Schicksalhaften der ›Wiederkehr des Gleichen‹ – Restbestand der frühen Beeinflussung durch Nietzsche – in seiner Goethe-Nachfolge. Fast verschleiert, scheu und schamhaft ins Ironische transformiert, erscheint die Bindung in dem Roman »Lotte in Weimar«, eingehüllt in Anklage gegen den Tribut an menschlichem Leid und Opfer, von dem das Genie sich nährt. Mag immerhin sich Thomas Mann in Goethe spiegeln – er stellt sich ebenso an ihm in Frage. Die Einheit der *mächtigsten Geistesgaben mit der stupendesten Naivität,*[1] die Ungleichheit der Augen, deren eines *Himmel und [...] Liebe,* deren anderes *die Hölle der eisigsten Negation und der vernichtendsten Neutralität*[2] verrät – es steht uns nicht an zu bestimmen, wieweit der mithandelnd-mitschuldige Zeitgenosse hier sein eigenes moralisches Konto aufmacht. Für die Rücksichtslosigkeit, mit der ein großer Schaffender durch seine Zeit geht, gibt es – wie Thomas Manns Goethe in dem großen Monolog es ausspricht – nur eine Rechtfertigung: daß er selbst ihr Opfer ist. *Alte Seele, liebe, kindliche, ich zuerst und zuletzt bin ein Opfer – und bin der, der es bringt.*[3] Vielleicht sind dem Achtzigjährigen nur deshalb die bittersten Grenzen so leidlos, weil er sie in sich schon ausgelitten hat?

Das Leid, die Opfer der geteilten Welt – sie sind das große Thema des Mannschen Werkes. Die Welt des Bürgers und die Welt des Künstlers haben ihre wunde Grenze mitten in der Figur des »Tonio Kröger« von 1903. Im »Tod in Venedig« von 1912 zerbricht Gustav Aschenbach an dem noch elementareren Widerstreit zwischen Menschenwürde und Lebensdrang. Die Unversöhnlichkeit von Geist und Leben ergibt die Grundstruktur der meisten Werke Manns. Erst wenn das Leben sich neigt, sich erschöpft, in der Nähe des Todes, in der Krankheit, im Zerwürfnis mit sich selbst, erblüht

1 [Thomas Mann, Lotte in Weimar. In: ders., Große kommentierte Frankfurter Ausgabe. Bd. 9.1. Frankfurt a. M. 2003, 90.]

2 [Ebd., 88 f.]

3 [Ebd., 444 f.]

der Geist zu seiner unvermuteten, wilden Mächtigkeit. Thomas Mann hat dieses Motiv nicht nur gestaltet, sondern auch gesucht und beschrieben in vielen seiner biographisch-literarischen Essays. Er hat sich nicht gescheut, die volle Zweideutigkeit des Motivs nackt und ärgerlich hinzustellen: Ist es der Geist, der das Gefäß des heilen Lebens zerbrechen muß, um seiner Freiheit die Enge der gegebenen Maße und Kräfte aus dem Weg zu reißen – oder ist ›Geist‹ nur die Scheinblüte des lädierten Lebens, die Euphorie des Zerfallenden? Wir gestehen, daß diese Unentschiedenheit uns am Werk Manns oft unerträglich geworden ist. Die Spirochaeta pallida, die hirnhautreizende Mikrobe, als Urgrund der musikalischen Intuitionen Adrian Leverkühns, des »Doktor Faustus« von 1947, der Inzest als Herausforderung der Gnade im »Erwählten« von 1949, die Weltbegeisterung der von der Krebsgeschwulst »Betrogenen« von 1953 – welche unverwindlich makabren Zweifel am Geist, am Geschenk des menschlich Großen werden uns da zugemutet! Wie unerträglich ist uns oft die Einmischung Freuds und seines psychoanalytischen Schemas, das in der Steigerung des Ausdrucks, des Schaffens nur die ›Kompensation‹ eines tief schwelenden, verhehlten Defektes wahrnehmen läßt. Wie, wenn Thomas Manns Glaube an die Einheit der Welt nur hier seine Wurzel hätte, in der Idee, daß im Zerfall die Größe erst recht aufleuchtet?

Noch zeichnet sich keine Entwicklung in seinem Werk ab, die diesen tiefsten Zweifel Lügen strafte. Der straffe Greis hat zuletzt die Feder an ein Fragment aus dem Jahre 1911 gesetzt, an die »Bekenntnisse des Hochstaplers Felix Krull«, um den großen angesetzten Bogen zu Ende zu führen. Im Schelmenroman parodiert er noch einmal sich selbst, den Künstler, der das Bürgerliche vexiert; den Artisten, der schillernde Welten produziert, nicht weil er soll und muß, sondern einzig weil er es kann; den ›Kostümkopf‹, der augenblicklich aus einem Gewand in ein anderes schlüpft, der Sprachen, Epochen, Wertungen mit technischer Brillanz vertauscht. Dieser Krull ist eine vorkopernikanische Figur: Er läßt die Welt um sich rotieren, er läßt die Jahrmillionen der Geschichte der Erde und des Lebens auf sich als den Endzweck zulaufen. Aber wieder ist der Geist nur eine Veranstaltung und ein Veranstalter des Scheins, der Reflex eines schief angesetzten, sich im Leeren verbrauchenden Lebens. Das Zirzensische, das Felix Krull in dem Glanzkapitel des Werkes in vollen Zügen genießt, charakterisiert auch den Genuß, der sich dem Leser bietet – die Unverbindlichkeit, mit der man dem Salto mortale zusehen darf.

Was uns, so spät im Sich-vollenden eines großen Lebenswerkes, tief beunruhigt, ja bestürzt macht, ist die Linearität, die Entwicklungslosigkeit dieses Schaffens, die sich äußerlich darin bezeugt, daß mühelos über fast ein halbes Jahrhundert zurückgegriffen und ein Fragment dort wiederaufgenommen wird, wo es liegenblieb. Die gleich beim ersten Ansetzen, mit den »Buddenbrooks« von 1901, sprunghaft erreichte Meisterschaft der Sprache, der Form, der Komposition ist mit geringen Schwankungen ein Leben hindurch behauptet worden. Aber diese Kontinuität der schriftstellerischen Leistung ist selbst ein Kunstprodukt, das mehr verhüllt, als es bezeugt. Ist es Scham, ist es Verlegenheit, ist es Armut, was in diesem Werk das Menschliche so unauffindbar in die Parodien des Menschlichen versteckt hat? Wir wissen es nicht und werden es vielleicht auch nicht mehr erfahren.

Enttäuschende Grenzgänge

Gottfried Benn schickt seinem Freund Friedrich Wilhelm Oelze in Bremen die Abschrift eines Gedichts, nicht eines eigenen. *Als Trost für diesen langen Brief,* schreibt er, *schicke ich Ihnen ein Gedicht von Heidegger ...*[1] Es war 1954 und »Aus der Erfahrung des Denkens« eben erschienen.

Benn tat sich etwas darauf zugute, bei Heidegger vorzukommen. Doch mißtraut er auch den Grenzgängen zwischen Philosophie und Dichtung. Wohl vor allem deshalb, weil er die Tendenz dazu nur von der Gegenseite ausgehen sieht: Der Philosoph erscheint als Figur eines Mangels, dagegen der sich von diesem interpretiert sehende Dichter als Besitzer eines Zugangs zu etwas, wovon er selbst noch nicht recht weiß, was es sein könnte, wovon er den anderen vermuten sieht, daß es mehr sein könnte als Philosophie.

Als in Bremen der dritte Nachkriegskongreß der lahmenden deutschen Philosophie stattgefunden hatte und Heideggers Interesse an ihm Benn gerade bekannt geworden war, schrieb er einiges Verallgemeinernde an Oelze dazu: *Immer klarer wird mir eins: die Philosophen u[nd] die Biologen, die Geisteswissenschaftler u[nd] die Physiker: sie alle möchten eigentlich Dichter sein, irgendetwas in ihnen ist nahe dran, das zu erfassen, zu erkennen, es zuzugeben u[nd] alles Sonstige in ihnen als Notbehelf u[nd] Surrogat zu empfinden.*[2]

Die Situationsanalyse des Kräfteverhältnisses der beiden ›Lager‹ ist um so aufschlußreicher, als kaum zwei Jahrzehnte danach keiner mehr ›Dichter‹ sein wollte. Nicht einmal die bis dahin selbstvermeinten, selbsternannten, selbstersehnten Poeten waren nun lieber ›Macher‹ von etwas, was nur ›Text‹ sein wollte. Und das hatte mit dem zu tun, was Benn am Symptom Heidegger ablesen zu können geglaubt hatte. Die Grenzgänge, die Grenzüberschreitungen beruhten auf dem Vor-Urteil, der Weltaspekt des jeweils anderen müsse all das enthalten und kompensieren können, was man am eigenen zu entbehren schmerzlich – aber nicht ohne Schmerzlust – emp-

1 [Benn an Oelze, 24. 2. 1954. In: Gottfried Benn, Briefe, Bd. 2.2. Wiesbaden ²1980, 252.]

2 [Benn an Oelze, 10. 10. 1950. In: ebd., 72.]

fand. Die hochgespannte Erwartung aber – etwa auf die Ankunft des Seins und ihren Propheten Hölderlin gerichtet, auch auf Trakl und Rilke, zuletzt auf Cézanne – erwies sich als Disposition zur großen Enttäuschung: Keiner erfüllte die Erwartung des anderen.

Die Ersatzbewegungen zu den Verzichten, die der theoretisch-wissenschaftliche Geschichtserfolg der Neuzeit verlangt oder auferlegt hatte, verlaufen sich in der Leere der Räume, in die sie eindringen. Auch der Dermatologe und Venerologe Gottfried Benn, der Misanthrop, der Zyniker, ist Zeitgestalt einer Ersatzbewegung und ihrer Ernüchterungen. Verständlich, daß er mit einer gewissen Faszination – um nicht zu sagen: Schadenfreude – den Seinsphilosophen in die Sackgasse der Kompensate, die ihn ›Holzwege‹ dünken, einlaufen sieht. Kaltschnäuzig registriert der Lyriker das Mißlingen der Grenzgänge: *Heidegger typischer Wissenschaftler, sowie sie mal einen Schritt ins Artistische, Feuilletonistische wagen, gleich hinterher haben sie Angst um Ruf und Renommé. Kann mir nicht imponieren.*[3]

Als »Was heißt Denken?« im »Merkur« erscheint, hat Benn den Kredit gekündigt: *Heidegger zeigt den ganzen Nonsens und die ganze Genialität seiner Art auf diesen paar Seiten.*[4] Man hat es aufgegeben, voneinander die Füllung der eigenen Leere zu erwarten.

3 [Benn an Oelze, 21.4.1951. In: ebd., 97.]
4 [Benn an Oelze, 7.7.1952. In: ebd., 142.]

Letztes Wort des Zynikers

Letzte Worte spielen im Bestand des Überlieferten eine eigene Rolle. Der sie gesprochen hat, ist in absoluter Weise der Belangbarkeit für sie entzogen. Er erfährt nicht mehr und kann nicht mehr bestätigen, was ihm zugeschrieben wird. Der sie gehört hat oder haben will, ist in singulärer Weise für sie verantwortlich. Die Intimität der Situation, in der sie gesprochen oder geschrieben sind, verleiht Bedeutung auch dem, der dabei oder ihr Adressat war. Der Zeuge ist dem Bild dessen verpflichtet, der danach zu ihm nichts mehr gesagt hat.

Erwartungsvoll blickt man auf den Zyniker, wie er sich zu sterben anschickt. Hält er es aus und durch, dem Leben seinen Sinn zu bestreiten, wenn es sich für ihn dennoch rundet? Die letzten Worte, die wir von einem der eisigsten Vertreter dieses Typus haben, sind eben deshalb von eigener Signifikanz:

Jene Stunde … wird keine
Schrecken haben, seien Sie beruhigt,
wir werden nicht fallen wir werden
steigen –[1]

Dies dem Freund auf einer Ansichtskarte, gestempelt in Schlangenbad am 16. Juni 1956, geschrieben zu haben belegt die Beiläufigkeit, mit der der Zyniker auch noch das Letzte sagt. Drei Wochen später, ohne nochmals geschrieben zu haben, war Gottfried Benn tot.

Was sonst noch auf dieser Postkarte stand, wissen wir nicht. Ihr Adressat, der getreue Hüter eines großen Briefwechsels, Friedrich Wilhelm Oelze in Bremen, hat da mit Scheu und Umsicht für ein Mysterium gesorgt. Er hat von der Karte den einen Satz abgeschrieben, die Abschrift datiert und notifiziert mit dem Vermerk, das Original sei am 3. Januar 1957 in Bremen in seinem Banksafe deponiert worden. Das Depositum ist verschwunden, und Oelze selbst hat sich dazu noch vor seinem Tod 1978 geäußert.

1 [Benn an Oelze, 16. 6. 1956. In: Gottfried Benn, Briefe, Bd. 2.2. Wiesbaden [2]1980, 267 bzw. Anm. dazu 366.]

Dabei unterlief dem sonst so Gewissenhaften ein kaum zufälliger Widerspruch: Die Karte sei im Safe, versicherte er dem von ihm bestellten Herausgeber des Briefwechsels mit Benn, um später zu erklären, sie sei gemäß Benns schriftlicher Weisung vernichtet worden. Wann hätte er diese Weisung geben können, wenn die Karte sein letztes Wort gewesen war? Die einzig mögliche Antwort besteht darin, der Wunsch habe auf der Ansichtskarte selbst gestanden. Dann hätte Oelze ihn zum Zeitpunkt seiner Abschrift in diese nicht einbezogen, weil er entschlossen war, ihn nicht zu erfüllen, zumindest nicht hinsichtlich des schon abgeschriebenen Satzes. Um diesen Satz gegen den Willen des Freundes an die Nachwelt durchzubringen, verwickelte er sich in einen unauflöslichen Widerspruch. Oder sollte er sich doch auflösen lassen?

Warum hatte Benn, der von der Aufbewahrung seiner Briefe an Oelze trotz früher geäußerter Vernichtungswünsche wußte, nochmals diesen Wunsch geäußert? Was kann man auf einer Ansichtskarte schreiben, daß es als einziges eines lebenslangen Briefwechsels nun noch der Vernichtung bedürftig sein sollte?

Es war eben dieser Satz, den Benn zwar dem Freunde noch gesagt haben, mit dem er aber sein schon der Literaturgeschichte gehörendes Selbstbild nicht mehr umgestaltet wissen wollte. Nur *einem* wollte er als ein *anderer* hinterbleiben.

Einem nur mündlichen Bericht, etwas wie dieses sei von Benn noch gesagt worden, hätte niemand getraut. Also stand auf jener Ansichtskarte nichts weiter als das, was Oelze abschrieb, und die Weisung, eben dieses keinesfalls zu verwahren. Oelze folgte der Weisung formalistisch, indem er die Karte verbrannte, den Satz bewahrte, und den Verdacht offenließ, auf der Karte habe noch etwas Gewichtig-Persönliches gestanden, was den Wunsch nach Vernichtung begründen konnte. So schirmte er, was er beglaubigt hatte, vor der Belastung ab, es sei gerade das gewesen, was Benn nur ihm hatte sagen wollen und sonst niemandem.

Es ist schwer, beinahe zu schwer, Zeuge von Leben und Tod eines Zynikers zu sein. Oelze hatte den einen Satz *zeilengetreu* von der Karte abgeschrieben. Nicht ohne Grund. Denn dies war vielleicht ein Gedicht.

Literatur[1]

Anselm von Canterbury, Proslogion (1077/78). In: ders., Opera omnia. Bd. 1. Hrsg. v. F. S. Schmitt. Stuttgart 1984, 98-139.*

Beckett, Samuel, Warten auf Godot / En attendant Godot / Waiting for Godot. Deutsche Übertragung von Elmar Tophoven. Frankfurt a. M. 1971.

Benn, Gottfried, Gesammelte Werke in acht Bänden. Hrsg. v. Dieter Wellershoff. Bd. 1. Wiesbaden 1960.*

–, Briefe. Wiesbaden. Bd. 1. ²1977; Bd. 2.2. ²1980.

Blumenberg, Hans, Arbeit am Mythos. Frankfurt a. M. 1979, ³1984.

Bollnow, Otto Friedrich, Gespräche in Davos. In: Erinnerung an Martin Heidegger. Hrsg. von Günther Neske. Pfullingen 1977, 25-29.

Bornstein, Paul (Hrsg.), Friedrich Hebbels Persönlichkeit. Gespräche / Urteile / Erinnerungen. 2 Bde. Berlin 1924.

Boswell, James, Dr. Samuel Johnson. Leben und Meinungen. Mit dem Tagebuch einer Reise nach den Hebriden. Hrsg. u. übers. von Fritz Güttinger. Zürich 1981.

Burckhardt, Jacob, Die Kultur der Renaissance in Italien. Ein Versuch. In: ders., Gesammelte Werke. Basel 1978, Bd. III.

Carossa, Hans, Sämtliche Werke. Bd. 1. Frankfurt a. M. 1962.

Cassirer, Ernst, Philosophie der symbolischen Formen. Zweiter Teil: Das mythische Denken. Darmstadt 1953.

Cioran, Emil M., Von Tränen und von Heiligen. Aus dem Französischen übersetzt von Verena von der Heyden-Rynsch. Frankfurt a. M. 1988.

Diels, Hermann; Kranz, Walther, Die Fragmente der Vorsokratiker. Berlin 1960.

Diogenes Laertius, Leben und Meinungen berühmter Philosophen. Übers. v. Otto Apelt. Berlin 1955.

–, Lives of Eminent Philosophers. With an English Translation by R.D. Hicks. 2 Bde. Cambridge, Mass. 1980.

Dohrn, Klaus, Von Bürgern und Weltbürgern. Pfullingen 1983.

Die Erzählungen aus den Tausendundein Nächten. In 12 Bänden. Auf Grund der Burton'schen engl. Ausg. besorgt von Felix Paul Greve. Leipzig 1907/08.

1 Nicht oder nicht sicher von Hans Blumenberg benutzte Ausgaben sind mit * gekennzeichnet.

Die Erzählungen aus Tausendundein Nächten. 6 Bde. Übertragen von Enno Littmann. Leipzig, Bd. 1. 1923, Bd. 3. 1925.

Fontane, Theodor, Wanderungen durch die Mark Brandenburg. Bd. 3. In: ders., Werke, Schriften und Briefe. München [3]1987.

Freud, Sigmund; Binswanger, Ludwig, Briefwechsel 1908-1938. Hrsg. v. Gerhard Fichtner. Frankfurt a. M. 1992.*

Gide, André; Valéry, Paul, Correspondance 1890-1942. Préface et notes par Robert Mallet. Paris 1955.

–, Briefwechsel 1890-1942. Eingeleitet und kommentiert von Robert Mallet. Übers. v. Paul und Hella Noack. Würzburg, Wien 1958.*

Giscard d'Estaing, Valéry, Macht und Leben. Erinnerungen. Frankfurt a. M., Berlin 1988.

Goethe, Johann Wolfgang, Sämtliche Werke nach Epochen seines Schaffens. München 1985-1998.

–, Briefwechsel zwischen Schiller und Goethe in den Jahren 1794 bis 1805. In: Sämtliche Werke. Bd. 8.1. München 1990.

–, Dichtung und Wahrheit. In: Sämtliche Werke. Bd. 16. München 1985.

–, Maximen und Reflexionen. In: Sämtliche Werke. Bd. 17. München 1991, 715-953.

Grubrich-Simitis, Ilse, Freuds Moses-Studie als Tagtraum. Manuskript, Text, Deutung. In: Psyche 44 (1990), H. 6, 419-515.

Hebbel, Friedrich, Tagebücher. Mit einem Vorwort hrsg. v. Felix Bamberg. Bd. 1. Berlin 1885.

–, Sämtliche Werke. Hist.-krit. Ausgabe besorgt von Richard Maria Werner. I. Abt. Bd. 8. Novellen und Erzählungen – Mutter und Kind – Pläne und Stoffe (1835-1863). Berlin 1904.*

–, Sämtliche Werke. Hist.-krit. Ausgabe besorgt von Richard Maria Werner. III. Abt. Briefe. Bd. 3. Berlin 1905; Bd. 6. Berlin 1906.*

–, Werke. Hrsg. v. Gerhard Fricke, Werner Keller und Karl Pörnbacher. Bd. 3. München 1965; Bd. 4. München 1966; Bd. 5. München 1967.

Heidegger, Martin, Sein und Zeit. Halle [5]1941.

–, Kant und das Problem der Metaphysik. Bonn 1929. Jetzt in: ders., Kant und das Problem der Metaphysik. Gesamtausgabe I, 3. Frankfurt a. M. 1991, 1-248.

–, [Rez.] Ernst Cassirer: Philosophie der symbolischen Formen, 2. Teil: Das mythische Denken, Berlin 1925. In: ders., Kant und das Problem der Metaphysik. Gesamtausgabe I, 3. Frankfurt a. M. 1991, 255-270.

Hirsch, Rudolf, Edmund Husserl und Hugo von Hofmannsthal. Eine Begegnung und ein Brief. In: Carl-Joachim Friedrich, Benno Reifenberg

(Hrsg.), Sprache und Politik. Festgabe für Dolf Sternberger zum 60. Geburtstag. Heidelberg 1968, 108-115.

Hofmannsthal, Hugo von, Kleine Dramen. Leipzig 1906.

–, Einleitung zu dem Buche genannt Die Erzählungen aus Tausendundein Nächten. In: Die Erzählungen aus Tausendundein Nächten. 6 Bde. Übertragen von Enno Littmann. Bd. 1. Leipzig 1923, 1-11.

–, Gesammelte Werke in zehn Einzelbänden. Hrsg. von Bernd Schoeller u. Ingeborg Beyer-Ahlert (Aufzeichnungen) in Beratung mit Rudolf Hirsch. Frankfurt a. M. 1986.

–, Der Dichter und diese Zeit. In: ders., Gesammelte Werke 8. Reden und Aufsätze 1, 54-81.

–, »Tausendundeine Nacht«. In: ders., Gesammelte Werke 8. Reden und Aufsätze 1, 362-369.

–, Sämtliche Werke. Bd. 31. Erfundene Gespräche und Briefe. Hrsg. von Ellen Ritter. Frankfurt a. M. 1991.*

Husserl, Edmund, Gesammelte Werke (Husserliana). Auf Grund des Nachlasses veröff. vom Husserl-Archiv, Louvain, unter Leitung von H. L. Van Breda. Haag.

–, Ideen zu einer reinen Phänomenologie und phänomenologischen Philosophie. Erstes Buch (1913). Husserliana. Bd. 3. 1950.

–, Kant und die Idee der Transzendentalphilosophie (1924). In: Husserliana. Bd. 7. 1956, 230-287.

Jones, Ernest, Sigmund Freud. Bd. 2. München 1984.

Kant, Immanuel, Briefwechsel. Bd. 1. 1747-1788. In: Kant's gesammelte Schriften. Hrsg. von der Königlich Preußischen Akademie der Wissenschaften. Bd. 10, Berlin 1922.

–, Reflexionen zur Anthropologie. In: Kant's gesammelte Schriften. Hrsg. von der Königlich Preußischen Akademie der Wissenschaften. Bd. 15, Berlin 1923.

Kierkegaard, Sören, Die Tagebücher 1834-1855. Ausgewählt und übertragen von Theodor Haecker. Leipzig 1941.

Kuh, Emil, Biographie Friedrich Hebbels. 2 Bde. Wien, Leipzig [2]1907.*

Kulke, Eduard, Erinnerungen an Friedrich Hebbel. Wien 1878.*

Lederberg, Joshua, Die biologische Zukunft des Menschen. In: Das umstrittene Experiment: Der Mensch. 27 Wissenschaftler diskutieren die Elemente einer biologischen Revolution. Dokumentation des Ciba-Symposiums 1962 »Man and His Future«. Hrsg. v. Robert Jungk, Hans Josef Mundt. Frankfurt a. M., München [2]1988, 292-301.*

Leibniz, Gottfried Wilhelm: De rerum originatione radicali (1697). In:

ders., Opera philosophica quae exstant latina, gallica, germanica omnia, 1. Berlin 1840, 147-158.*
Lichtenberg, Georg Christoph, Schriften und Briefe. Bd. 1. München [3]1980; Bd. 2. München [3]1991.
Löwith, Karl; Strauss, Leo, Correspondence Löwith – Strauss. In: Independant Journal of Philosophy. Ed. George Elliott Tucker, 4/1988, 105-119.
Luther, Martin, D. Martin Luthers Werke. Kritische Gesamtausgabe. Tischreden 1531-46. 4. Bd. 1538-1540. Weimar 1916.

Mann, Golo, Friedrich Hebbel. Tagebücher. Teil 11 der Reihe »100 Sachbücher«. In: Die Zeit, 17. 12. 1982, 36.
–, Erinnerungen und Gedanken. Eine Jugend in Deutschland, Teil 56. In: Frankfurter Allgemeine Zeitung 1986 (Vorabdruck).
Mann, Heinrich, Briefe Heinrich Manns. In: Aufbau 7, 1950, 579-584.*
–, Ein Zeitalter wird besichtigt. Berlin, Weimar 1973.
Mann, Thomas, Tagebücher 1944-1946. Frankfurt a. M. 1986.
–, Große kommentierte Frankfurter Ausgabe. Frankfurt a. M. 2001 ff.*
–, Buddenbrooks. Verfall einer Familie. In: Große kommentierte Frankfurter Ausgabe. Bd. 1.1. Frankfurt a. M. 2002.*
–, Fiorenza, Gedichte, Filmentwürfe. In: Große kommentierte Frankfurter Ausgabe. Bd. 3.1. Frankfurt a. M. 2014.*
–, Lotte in Weimar. In: Große kommentierte Frankfurter Ausgabe. Bd. 9.1. Frankfurt a. M. 2003.*
Martet, Jean, Clemenceau spricht. Unterhaltung mit seinem Sekretär. Berlin 1930.
Montaigne, Michel de, Michael Montaigne's Gedanken und Meinungen über allerley Gegenstände. Ins Dt. übers. von Johann Joachim Christoph Bode. Berlin 1793.
–, Essais. Avec les notes de tous les commentateurs. Ed. publ. par Joseph-Victor Le Clerc. 2 Bde. Paris 1836.
Montinari, Mazzino, Nachbericht zur vierten Abteilung: Richard Wagner in Bayreuth. Menschliches, Allzumenschliches I u. II. Nachgelassene Fragmente (1875-1879). In: Friedrich Nietzsche, Werke. Kritische Gesamtausgabe. Hrsg. v. Giorgio Colli und Mazzino Montinari. Abt. IV, Bd. 4. Berlin 1969.

Nansen, Fridtjof, In Nacht und Eis. Die Norwegische Polarexpedition 1893-1896. 2 Bde. Leipzig 1897.
Nicolai, Friedrich, Über meine gelehrte Bildung. Berlin, Stettin 1799.
Nietzsche, Friedrich, Gesammelte Werke. 23 Bände. München 1920 ff. [zitiert als Musarion-Ausgabe].
–, Geschichte der griechischen Litteratur, Theil III (1875-1876). Musarion-Ausgabe, Bd. 5. 1922.

–, Menschliches, Allzumenschliches. Bd. 1. Musarion-Ausgabe, Bd. 8. 1923.
–, Menschliches, Allzumenschliches. Bd. 2. Musarion-Ausgabe, Bd. 9. 1923.
–, Die fröhliche Wissenschaft. Musarion-Ausgabe, Bd. 12. 1924.
–, Aus der Zeit des Zarathustra (1882-1886). Musarion-Ausgabe, Bd. 14. 1925, 5-197.
–, Der Antichrist. Musarion-Ausgabe, Bd. 17. 1926, 167-261.
–, Frühe Schriften. Bd. 4. Schriften der Studenten- und Militärzeit 1866-1868. Schriften der letzten Leipziger Zeit 1868. Hrsg. v. Hans Joachim Mette und Karl Schlechta. München 1937.
–, Sämtliche Werke. Kritische Studienausgabe. Hrsg. v. Giorgio Colli und Mazzino Montinari. München 1988 [zitiert als KSA].*
–, Menschliches, Allzumenschliches. In: KSA, Bd. 2.*
–, Die fröhliche Wissenschaft. In: KSA, Bd. 3, 343-651.*
–, Der Antichrist. In: KSA, Bd. 6, 165-254.*
–, Nachgelassene Fragmente. Frühjahr-Herbst 1881, 11. In: KSA, Bd. 9.*
–, Nachgelassene Fragmente. Herbst 1883. In: KSA, Bd. 10.*
–, Nachgelassene Aufzeichnungen. Herbst 1864-Frühjahr 1868. Hrsg. v. Johann Figl. Kritische Gesamtausgabe. Hrsg. von Giorgio Colli und Mazzino Montinari. Abt. 1, Bd. 4. Berlin, New York 1999.
–, Briefwechsel. Kritische Gesamtausgabe. Hrsg. von Giorgio Colli und Mazzino Montinari. Abt. 3, Bd. 1. Berlin, New York 1981.

Obholzer, Karin, Gespräche mit dem Wolfsmann. Reinbek 1980.
Otto, Rudolf, Das Heilige. Über das Irrationale in der Idee des Göttlichen und sein Verhältnis zum Rationalen. Breslau 1917.

Pascal, Fania, Meine Erinnerungen an Wittgenstein. In: Ludwig Wittgenstein. Porträts und Gespräche. Hrsg. v. Rush Rhees. Frankfurt a. M. 1992.
Petzet, Heinrich Wiegand, Auf einen Stern zugehen. Begegnungen mit Martin Heidegger 1929-1976. Frankfurt a. M. 1973.

Riemer, Friedrich Wilhelm, Mitteilungen über Goethe. Aufgrund der Ausgabe von 1841 und des handschriftlichen Nachlasses hrsg. v. Arthur Pollmer. Leipzig 1921.
Rilke, Rainer Maria, Sämtliche Werke. Bd. 1. Frankfurt a. M. 1955.*
Rose, Valentin, Aristoteles pseudepigraphus. Leipzig 1863.

Scheler, Max, Reue und Wiedergeburt (1917). In: ders., Gesammelte Werke. Hrsg. v. Maria Scheler. Bd. 5. Vom Ewigen im Menschen. Erster Band: Religiöse Erneuerung. Bonn 1968.*

Schmidt, Helmut, »Die Angst ist ein ganz schrecklich schlechter Ratgeber«. Helmut Schmidt im Gespräch mit Carl Friedrich von Weizsäcker. Die Zeit, Nr. 42 vom 10. Oktober 1986.
Schnitzler, Arthur, Gesammelte Werke 5. Aphorismen und Betrachtungen. Hrsg. v. Robert O. Weiss. Frankfurt a. M. 1967.
–, Ich. Novellette. In: S. Fischers Almanach. Frankfurt a. M. 1968, 53-61.
–, Tagebuch 1909-1912. Wien 1981.
–, Tagebuch 1917-1919. Wien 1985.
–, Briefe. Bd. 2. 1913-1921. Hrsg. v. Peter Michael Braunwarth u. a. Frankfurt a. M. 1984.
–, Das erzählerische Werk in chronologischer Ordnung. Bd. 11. Frankfurt a. M. 1992.
Schopenhauer, Arthur, Die Welt als Wille und Vorstellung II. In: ders., Sämtliche Werke. Hrsg. von Wolfgang von Löhneysen. Bd. 2. Darmstadt 1961.
–, Spicilegia. In: ders., Der handschriftliche Nachlaß in fünf Bänden. Hrsg. v. Arthur Hübscher. Bd. 4. Frankfurt a. M. 1974, 238-313.
Schuhmann, Karl, Husserl-Chronik. Denk- und Lebensweg Edmund Husserls. Den Haag 1977.
Schur, Max, Sigmund Freud. Leben und Sterben. Frankfurt a. M. 1977.
Shakespeare, William, Hamlet. Übersetzt von August Wilhelm von Schlegel.
Sommer, Manfred, Husserls Göttinger Lebenswelt. In: Edmund Husserl, Die Konstitution der geistigen Welt. Hamburg 1984, IX-XLII. Auch in: ders., Lebenswelt und Zeitbewußtsein. Frankfurt a. M. 1990, 59-90.
Sternberger, Dolf, Panorama oder Ansichten vom 19. Jahrhundert. Hamburg 1938.*
Stifter, Adalbert, Bunte Steine. Bd. 1. Pest u. a. 1853.*
Strauss, Leo, Hobbes' politische Wissenschaft und zugehörige Schriften – Briefe. Hrsg. v. Heinrich und Wiebke Meier. Gesammelte Schriften. Bd. 3. Stuttgart, Weimar [2]2008.*

Truffaut, François, Mr. Hitchcock, wie haben Sie das gemacht? München 1973.

Unseld, Siegfried, Suhrkamp Verlagsgeschichte 1950-1990, Frankfurt a. M. 1990.
Usener, Hermann, Götternamen. Versuch einer Lehre von der religiösen Begriffsbildung. Bonn 1896.

Vaihinger, Hans, Die Philosophie des Als-Ob. System der theoretischen, praktischen und religiösen Fiktionen der Menschheit auf Grund eines idealistischen Positivismus (1911). Leipzig [8]1922.

Valéry, Paul, Œuvres. Édition établie et annotée par Jean Hytier (Bibliothèque de la Pléiade). Bd. 1. Paris 1957.

–, Werke. Frankfurter Ausgabe in 7 Bd. Hrsg. v. Jürgen Schmidt-Radefeldt. Bd. 4. Frankfurt a. M. 1989; Bd. 6. Frankfurt a. M. 1995; Bd. 7. Frankfurt a. M. 1995.*

–, Cahiers. Éd. établie, présentée et annotée par Judith Robinson. Bd. 2. Paris 1974.

–, Cahiers/Hefte. Auf der Grundlage der von Judith Robinson besorgten franz. Ausg. hrsg. v. Hartmut Köhler und Jürgen Schmidt-Radefeldt. Bd. 4. Frankfurt a. M. 1990; Bd. 6. Frankfurt a. M. 1993; Bd. 7. Frankfurt a. M. 1995.

–, Leonardo. Drei Essays. Übertragen von Karl August Horst. Frankfurt a. M. 1960.

Vogt, Carl, Aus meinem Leben. Erinnerungen und Rückblicke. Stuttgart 1896.

Wittgenstein, Ludwig, Schriften. Bd. 8. Frankfurt a. M. 1982.

–, Werkausgabe in acht Bänden. Frankfurt a. M. 1984.

–, Tractatus logico-philosophicus. In: Werkausgabe. Bd. 1, 7-85.

–, Tagebücher 1914-1916. In: Werkausgabe. Bd. 1, 87-187.

–, Bemerkungen über die Philosophie der Psychologie. In: Werkausgabe. Bd. 7, 7-346.

–, Über Gewißheit. In: Werkausgabe. Bd. 8, 113-257.

–, Vermischte Bemerkungen. In: Werkausgabe. Bd. 8, 445-573.

–, Geheime Tagebücher. Der verschlüsselte Teil der »Gmundener Notizbücher«. Hrsg. von Wilhelm Baum. In: Saber 5/1985, 32-52 (296-316); 6/1985, 30-59 (466-495).

–, Geheime Tagebücher 1914-1916. Wien ³1992.*

Nachwort des Herausgebers

Gott und Goethe, Geist und Geld: Blumenbergs Lebensthemen

Im Jahr 1973, zu einer Zeit also, als sein erstes großes Buch, *Die Legitimität der Neuzeit*, bereits seit längerem, das zweite, *Die Genesis der kopernikanischen Welt*, allerdings noch nicht erschienen war, legte Hans Blumenberg eine Mappe an, die er »Unerlaubte Fragmente« nannte und deren darin gesammelte Kurztexte er mit der Sigle UNF versah. »Fragmente« meinte aber weniger Bruchstücke eines größeren Texts, also Unfertiges, als vielmehr eine Genrebezeichnung, etwa im Sinne der Frühromantik. Typisch für Blumenberg ist dabei, daß er diese Tradition gleichzeitig durch das Adjektiv »Unerlaubte« ironisiert hat. »Unerlaubt« waren sie vor allem für den Autor selbst, der meinte, er habe eigentlich keine Zeit für solche experimentellen Gedankenspiele, müsse vielmehr jede Minute seines Gelehrtenlebens den großen Werken, die er noch im Sinn hatte, widmen. In der Tat verbrachte er die kommenden Jahre nicht nur mit einer Überarbeitung der *Legitimität* und der Fertigstellung der *Genesis*, es folgten auch noch seine umfangreiche Monographie *Arbeit am Mythos* und die Bücher, mit denen er eine Neukonzeption seiner Metaphorologie vorantrieb. Darüber hinaus beschäftigte ihn eine Reihe von Vorlesungszyklen, die später zu grundlegenden Büchern werden sollten, allen voran umfangreiche Überlegungen zur Anthropologie, die postum unter dem Titel *Beschreibung des Menschen* erschienen sind. Nach der Emeritierung intensivierte er die Arbeit an jenen großen philosophischen Werken zunächst, und so wurden noch einige für sein Denken zentrale Bücher druckfertig.

Aber natürlich konnte er auch das andere nicht lassen: das Unerlaubte. So schrieb Blumenberg parallel zu den Hauptwerken immer wieder jene Glossen, von denen er am Ende seines Lebens allein unter der Sigle UNF mehrere tausend Blätter in neun DIN-A4-Schubern gesammelt hatte; hinzu kam eine große Zahl kürzerer Texte mit anderen Siglen. Für sein Lesepublikum wurden sie zunächst nur in Ausnahmefällen sichtbar, etwa in dem Band *Die Sorge geht über den Fluß* oder in den zahlreichen Feuilletons, die er ab 1980 für die *Neue Zürcher Zeitung*, die *Frankfurter Allgemeine Zeitung* oder das im Hanser Verlag erscheinende Periodikum *Akzente* schrieb. Unerlaubt waren sie vielleicht für ihn auch noch in einem anderen Sinne, denn in diesen kurzen Reflexionen buchstäblich über Gott und die Welt urteilte er auf eine Weise persönlich, wie er es sich in den philosophischen Haupttexten nie erlaubt hätte.

Als Hans Blumenberg sich 1989 mit seinem Verleger Siegfried Unseld so verstritten hatte, daß er beschloß, keine weiteren Bücher mehr zu publizieren, sondern lediglich das, was noch bereitlag, in eine Form zu bringen, die es seinen potentiellen Nachlaßverwaltern erlauben würde, das Vorgefundene für ihn zu edieren, blieb als einziges Forum öffentlichen Schreibens die Arbeit in den Feuilletons: die Spielwiese der »Unerlaubten Fragmente« also. Eine Ausnahme gab es allerdings, und die betraf ein Buchprojekt im Reclam Verlag. Diese Idee hatte einen längeren Vorlauf. Blumenberg, dem im allgemeinen eine starke Bindung an seinen Stammverlag Suhrkamp äußerst wichtig war, konnte dennoch einer Anfrage aus Stuttgart nicht widerstehen. In der Reihe mit Bänden von lebenden Philosophen, die das Traditionshaus seit einigen Jahren herausgebe, könne man sich auch eine Nummer mit Beiträgen von Blumenberg vorstellen, schrieb ihm am 17. Juli 1980 der Lektor Dietrich Klose. Blumenberg stimmte ohne Zögern zu und machte auch gleich einen Vorschlag, wie solch ein Band inhaltlich aussehen könnte. Die Liste der Beiträge, die ihm vorschwebte, unterschied sich nur unwesentlich von dem Inhaltsverzeichnis der Sammlung von Aufsätzen und Reden, die dann 1981 unter dem Titel *Wirklichkeiten in denen wir leben* in Stuttgart publiziert wurde. Zwar hätte Blumenberg gern noch zwei weitere Texte in der Zusammenstellung gesehen, »Sokrates und das ›objet ambigu‹« und »Lebenswelt und Wirklichkeitsbegriff«; auf diese beiden mußte er aber verzichten, da man bei Reclam sehr genaue Vorstellungen vom Format hatte: Der Umfang von 160 Druckseiten sollte nicht wesentlich überschritten werden. Schon im Januar war das Gesamtmanuskript beim Verlag, und wenige Monate später erschien der Band. Das Hauptproblem, über das man sich bei der konkreten Umsetzung der Sammlung Gedanken gemacht hatte, betraf die Feinstästhetik des Titels: die Frage, ob *Wirklichkeiten in denen wir leben* orthographisch korrekt mit Komma oder optisch glatter ohne das Satzzeichen auf dem

Cover erscheinen dürfe. Dem Autor war die Eleganz eines visuell stolperfallfreien Titels wichtig; der Verlag löste das Problem durch einen entsprechenden Umbruch. Dankbar nahm Blumenberg das zur Kenntnis und freute sich darüber, »daß ich bei dieser Gelegenheit aus Ihrem Brief das schöne Wort ›Zeilenfall‹ gelernt habe, das mir noch gänzlich unbekannt war. Mir ist sympathisch, daß man durch Zeilenfall ein Satzzeichen aus einem Nichtsatz ausfällen kann.«[1]

Keiner der im ersten Reclam-Band versammelten Texte war neu, obwohl Blumenberg solch eine Nachdrucksammlung eigentlich nicht schätzte und sich gelegentlich über diese Art Zweitverwertung lustig machte.[2] Immerhin konnte man den Beitrag »Anthropologische Annäherung an die Aktualität der Rhetorik«, ein Schlüsseltext für das Spätwerk, bis dahin nur in italienischer Übersetzung kennen. Völlig neu waren lediglich die dreieinhalb Seiten der Einleitung, die Blumenberg dem Verlag versprochen hatte, um »den Zusammenhang der Texte des Büchleins ohne autobiographische Ausschweifungen sichtbar« werden zu lassen.[3]

Nach dem Erscheinen des Bandes blieb Blumenberg in losem Kontakt mit dem Verlag: Man korrespondierte über Geschäftliches wie Verkaufszahlen oder Übersetzungen, Blumenberg schickte auch gelegentlich neuere Publikationen von sich, zum Beispiel ein Exemplar von *Die Sorge geht über den Fluß* an die Privatadresse des Lektors. Für dieses Buch bedankte sich Dietrich Klose dann nicht nur höflich, er zeigte sich davon so angetan, daß er in einer Nebenbemerkung die Möglichkeit eines zweiten Reclam-Bandes von Blumenberg ins Spiel brachte. Modell dafür war Odo Marquard, von dem es schon einen zweiten Band in der gelben Reihe gab.[4]

Bereits zehn Tage nachdem er den Brief erhalten hatte, nahm Blumenberg die Anregung begeistert auf, wenn auch unter einem zeitlichen Vorbehalt, da er gerade noch an mehreren Suhrkamp-Bänden arbeitete: »Ich war immer der Ansicht, in der RUB dürfe ein lebender Autor nur einmal vorkommen, und hatte meine Karriere in dieser Hinsicht mit dem Gefühl einer angenehmen Singula-

1 Hans Blumenberg an Philipp Reclam junior (Verlag), 6.6.1981 (DLA Marbach, A: Blumenberg).

2 Hans Blumenberg an Odo Marquard, 19.2.1974 (DLA Marbach, A: Blumenberg).

3 Blumenberg an Reclam Verlag, 30.10.1980.

4 Reclam Verlag an Blumenberg, 10.11.1987.

rität als abgeschlossen angesehen. Es gibt nichts, was mich hindern könnte, Ihrer Anregung nachzugehen und ein weiteres Bändchen vorzubereiten, außer der Zeitplanung für schon Zugesagtes.«[5] Allerdings wollte Blumenberg sich noch einmal über den gewünschten Charakter des Bandes rückversichern. »Sollte es eine Fortsetzung von Nr. 1 werden? Sollte eine Abberation von Ihnen nicht ausgeschlossen werden, bliebe zwischen ›Krimis‹ und ›Glossen‹ die mittlere Gattung meiner überwiegend in der NZZ gedruckten Arbeiten in Betracht.« Reclam zeigte sich in dieser Hinsicht offen für Blumenbergs Wünsche, war doch der *Sorge*-Band sogar der Anlaß für Kloses Anregung.

So experimentierte Blumenberg bald gedanklich mit einer Zusammenstellung passender Texte. Anders aber als 1980 begann nun ein langer Prozeß der Überlegung und des Zögerns, auch ein sich über mehrere Jahre hinziehender Briefwechsel mit dem Verlag. Am 10. 11. 1989 erneuerte Dietrich Klose sein Angebot. Daraufhin wurde auch Blumenberg konkreter und schlug eine Sammlung aus bereits in der *Neuen Zürcher Zeitung* und in *Akzente* gedruckten Beiträgen, aber mindestens auch einem unveröffentlichten Text vor und meinte schließlich: »Titel und thematische Einkreisung würde ich gern dem NZZ-Beitrag entnehmen, den ich hier beifüge: ›Ein mögliches Selbstverständnis‹.«[6]

So weit, so gut: Was daraufhin allerdings folgte, war kein satzfertiges Typoskript, sondern nur eine Reihe von Vertröstungen, auch Mißverständnissen und Verärgerungen, weil Blumenberg zu Unrecht vermutete, man wolle ihm in der Zusammenstellung der Texte oder der Titelwahl keine freie Hand lassen.[7] Dietrich Klose stellte das unermüdlich richtig und ließ nicht locker. Doch der Autor tat sich weiterhin schwer mit einer Auswahl. Schon zu *Die Sorge geht über den Fluß*, sein »erstes ›ungelehrtes‹ Produkt«, bemerkte er: »[I]ch habe Jahre zu dem Entschluß dazu und zu einer wenigstens mir einsichtigen Folgeordnung der Texte gebraucht. Es sollte um keinen Preis ›Kraut und Rüben‹ werden.«[8] Die abschätzige Metaphorik, die er hier benutzte, war kein Zufall. Sie erschien erneut

5 Blumenberg an Reclam Verlag, 20. 11. 1987.

6 Blumenberg an Reclam Verlag, 2. 12. 1989.

7 So etwa in Briefen Blumenbergs an den Reclam Verlag vom 16. 1. 1991, 12. 11. 1991, 14. 4. 1992.

8 Blumenberg an Reclam Verlag, 20. 11. 1987.

in einem späteren Brief an Klose, in dem er darauf beharrte, daß er immer bedacht sei, »ein ›in sich geschlossenes, wohlkomponiertes Bändchen‹« zusammenzustellen. »Es hat Rezensenten von *Die Sorge geht über den Fluß* gegeben, die das Ganze als Potpourri – um nicht zu sagen ›Kraut und Rüben‹ – ›rezipiert‹ haben; nur die Minderheit hat dem Autor Kredit genug gegeben, daß es eine ausgetüftelte Konstruktion darstellt.«[9] Hier zeigt sich eine Verletzung, die Blumenberg offensichtlich tief getroffen zu haben scheint, denn die Rezeption seines ersten Glossenbandes war in der Tat geteilt. Neben vielen enthusiastischen Rezensionen wurden damals auch kritische, sogar polemische Stimmen laut.[10]

Kurz vor Jahresende 1993 schrieb Blumenberg schließlich an Klose: »Mir ist klar, daß ich Ihre Geduld betr. ›Ein mögliches Selbstverständnis‹ über Gebühr strapaziere. Der Text liegt seit Monaten abgeschlossen vor mir. Aber immer wieder erweist sich die Anordnung als labil – und sogar der ›Bestand‹ als noch ergänzungsfähig. Wie in jedem Jahr habe ich auch diesmal einen größeren Beitrag in der Beilage der Weihnachtsausgabe der NZZ (›Vorstoß ins ewige Schweigen‹); und wieder bin ich beim Erwägen, ob das nicht noch ins zweite Bändchen müßte – anstelle eines anderen, das ich schon als ›unerläßlich‹ befunden habe. Aus dieser Kalamität der schon gezählten Seiten komme ich nicht heraus.«[11]

Bei Reclam übte man sich unterdessen weiter in Geduld, ohne jedoch dafür belohnt zu werden, nicht nur, weil Blumenberg vor einer endgültigen Zusammenstellung weiterhin zurückschrak, sondern auch, weil er im September 1994 einen gesundheitlichen Zusammenbruch erlitt, der ihn in seiner Arbeitsfähigkeit einschränkte. Nur wenige Tage vor seinem Tod schrieb Blumenberg ein letztes Mal nach Stuttgart und schlug vor, all das, was »inkonsistent zum bisherigen Titel« sei, aus der Sammlung herauszunehmen und für einen dritten Band zu reservieren. Für diesen schwebe ihm »ein etwas elastischerer Titel« vor: »Lebensthemen«. »Da käme zB der ganze Fontane hinein, Carossas ›Alter Brunnen‹, neu hinzu käme

9 Blumenberg an Reclam Verlag, 12. 11. 1991.

10 Den heftigsten Verriß schrieb Hannelore Schlaffer: »Ein Grund mehr zur Sorge. Hans Blumenbergs jüngste Veröffentlichungen«, in: Merkur 4:1988, 328-332. In der Mappe mit seinem Briefwechsel mit dem Suhrkamp Verlag hat Blumenberg dazu eine separate Abteilung »Der Fall H. Schlaffer« angelegt.

11 Blumenberg an Reclam Verlag, 14. 12. 1993.

Ungedrucktes zum (mich z. Zt. beherrschenden) Thema ›Alter‹, dazu meine Benn-Glossen, der Komplex Identität (der auch bleiben könnte, wo er ist), ›Goethes Sterblichkeit‹ (aus NZZ 1982), als Schlußstück der ›Aufbruch ins ewige Schweigen‹ (aus NZZ 1993). Wenn ich das 3. Bändchen jetzt fertigmachte, wäre es für Sie beliebig nach meinem Hinschied (helv.) verfügbar.«[12] Auch dazu signalisierte Klose seine Zustimmung; die aber erreichte den Autor – wenn überhaupt – gerade noch im letzten Moment, denn das leicht ironisierend durch die schweizerdeutsche Formulierung »Hinschied« auf Distanz gebrachte Ereignis trat schon am 28. März ein.[13]

Als sich die Erben und Nachlaßverwalter bald darauf zusammenfanden, um darüber nachzudenken, wie man das literarische Überleben des Philosophen Hans Blumenberg über seinen leiblichen Tod hinaus sichern könnte, fanden sie unter vielen anderen Projekten auch zwei Konvolute mit Texten, die offensichtlich für die Reclam versprochenen Bände gedacht waren. Das eine bestand aus drei Mappen und trug die Aufschrift »Reclam« (Sigle RCL), das andere war eine weitere Mappe, die direkt »Lebensthemen« hieß. Aus dem größeren RCL-Konvolut wurden dann in der Tat zwei gelbe Bändchen zusammengestellt, die nun in schneller Folge erscheinen konnten: der erste schon 1997 unter dem Titel *Ein mögliches Selbstverständnis* (wie vom Autor vorgeschlagen, im Umfang aber deutlich über die idealen 160 Druckseiten hinausschießend), der zweite 1998 als *Lebensthemen*.

Beide Titel sind überaus treffend; sie könnten – trotz der von Blumenberg in seinem letzten Brief an Klose angedeuteten Differenzierung – jeweils auch für beide Bände stehen (weswegen wir uns für diese Ausgabe entschieden haben, sie als Titel und Untertitel gemeinsam zu verwenden). »Ein mögliches Selbstverständnis« war ursprünglich der Titel eines Beitrags für die *Neue Zürcher Zeitung*. Deren Feuilletonchef, Martin Meyer, hatte Anfang 1983 eine Reihe von prominenten zeitgenössischen Philosophen gebeten, für einen Schwerpunkt der Zeitung etwas über ihr professionelles Selbstverständnis zu schreiben. Obwohl er Hans Blumenberg zu gut kannte, um sich allzu große Hoffnungen auf eine positi-

12 Blumenberg an Reclam Verlag, 18.3.1996.

13 Kloses Brief an Blumenberg ist auf den 21.3.1996 datiert und am selben Tag abgestempelt.

ve Antwort zu machen, stellte Meyer die Frage auch an ihn. Aber in diesem Fall war der Philosoph, der eigentlich dabei war, sich endgültig in sein Altenberger Privatrefugium zurückzuziehen, für eine Überraschung gut, denn ohne Zögern lieferte er sein Selbstverständnis, allerdings nicht ohne dieses Unternehmen zu problematisieren und als »mögliches« zu relativieren. Genau dieser Text erschien ihm dann so grundlegend, daß er ihn als Einleitung für die neue Sammlung verwenden wollte, nun jedoch – da der Titel schon für das Gesamtkonvolut gebraucht wurde – unter dem veränderten Titel »Das Unselbstverständliche«,[14] was nur auf den ersten Blick ein Widerspruch oder eine Kehrtwende ist, denn die zentrale These dieser Überlegungen war immer schon, daß, wer über sein Selbstverständnis nachzudenken beginne, es schon verloren haben müsse, es ihm also gerade unselbstverständlich geworden sei.[15] Obwohl Blumenberg der Maxime vom ersten Reclam-Band, seine Einleitung von »autobiographischen Ausschweifungen« frei zu halten, äußerlich treu geblieben ist, wird doch bei genauerer Betrachtung des hier Zusammengestellten schnell klar, daß es dabei um jene Dinge geht, die den Philosophen nicht nur im streng fachlichen Sinne umgetrieben haben, sondern auch um durchaus Persönliches, echte Lebensthemen, manchmal sogar Überlebensthemen. Wer Blumenbergs Biographie kennt, wird unschwer bemerken, daß es etwa bei der Anekdote von Helmut Schmidts jüdischem Großvater in »Ob man sagen darf: ›Ich habe Angst!‹« nicht zuletzt um eine metaphorische Spiegelung des Autors Blumenberg geht.[16] Bemerkenswert sind auch seine Probestücke zur Eschatologie, ein Thema, das ihn seit seiner Habilitationsschrift umtrieb und zu dem er längst ein umfangreiches (und bis heute unpubliziertes) Manuskript vorbereitet hatte. Bei den anderen Schwerpunkten der Sammlung tauchen aus dem übrigen Werk wohlbekannte Stichpunkte wieder auf: Distanz, Sichtbarkeit, Zuschauer.

Oft werden die Lebensthemen zudem durch Lebensautoren vertreten, solche wie Hans Carossa und Fridtjof Nansen, die Blumenberg schon in seiner Jugend beeindruckt haben und denen

14 Ein alternativer Titel, den Blumenberg sich für die Einleitung notierte, war »Selbstverständnispflicht«.

15 Siehe dazu detaillierter: Rüdiger Zill, Der absolute Leser. Hans Blumenberg – eine intellektuelle Biographie. Berlin 2020, 415-421.

16 Ebd., 90-92.

er bis zu seinem Tod treu geblieben ist, und solche, die im Laufe der Jahre hinzugekommen sind, wie Sigmund Freud oder Ludwig Wittgenstein. Dabei griff er gelegentlich sogar direkt auf eine seiner sehr frühen Publikationen zurück, wodurch er die lebenslange Auseinandersetzung mit dem betreffenden Autor auch direkt dokumentierte. Im Fall Thomas Mann kombinierte er beispielsweise ein frühes Feuilleton zu einem späten Jubiläum mit einem späten Kommentar zu frühen Tagebuchaufzeichnungen des inzwischen längst Verstorbenen: »›Zauberberg‹ und geteilte Welt« ist der seltene Fall, daß Blumenberg einen Text aus seiner Zeit als Autor für die *Düsseldorfer Nachrichten* noch einmal gedruckt sehen wollte. Daß dabei nicht nur die großen Romane, sondern auch vermeintliche Nebentexte, Tagebücher etwa oder Briefwechsel, mit in den Blick kommen, ist kein Zufall, denn sie sind für ihn Musterbeispiele des Fragmentarischen, das bevorzugte Terrain für Blumenbergs intellektuelle Umwege.

Einer der wichtigsten jener Lebensautoren war Friedrich Hebbel, zu dessen »Diarium« Blumenberg Glossen schrieb, die dann unter dem Titel »Grenzfälle« in *Akzente* erschienen sind.[17] In der Nachlaßmappe RCL 2/3 befindet sich bei der Vorlage der Hebbel-Glossen die Notiz: »zu ›Grenzfälle‹ Hebbel: Brfw mit Golo Mann«, der Verweis auf einen Brief, den Blumenberg am 21.12.1982 an den Historiker und Sohn von Thomas Mann geschrieben hatte. In einem Beitrag zu Hebbels Tagebüchern, den Mann für »Die Zeit« verfaßt hatte,[18] kam es zu einer Verlesung, die Blumenberg folgendermaßen kommentierte: »Verehrter Herr Kollege, nein, keinesfalls darf bei Hebbel gelesen werden, wie Sie zitieren: ›Der Entsetzlichste!‹ Sicher, ein Verzweiflungsschrei, aber doch um einen Grad temperierter im Neutrum der ausgeschlossenen Theodizee: ›Das Entsetzlichste!‹ Keine Minderung der Dankbarkeit für Ihren nachdrücklichen Hinweis auf Hebbel und seine Tagebücher, die auch mein Leben begleitet haben seit meinem letzten Schuljahr im Lübecker Katharineum. Mit aufrichtiger Empfehlung Ihr Hans Blumenberg«. Am 28.2.1983 bedankte sich Golo Mann höflich,

17 Vgl. Akzente 33:1 (1986), 53-73. Zu Blumenbergs Beschäftigung mit Hebbel generell vgl. Katharina Hertfelder, Friedrich Hebbel. In: Oliver Müller, Rüdiger Zill (Hrsg.), Blumenberg-Handbuch, Stuttgart, im Erscheinen.

18 Golo Mann, Friedrich Hebbel. Tagebücher. Teil 11 der Reihe »100 Sachbücher«. In: Die Zeit, 17.12.1982, 36.

aber zurückhaltend für die Korrektur, fand den Unterschied nicht gar so groß und betonte seinerseits noch einmal, daß die Tagebücher sein vielleicht wichtigstes Jugendleseerlebnis gewesen seien. Gut drei Jahre später, am 26. 5. 1986, schrieb Blumenberg erneut an Golo Mann, diesmal mit Verweis auf den Vorabdruck von dessen »Erinnerungen und Gedanken. Eine Jugend in Deutschland« (wo die Hebbel-Stelle nun korrekt zitiert wurde) und legte einen Sonderdruck der inzwischen in *Akzente* erschienenen Hebbel-Glossen bei.[19]

Genau dieses Zeitschriftenheft ließ Blumenberg auch an Wolfgang Iser, den Mitstreiter aus der gemeinsamen Zeit in der Forschungsgruppe »Poetik und Hermeneutik«, schicken. In einem separaten Brief, mit dem er dem Adressaten zu dessen 60. Geburtstag gratulierte, schrieb er dazu, was er in diesem *Akzente*-Schwerpunkt verhandelt habe, sei für ihn selbst ein Lebensthema: »[D]as älteste der Hebbelstücke stammt vom 22. 6. 1938.«[20]

In seiner Einleitung zu den Hebbel-Glossen benennt Blumenberg auch seine Faszination für dessen Selbstreflexionen genauer: Es gehe nicht um Bekenntnisse oder Rechtfertigungen gegenüber nie erhobenen Vorwürfen; interessant seien die Tagebucheintragungen vor allem, wenn man sie als Experimente lese: Experimente, die die Grenze »zwischen dem Noch-nicht und dem Nicht-mehr« der Negation dessen, was der Mensch sei, erkunden. »Die Lebensthemen, nach denen sich diese Experimentalanthropologie ordnen läßt, sind von lapidarer Einsilbigkeit: Buch und Geld, Zeit und Tod, Faust und Gott.«[21] Was Blumenberg hier über Hebbel sagt, trifft exakt auch auf ihn selbst zu, sowohl in der Beschreibung seines Verfahrens als Experimentalanthropologie als auch im Hin-

19 Vielleicht sollten die dort angestellten Überlegungen zu der entsprechenden Hebbel-Stelle Golo Mann diskret davon überzeugen, daß zwischen »das Entsetzlichste« und »der Entsetzlichste« doch ein großer Unterschied ist. Blumenberg beschäftigte Hebbels Formulierung jedenfalls zu dieser Zeit so stark, daß sie auch in anderen Zusammenhängen wieder erschien, vgl. Hans Blumenberg, Gerichtsverlust. In: ders., Die Sorge geht über den Fluß. Frankfurt a. M. 1987, 69; ders., Nachruf. In: ders., Gerade noch Klassiker. Glossen zu Fontane. München 1998, 127; aber auch in der Privatkorrespondenz findet sich das Hebbel-Zitat.

20 Blumenberg an Wolfgang Iser, 17. 7. 1986 (s. a. Blumenberg an Martin Meyer, 7. 3. 1986, beide: DLA Marbach, A: Blumenberg). Leider ist nicht mehr rekonstruierbar, welches damit gemeint ist.

21 Siehe oben, S. 242.

blick auf die konkreten in ihm verhandelten Themen: Buch und Geld, Zeit und Tod, Faust und Gott. Diese Themen treiben auch Blumenberg immer wieder um. Ergänzen wir ruhig noch Sichtbarkeit und Zuschauer, Lebenswelt und Schwellenzeit, Schiffbruch und Weltuntergang. All das sind zentrale Gegenstände sowohl in seinen philosophiegeschichtlichen Studien als auch in den Gedankenspielen der »Unerlaubten Fragmente«, nur daß er hier wie dort je unterschiedlich mit ihnen umgeht. Diese jeweils andere Herangehensweise hat Folgen für die Editionspraxis.

Zur Edition

Die beiden in den 1990er Jahren bei Reclam aus dem Nachlaß Hans Blumenbergs erschienenen Bände sind zweifellos für unser Verständnis des Philosophen wichtig geworden. Da sie seit einiger Zeit vergriffen sind, war eine Neuedition wünschenswert. Allerdings steht eine solche Neuausgabe ein Vierteljahrhundert nach dem Tod des Autors und der ersten Veröffentlichung der Sammlungen unter anderen Voraussetzungen. Damals war Blumenberg zwar kein Unbekannter mehr, er wurde aber vor allem in seinem eigenen Fach und einigen benachbarten geisteswissenschaftlichen Disziplinen geschätzt, wenn auch nicht immer ausgiebig gelesen. Ein Name, der sich schon in den philosophischen Kanon des 20. Jahrhunderts eingeschrieben hatte, war er jedenfalls noch nicht. Diese Situation ist inzwischen eine andere. Die Menge der Veröffentlichungen aus Blumenbergs Nachlaß übersteigt heute die Reihe der Publikationen, die zu seinen Lebzeiten im Buchhandel verfügbar waren, womit ein philosophisch breitgefächertes Werk sichtbar geworden ist. Zudem ist inzwischen eine beeindruckende Zahl an Arbeiten über Blumenbergs Philosophie entstanden, nicht zuletzt als Ergebnis einer nicht abreißenden Folge von Tagungen über sie, die unter anderem durch Forschungen an seinem seit 2003 im Deutschen Literaturarchiv Marbach deponierten Nachlaß angeregt worden sind.

Ging es also 1996 noch darum sicherzustellen, daß die Aufmerksamkeit für Blumenbergs Werk überhaupt erhalten bleibt, ist heute ein Publikum entstanden, das an der Genese und der diffizileren Hermeneutik dieses umfangreichen und vielgestaltigen Werks interessiert ist. Den damaligen Herausgebern, allen voran Blumenbergs jüngstem Sohn Tobias, der die ersten Bände mit Unterstützung des ehemaligen Münsteraner Assistenten Manfred Sommer edierte, ging es vor allem um ein zügiges Erscheinen der vom Autor selbst noch für den Druck vorbereiteten Manuskripte, ohne potentielle Leser in diesem Stadium der Rezeption schon durch Fußnotenphilologie abzuschrecken: Im Zentrum stand die Lesbarkeit des Werks.[22] Dabei konnten sie sich durchaus auf Blumenbergs eigene Arbeitsweise berufen; in *Die Sorge geht über den Fluß* ging er zum Beispiel ähnlich zurückhaltend mit Zitatbelegen und Literaturhinweisen um. Auch damit signalisierte er den kategorialen Unterschied zwischen den großen wissenschaftsgeschichtlichen Studien und seinen aus »Unerlaubten Fragmenten« zusammengestellten Glossen, bei denen eben die freie Variation in den Gedankenspielen der eigenen Experimentalanthropologie im Zentrum stand, nicht philologische Sicherungs- und historisch-hermeneutische Deutungsarbeit.

Auch in dieser Hinsicht sind wir heute in einer anderen Situation: Ohne daß die Lesbarkeit darunter leiden darf, soll die Ausgabe doch gleichzeitig den wissenschaftlichen Ansprüchen gerecht werden, da sich immer mehr Interessierte den dichten Verflechtungen zwischen den verschiedenen Werkteilen widmen und der Weg, den Blumenbergs Gedanken genommen haben – von seinen ersten Notaten auf Karteikarten über mehrere Stufen textlichen Raffinements bis hin zu den dichten philosophischen Endprodukten –, zunehmend Beachtung erfährt. Eine neue Ausgabe sollte daher auch in dieser Hinsicht mehr Transparenz schaffen.

Das konkrete Format der Nachlaßedition, auch daß es damals zwei Bände geworden sind, ist – wie erwähnt – den verlagstechnischen Vorgaben geschuldet gewesen: Die Bücher sollten einen bestimmten Umfang nicht überschreiten. Daß einiges aus den Mappen sogar im zweiten Band der ursprünglichen Edition nicht erscheinen konnte, hat ebenfalls mit den Umfangsbegrenzungen zu tun beziehungsweise mit der schieren Masse an Material, das bereitlag. Man hat sich zunächst wohl so beholfen, daß einiges, das auch in anderem Kontext einen sinnvollen Publikationszusam-

22 Ich danke Manfred Sommer für seine Informationen zu den frühen Editionen des Blumenbergschen Nachlasses.

menhang darstellte, ausgegliedert und in anderen Bänden separat herausgegeben wurde. Der überwiegende Teil der Typoskripte wurde aber in den beiden Bänden damals gebracht, wobei sich das Problem stellte, wie das Material arrangiert werden sollte. Wir wissen leider nichts darüber, in welcher Reihenfolge und wie auf die möglichen zwei Bände verteilt die Sammlungen erschienen wären, hätte Blumenberg sie noch eigenhändig zum Druck vorbereiten können. Daß die Auseinandersetzung mit bestimmten Autoren eher »Lebensthemen« waren, als daß sie zum »möglichen Selbstverständnis« gehörten, hat Blumenberg in seinem letzten Brief angedeutet, schlägt sich aber nicht in der Ordnung der Mappen nieder. Dennoch war dieser Gedanke für den Herausgeber bei der Aufteilung der Texte erkennbar leitend, was dazu führte, daß in *Lebensthemen* zum großen Teil Reflexionen zusammenstehen, die ursprünglich in ganz unterschiedlichen inhaltlichen Kontexten angesiedelt waren.

Da die damaligen formalen Vorgaben für die Neuedition keine Rolle mehr spielen müssen und die Texte von *Ein mögliches Selbstverständnis* und *Lebensthemen* ursprünglich aus einem Sammlungszusammenhang und einem gemeinsamen Gedankenkreis stammen, ist es sinnvoll, sie nun im Nachgang gemeinsam zu publizieren. Für solch eine Gesamtedition hat sich jedoch die Frage nach der Ordnung und dem Zusammenspiel der Texte neu gestellt. Blumenberg hatte wohl beabsichtigt, die Einzelstücke – wie schon in *Die Sorge geht über den Fluß* – unter Zwischenüberschriften zusammenzustellen. Für diese Gruppierungen gibt es immerhin Anhaltspunkte, da sich in den Mappen handschriftliche Inhaltsverzeichnisse finden. Daran sieht man allerdings, daß diese Entwürfe selbst noch sehr provisorisch waren. Immer wieder wurden Texte hinzugefügt, andere gestrichen oder verschoben. Zu einigen Titeln finden sich in den Mappen keine Manuskripte mehr; dafür liegen dort wiederum Texte, deren Titel nicht auf den Listen erscheinen. Diese Zusammenstellungen sind also bestenfalls Momentaufnahmen des experimentellen Prozesses.

Für die Neuausgabe wurde zunächst erwogen, die Reihung und die Gruppierungen der Erstveröffentlichungen zu übernehmen, da sie immerhin selbst schon ihre Rezeption gefunden haben. Doch mußten dort einige Kompromisse eingegangen werden, die aus der Aufteilung des Materials resultierten, zum Beispiel die Einführung neuer Überschriften, oft einfach die Namen der von Blumenberg kommentierten Autoren. Daraus resultierte ein inhaltliches Gefälle, das durch die Zusammenführung der Teile in einem Band besonders augenfällig wurde.

Die naheliegende Alternative ist, sich an der Abfolge der Texte in den Mappen zu orientieren und die Zusammenhänge, die Blumenberg auf seinen Listen angedeutet hat, soweit wie möglich wiederherzustellen. Damit kann man sich auch auf von Blumenberg selbst formulierte Zwischenüberschriften beschränken. Allerdings führt auch das nicht zu eindeutigen Ergebnissen, weil es nicht für alle Abteilungen Titelaufstellungen gibt; einige sind nur durch eingeschobene Titelblätter gekennzeichnet. Darüber hinaus ist nicht gesichert, daß wir heute die Reihenfolge noch exakt so vorfinden, wie Blumenberg sie hinterlassen hat. Daher mußten gelegentlich Entscheidungen getroffen werden, die sich an inhaltlicher Plausibilität orientierten. Trotz aller Schwierigkeiten erwies sich das doch am Ende als die überzeugendere Lösung. Damit sich jeder Leser selbst ein Bild machen kann, sind die vorgefundenen Inhaltsverzeichnisse hier als Faksimile reproduziert.[23]

Ein anderes, schon öfter beklagtes Problem, das sich aus Blumenbergs editorischem Experimentalismus ergibt, sind Doppelpublikationen. Da der Autor Kopien einzelner Texte versuchsweise in verschiedenen Mappen parallel abgelegt hatte, stehen heutige Herausgeber vor dem Problem, sich entweder für den einen oder den anderen Kontext entscheiden zu müssen, ohne zu wissen, welcher für Blumenberg selbst am Ende der überzeugendere gewesen wäre, oder eben bewußt solche Duplikate zu tolerieren. In der Tat wurde bei dieser Neuedition erwogen, einzelne Texte der Erstpublikation nicht zu übernehmen, weil sie inzwischen auch in anderen Bänden zu finden sind. Dadurch wären allerdings teilweise seltsam amputiert wirkende Textkorpora entstanden: Von den Thomas-Mann-Texten hätte die frühe Würdigung, die inzwischen auch in *Schriften zur Literatur* greifbar ist, gestrichen werden müssen – und sogar einer der beiden späteren. Ihre besondere Bedeutung erlangen die-

23 Siehe unten, S. 344-350. Von den Zwischentiteln wurde nur einer nicht übernommen (»Wer wen versteht«), da sich unter ihm nur ein Text fand (»Der Befehl des delphischen Gottes und die Ironie seiner Spätfolgen«). Ein anderer, »Grenz(über)gänger«, wurde eingesetzt, obwohl Blumenberg ihn auf der Zusammenstellung wieder (vollständig oder teilweise) gestrichen hat, da kein Ersatz für ihn eingetragen war.

se Reflexionen aber zweifellos nicht zuletzt dadurch, daß sie sich ineinander spiegeln.

Daher haben wir uns schweren Herzens dazu entschlossen, Doppelpublikationen in Kauf zu nehmen. (Daß identisch Formuliertes in anderen Zusammenhängen einen unerwartet neuen Sinn ergeben kann, spielte dabei zusätzlich eine Rolle.) Nur in einem Fall ist von diesem Prinzip abgewichen worden: In der Erstausgabe von *Ein mögliches Selbstverständnis* findet sich die halbseitige Glosse »Sättigungsgrade«, die im Band *Lebensthemen* fast wortidentisch in den deutlich umfangreicheren Text »Mihi ipsi scripsi« eingegangen ist. Wo die Formulierung abweicht, ist das meist erkennbar auf stilistische Anpassungen, die sich durch die Integration in einen umfassenderen Gedankengang ergeben, zurückzuführen. Ein einziger inhaltlicher Unterschied findet sich zwischen beiden Texten: In dem einen Fall (»Sättigungsgrade«) wird die dort angesprochene Hälfte der Erdbevölkerung (und damit auch einer potentiellen Leserschaft) mit zweieinhalb Milliarden angegeben, in dem anderen (»Mihi ipsi scripsi«) mit drei Milliarden. Das ist nicht nur ein Hilfsmittel für die Datierung der Texte, sondern auch ein schöner Hinweis auf die Beschleunigung der Ereignisse in der Weltzeit, die sich in der engen Spanne einer Lebenszeit bemerkbar gemacht hat. Dennoch konnte die kleine Abweichung nicht rechtfertigen, auch diesen Text zweimal aufzunehmen, da das zu einem eher ärgerlichen Echo des schon Bekannten im selben Kontext ohne zusätzlichen Erkenntnisgewinn geführt hätte (zumindest keinem, der nicht ebenso durch eine Erwähnung in diesem Nachwort gewährleistet werden konnte). In »Mihi ipsi scripsi« ist im übrigen noch ein weiterer Text aus dem ersten Band eingegangen, eine Passage aus »Für wen einer schreibt«. Hier stehen der Bezug auf Friedrich Nietzsche und das Zitat selbst aber in zwei unterschiedlichen Gesamtüberlegungen, was den Abdruck beider Texte rechtfertigt, wobei schon der Titel des späteren wie eine Antwort auf den des früheren klingt.

Bleibt die Frage nach solchen Typoskripten, die ebenfalls in den Mappen liegen, aber nicht in den ursprünglichen Editionen erschienen sind. Soweit es sich dabei um Texte handelt, die inzwischen in anderen Bänden veröffentlicht wurden, wurden sie aus Gründen der Verhältnismäßigkeit nicht in diese Neuedition aufgenommen. Man kann sie sich aber als »Lebensthemen« mühelos dazudenken. Dabei handelt es sich um »Newtons Vergeßlichkeit:

Zerstreuung und Auflösung« (UNF 906-907) und »Nicht alles so wie vorher« (UNF 893-894), beide jetzt in *Die Vollzähligkeit der Sterne*,[24] zwei Feuilletons zu Ernst Jünger, die in *Der Mann vom Mond* zu finden sind,[25] und ein größeres Konvolut von Glossen zu Fontane, die inzwischen im wesentlichen den ersten Teil von *Gerade noch Klassiker* bilden.[26] Ihr Umfang hätte eine erneute Publikation unverhältnismäßig erscheinen lassen. Ein weiteres Typoskript, »Ein letzter Wunsch und das Hindernis seiner Erfüllung« (PHA IV 163-164), ist lediglich eine kürzere, aber ansonsten textidentische Vorfassung von »Worte und Sachen« und wurde hier daher ebenfalls nicht berücksichtigt. Darüber hinaus liegen in den Mappen ein Blatt mit Aphorismen über das Alter, die sich aus sachlichen Gründen nicht einfügen ließen, ein weiteres über den Topos »Ohne Philosophie nicht leben können«, der in drei anderen der enthaltenen Texte ausführlich behandelt wird, sowie einige Zettel mit bloßen Notizen und Verweisen.

Am Ende finden sich in den Mappen nur noch zwei Texte von Blumenberg, die bisher noch in keiner anderen Buchauswahl erschienen sind. Das sind zwei Feuilletons aus der *NZZ*: das eine zu Hofmannsthal und Husserl, das die Entstehung des Terminus »Lebenswelt« betrifft, Anlaß zu stetigen Reflexionen quer durch Blumenbergs Werk, dessen Aussparung in der Erstedition sich nicht erschließt; der andere Text beschäftigt sich mit dem Polarforscher Fridtjof Nansen, der ganz sicher ein Lebensthema Blumenbergs war. Bereits der Neunjährige las *In Nacht und Eis*, den Erlebnisbericht des Wissenschaftlers und Abenteurers, mit einer Faszination, die auf gewisse Art bis zu seinem Lebensende anhielt. Das 1993 in der Weihnachtsausgabe der *NZZ* publizierte Feuilleton »Vorstoß ins ewige Schweigen. Ein Jahrhundert nach der Ausfahrt der ›Fram‹« war, wie aus dem oben zitierten Brief an Dietrich Klose deutlich wird, explizit für einen geplanten zweiten Band vorgese-

24 Vgl. Hans Blumenberg, Die Vollzähligkeit der Sterne. Frankfurt a. M. 1997, 52 f. und 427-429.

25 Vgl. »Ein Apokalyptiker mit Sicherungen« (zuerst in NZZ, 24./25. 3. 1990) und »Eine Jahrhundertgestalt« (NZZ, 25./26. 3. 1995), jetzt in Hans Blumenberg, Der Mann vom Mond. Über Ernst Jünger. Hrsg. v. Alexander Schmitz und Marcel Lepper. Frankfurt a. M. 2007, 29-39 bzw. 53-54 und 55-64.

26 Ursprünglich als »Einiges aus Theodor Fontanes Vielem« in Akzente 38:1 (1991), 7-28, jetzt in Blumenberg, Gerade noch Klassiker, 12-15, 18-20, 22-40, 47-49, 84-87.

hen. Allerdings gibt es einen weiteren Text zu Nansen, in dem sich eine sehr ähnliche Themenkonstellation findet. Er ist als »Zwischen ›Wärmetod‹ und Kohlenstoffzyklus« Teil der zeitgleich mit *Ein mögliches Selbstverständnis* publizierten Sammlung *Die Vollzähligkeit der Sterne* erschienen.[27] 1997 mag eine gleichzeitige Publikation zweier Versionen störend gewirkt haben, heute ist es hilfreich, beide Texte nebeneinander legen zu können, ohne dazu ein Zeitungsarchiv bemühen zu müssen. Der Beitrag aus der *NZZ* erscheint hier also nicht nur, weil Blumenberg selbst ihn in dieser überarbeiteten Form in seine Auswahl der Lebensthemen aufnehmen wollte, sondern auch, weil ein intensiveres Studium der beiden Versionen zeigen kann, wie Veränderungen der Formulierung und Neuordnungen des Stoffs nicht nur dem veränderten Anlaß geschuldet sind (»Weihnachtsausgabe), sondern auch zu neuen Beleuchtungen des Sachverhalts führen können.

Zur Textgestaltung

Die Vorlagen der Texte sind hinsichtlich ihrer editorischen Durcharbeitung von unterschiedlicher Qualität. Teilweise schon in Zeitungen oder Zeitschriften publiziert (und dann oft in der Druckfassung in den Nachlaßmappen), teilweise noch im Manuskriptstadium, stammen sie nicht nur aus unterschiedlichen Entstehungszeiten, sondern gehorchen auch abweichenden Textkonventionen, zum Beispiel der in der Schweiz üblichen Rechtschreibung, die von der deutschen gelegentlich abweicht. Das hätte Blumenberg sicher vereinheitlicht. Wo es sich um eindeutige Fälle gehandelt hat, ist dies hier auch geschehen. Schwieriger war die Entscheidung bei den unterschiedlichen Zitiergewohnheiten. Texte, die zunächst in Tageszeitungen erschienen sind, haben natürlich keine Fußnoten. Auch sonst fehlen – wie erwähnt – in den Glossen oft Stellennachweise; hin und wieder finden sie sich jedoch durchaus.[28]

Für die vorliegende Neuausgabe wurden nach dem Vorbild der

27 Blumenberg, Die Vollzähligkeit der Sterne, 292-297.

28 In manchen Fällen hatte Blumenberg sie sogar im Manuskript vermerkt, dann aber wieder unkenntlich gemacht.

in den letzten Jahren erschienenen Bände aus Blumenbergs Nachlaß die Zitatbelege soweit wie möglich ergänzt,[29] um das breite Spektrum seiner Lektüren aufscheinen zu lassen und weiterführende Forschungen zu ermöglichen. Alle Ergänzungen sollten natürlich als solche nachvollziehbar bleiben und erscheinen daher in eckigen Klammern. Bei diesen Nachweisen sind verschiedene Prioritätsstufen berücksichtigt worden. Vorrang hatten immer Angaben, die noch von Blumenberg selbst stammen. Diese sind – obwohl sie im Typoskript in den laufenden Text eingefügt waren – konsequent in die Fußnoten gerückt worden, ein auch bei den Publikationen zu Lebzeiten übliches Verfahren. Bei den Ergänzungen habe ich mich bemüht, soweit nachvollziehbar die Ausgaben zu benutzen, die sich in seiner eigenen Bibliothek fanden beziehungsweise auf die er selbst in anderen Publikationen zurückgegriffen hat. Gerade auch wegen der mitunter weit auseinanderliegenden Entstehungszeiten konnte es dabei vorkommen, daß von einzelnen Autoren unterschiedliche Ausgaben in den Anmerkungen erscheinen. Ludwig Wittgenstein beispielsweise hat Blumenberg meist nach der achtbändigen stw-Werkausgabe zitiert, gelegentlich aber auch nach den *Schriften* von 1984. Wo nicht mehr sicher nachvollziehbar ist, welche Ausgabe zum Einsatz gekommen war, wurden die heute gültigen historisch-kritischen oder zumindest leicht greifbare Gesamtausgaben benutzt. Um die Praktikabilität zu erhöhen, werden, wenn die von Blumenberg verwendeten Ausgaben schwer zugänglich sind, solche modernen Ausgaben auch zusätzlich genannt; das wichtigste Beispiel hierfür sind die Schriften Nietzsches, die Blumenberg meist noch in der Musarion-Ausgabe gelesen hat. Hier stehen zusätzlich Verweise auf die Editionen von Giorgio Colli und Mazzino Montinari, es sei denn, die Texte sind dort nicht enthalten.

Eine letzte Bemerkung noch zum Namenregister: Wir wissen inzwischen, daß Blumenberg in ihm durch die Notation der Einträge (nur der Nachname, Nachname mit Initial des Vornamens oder Nachname mit vollem Vornamen) absichtlich inhaltliche Gewichtungen vornahm.[30] Diese Entscheidung können wir heute

29 Das war leider nicht in allen Fällen möglich. In solchen Fällen wurde das Zitat als solches stehengelassen, ohne die fehlende Herkunftsangabe extra zu vermerken.

30 Vgl. Jürgen Goldstein, Hans Blumenberg. Ein philosophisches Portrait. Berlin 2020, 239.

nicht mehr treffen. Auch wenn es möglich wäre, daß wir uns partiell an von ihm publizierten Texten orientieren, müßten im Einzelfall doch immer wieder Willkürentscheidungen getroffen werden. Daher wird hier in allen Fällen mit dem vollen Namen gearbeitet.

Schließlich möchte ich noch all denen danken, die die Arbeit an dieser Ausgabe unterstützt haben. Philipp Stoellger, Dieter Thomä und Nicola Zambon haben mir mit Hinweisen bei der Suche nach Zitatbelegen geholfen. Bettina Blumenberg danke ich nicht nur für die Erlaubnis, aus unveröffentlichtem Nachlaßmaterial zu zitieren, sondern auch für die generelle Unterstützung bei dieser Edition. Wie immer haben die Mitarbeiter und die Ressourcen des Deutschen Literaturarchivs in Marbach und die konstruktive Zusammenarbeit mit dem Verlag Entscheidendes zum Gelingen beigetragen.

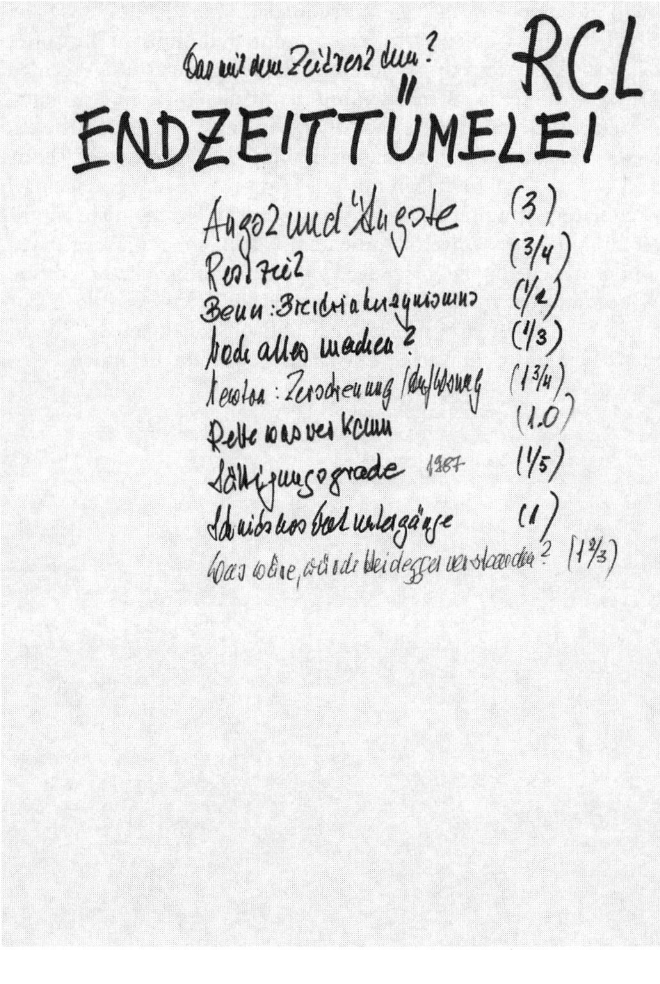
Was mit dem Zeitrest tun?

RCL

ENDZEITTÜMELEI

Angst und Ängste (3)
Restzeit (3/4)
Benn: Breitbandagnostizismus (1/2)
Noch alles machen? (1/3)
Newton: Zerstreuung/Aufhebung (1 3/4)
Rette was wer kann (1.0)
Sättigungsgrade 1987 (1/5)
[illegible] Weltuntergänge (1)
Was wäre, würde Heidegger verstanden? (1 2/3)

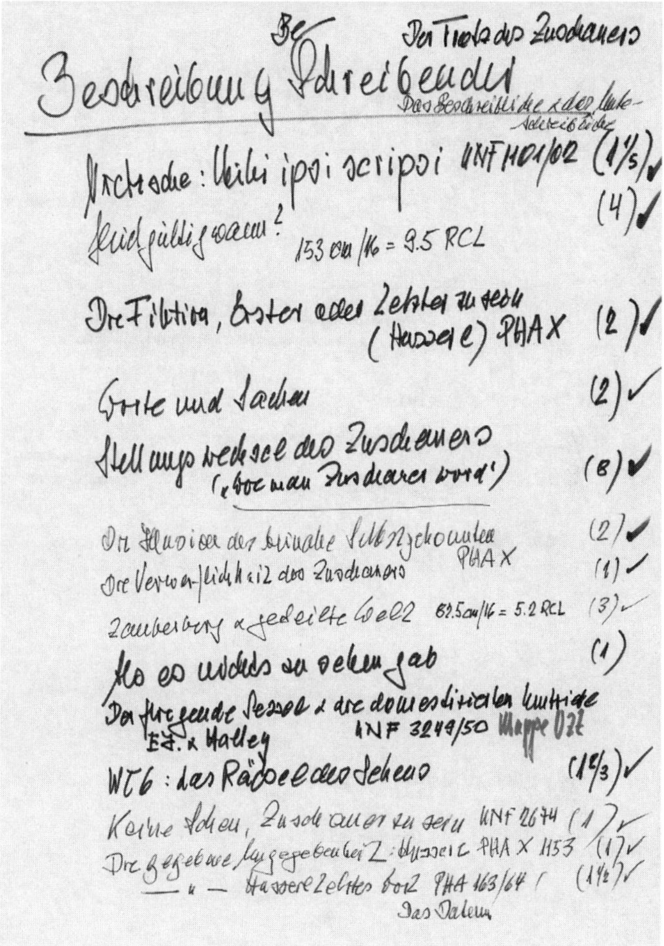
Be
Der Trick des Zuschauers

Beschreibung Schreibender

Das Beschreibliche & das Unbeschreibliche

Methode: Nihil ipsi scripsi UNF 1101/02 (1 1/5) ✓

Gleichgültig warum? (4) ✓
153 cm/16 = 9.5 RCL

Die Fiktion, Erster oder Letzter zu sein (Hassel) PHA X (2) ✓

Worte und Sachen (2) ✓

Stellungswechsel des Zuschauers („wie man Zuschauer wird") (8) ✓

Die Illusion der beinahe Selbstgeschauten PHA X (2) ✓

Die Verwesentlichung des Zuschauers (1) ✓

Zauberberg & geteilte Welt 82.5 cm/16 = 5.2 RCL (3) ✓

Als es nichts zu sehen gab (1)

Der fliegende Sessel & die domestizierten Luftschiffe
E.J. & Halley UNF 3249/50 Mappe 02

WZ6: das Rätsel des Sehens (1 2/3) ✓

Keine Sehen, Zuschauer zu sein UNF 2674 (1) ✓

Die gegebene, hingegebene Zeit: Hassel PHA X 1153 (1) ✓

— " — Hassels letzter Blick PHA 163/64 (1½) ✓

Das Datum

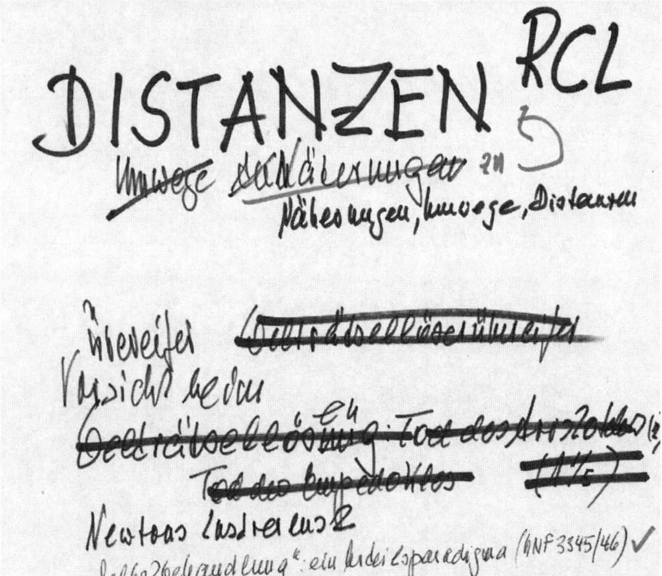
DISTANZEN RCL
5
~~Umwege der Näherungen~~ zu
Näherungen, Umwege, Distanzen

Übereifer
Verzicht bedenken
~~Welträtsellösungen: Tod des Aristoteles~~ (1½)
~~Tod des Empedokles~~ ~~(1½)~~
Newtons Lustverlust
„Selbstbehandlung": ein Arbeitsparadigma (HNF 3345/46) ✓

~~Ein intellektuelles Risiko: Schmitts Photograph~~ (4)
~~~RCL 8½~~
~~Paul Valérys mögliche Seelen~~ (4)
~ RCL 9½
Doppelte Buchführung
Benn (2½)
~~~

RCL

Begriffsversagen

Glück und Verstand (2)

Ausgeträumte Träume (4½)

Tücke d. Vorsicht + Realismus + 3/4 + 1

Realismus (Heinrich Mann NF 348f.) 2

~~Realismus~~

Idealität: Der Ewige u. sein Leben 1 68/52

Das Datum (?) → „Bearbeitg"

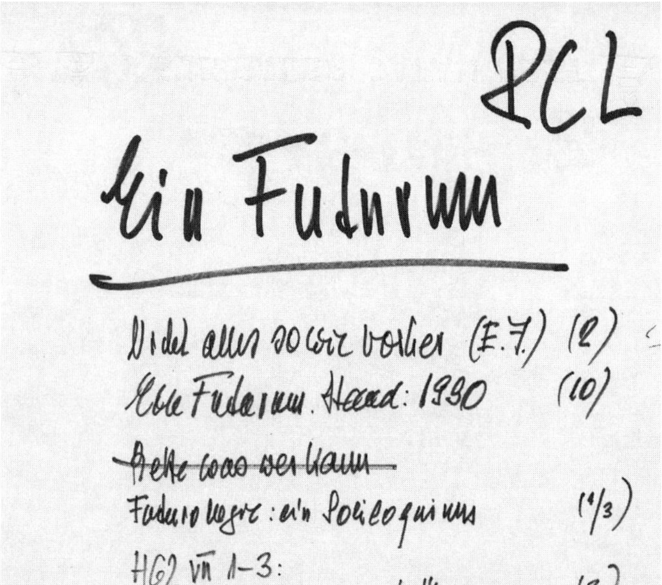
PCL
Ein Futurum
Stand: 1990 (10)
Futurologie: ein Soliloquium (1/3)
HGZ VII 1–3:
Vorbereitung aufs Museum (3)
Zukunft bleibt Zukunft

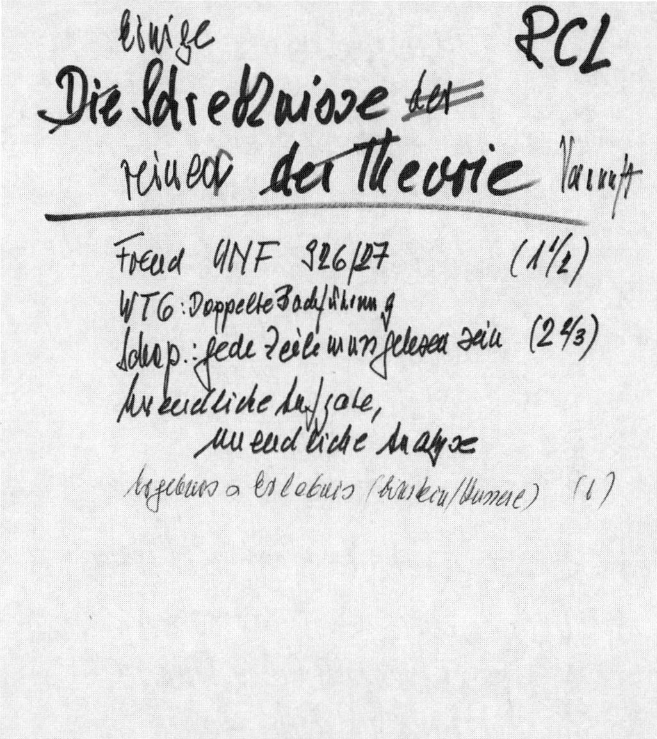

PCL

einige

Die Schrecknisse ~~der~~ ~~reinen~~ ~~der~~ Theorie Vernunft

Freud UNF 326/27 (1½)

WTG: Doppelte Buchführung

Schop.: Jede Zeile muß gelesen sein (2⅔)

Unendliche Aufgabe,
unendliche Analyse

Ergebnis & Erlebnis (Wissen/Wünsche) (1)

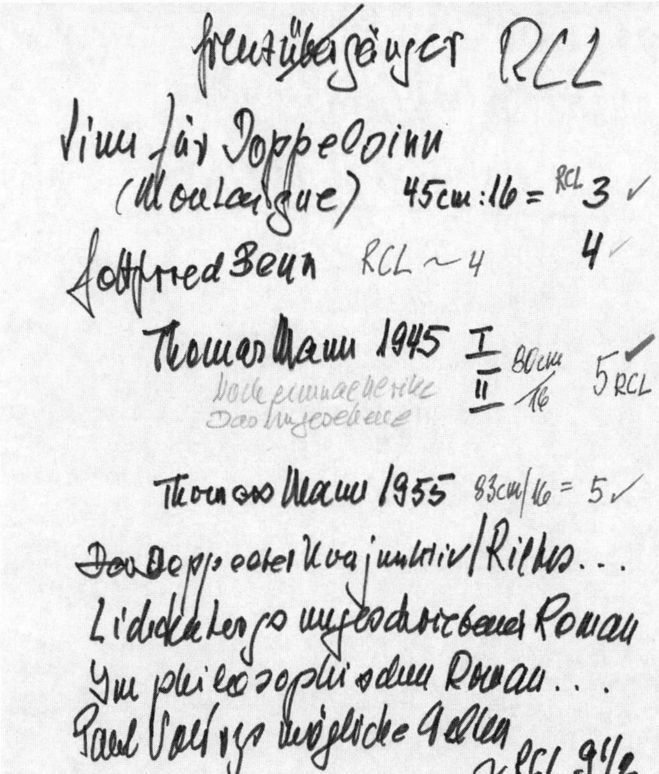

Grenzübergänger RCL

Sinn für Doppelsinn
(Montaigne) 45cm:16 = RCL 3 ✓

Gottfried Benn RCL ~ 4 4 ✓

Thomas Mann 1945 I II 80cm/16 5 RCL ✓

[illegible]
Das Ungesehene

Thomas Mann 1955 83cm/16 = 5 ✓

~~Das~~ Der doppelte Konjunktiv / Rilkes ...

Lichtenbergs ungeschriebener Roman

Im philosophischen Roman ...

Paul Valérys mögliche Welten ~ RCL 9½

Letztes Verlangen nach besserer
Optik (Goethe / Th. Mann)

Nachweise

Einleitung: Das Unselbstverständliche
Erstdruck als »Ein mögliches Selbstverständnis«: Neue Zürcher Zeitung v. 4.2.1983, 66.
Auch in: Die Verführbarkeit des Philosophen, 135-143.

Ungerechtes Urteil
(In Ein mögliches Selbstverständnis, 1997, als »Schöpfung mit Zuschauer«.)
Auch in: Die Vollzähligkeit der Sterne, 451.

Rette, was wer kann!
Erstdruck: Neue Zürcher Zeitung v. 6.4.1985, 67.

Ein Fall von Selbsthintergehung
Erstdruck als »In freier Variation: Identität« in: Frankfurter Allgemeine Zeitung v. 31.1.1990, N 3.
Auch in: Begriffe in Geschichten, 89-92.

Erinnerung an das verlorene Ich
Erstdruck: Akzente 3 (1997), 245-247.

Die Welt hat keinen Namen
Erstdruck: Neue Zürcher Zeitung v. 24.12.1992, 61f.

Eine Schulidentitätskrise
Leicht erweitert als »Erinnerung, vergessen« auch in: Begriffe in Geschichten, 46f.

Gleichgültig wann?
Erstdruck: Frankfurter Allgemeine Zeitung v. 3.12.1987, III.
Auch in: Die Verführbarkeit des Philosophen, 9-17.

Worte und Sachen
Erstdruck: Frankfurter Allgemeine Zeitung v. 27.4.1988, 35.

Das Datum
Auch in: Begriffe in Geschichten, 46f.

Das Sein – ein MacGuffin
Erstdruck: Frankfurter Allgemeine Zeitung v. 27. 5. 1987, 35.
Auch in: Die Verführbarkeit des Philosophen, 96-99.

Schnitzlers Philosoph
Erstdruck: Neue Zürcher Zeitung v. 15. 5. 1987, 69 f.
Auch in: Die Verführbarkeit des Philosophen, 153-162.

Parallelaktion einer Begriffsbildung.
Erstdruck: Neue Zürcher Zeitung v. 12./13. 12. 1987, 69.

Selbstbehandlung
Auch in: Begriffe in Geschichten, 178-180.

Delegation
Auch in: Begriffe in Geschichten, 87 f.

Realität ist das selbe und doch nie gleiche, zu dem man zurückkommt
Auch in: Begriffe in Geschichten, 148 f.

Doppelte Buchführung – Wittgensteins Kriegstagebücher 1914-1916
Erstdruck als »Doppelte Buchführung. Synopse der Kriegstagebücher Wittgensteins 1914-1916« in: Frankfurter Allgemeine Zeitung v. 25. 4. 1990, N 3.
Als »Die imaginäre Annäherung an eine endgültige Wahrheit – Wittgensteins Kriegstagebücher 1914-1916« auch in: Die Verführbarkeit des Philosophen, 189-196.

Grenzfälle. Glossen zu Hebbels Diarium
Erstdruck: Akzente 33 (1986), 53-73.

Die unerträgliche Unsterblichkeit
Erstdruck als »Nachdenken über einen Satz von Nietzsche«: Akzente 1 (1983), 19-25.

Sinn für Doppelsinn – Verlesungen des Humanisten Montaigne
Erstdruck als »Verlesungen. Zwei Glossen zu Montaignes Antike« in: Neue Zürcher Zeitung v. 22. 6. 1990, 66.
Gekürzt auch in: Die Verführbarkeit des Philosophen, 180 f.

Vorstoß ins ewige Schweigen.
Erstdruck: Neue Zürcher Zeitung v. 24. 12. 1993, 53 f.

Paul Valérys mögliche Welten
Erstdruck als »Die Selbsterfindung des Unpoeten. Paul Valérys mögliche Welten« in: Neue Zürcher Zeitung v. 17.12.1982, 57 f.

Thomas Mann 1945
Erstdruck als »Nachspiele. Zwei Glossen zu Thomas Manns Tagebuch 1945« in: Neue Zürcher Zeitung v. 20.3.1987, 39.

Kein Tod am Lake Mohonk
Auch in: Goethe zum Beispiel, 89-91.

Thomas Mann 1955
Erstdruck als »Zauberberg und geteilte Welt. Zum 80. Geburtstag von Thomas Mann am 6. Juni« in: Düsseldorfer Nachrichten v. 4.6.1955. Auch in: Schriften zur Literatur, 207-211.

Enttäuschende Grenzgänge/Letztes Wort des Zynikers
Erstdruck beider Texte gemeinsam als »Übergänge zum und vom Gedicht. Glossen zu Gottfried Benn« in: Neue Zürcher Zeitung v. 3./4.5.1986, 66.

Bildnachweis

Alle Abbildungen: Deutsches Literaturarchiv Marbach, A: Blumenberg, Konvolut RCL.

Namenregister*

* *Kursiv* gesetzte Seitenzahlen verweisen auf das Nachwort des Herausgebers.

Sachregister

Hans Blumenberg
im Suhrkamp Verlag

Rüdiger Zill. Der absolute Leser. Hans Blumenberg. Eine intellektuelle Biographie. Gebunden. 816 Seiten

Ästhetische und metaphorologische Schriften. Herausgegeben von Anselm Haverkamp. stw 1513. 464 Seiten

Arbeit am Mythos. stw 1805. 699 Seiten

Aspekte der Epochenschwelle: Cusaner und Nolaner. stw 174. 187 Seiten

Begriffe in Geschichten. BS 1303. 260 Seiten

Beiträge zum Problem der Ursprünglichkeit der mittelalterlich-scholastischen Ontologie. Gebunden. 232 Seiten

Beschreibung des Menschen. Gebunden. stw 2091. 918 Seiten

Hans Blumenberg/Jacob Taubes Briefwechsel. Und weitere Materialien. Herausgegeben von Herbert Kopp-Oberstebrink und Martin Treml unter Mitarbeit von Anja Schipke und Stephan Steiner. Mit einem Nachwort von Herbert Kopp-Oberstebrink. Gebunden. 349 Seiten

Geistesgeschichte der Technik. Mit einem Radiovortrag auf CD. Gebunden. 151 Seiten

Die Genesis der kopernikanischen Welt. stw 352. 803 Seiten

NF 129/1/7.20

Goethe zum Beispiel. Broschur. 248 Seiten

Höhlenausgänge. Gebunden und stw 1300. 827 Seiten

Das Lachen der Thrakerin. Eine Urgeschichte der Theorie. stw 652. 162 Seiten

Lebenszeit und Weltzeit. stw 1514. 379 Seiten

Die Legitimität der Neuzeit. Gebunden. 707 Seiten. stw 1268. 712 Seiten

Die Lesbarkeit der Welt. stw 592. 432 Seiten

Löwen. BS 1454. 130 Seiten

Der Mann vom Mond. Über Ernst Jünger. Herausgegeben und mit einem Nachwort von Alexander Schmitz und Marcel Lepper. Gebunden. 185 Seiten

Matthäuspassion. BS 998. 307 Seiten

Die nackte Wahrheit. stw 2281. 199 Seiten

Paradigmen zu einer Metaphorologie. Mit einem Kommentar von Anselm Haverkamp. stb 10. 535 Seiten

Paradigmen zu einer Metaphorologie. stw 1301. 199 Seiten

Phänomenologische Schriften. 1981-1988. Gebunden. 519 Seiten

Präfiguration. Arbeit am politischen Mythos. Gebunden. 150 Seiten

NF 129/2/7.20

Quellen, Ströme. Eisberge. Beobachtungen an Metaphern. Herausgegeben von Ulrich von Bülow und Dorit Krusche. Mit zahlreichen Abbildungen. BS 1469. 303 Seiten

Realität und Realismus. Gebunden. 232 Seiten

Rigorismus der Wahrheit. ›Moses der Ägypter‹ und weitere Texte zu Freud und Arendt. Broschur. 134 Seiten

Schiffbruch mit Zuschauer. Paradigma einer Daseinsmetapher. BS 1263. 106 Seiten

Schriften zur Literatur. 1945-1958. Gebunden. 370 Seiten

Schriften zur Technik. stw 2141. 301 Seiten

Die Sorge geht über den Fluß. BS 3000. 229 Seiten

Theorie der Lebenswelt. Gebunden. 253 Seiten

Theorie der Unbegrifflichkeit. Broschur. 121 Seiten

Die Verführbarkeit des Philosophen. Gebunden und stw 1755. 208 Seiten

Die Vollzähligkeit der Sterne. Gebunden und stw 1931. 557 Seiten

Vor allem Fontane. it 2840. 187 Seiten

Zu den Sachen und zurück. Aus dem Nachlaß herausgegeben von Manfred Sommer. Gebunden und stw 1837. 354 Seiten

NF 129/3/7.20